U0640430

本书为江苏省"六大人才高峰"第四批资助项目《和谐社会向度下江苏高校文化自觉路径与绩效评价研究》（07－A－028）的相关研究成果。

高校社科文库
University Social Science Series

教育部高等学校
社会科学发展研究中心

汇集高校哲学社会科学优秀原创学术成果
搭建高校哲学社会科学学术著作出版平台
探索高校哲学社会科学专著出版的新模式
扩大高校哲学社会科学科研成果的影响力

丁　钢/著

大学文化自觉管理的
向度、模型与方略

Dimensions, Model and Strategies of
Conscious Management in University Culture

光明日报出版社

图书在版编目（CIP）数据

大学文化自觉管理的向度、模型与方略 / 丁钢著.
－－北京：光明日报出版社，2011.3（2024.6 重印）
（高校社科文库）
ISBN 978－7－5112－1026－5

Ⅰ.①大… Ⅱ.①丁… Ⅲ.①高等学校—校园—文化
—研究—中国 Ⅳ.①G647

中国版本图书馆 CIP 数据核字（2011）第 018161 号

大学文化自觉管理的向度、模型与方略
DAXUE WENHUA ZIJUE GUANLI DE XIANGDU、MOXING YU FANGLÜE

著　　者：丁　钢

责任编辑：刘书永　曹美娜　　　　　责任校对：李　勇　薛　连　田会贤
封面设计：小宝工作室　　　　　　　责任印制：曹　净

出版发行：光明日报出版社
地　　址：北京市西城区永安路 106 号，100050
电　　话：010-63169890（咨询），010-63131930（邮购）
传　　真：010-63131930
网　　址：http：//book. gmw. cn
E － mail：gmrbcbs@ gmw. cn
法律顾问：北京市兰台律师事务所龚柳方律师

印　　刷：三河市华东印刷有限公司
装　　订：三河市华东印刷有限公司
本书如有破损、缺页、装订错误，请与本社联系调换，电话：010-63131930

开　　本：165mm×230mm
字　　数：522 千字　　　　　　　印　　张：28. 25
版　　次：2011 年 3 月第 1 版　　　印　　次：2024 年 6 月第 3 次印刷
书　　号：ISBN 978－7－5112－1026－5－01
定　　价：95. 00 元

自 序

　　目前，我国大学文化研究更多地停留于单纯性的理论分析和概念性的静态研究，关于大学文化对管理的影响也仅仅限于经验判断，缺乏实证研究和建立在数据统计之上的理性分析成果。在组织管理的硬实力影响逐渐式微，文化影响力日渐凸显的背景下，大学如何运用文化进行管理，是现代高校管理理论与方法研究所面临的重要课题。

　　十多年前，我从关注大学文化的变迁，思考相关的应对策略入手，开始研究大学文化。后来，专门学习管理科学方法，立足教育管理学与文化社会学相互交叉的一个边缘性区域，构建了文化自觉管理理论体系。通过中、外传统人本理念的变迁和管理学中的人性假设的分析，假设了大学文化自觉管理的人本向度。在此基础上，思考和探索如何运用大学文化进行管理，构建一个反映大学文化性格特征、供求均衡状态和目标契合模式三者之间关系的文化内驱模型，通过实证研究验证了大学文化自觉管理的向度和模型，筛选出其中的有效路径和优势路径。根据内驱模型和优势路径，提出了大学文化建设和管理的战略思考和基本方略，促进大学生自觉认同组织目标，实现大学文化管理从自发状态向自觉状态的提升。

　　本书以大学生作为文化享用主体和调查对象，在社会科学基础理论分析研究的基础上，运用以数理科学为基础、以事物中性假设为基点的管理科学方法进行研究。主要的定量研究方法有：第一，在理论分析的基础上，借鉴德尔菲（Delphi）法，通过深度访谈和反馈函询，借鉴企业等其他组织文化的理论模型，初步构建大学文化内驱模型及其路径关系；借鉴国内外相应的测量指标体系，拟定变量要素的测量指标。第二，通过问卷调查，收集数据，依据 Likert5 分评价标准，通过样本检验和载荷检验，分析信度和效度。第三，运用结构方程模型（SEM）和 Amos（7.0）统计软件包，检验大学文化内驱模型的拟合指数，获得假设检验结果。第四，通过删除无显著关系的路径和负向作用关系的路径，比较有效路径的相关系数，筛选出大学文化内驱模型中的优势路径。

本书探索性地构建了包括理念、理论和模型在内的大学文化自觉管理研究的范式，进行了比较系统的研究。具体的创新之处主要体现在以下几个方面：第一，在文化管理理论的基础上，借鉴社会学中的文化自觉理论，探索性地构建了文化自觉管理的理论体系。第二，借鉴心理学上的性格分类、经济学上的供求关系和组织行为学上的组织承诺，给出了大学文化性格、供求均衡状态和目标契合模式三个概念的内涵及其类型划分，引导出独立性文化、顺从性文化、自觉性均衡、自发性均衡、感动性契合、被动性契合六个变量定义，提出了六个变量之间的路径关系，探索性地构建了大学文化自觉管理的内驱模型及其 Amos 应用模型。通过定量分析，概括了当前我国大学文化的总体特征和变化趋势，较好地验证了假设的合理性，筛选出了大学文化内驱模型中的有效路径和优势路径。第三，本书在大学文化内驱模型的构建和验证过程中，实现了两项突破：一是在综合评述现有文化结构模型的基础上，创造性地设计了文化结构的"立体动态"模型；二是在依据供求变化中的量价均衡关系把供求均衡分为静态均衡和动态均衡的基础上，从文化需求主体的感受和参与调节的能动程度，将文化供求均衡关系分为自觉性均衡和自发性均衡。第四，基于大学文化自觉管理内驱模型的基本向度和优势路径，本书定量性地描述了大学文化的总体特征和变迁趋势。提出了大学文化建设管理的相关方略。

大学文化自觉管理的内驱模型与优势路径的研究，可以得出以下三个结论：第一，"独立性文化→自觉性均衡→感动性契合"是大学文化内驱模型中的优势路径。由此可见，大学文化自觉管理相对于普通意义上的文化管理而言，能够更加理性地以学生全面发展需求为导向，引导学生自觉地参与供求关系的调节过程，更有利于促进大学生自觉、主动地认同组织目标，有利于大学生个体、大学组织和文化环境三者和谐、可持续发展。第二，"顺从性文化→自发性均衡→感动性契合"、"顺从性文化→自发性均衡→被动性契合"是大学文化内驱模型中的两条有效路径。由此可见，当前我国政府和教育主管部门在设立大学目标和任务时，能够较好地尊重学生的需求，所主导的主流文化能得到大部分学生的认同，对学生成长具有积极、有效的作用。第三，在大学文化呈现多元化的总体特征和变化趋向的情景下，大学组织和大学生个体均能较理性地看待两者之间存在的文化差异，大学组织能够自觉地增强主流文化的包容性，大学生个体能够较为理性地选择文化消费的内容和方式，从而促进大学文化的和谐。

基于上述结论，大学文化自觉管理要确立公正包容的文化态度，坚持以人为本的文化导向，构建开放有序的供求体系，促进大学生个体与大学组织之间双向互动，更加自觉地尊重、认同对方的价值选择和追求目标，促进大学生个体、大学组织、大学文化和谐且可持续发展。

不管是中、外大学理念的变迁，还是大学文化自觉管理内驱模型的实证性研究，均表明"以人为本"是大学文化和大学教育的终极向度。战略是大学管理和教育实践的一种引领性规划，文化是嵌入这一规划的灵魂。本书关于大学文化战略的模糊性特征，以"人本"为向度，在应对非主流文化变迁与文化冲突、整合文化优势等方面提出了开放包容、整合创新等策略，在大学生犯罪、大学法律文化建设、职业院校管理、大学生文化消费、校企合作与远程高等教育等方面，提出了文化防御、文化互惠、文化吸纳以及通过提高文化需求层次进而培养学生良好的文化消费行为等微观方略。

不管是从管理学的角度，还是从教育学的角度，关于大学文化管理的研究都是一个新的课题。我只是立足教育的人本向度和大学的文化自觉角度，探索性地运用定量化的实证性研究方法，对大学文化自觉管理作了一些浅薄的探索，加上水平有限，自我感觉局限很多，相对于文化管理宽泛的外延和深邃的内涵而言，本书无疑是以管窥天、以蠡测海。拙作不能给耐心读完或偶然读起的读者带来什么收获，但愿能给他们带来一些疑问和思考，引发更多的人关注和研究大学文化管理。

丁钢

2010 年 9 月 30 日

CONTENTS 目 录

第二篇　大学文化自觉管理的人本向度

第四篇　大学文化自觉管理的基本方略

第一篇
大学文化自觉管理的理论创新

　　大学文化处于社会文化的前沿区域，在表象特征上缺乏明显的目标和秩序，更容易遭遇本体文化以外的多元文化的冲突与影响。比较分析国内外高等教育发展与高校竞争态势，大学大致经过以规模求发展，以质量求发展，以品牌求发展，以文化求发展四个阶段，在不同的发展阶段，需要不同的管理。人管人是低层次的，制度管人是中层次的，文化管理才是最高境界的①。高水平的大学管理归根到底是文化管理。在组织管理的硬实力影响逐渐式微，文化与价值观的影响力日渐凸显的背景下，在我国高等教育由规模发展向内涵发展的转型时期，大学如何管理文化，如何运用文化进行管理，是现代高校管理理论与方法研究所面临的重要课题。本篇以文化社会学中的文化自觉理论和管理学中的文化管理理论为基础，探索性地构建文化自觉管理理论体系。

---

　　① 叶志明、宋少沪、沈荣富：《构建与营造健康向上的教育评估文化》，《中国高等教育》，2005年第11期，第32～33页。

第一章

研究背景与研究设计

本章概述了大学管理与大学文化的研究背景，界定了本书的研究区域、研究内容，提出了本书研究的情境假定、思路、方法和创新追求。

第一节　大学文化管理研究的背景

一、大学管理研究的背景

新中国成立前，在传统的封建专制中，长官意志容易获得认可，即使领导的客体是大学教授和大学生也不例外。尽管蔡元培等教育家和教育管理者极力效仿德国模式，倡导教授治校，但并没有与我国的传统文化相契合而凝固成为一种强大的大学组织文化传统。新中国成立后，大学从一开始就用国家意志办学，突出大学的政治功能，按照政府行政机构的配属和领导方式行事，权力结构呈现出倒金字塔形状①。新中国成立后的计划经济时代，我国的大学是政府的一个行政机构；改革开放以后，高等教育改革的一个重要主题就是落实和提升大学办学自主权。从 1985 年《中共中央关于教育体制改革的决定》到 1998年《高等教育法》的出台，经过政策法律的不断调整，大学获得了独立法人地位和一定的办学自主权。但是，大学自主管理的机制还有待健全。

目前，我国大学管理研究主要包括两个层面：一是外部治理研究，主要研究政府、市场、社会与学校之间的关系问题，其实质是如何落实大学的办学自主权。这是一个比较宏观的问题，在研究方法上主要借用政治治理理论，通过基本理念和理论的译介陈述，探索如何构建我国高校的外部权力关系。近几年来开始注重个案分析和系统研究。2006 年，此类问题被列为全国教育科学规

---

① 陈运超：《大学校长治校的基本矛盾：整合与分散》，《江苏高教》，2007 年第 5 期，第 1～5页。

划教育管理方向中教育行政管理制度的首要选题①。二是大学内部治理的调整。在内部治理研究上，主要移植公司治理的"产权逻辑"。以公司治理结构来建设大学治理机构，以产权确立大学治理结构的基础，借鉴现代企业治理的经验对大学管理结构进行制度设计。对于我国公立大学而言，其出资者是政府，"产权逻辑"实际上解决的仍然是一个外部治理的问题。大学属于公共部门，它的目标具有多样性和模糊性，其最高价值是公共利益，这是大学与公司的区别。因此，大学管理不能简单地复制公司治理结构。

二、大学文化研究的背景

目前，我国学术界关于大学文化的研究内容主要涉及以下八个方面：一是文化概念论，重点对大学文化内涵与外延界定的探究。二是文化发展论。主要包括大学文化的演变与发展，涉及大学文化的起源、积累与演变；大学文化变迁的含义、因素、意义与对策；大学文化发展的变异性与继承性、一般性与特殊性、本土性与世界性、激进主义与保守主义、进化主义与保守主义。三是文化要素论。包括价值观、规范、意义与符号等。四是文化系统论。包括大学文化的生态系统与时空系统、大学文化与社会文化的关系等等。五是文化传播论。包括大学文化的生产、储存与传播等。六是文化结构论。大学文化从性质上分为物质的、精神的、制度的三个层面，从取向上分为主流文化、非主流文化（包括反主流文化），从载体上分为教师文化、学生文化等等。七是文化功能论。包括文化与大学生成长、文化与学校建设等等。八是文化比较论。主要通过大学文化与其他区域文化、不同大学间（含不同国家大学间）文化的比较分析，研究大学面临的文化冲突、文化分化、文化同化、文化整合、文化隔离、文化交流、文化反省与文化选择等诸多内容。

21世纪以来，关于大学文化的探讨和关注，已经成为深化大学自我认识的一个重要契机和途径，以此提升大学管理品位，发挥文化"软势力"之效能。大学文化研究越来越多地聚焦于大学文化的功能研究，确立了大学文化两个最基本层面的功能：一是文化启蒙和文化传承，二是文化创新与文化自觉②。其中，更多的学者把"引领文化"确立为大学的重要功能或基本职能。

---

① 张雪天：《教育管理——首要关注现代学校制度和管理效能》，《中国教育报》，2007年1月27日第3版。

② 许杰、于建福：《高等教育管理研究的前沿动态和热点综述》，《中国高等教育》，2007年第13，14期合刊，第36～38页。

例如，赵沁平提出的引领文化、推进社会创新文化发展，正与培养人才、科学研究和社会服务一起被列为大学的第四种功能①。钱旭红等认为，"创新文化，引领未来"作为大学的新职能，有久远的传统根源，它既是许多教育家和大学改革者执著追求的大学理想，也是大学应对社会竞争、满足社会创新之需的现实理想，同时还是大学应对社会竞争、满足社会创新之需的现实选择②。陈骏认为大学是一个国家的重要文化源泉，不断引领国家的民族文化；大学崇尚科学与民主，追求真理，不断引领先进文化；大学通过对真善美的不懈追求，不断引领人本文化的实现③。

综上所述，我国对大学文化的管理功能，即在大学管理中如何发挥大学文化的作用的研究已经有所涉及，但还有待于向更宽范围和更深层次推进。国家自然科学基金委员会管理科学部"宏观管理与政策学科'十一五'发展战略与优先资助领域遴选研究课题组"制定的《宏观管理与政策科学"十一五"发展战略研究报告》中确立的优先资助的第一领域"公共部门的组织管理"中"公共管理基本理论与方法"的一个重要子项目就是"公共部门的组织文化与绩效管理"。由此可见，文化管理基本理论与方法的研究不仅在大学管理，而且在整个公共管理中都显得尤为紧迫。

三、大学文化管理研究的背景

国外学者关于大学管理研究主要有两个视角：一是结构主义视角，二是人与文化的视角。结构主义视角，侧重关注大学组织中法定的制度化权力，研究拥有决策权力的职位和机构，以及职位和机构之间的权力分配关系。人与文化视角，侧重于治理过程中的人与文化的影响研究，关注治理过程中的人际互动以及组织文化对治理过程和结果产生的重要影响。结构主义只关注制度化的权力，而人与文化理论视角则更加侧重于关注治理中各种类型的影响力和非正式过程④。

美国由于早先建立起了比较完善的大学治理结构，试图通过结构的调整来

① 赵沁平：《发挥大学第四种功能，引领社会创新文化发展》，《中国高等教育》，2006年第15，16期合刊。

② 钱旭红、潘艺林：《创新文化 引领未来 探索大学职能新境界》，《中国高等教育》，2007年第7期。

③ 陈骏：《引领文化是我国大学的重要使命》，《中国高等教育》，2006年第18期。

④ 郭卉：《反思与建构：我国大学治理研究评析》，《现代大学教育》（长沙），2006年第3期第29～33页。

改进大学治理的空间比较有限，因此研究者们较早地转向研究治理过程中人与文化因素对治理的影响，并取得了一些成果①。例如，鲍德里奇提出了大学治理的政治模式，认为决策产生于利益集团的冲突中，在决策中，非正式的影响力、协调和谈判无所不在，由此打破了大学崇尚理性决策的神话②。罗伯特·伯恩鲍姆在其名著《大学运行模式》中的核心观点就是有效的治理是随着大学的变化而变化的，大学的文化、历史和价值选择直接影响到治理的有效性③。

在管理的初级阶段，制度的特征更明显一些，比重更大一些；管理的高级阶段，文化的特征更明显一些。由于人与人之间具有个性差异，要想个体与个体、个体与组织之间达成协调一致，光靠制度管理是不够的，还需要文化管理来激励、教化和引导。我国大学管理，存在着制度性与人文性的"双重缺陷"。改变我国大学管理现状的根本对策应是"双向突破"。既要扎扎实实地强化制度，强化规范，推进科学管理，又要不失时机地加强文化管理，提升管理的层次和品位，做到实则泻之，虚则补之，保障血脉相通。因此，对我国大学管理而言，结构主义研究更为重要和紧迫，要更多地聚集于制度性、结构性内容研究，但是人与文化视角的研究也不可忽视。以往的研究往往过于关注制度本身，而忽视了人与文化因素在制度运行中的作用。因此，人与文化视角研究中有一大块的空白需要研究者去补充④。

第二节　大学文化的研究视角

本书主要侧重于研究传统文化背景下大学生群体组织行为的特征和意向，主要包括静态视角下大学文化性格的同期群比较研究和动态视角下大学文化趋向和谐的内驱路径和基本方略研究。

一、历时性和共时性相结合

在大学文化问题上，主要存在着两种不同的考察向度：一种是历时性的向

① 郭卉：《反思与建构：我国大学治理研究评析》，《现代大学教育》（长沙），2006 年第 3 期第 29～33 页。

② Baldridge, J. (1971). Power and conflict in the university [M]. New York: John Wiley.

③ 罗伯特·伯恩鲍姆著、别敦荣等译：《大学运行模式》，青岛：中国海洋大学出版社，2003 年版。

④ 郭卉：《反思与建构：我国大学治理研究评析》，《现代大学教育》（长沙），2006 年第 3 期第 29～33 页。

度，一种是共时性的向度。历时性的向度侧重于从大学文化的变迁来考察文化，有的侧重于从大学文化对大学组织的依赖关系去考察，有的侧重于大学文化本身的演进来考察。其立论也各不相同，有的强调文化作为一种意识形态对于管理者与被管理者之间的变化的依赖，有的则持一种非意识形态的观点，强调以技术进步和经济增长为主要内容的现代化进程对大学文化的影响。共时性的向度着重于考察不同的地域、不同空间的不同文化的区别。例如汤因比提出文化类型论，把世界上的文化区分为若干类型，并认为这些类型是很难变化的。亨廷顿的文化冲突论也持类似的观念。事实上，文化和生活方式从来不会固定于静态的环境，是不可能时间上固定、空间分割的。这正是汤林森（John Tomlinson）所提出的文化过程动态本质立论①。

二、静态论与动态论相结合

罗伯特·邓肯（Robert Duncan）从两个维度研究环境的不确定性：一是简单或复杂的程度，主要包括所面对的不同观念有多少，要考虑的不同因素有多少，要处理的事情有多少；另一个是静态或动态的程度，主要考虑问题变动或稳定的程度，它们是在进行缓慢的运动还是急速的变革②。如图 1-1 所示，罗伯特·邓肯研究认为大学的环境是复杂而稳定的。依据考察文化和文化管理的角度不同，文化自觉管理范式研究主要包括静态论和动态论两个部分。

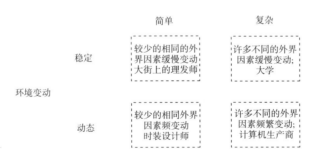

图 1-1　罗伯特·邓肯的组织环境类型学

静态论即结构论，也称为系统定向论。它以文化种群为分析单元，从已有

---

① ［英］汤林森（John Tomlinson）著，冯建三译：《文化帝国主义》，上海：上海人民出版社，1999 年版第 9～10 页。

② ［英］戴维·布坎南（David Buchanan）、安德杰·赫钦斯盖（Andrzej Huczynski）著，李丽、闫长坡等译：《组织行为学》，北京：经济管理出版社 2005 年第 1 版，第 48～49 页

的文化结构来系统分析或评价文化，即从名词"文化"的角度来分析文化心理和文化行为。静态论把文化和文化管理行为看作一个相对持久或比较稳定的意义系统，因此它也被称为意义文化系统观（culture-as-meaning system view）。动态论又称为功能论、过程论或实践定向论。它把实践作为分析单元，从动词"文化"概念的角度来看待文化和文化管理行为，把文化看作是一个动态的实践活动过程，从文化如何形成和演变的角度去研究人的文化和文化管理行为。这实际上是对文化进行动态的纵向的分析研究，注重文化的变化或演变性，强调对文化或文化管理行为的建构和管理过程的研究。这种理论认为，文化是一个意义生成和演变过程的研究。因此，它又被称为意义过程文化观（culture-as-signification-process view）。

静态论和动态论提供了互补性的文化动力学理论观点。静态论阐明了超越时间的文化保持或延续，而动态论则聚焦贯穿于语境和时间的文化意义的波动变化。

静态论认为，文化"不仅作为共享的表征而存在，而且还包括诸如风俗习惯、日常规范、话语模式和人造物等行为和物质方面"①，把文化视为文化所属种群的特性，是与该种群或集合体密切相关的现象，把文化看作一种对某一历史时期特定种群的所有人来说共享的、既定的东西。许多人类学家、跨文化心理学家和文化心理学家都持有这种观念，例如，著名人类学家吉尔兹把文化界定为"相互作用的能够理解或可理解的符号系统……在它之中（社会事件、行为、制度或过程）能被清晰地或可理解地加以描述的某些东西。"② 静态论强调或突出文化的稳定性、整体性、一般性和相对普遍性，把文化作为人的管理行为的一种"原因"或人的心理和行为形成、发展和表现的先决条件与变量，如典型的文化研究的准实验设计中的独立变量。

动态论把文化看作是不断的生产和再生产的过程，将实践看作由人来实施的活动方式。这样，不稳定性和变化性就成为文化的基本特征。从这种观点来看，文化是处于某种境遇或语境的活动的特征，即在语境中活动的人的特征。这种实践和处于某种境遇的活动观念不仅指向种群中的个体，而且也包括发生在具体时空中的日常活动。由此可见，动态论重视具体语境中的人的活动，认

---

① Miller, J. G., (2001). Culture and Moral Development. In David Matsumoto (Ed.), *The Handbook of Culture & Psychology*, p. 165.

② Geertz, C., (1973), *The Interpretation of Cultures*. New York：Basic Book, p. 14.

为学生学习和接受文化是通过日常活动来实现的，而不是经过已有的、相对固形的文化的单向影响或渗透来实现的。动态论有助于研究、理解和掌握同一文化的不同阶段或时期的连续性，注意到文化的量变。

由于文化发展与演变是由量变到质变的循环连续过程，其间既有局部的波动变化性，又有整体的稳定性，因而两种理论的差异和对立只是表面上的。实际上，两者是对立统一的关系。① 文化是活动方式与活动成果的辩证统一。文化研究既要面对既成事实，又不能把既成事实看成是僵死的、凝固的、不动的东西，而应当在对这些既成事实的研究之中，把握其精神，把握其中律动的脉搏和活的灵魂。这种方法本质上就是唯物的辩证的方法②。

第三节　文化研究方法的变迁与现状

文化研究方法论走过了一条自经验总结到科学实证再到理论多元的发展道路，其中大致经过了四个阶段：第一，感性描述阶段。这一时期的认识方法也是人类认识文化的最基本、最原始的形式，具有神秘性、故事性、如是性和情感性等特征。第二，哲学认识阶段。这一时期，人们开始理性地认识文化，具有抽象性、理智性、系统性等特征。但这一时期对文化的认识还是包含在对人类的总体认识之中，没有分化为一种独立的认识，没有形成较为系统的文化认识体系。第三，科学实证阶段。这一时期，不再从一般的抽象原则出发，而是主张从文化事实和文化问题出发，引入自然科学的研究精神和方法，大量运用量化的手段，致力于确切的文化认识。第四，理论多元阶段。进入 21 世纪以来，文化研究的后现代取向为当代社会文化研究提供了一种具体的、多视角的研究进路，文化研究呈现出多元化趋势。这四个阶段相互之间不是瞬间切换或对接的，而是经过不断争论和融合，并将继续发展并变化着。

一、文化研究方法的争论焦点

霍尔在其著名论文《文化研究：两种范式》中提出，文化研究领域占统治地位的思考和研究文化的两种方式分别是"文化主义"和"结构主义"两种范式，即人文主义方法论与实证主义方法论。文化研究方法在不同时期的争

---

① 李炳全：《文化心理学》，上海：上海教育出版社 2007 年第 1 版，第 114～121 页。
② 张岱年、程宜山：《中国文化论争》，中国人民大学出版社 2006 年第 1 版，第 2 页

论焦点都是围绕人文主义方法论与实证主义方法论之争①。

文化主义范式由英国文化研究的创始人威廉斯开创，后来，费斯克等人的"民粹主义"是其最典型、最极端的表现形式。文化主义在理论和方法上以社会学、人类学和社会学理论为基础，特别是借助芝加哥学派的民族志方法论来研究日常生活经验，将文化看作产生于人的经验的整体生活方式，强调文化的来源是人的经验和实践活动，把大众文化看作一种自下而上自发兴起的文化，一种真正的工人阶级文化，代表人民的声音，是作为能动性（agency）的大众文化。文化主义的观点明确认为文化是社会生活中的一种活跃和有影响力的存在，因此文化是任何关于社会的研究不可或缺的一面。它承认文化变迁是在社会结构这个"起源背景"中通过重新构型而发生的，但是它更注重于详细分析文化现象本身之间的相互影响②。这种范式在文化研究的初期阶段，也就是20世纪五六十年代，一直占据着主导地位。

结构主义范式在理论和方法上受惠于语言学、文学批评和符号学理论，对其影响较大的人物有列维·斯特劳斯、阿尔都塞、罗兰·巴尔特、拉康和福柯。其中最主要的代表是法兰克福学派、结构主义以及某些政治经济学派别③。结构主义范式开始于20世纪60年代中期，强调文化的结构和意识形态特征是人实践的最终条件或决定因素，将文化理解为符号形式或意识形态体系的一种结构，并把文化视为共有的意义、认同性和目的。因此文化是不确定的和易变的，更具有动态性，把大众文化看作由资本主义文化工业所强加、为利润和意识形态控制服务的文化，这种作为结构（structure）的大众文化，是通过在社会制度背景中的社会实践而发生的"生成"（becoming）。这种观点强调了文化与社会结构之间的社会中介，而忽视了文化的内容和文化对社会环境的影响。

文化主义过于注重具体的和复杂的文化现象，缺乏理论抽象力，结构主义的观点是对文化主义反理论倾向的一种抵消和弥补；文化主义确实强调文化的总体或整体性质，但是这种总体性最终是以人的能动性为基础，结构主义也认为文化必然被看作一个整体，但是这个整体不同于文化主义的整体，它是一个复杂的结构统一体，是由各种相对自主的冲突和对立构成的。结构主义的引

---

① 张新平：《教育管理研究的方法论》，褚宏启主编：《中国教育管理评论（第3卷）》，教育科学出版社2005年版第14～34页。

② 萧俊明：《文化转向的由来》，北京：社会科学文献出版社，2004年版第69～70页。

③ 陶东风：《文化研究精粹读本》，北京：中国人民大学出版社，2006年版第12～13页。

入，无疑是对文化主义的一种挑战，同时也是一种弥补。依照霍尔的观点，结构主义优势在于它消解了经验的中心地位，认为经验是社会结构的一种效应："结构主义的强项在于对'限定条件'（determinate conditions）的强调。"① 对照上述人文主义和结构主义两种文化研究范式，相应的人文主义与实证主义两种文化研究方法的差异如表1-1所示，主要表现在五个方面：

表1-1　人文主义方法与实证主义方法的差异

人文主义方法	实证主义方法
文化是	文化具有
差异化文化	统一文化
分割性文化	一致性文化
文化容忍	文化管理
管理控制	象征的领导方式

资料来源：NEEDLE, D. 'Culture at the level of the firm：organizational and corporate perspectives', in Jim Barry, John Chandler, Heather Clark, Roger Johnston and David Needle (eds), Organization and Management：A Critical Text ［M］, New York：Thomson Learning Business Press, 2000：101～118.

二、文化研究方法的选择态度

对于人文主义方法论和实证主义方法论的差异和争论，不管是文化研究方法论演变的不同阶段的研究群体，还是同一阶段的不同文化研究者个体，在方法选择上都存在以下三种倾向性态度：

（一）倾向于选择实证主义方法

1844 年，马克思在《经济学——哲学手稿》里，第一次提出"人学"的设想，并就人学的基础与自然科学的关系作了精辟的论述。马克思说："自然科学将失去它的抽象物质的或者不如说唯心主义的方向，并且将成为人学的基础"，"今后的自然科学将是包括人学的，正如人学也包括自然科学一样，这将是一门科学"。雅斯贝尔斯说过"只有透过科学并面对科学，我们才能获得对历史境遇的强烈意识，我们才能真正生活于我们这个时代的精神境遇。"②

---

① STUART HALL. 'Cultural Studies：Two Paradigms', Media, Culture and Society：A Critical Reader ［M］, London, 1986：31

② 雅斯贝尔斯著，余灵灵、信华译：《存在与超越：雅斯贝尔斯文集》，上海三联书店，1988 年版。

文化环境虽然是一个感性的环境，但是在感性之中也包含着理性的内容和成份。文化人类学、文化社会学等主要是研究文化对行为的影响，是组织行为学研究涉及人类学的最主要的学科，行为科学是从解决管理工作中人的问题着手，使用科学程序观察和解释组织中人类行为的科学，组织行为学的含义之一就是运用科学实验的方法，研究人在特定环境中的行为规律的一门学问，主要描述、理解、预测和控制在一个组织环境中的人类行为。

（二）倾向于选择人文主义方法

客观事物之间、尤其是文化层面事物之间的关联性、因果性和精神、社会等因素都很难用数学或物理及其他自然科学的认知形式表现出来，它的真实性往往被表象所掩盖。加之主观知识会由于人类差别的特异性而激增，文化科学的客观性并不是确立绝对"正确"的事实，而是保证所有实践者选择同样的事实。因此，文化研究中有很多内容是不可衡量的，也是不能量化考核的。纯粹的量化简化了管理，但是丢掉了灵魂①。20世纪初期，德国现象学家胡塞尔（Husserl Edmund）认为人类有本体论的特点（ontological characteristics），研究人性不应模仿自然科学的机构模式，而应该提出一种在研究中能符合人的独特存在的科学②。马克斯·韦伯也认为，文化认识在性质上是概念的，而不是描述的。他反对由于自然科学的成功而认为社会、历史或文化分析也应该去建立"规律"和进行经验概括，认为文化分析与历史分析不应去"建立一个可以以限定的方式来统摄和分类现实，并且可以依据它再次推断出现实的封闭体系"③。

（三）倾向于两种方法相互结合

这种观念认为文化研究没有持久一致的方法论，没有任何方法论可以被赋予特权，也没有哪种方法可以被排除在外④。文化研究在人文主义方法和实证主义方法两者之间，不应该以简单的二分法去肯定或否定某一方。行为科学管理中，人性分析法与科学方法是结伴而行的，文化研究过程中实证研究与理论研究也是相伴而生。实证研究不仅可以检验理论逻辑，更重要的是通过实证研

①　庄学明：《量化管理：企业运作的润滑油》，《管理科学》，2006年第10期第36~37页。

②　车文博：《人本主义心理学》，杭州：浙江教育出版社，2003年版第339页。

③　WEBER, MAX. "Objectivity" in Social Science and Social Policy, The Methodology of the Social Sciences ［M］. New York：Free Press, 1949：70~80.

④　GROSSBERG, L. NELSON, C. and TREICHER, P. (eds) Cultural Studies ［M］, London：Routledge, 1992：187~198.

究来发现现有理论的局限性，从而推动新的理论产生。一方面，运用人文主义方法的同时要增强文化研究的客观性、精确性、系统性和可控性；另一方面，运用实证主义方法的同时要从社会性角度来理解人，融合心理学、社会学和人类学的方法来分析人性，而不是只关注人的经济行为①。正如布劳（Blau）所指出的，"按照纯粹理性的技术标准管理社会组织本身就是非理性的，因为它忽略了社会行为的非理性方面"②，文化研究要运用实证主义方法，但不能仅仅依靠实证主义方法。因此说，文化研究中，理性的与非理性的方法应该是相互结合，相互统一的。

三、文化研究方法的科学化路径

传统哲学和实证主义都认为宇宙运动的规律应按照其本来面目来描述，尤其是19世纪以来占统治地位的实证主义更是认为客观世界是由无数具象的客观物质组成的，因此，事物的规律完全可以通过数学或自然科学方法去认知。在这样的时空背景下，文化学家、人类学家开始运用实证主义方法研究文化。法国哲学心理学家、实证主义的创始人孔德（Comte Auguste）从物理、生物、人类和社会等各种现象本质相同的观点出发，提出人性是一种自然现象，人类科学是社会物理学（social physics），应该把实证主义方法论引入人类科学③。

19世纪中期，英国最杰出的人类学家爱德华·泰勒（Edward Burnett Tylor）通过比较文化研究，运用实地调查法，从人类的文化和心理方面对文化背景中的人进行研究，用统计方法来研究进化的现象。这可以说是人类学和文化学的研究方法上的一个突破。哥尔特威士在其所著的《文化人类学》（Culture Anthropology）一文中认为泰勒对于材料的选择特别小心，判定事物特别谨慎，有了很多类似达尔文的地方，就是因为爱德华·泰勒善于利用科学的方法研究文化的现象④。19世纪后半叶到20世纪初，欧美实证主义思潮在认识论领域影响逐渐扩大，在某种意义上，自然科学和工具理性成了认知和真理的同义词。一批著名的文化人类学家通过田野考察和实证研究对文化现象进

---

① 李霄山：《从经济组织到其它社会建制——西方管理学研究领域的扩张趋势》，《管理科学》，2003年第7期第9~10页。

② PETER. M. BLAU. Bureaucracy in Modern Society［M］，New York：Random House，1956：28~33.

③ 车文博：《人本主义心理学》，杭州：浙江教育出版社，2003年版第338页。

④ H. E. BARNES, the History and Prospects of the Social Sciences［M］，New York：knopf 1925：216。

行描述和阐释，其中以摩尔根、巴霍芬等人为代表的古典进化论学派学者自觉地以文化问题为研究对象，并提出了文化的系统阐述。

20 世纪，文化学家对文化的研究逐步超越了对文化现象的实证描述和对文化在历史进化中的地位的一般探讨的阶段，开始对具体的文化模式、文化功能进行研究。例如，以斯宾格勒和汤因比为代表的文化形态史观研究；本尼迪克特对印第安人的日神型文化模式和酒神型文化模式的探讨等等。此外，专家开始对一些具体的文化问题进行研究。例如，以拉德克利夫·布朗、马林诺夫斯基等人为代表的功能主义文化学派对文化功能的研究；卡迪纳、米德、林顿、克莱德·克鲁克洪等人关于文化和人格问题的研究；列维·施特劳斯等人的结构主义人类学对于具体文化现象的结构学探讨；利奇、道格拉斯、特纳等人的象征人类学对仪式象征问题的研究等等①。在文化研究过程中，一些专家学者的研究视野不断拓宽，研究内容日益丰富。例如：本·卡林顿的《解构中心：英国文化研究及其遗产》强调了社会学与文化研究的内在联系，提出应该消除两者之间已经形成并正在强化的紧张。詹·韦布的《文化研究与美学：快感和政治》探讨了文化研究与美学、快感与政治结合的可能性，提出可以吸取后美学思想的长处，既不把艺术品简化为简单的商品和只供分析的文本，也不把艺术恢复为大写的艺术的地位②。

20 世纪中后期，文化研究逐渐进入应用性学科阶段和学术性学科阶段。著名人类学家 F. 博厄斯以人类统计学的客观方法代替传统解剖法，以大量调查资料论证了人并非完全由遗传决定的，环境和教育有极其重要的作用，而且教育必须重视文化背景。斯平德勒（Spindler）提出工具性模式，其基本原理是："通常只要可接受行为能产生预期性的和符合愿望的结果，那文化系统就能运行。"③ 他以此发展了一种以收集有关文化传递模型资料为目的的工具活动调查表，以 37 套表示传统的和新的工具性活动的线条画和图片材料组成。通过对被试者按特定方式选出他喜欢的画片作正态统计分析，从而决定他在工具性选择和定向中的变化④。1964 年，当代文化研究中心（CCCS）在英国伯

① 衣俊卿：《文化哲学十五讲》，北京：北京大学出版社，2004 年版第 5～6。

② 陶东风：《文化研究精粹读本》，北京：中国人民大学出版社，2006 年 2 月版第 7～9 页。

③ SPINDLER, G. D. Doing the Ethnography of Schooling: Educational Anthropology in Action [J]. New York: Holt, Rinehart and Winston, 1982.

④ SPINDLER, G. D. The transmission of culture. In G. D. Spindler (Ed.) Education and the Cultural Process: Toward an Anthropology of Education [J]. New York: Holt, Rinehart and Winston, 1974.

明翰大学宣告成立，成为文化研究走向科学化、制度化的一个重要标志。从此开始，文化研究不仅在西方学术体制内部逐步站稳了脚跟，而且演化为 20 世纪的一场国际化的思想运动。

四、文化研究方法的多元化走向

博厄斯曾说，文化现象太复杂，"现象越复杂，它们的规律就越具有特殊性"，因此，"想建立一个适用于任何地方的任何事例，并能解释它的过去与预测未来的概括性的结论是徒劳的"①。21 世纪以来，由于文化研究本身的多学科性和跨学科性，加之文化在当代社会中的复杂性质和作用明显增强，形成了文化研究的后现代取向，推进了文化研究的多视角研究进路和多元化理论趋势。多视角的后现代主义文化研究，对不同的理论见识采取一种近乎实用主义的接纳态度，强调后现代与传统之间的差异以及两者之间的连续性。

（一）实际旨向与技术旨向相统一

人文主义研究方法与实证主义研究方法之争，从根本上讲是实际旨向和技术旨向两种不同的认知价值取向之争。实际旨向则是从社会历史、文化，人与人相互之间的理解和阐释出发的认知取向，技术旨向是一种以分析实证为方法的认知取向。后现代取向下，文化研究在方法选择上坚持效率理性追求与价值伦理表达的统一，从物化、被动、孤立的、唯利是图的人的假设走向现实的、关系的互为主体性的人的假设，由单一简化体系走向多元综合模式，克服人文主义与实证主义二元结构内单一选择的局限，反对方法中心论，力求以解决问题为中心；反对实验主义，力求方法的多元性；反对方法论的单维性，力求建构系统方法论。

（二）理性与非理性相统一

理性是什么？梁漱溟先生在《中国文化要义》中从哲学的角度说，"理性始于思想与说话。人是动物；动物是要动的。但人却有比较行动为缓和、为微妙的说话或思想这事情。它较之不动，则为动；较之动，则又为静。至于思想与说话二者，则心理学家曾说过'思想是不出声的说话；说话是出声的思想'，原不须多分别。理性诚然始于思想与说话；但人之所以能思想能说话，亦正源于他有理性。"② 文化研究方法中的理性，是指以唯物的态度对事物进行观察和研究，从而发展成科学，形成逻辑；而非理性则是人的直觉、意志、

① BOAS, F. "Race, Language, Culture"［M］. New York, 1940：255～257.
② 梁漱溟：《中国文化之要义》，上海人民出版社，2005 年版第 109 页。

欲望、本能、灵感等，这些同样也是人创造力的重要源泉。科学哲学家波普尔、库恩、拉卡托斯、费耶阿本德等人的各种著作以及许多观点都有一个共同点，就是表明科学理论如同海上漂浮的冰山，有一个巨大的被淹埋的部分，这部分是"非科学"的，但对于科学的发展又是必不可少的。科学的发展远远不是与理性主义的发展同一的，而是符合一个充满非理性化和重新理性化的不稳定的过程①。

五、比较视野下我国文化研究方法的缺失

保罗·史密斯在其出版的论述当前文化研究领域之状况的文集《备受怀疑的文化研究》中（*Cultural Studies in Question*）提出，在文化研究上必须创造一种能够将文化研究与马克思主义（政治经济学）结合，能够分析生产的不同层次之中和之间各种决定性过程的新的文化研究形式②。科学管理方法尤其是定量分析，在国外文化研究中已经广泛运用，有了相对公认的测评模型，例如美国、法国等国家都有自己的民族文化评价库，并且有一定的规则来合理地使用这些评价库③，而我国在这方面还相对欠缺④。

在传统的文化研究中，我国一些学者往往自觉或不自觉地应用功能观，有的甚至采用积极或消极性的类型学视角作了大量的分析。自 20 世纪初以来，我国的学者开始关注中国文化的基本模式对中国人的性格、社会行为、组织行为的影响⑤，尤其在中国文化对中国文化概念、中国人的行为方式及其结果表现的影响，提倡"一导多元"的文化研究方法，借鉴和运用管理科学方法进行研究。所谓"一导"，就是以马克思主义为指导，所谓"多元"，就是多方吸取和运用传统的和现代各研究方法。在研究视角上，主张兼顾科学主义研究视角和人文主义研究视角；在基本研究原则上，主张以现代文化学的概念与体

① 龙跃君：《复杂性方法对教育研究视角选择的启示》，《江苏高教》，2008 年第 3 期第 11～13 页。

② 陶东风：《文化研究精粹读本》，北京：中国人民大学出版社，2006 年 2 月版第 3 页。

③ 米歇尔·拉蒙（Michèle Lamont）、劳伦·泰弗诺（Laurent Thévenot）：《走向重构的比较文化社会学》，［美］米歇尔·拉蒙、［法］劳伦·泰弗诺编，邓红风等译：《比较文化社会学的再思考：法国和美国的评价模式库》，北京：中华书局，2005 年 1 月第 1 版。

④ 孙兵：《持续成功企业文化管理实战路径》，《管理学文摘卡》，2006 年第 5 期第 42～44 页。

⑤ 林语堂：《吾国与吾民》，岳麓书社，2000 年；梁漱溟：《中国文化要义》，上海人民出版社，2005 年；杨国枢：《中国人的心理与行为的本土化研究》，中国人民大学出版社，2004 年；黄光国：《人情与面子：中国人的权力游戏》，见黄光国主编，《中国人的权力游戏》，巨流图书公司，1991 年；翟学伟：《中国人际关系的特质——本土的概念及其模式》，社会学研究 1993 年第 4 期；边燕杰、张文宏：《经济体制、社会网络与职业流向》，中国社会科学 2001 第 2 期。

系为参照的原则、科学的历史主义原则、系统性原则、客观性原则、文化性原则、求同与求异相结合的原则和古为今用的原则等等；在具体研究方法上，主张依据研究对象的具体情况，灵活采用考证法、语义系统分析法、归纳法、比较法、诠释法、分析法、效验法、调查法和统计法等等①。

目前，管理科学与中国文化有机结合研究的代表及其成果主要有成思危提出的"复杂性系统管理"、席酉民提出的"和谐管理理论"、成中英的"C理论"、曾士强的"M理论"、苏东水的"东方管理理论"、黄光国的"人情—面子理论"、郑伯埙的"家长式领导理论"等。其中，著名管理学者席酉民基于中国传统文化，于1987年提出了和谐管理的思想，并运用数理管理科学方法加以结构性拓展，通过近20年的研究形成了较为系统的和谐管理理论②。这些成果代表了我国文化研究的一种进步，但是仅仅占我国文化研究整体的一小部分，而更多的文化研究成果是从现象学的角度运用"纯粹的描述方法，而不是科学的——像对待经验科学的本质所理解的那样"③，而是"把文化与一整套描述联系起来，通过这种描述得到理解，并且表达自己的共同经验"④。

六、我国大学文化管理研究方法的现状

大学文化管理研究既属于文化社会学的研究范畴，又属于教育管理学，尤其是高等教育管理学的研究范畴，所以必须从教育管理研究方法体系的视角审视和定位大学文化自觉管理研究的方法选择。

教育管理学是一门认识和理解教育管理现象———一种融"实在性、理解性和批判性"于一体的复杂现象，谋求教育管理改进之道的社会科学。南京师范大学张新平教授在《教育管理学导论》一书中把教育管理学的方法体系分为"两层面三层次"，"两层面"是指教育管理研究的方法体系和教育管理工作的方法体系，而"三层次"是指每一层面的方法体系都是由方法论、研究方式与方法技术所构成的一个有机系统⑤。陈孝彬教授研究认为，教育管理

① 汪凤炎、郑红：《中国文化心理学》，广州：暨南大学出版社，2005年5月第1版，第24页。
② 周建波：《从管理与文化的关系看中国特色的管理学》，《管理学报》（武汉），2007年第2期，第144~151转156页。
③ [美] R·沃斯诺尔等著、李卫民等译，《文化分析》，上海人民出版社1990年版第34、36页。
④ [美] 斯图亚特·霍尔，《文化研究：两种范式》，《文化研究》第1辑，天津社会科学学院出版社2000年，第44页。
⑤ 张新平：《教育管理学导论》，上海教育出版社2007年版。

研究的方法论或者"方法学"的完整体系主要由三个层次组成：第一层次是马克思主义哲学，第二个层次是系统分析的科学方法，第三个层次是开展教育管理研究的具体科学方法①。两位学者从不同的角度构建了教育管理研究的方法体系，张新平教授的"两个层面"，实际是教育管理的两个不同面向：理论与实际。陈孝彬教授的"三个层次"与张新平教授提出的"两层面三层次"中的"三层次"，实际上是相统一、相对应的。综合这些研究成果和趋势，教育管理研究正在着力构建包括方法论、研究方式和方法技术三个层次在内的有机系统，管理科学研究方法主要有三种：一是现场研究，就是在现场收集被调查者的各种反应进行分析研究的方法，包括自然观察和深入调查两种类型；二是实验室实验；三是现场实验，可以看作是"应用型"实验室实验，如霍桑实验。在管理科学研究的基础上，教育管理研究的方法论及研究范式，主要有思辨研究、实证研究和实地研究三种基本类型。当前，高校文化管理研究在具体的方法论、研究方式和方法技术上的选择上，呈现出一种极富生命力的多元化趋势。安文铸教授在《现代教育管理引论》和《学校管理研究专题》两书中，从系统科学的概念范畴和共同原理出发，阐述了教育管理研究方法论的四个主要原则，即整体优化原则、合理组合原则、环境适应原则和动态平衡原则②。张新平教授研究认为，当前教育管理学理论表现出五个基本发展趋势：一是由单一简化体系走向多元综合模式，二是从以"管"为中心走向以"理"为中心的阐释，三是从物化、被动、孤立的、唯利是图的人的假设走向现实的、关系的互为主体性的人的假设，四是从描述解释取向走向批判反思，五是从效率理性追求走向价值伦理表达。

在文化研究方法趋向于科学化、多元化的背景下，我国大学文化研究和文化管理研究模式一般也是解释性、文本式的，研究内容还停留于政治和思想层面的单纯的文化分析上，研究方法也还是停留于概念性的静态研究和理论分析上，而不是实证性的分析上，关于文化对管理的影响和作用的讨论也限于经验判断，缺少实质性的理论发现及其解释，缺乏深入的实证研究和建立在调查数据之上的理性分析成果，研究成果主要还是停留于概念介绍、理论普及和感性议论阶段。

---

① 陈孝彬：《教育管理学研究中的方法论初探》，《中小学管理》1987 第 2 期。

② 安文铸：《现代教育管理学引论》，北京：北京师范大学出版社 1995 年版第 125～155 页；安文铸：《学校管理研究专题》，北京：科学普及出版社 1997 年版第 20～37 页。

第四节　情境假定与研究思路

一、情境设定

情境设定是指未经过也不准备在研究工作中验证，但从逻辑上承认这种自行设定的假定。它并非研究主题，只是作为一种前提条件或约束条件而存在①。影响大学文化的因素是多方面的，诸如学校的历史、地位、类型等等；大学文化对大学组织及其组织成员的研究也是多方面的。本书主要从共性的角度，探讨大学文化对大学生个体目标与大学组织目标契合的影响。因此，本书研究的情境设定主要有两点：

第一，文化是传播的，因此在不同的大学，可以找出雷同的特质。文化是有进步的，因此在不同的大学，可以找出相同的阶段。因为大学文化有了雷同的特质与相同的阶段，所以可以用科学的方法去研究。本书假定样本高校的文化在特定环境、相同阶段内具有共同性的特质，因此可以在共同性的文化视野中研究分析大学文化趋向和谐的内驱路径。

第二，文化社会学理论对于不同层次意义的文化概念建立了一致性的假定，认为文化是在体系内部的层次之间协调一致，彼此高度依赖、相互共生的一套整合体系，作为不同层次意义的同一文化概念相互联系、相互转化，表达了文化运行和文化延续（再生产）的内在机制。正是组织文化这种内部一致性发生机制或再生产机制为组织成员提供了塑造社会角色行动的价值和规范。本书假定研究者、大学文化所属群体中的个体与群体（主要指大学生）对大学组织文化的理解和表达与实际存在的文化是一致的。

二、主要内容与结构安排

2003 年，王俊峰研究给出了社会调研文章的研究步骤②，利物浦大学图书馆安小米博士按照国际惯例给出了社会科学学位论文的结构和各个部分的比例③。2004 年，马庆国（2004b）在这两位学者的观点的基础上给出了有实际管理对象的学位论文的基本结构的建议：第一，前言（占全文 5%）；第二，文献分析，提出问题，论证研究现状和本研究的起点（20% 至 30%）；第三，

---

① 李怀祖：《管理研究方法论》，西安：西安交通大学出版社 2000 年版第 58～59 页。

② 王俊峰：《论文写作的游戏规则——学术规范》，《中国研究生》2003 年第 1 期。

③ 安小米：《学位论文写作如何符合国际学术研究惯例》，《中国研究生》2003 年第 4 期。

研究设计，介绍拟采用的方法，包括变量的定义和测量，研究数据的收集方案和模型构建方案等（约10%）；第四，数据分析过程和结果（30%左右）；第五，数据处理结果的讨论、分析和结论（20%）；第六，对策（问题与展望）（10%）；第七，参考资料、附录等（1%）①。

这一结构的优势是突出研究方法及研究过程，本书以此为参考，但并没有拘泥于这一结构和比例，对有的部分作了一些合并，有的部分作了一些拓展。首先，在研究设计理论模型构建方案前，增加了一定量的理论研究和基础性验证研究，即关于大学文化的静态分析、供给关系和动力系统研究，一方面完善大学文化自觉管理的理论体系，另一方面引导出变量定义（文化性格、供求均衡和契合模式等3个类别6个方面的变量），避免变量定义成为"无源之水、无本之木"。其次，拓展和充实了"对策"部分，针对实证研究的结构模型特征，分析大学文化建设与文化自觉管理战略的选择思考，实现问题的出现不是为了提出而是为了解决。

基于上述分析，本书主要研究四个方面的内容：一是大学文化自觉管理的理论，二是大学文化自觉管理的向度，三是大学文化自觉管理的内驱模型，四是大学文化自觉管理的战略思考。

第一篇，"大学文化自觉管理理论"是基于文化管理理论的一种拓展和提升，在主体上涵盖社会、组织（大学）、人三个方面，在向度上包括过去、现在和未来三个维度，在结构上包括大学文化的内部结构与外部结构，其文化执行力的驱动路径也是多维度、多向度的。

第二篇，在构建大学文化自觉管理理论体系的基础上，比较研究分析高等教育人本主义价值取向的变迁和跃进，进一步界定大学文化自觉管理的人本向度的具体内涵。

第三篇，重点研究大学组织内部文化促进个体与集体和谐的驱动模型，寻求其中具有优势的驱动路径。

第四篇，基于大学文化自觉管理的人本向度和内驱路径中的优势路径，结合战略管理理论，思考和探索大学文化建设、管理的基本方略。

四部分之间的逻辑关系是：第一篇既是基于文化管理的理论创新，又是全书的理论基础和统领；第二篇是大学文化自觉管理的内驱模型中的假设依据；

---

① 马庆国：《管理科学研究方法与研究生学位论文的评判参考标准》，《管理世界》2004年第12期第99~108页。

第三篇实证性检验假设，选出其中的优势路径；第四篇是理论向度和实验模型中的优势路径，在大学文化建设中的微观运用。

三、研究思路

本书的具体研究思路和方法路线见图1－2所示。

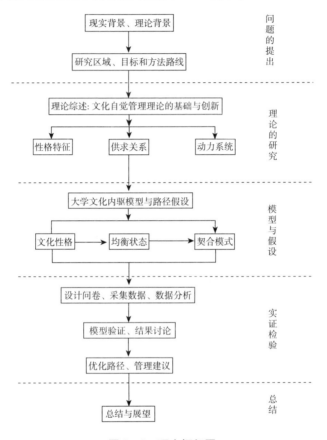

图1－2　研究框架图

四、研究方法

大学文化管理研究既属于文化社会学的研究范畴，又属于教育管理学，尤其是高等教育管理学的研究范畴，所以必须从教育管理研究方法体系的视角审视和定位大学文化自觉管理研究的方法选择。

根据教育管理研究方法的原则和变迁趋势，本书坚持技术旨向与实际旨向相结合的原则，以解决问题为中心，在社会科学理论研究的基础上，重点运用实证性研究方法，通过深度访谈、反复征询、问卷调查、定量分析与实证研究，构建和验证一个反映大学文化性格特征、供求均衡状态和目标契合模式三者之间关系的文化内驱模型。

本书以大学的主体成员——大学生作为大学文化的作用对象和基本的分析单位，客观收集数据资料，运用以数理科学为基础、以事物中性假设为基点的管理科学方法进行研究，尽可能完整地描述测试过程，清楚地表述研究过程中的测量程序、变量的计算、使用的方法。

一是模型和测量指标体系的构建方法。在理论分析的基础上，借鉴德尔菲（Delphi）法，通过深度访谈和反馈函询，借鉴企业等其他组织文化的理论模型，初步构建大学文化内驱模型及其路径关系；借鉴国内外相应的测量指标体系，拟定大学文化内驱模型的因素测量指标。

二是数据收集与检验的方法。以问卷调查作为主要方法，一次性收集相关信息，依据 Likert 5 分评价标准，通过数据统计进行样本检验和载荷检验，分析信度和效度。

三是模型验证的方法。运用统计分析方法中的结构方程模型（Structure Equation Modeling，SEM）和 Amos（7.0）统计软件包，得出大学文化内驱模型的拟合指数和假设检验结果。

四是优势路径的筛选方法与案例验证。通过删除无显著关系的路径和负向作用关系的路径，比较有效路径的相关系数，筛选出大学文化内驱模型中的优势路径。并通过案例研究进一步验证结论。

第五节　创新追求

要创人之无，必须要学人之有。本书主要在已有的相关研究成果的基础上，探索性地构建了包括基础理论、人本向度、内驱模型和基本方略在内的大学文化自觉管理理论框架和应用体系，进行了较为系统的研究，实现了一些突破和创新。

一、创新基础

第一，清华大学经济管理学院张德教授和吴剑平博士构建的文化管理"三三"理论模型，研究的是组织之外的人、组织、社会三者之间的文化关系，模型比较宏观①。本书的研究对象更加微观，所构建的模型是文化自觉语

---

① 张德、吴剑平：《文化管理——对科学管理的超越》，北京清华大学出版 2008 年版。

境中大学组织内部的文化力驱动模型，并进行了定量分析和实证研究。

第二，上海交通大学文化产业与管理系胡惠林教授从经济学的角度，把价格作为影响文化商品供给与需求的矛盾运动的极其重要因素，研究由文化市场供求规律的内在运动自发形成的量价均衡关系，把供求均衡分为静态均衡和动态均衡①。本书从大学文化的需求主体（大学生）的感受程度和参与调节供求关系的能动作用，将大学文化供求均衡关系分为自觉性均衡和自发性均衡。

第三，西安交通大学人文学院副教授、管理学博士雷巧玲女士构建了企业文化、心理授权与知识型员工组织承诺之间的关系模型②，本书将文化供求关系的均衡要素引进模型，实现了主观性要素和客观性要素的耦合，进一步深入分析客观存在的主观因素的影响，提高了模型的实用价值。

二、创新路径

第一，视角的突破。本书突破我国大学管理对文化自然秩序的默认格局，揭去大学管理过程中文化的中立、自然的表象，凸显大学文化与大学治理的关系。目前，我国的高等教育正处于外延发展向内涵发展、规模发展向质量发展的转型期，其中由中专校升格高职高专院校面临更为严峻的学习性文化向学术性文化的转型，大学文化自觉管理研究属于大学发展转型中的管理新问题研究。通过自觉管理，把大学文化由装饰文化变成一种执行文化，落地生根，变成管理执行力，从"文而不化"变成"文而化之"，实现文化力与执行力的统一。本书研究的重点不是"文化究竟是什么东西"，而是对大学文化资源禀赋进行评估，研究组织文化在组织管理中应该怎么样。

第二，理念的创新。本书立足文化社会学中的文化自觉和管理学中的文化管理两者的交叉区域提出"文化自觉管理"的理念，相对于"文化自觉"和"文化管理"而言，在理念上是一种提升和创新。大学文化自觉管理，既是一种理念，又是一个假设。把"以人为本"的取向作为中国大学文化的共性特征和共同追求，在强调人与自然、人与社会和谐的语境中，大学文化既要保持相对的独立性，又要增强渗透力和影响力，这就是文化自觉管理中"自觉"的意义所在。大学文化自觉管理把社会学中的文化"自觉"理念融入文化管理，相对于原先的"文化管理"而言，从管理学的角度，突破原来对大学文

---

① 胡惠林、李康化：《文化经济学》，太原：书海出版社，2006 年 7 月版。

② 雷巧玲：《文化驱动力——基于企业文化的心理授权对知识型员工组织承诺影响的实证研究》，北京：经济管理出版社 2008 年版。

化的纯思辨性研究，建构理性研究的框架与体系，强调了对文化的理性评价与科学运用。使大学文化管理更具科学性、工具性和执行效应；从文化学的角度，完善大学管理理论，使大学管理更富有人性、人情味和文化色彩。

第三，方法的耦合。管理科学和系统论的核心是结构观，结构观强调结构关系至上，承认系统内和系统外的动态冲突，由动态不均衡、矛盾运动到悖论均衡关系的结构存在，强调结构运动与转化过程的结构本质和结构价值；系统观强调整体性，但整体性不是至上的。相对于欧美文化以分析的、结构冲突的、欲望竞争的方式关注人与世界的终极和谐问题而言，我国传统文化以顿悟的、整体合一的、欲望心修的方式关注人与世界的终极和谐问题，其核心是整体观。相对于结构本位的、理性的、逻辑思维的，具有形而上的思想递进力与结构观的欧美文化，管理科学与我国传统文化悖论性地存在着相容相克。文化自觉管理，既要吸收、消化源于西方管理科学的普适性原理与合理精华，又要识别保留中国文化的个性和精华；既要优先设计竞争战略又要自然演化组织文化合力意识。

第四，机制的完善。本书从文化研究的大背景下，选择文化研究的科学方法，吸纳文化管理的先进理念，把它们运用于我国大学文化管理，构建了大学文化从评价到运用，从运用到绩效的完整测控过程。这一机制的建立和完善，在目前我国高校文化研究上是一种突破和进步。

三、具体的创新之处

基于上述理论和模型，本书具体的创新之处主要体现在以下几个方面：

第一，本书在文化管理理论的基础上，借鉴社会学中的文化自觉理论，探索性地构建了文化自觉管理的理论体系。

第二，本书借鉴心理学上的性格分类、经济学上的供求关系和组织行为学上的组织承诺，给出了大学文化性格、供求均衡状态和目标契合模式三个概念的内涵及其类型划分，引导出独立性文化、顺从性文化、自觉性均衡、自发性均衡、感动性契合、被动性契合六个变量定义，提出了六个变量之间的路径关系，探索性地构建了大学文化自觉管理的内驱模型及其结构方程（SEM）测量模型。通过定量分析，概括了当前我国大学文化的总体特征和变化趋势，较好地验证了假设的合理性，筛选出了大学文化内驱模型中的有效路径和优势路径。

第三，本书在大学文化内驱模型的构建和验证过程中，实现了两项突破：一是在综合评述现有文化结构模型的基础上，创造性地设计了文化结构的

"立体动态"模型；二是在依据供求变化中的量价均衡关系把供求均衡分为静态均衡和动态均衡的基础上，从文化需求主体的感受和参与调节的能动程度，将文化供求均衡关系分为自觉性均衡和自发性均衡。

第六节　本章小结

在我国大学文化研究停留于文化样式分析、大学文化管理研究停留于文化建设规划的背景下，研究方法也还是停留于概念性的静态研究和理论分析上，本书以现代文化管理理论为基础，借鉴社会学中的文化自觉理论，探索性地从理念、理论和模型三方面构建文化自觉管理理论体系。大学文化自觉管理中文化力的驱动路径是多维度、多向度的，本书着力研究大学组织内部的文化力驱动模型，即大学文化内驱模型。通过文献检索、理论分析、德尔菲法（深度访谈、反复征询）、问卷调查、结构方程模型等方法，构建内驱模型，界定变量定义，提出路径假设，设计测量指标，收集数据，检验信度、效度和拟合结果，描述大学文化的总体特征和变化趋势，筛选出有效路径和优势路径。

第二章

大学文化自觉管理的理论界定

本章从文化与教育、管理的关系入手，从文化社会学和教育管理学两个角度，对本书所涉及的主要概念进行界定，分析了大学文化的管理职能，给出大学文化自觉管理的研究范式。

大学文化自觉管理，是文化社会学与教育管理学相互交叉的一个边缘性区域。如图 2－1 所示，从文化社会学角度看，依次是"文化→组织文化→大学文化→大学管理文化→大学文化自觉管理"；从管理学视角看，依次是"管理→教育管理→大学管理→大学文化管理→大学文化自觉管理"，最终的交叉区域是"大学文化自觉管理"。

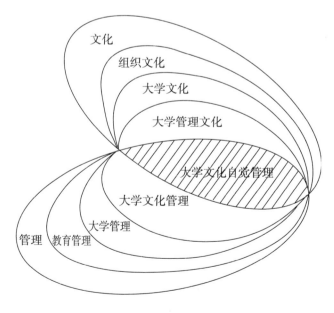

图 2－1　研究区域定位图

第一节　文化与教育、管理的关系辨析

文化是人的心灵内涵的修养，是社会的灵魂，不是孤立存在的、自动生成的，而是在一种氛围、环境中创造出来的，它体现的是活力和创造，展示的是激情和动力。在大学的教学、工作和生活当中，文化、教育、管理三者是密不可分的，是一体化的，文化既有教育的属性，也有管理的属性，管理同样又有教育的功能。

一、文化与教育的关系

从人类的基本社会活动来分析，影响教育的因素应该分为政治因素、经济（生产）因素、文化因素等等，其中文化因素对教育的影响尤为深刻和持久。在德语中，指称教育的概念有两个词：Bildung 和 Erziehung。Bildung 的意思是"由外部的文化力量去形成一个人完整的内在性格，包括知识、道德、个性、审美趣味等等"；Erziehung 的意思是"提供条件使一个按其内在秩序成长起来"的意思。一个强调外在的陶冶，一个强调内在的生长。两者都说明了文化环境与教育的密切关系。德国的施奈德（Friedrich Schneider，1881～1974）和英国的汉斯（Nicholas Hans，1888～1969）认为，影响教育的因素有国民性、地理位置、文化、经济、科学等。汉斯把影响各国教育的因素分为：一是自然因素，包括种族、语言、地理和经济等因素；二是宗教因素，包括天主教传统、圣公会传统和清教徒传统等因素；三是世俗因素，包括人文主义、社会主义、民族主义、民主主义等因素[1]。

从上述理论中可以看出，教育与文化的关系表现为三方面：一是教育是一种文化传递过程；二是人生活于文化之中，人的发展是接受文化传递，适应文化变迁的过程；三是文化变迁与教育变迁是一致的[2]。

教育不仅有政治的功能、经济的功能，还有文化的功能。教育就如一条大河，而文化就是河的源头和不断注入河中的活水。同时，教育又是按照一定社会价值而设计创造的一种文化形式，不仅规定着人的发展方向和水平，而且也在推动与发展着一种民族文化和民族精神。正如美国教育人类学家斯宾德勒（Spindler，G. D.）所说："教育对文化的传递常常被文化中的种种分歧和冲突

---

① 王承绪、顾明远：《比较教育》，人民教育出版社1999年第3版第1章。
② 冯增俊：《教育人类学》，南京：江苏教育出版社2001年2月第1版第20页。

弄得复杂化。"① 智利教育社会学家布伦纳曾对拉丁美洲的教育与文化进行了考察，借用文化人类学的"文化模式"概念对文化模式与教育模式之间的关系进行了研究分析，区分出了拉丁美洲存在的四种文化模式：注重等级与个人决定相结合的选择性文化模式；注重个人竞争的竞争性文化模式；注重相互支持的社区性文化模式；尊重等级制度的仪式文化模式。他认为不同的社会文化形态和模式造就了相应的教育模式：强调英才教育的精英型教育模式；强调个人自主控制的满足需求型教育模式；强调团结和互相支持的实验型教育模式；强调尊重社会等级的促进型教育模式②。

任何一种教育学，作为一种理性的科学探索活动，都深受它所赖以存在和发展的民族文化传统的制约，从价值到目的，从内容到方法，从主题到范畴，从风格到理论演化，都打上了深深的民族文化的烙印③。20 世纪初，英国比较教育家萨德勒（Michael Sadler，1861～1943）就提出，孤立地研究教育是不对的，必须重视教育的文化背景，研究决定教育的各种因素。我国著名教育家顾明远先生也说，研究教育，不研究文化，就只知道这条河的表面形态，摸不着它的本质特征，只有彻底把握住它的源头和流淌了 5000 年的活水，才能彻底地认识中国教育的精髓和本质④。

二、文化与管理的关系

马克思主义文化理论的基本假设是任何一个社会的文化都无法分离于基本的社会经济结构，因为文化既是现存实体的理念反映，亦是其种种意义所形成的体系。它是支配的源头，是生产和再生产社会等级结构的重要力量。文化系统一经形成，就像经纬参差的"文化神经"，牢牢地统摄着社会机体的各个领域。管理不是处理具体的东西，而是处理对人有意义的"信号"。这种信号是在家庭、学校、社会等文化背景下形成的⑤，从这个意义上看，文化因素渗透于管理的全过程。事实上，"管理思想不是在没有文化的真空中发展起来的，管理人员往往会发现，他们的工作总是受到当前文化的影响"，因此说"管理是文化的产儿"⑥，文化是管理的基础，管理是文化的外在形式，文化变迁

① Spindler, G. D., ed., *Education and Culture Process*, 1974, p. 297.
② 布伦纳著、达苑华译：《拉丁美洲新的教育多元化》，《展望》，1993 年第 2 期。
③ 石中英：《教育学的文化性格》，太原：山西教育出版社，2005 年 7 月第 1 版，第 301 页。
④ 顾明远：《中国教育的文化基础》，太原：山西教育出版社，2004 年 10 月 1～13 页。
⑤ 罗长海：《企业文化学》，北京：中国人民大学出版社，1991 年版第 365～369 页。
⑥ 丹尼尔·A·雷恩著，赵睿等译：《管理思想的演变》，中国社会科学出版社，2002 年 11 月第 1 版。

（culture change）关系到整个组织①。在管理过程之中，文化因素比政治因素和经济因素要复杂得多，因为文化是看不见，但是普遍存在而且根深蒂固的；是难于掌控，但是影响无处不在的。

在哲学层面和现实世界层面，管理与文化是两个既相关联又有差别的各自独立的概念，可以作为一种二元性的结构存在于同一个体、同一组织、同一事物、同一运动之中②。很多学者很早就关注管理与文化的关系问题，19世纪德国新康德主义哲学家狄尔泰在《精神科学导向》中将人的精神现象视为人文历史科学的全部内涵，认为人作为认知主体是与历史、社会和文化等精神现象不可分离的。弗洛伊德提出，在分析人的心理时，不仅要考虑到人的社会生产环境，同时也要顾及文化历史。各种文化都一样，一方面都是物质生产和物质分配的产物，另一方面又维持着这种生产和分配制度。假如社会大多数成员创造的文化并不能满足这些成员的物质要求，那么他们就会起来反对这种文化，同时，这种文化也会因为失去大多数成员而失去继续存在的合理性和必要性。弗洛伊德提出，文化不仅仅只有社会生产和经济或文明的一面，它还有为自身辩护和让社会成员与所在文化认同的一面。后者就是弗洛伊德所说的"文化的精神占有"③。

1971年，美国著名管理学家德鲁克把管理与文化直接联系起来，说："管理是一种社会职能，隐藏在价值、习俗、信念的传统里，以及政府的政治制度中，管理是——而且应该是——受文化制约的……管理也是'文化'。"④ 法国著名文化社会学家布迪厄（Pierre Bourdieu，1930～2002）的一个核心思想就是，分工细密、体系庞大的现代社会正日益依赖文化符号的象征暴力，来巩固和维持它的支配秩序⑤。他在其文化社会学力作《区隔》的序言中开门见山地道出：第一，置身于社会场域中的行动者的习性都是从文化中获得的，是培

---

① 理查德 L. 达夫特（Richard L. Daft）、多萝西·马西克（Dorothy Marcic）著，高增安、马永红等译：《管理学原理（原书第4版）》，北京：机械工业出版社2005年1月第179页。

② 周建波：《从管理与文化的关系看中国特色的管理学》，《管理学报》（武汉），2007年第2期，第144～151转156页。

③ ［奥］弗洛伊德著、罗生译：《弗洛伊德代表作品精选集》，百花洲文艺出版社，2009年10月版。

④ ［美］彼特·德鲁克著，孙耀君译：《管理——任务、责任和实践》，中国社会科学出版社1987年版第30页。

⑤ 张意：《文化与符号权力——布迪厄的文化社会学导论》，北京：中国社会科学出版社2005年7月。

养和教育的产物；第二，文化中存在的等级与获取文化的行动者的社会等级对应①，因此获得文化的方式铭刻在消费文化的方式中；第三，文化是任意的（arbitrary）、人为的建构系统，从来没有天然合法、高贵的语言、文化类型；第四，文化是命名合法权力，确定高贵头衔的"软性"暴力，文化也是政治性的；第五，获取文化高贵性、正当性的斗争生生不息②。

关于文化对管理的影响，Gonzalez 等学者曾经综合一些研究成果和文献，总结归纳了三个方面的观念：一是文化无限制论。经济学万能主义、技术主导主义和心理学万能主义的学者持这种观念，认为文化对管理起着决定性的影响，其作用是无限的。二是文化特定论。这一观点认为管理与组织具有文化和制度的嵌入性，文化对管理的作用是有限的。三是整合论。这种观念是对上述两种观念的整合，认为文化对管理不具有决定性的作用，但有着重要作用。随着近些年来对文化与管理的关系的研究不断深入，学者们基本上达成了以下两点共识：一是文化是影响管理实践的重要变量；二是管理理论具有一定的情境嵌入性③。

第二节　大学文化自觉管理的概念界定

一、大学、大学文化与大学管理文化

（一）大学

大学文化是一个依据区域划分的组织文化，"大学"是组织文化的区域界线。"大学"的概念和功能从根本上影响着大学文化的界定。这也是我国大学文化界定存在争议的根本原因所在。因此，界定"大学文化"，尤其是"中国大学文化"时，要考虑两个因素：一是大学的功能性因素，二是大学文化的历史性因素。

在我国古汉语中，"大学"是指博大精深的学问，也指比较高级阶段的学习，所谓"十五成童明志，入大学，学经术"（《白虎通·辟雍》），另一说为"束发而就大学，学大艺焉，履大节焉"（《大戴礼记·保傅篇》）。后来，论

---

① David Swartz, *Culture and Power*, Chicago: University of Chicago Press, 1997, p. 132.

② 张意：《文化与符号权力——布迪厄的文化社会学导论》，北京：中国社会科学出版社 2005 年 7 月版第 125～126 页。

③ 彭贺：《从管理与文化的关系看中国式管理》，《管理学报》（武汉），2007 第 3 期，第 253～257 页。

述大学教育的《大学》的出现，使得"大学"一词所指的内涵不再是"详训诂，明句读"（《三字经》）的"小学"，而是讲治国安邦的"大学"，是大人之学。西文的"大学"一词源于拉丁文的"Universitas"，意为"行会"、"社团"、"公会"。英文本意为"师生行会"的"University"一词被巧妙地译为"大学"后，中国的"大学"一词就主要有着两个义项：一是指作为学问的、观念形态的大学，含有追求知识、智慧、文化的意义；二是作为实体的教学研究机构的大学。正如涂又光先生说的，所谓"'大学'一词有二义，一指大学问，一指大学校"①。

从功能上看，大学是从事高等教育的一个机构。关于"高等教育"的界定，有两类不同的看法：一种看法是约翰·S·布鲁贝克（John S. Brubacher）提出的，高等教育是社会文化中高层次的教育，是高层次的教育阶段，据此认为古希腊即已存在高等教育；另一种看法认为，高等教育是建立在普通教育基础上的专业教育，以培养专门人才为目标，据此认为，高等教育是在人类社会发展到资本主义社会才形成的②。

立足这两个不同视角，有学者把关于"中国大学"的理解可以归纳为三种典型的表述：

第一种观念，认为中国古代即有大学，而且其形式各不相同。如果采用严格的历史学的定义，中国历史上有太学和书院，中国传统文化语境中的"太"字含有"大"的意思，从这个意义上讲太学也就是大学③，而且有"入大学"之说，因此虽然没有具体挂牌使用"大学"这一名称的机构，但是已经存在功能意义上的"大学"。所以，在中国教育史学研究领域，一般认为："中国是一个历史悠久的国家，高等教育居于世界领先地位。如果殷商时代就有了大学，那么我国在公元前16世纪至公元前15世纪就有了大学；如果从春秋战国各个学派的私学算起，那么我国在公元前5世纪末至公元前3世纪就有了许多私立大学了；如果从汉武帝设立太学算起，那么我国在公元前124年便无可置疑地有了较正式的大学。至于北宋初年，书院大兴，南宋更盛，新型的私立大学风行全国，为世界所仅有"④。

第二种观念，认为大学是欧洲的产物，纵观世界大学的发展历史，剑桥大

① 涂又光：《中国高等教育史论》，武汉：湖北教育出版社，1997年版第361~362页。
② 潘懋元：《多学科观点的高等教育研究》，上海：上海教育出版社，2001年版第26页。
③ 储朝晖：《中国大学精神的历史与省思》，太原：山西教育出版社，2006年版第14~19页。
④ 毛礼锐：《序》，熊明安主编：《中国高等教育史》，重庆：重庆出版社，1983年版第1~2页。

学最古老的学院建于 1209 年，牛津大学的历史可以追溯到 1096 年，意大利的博洛尼亚大学建立于 1087 年①。而中国古代没有产生大学的土壤，京师大学堂以后的一百来年中国才有大学。这个意义上的大学，是从西方整体移植过来的。例如，梅贻琦先生认为"今日中国之大学教育，溯其源流，实自西洋移植而来。顾制度为一事，而精神又为一事。就制度言，中国教育史中固不见有形式相似之组织；就精神言，则文明人类之经验大致相同，而事有可通者。"② 这里对大学的界定，更多的是依据大学的办学体制与制度，可以说是一种现代意义上的大学。

第三种观念，认为中国有传统意义上的和现代意义上的两种大学。在我国大学发展史研究中，一些专家学者承认了我国古代大学的存在事实，同时认为现代意义上的大学则是近百年来从西方移植过来的③，否定了我国古代大学与现代大学体制的传承关系。例如，蔡元培认为，我国"进行个别教学的高等学校，早在两千年前就出现了，当时称之为'太学'"④；"吾国历史上本有一种大学，通称太学；最早谓之上庠，谓之辟雍，最后谓之国子监。其用意与今之大学相类……然最近时期，所谓国子监者，早已有名无实，故吾国今日之大学，乃直取欧洲大学之制而模仿之，并不自古代太学演化而成也"⑤。竺可桢认为："关于世界大学的起源，依性质不同，大学起源可分为二：一为意大利大学，以学生为主体。二为法国巴黎大学，创自教授，以后剑桥、牛津等大学均仿此"⑥，"我们中国有现代式的大学，虽还只是近四十年间事，但历史上的国子监实际上近乎国立大学，而许多大书院也具有一时私立大学的规模"⑦。胡适则认为"有关于公私立大学的延续问题，我国可考的历史固然已有四千年，但一直到今天还没有一个有过六十年以上历史的大学。我国第一个大学是在汉武帝时，因公孙弘为相，发起组织，招收学生所设立的太学，这所太学，

① 牛维麟：《关于大学组织特点及内在关系的若干思考》，《中国高等教育》2008 年第 11 期，第 13～15 页。

② 梅贻琦：《大学一解》，刘述礼、黄延复：《梅贻琦教育论著选》，北京：人民教育出版社，1993 年版第 99 页。

③ 储朝晖：《中国大学精神的历史与省思》，太原：山西教育出版社，2006 年版第 14～19 页。

④ 蔡元培：《中国教育的历史与现状》，高平叔：《蔡元培教育论著选》，北京：人民教育出版社，1911 年版第 498 页。

⑤ 蔡元培：《大学教育》，王云五：《教育大辞书》，上海：商务印书馆，1930 年版。

⑥ 竺可桢：《壮哉求实精神（1948 年 10 月 29 日对新生的讲话）》，《国立浙江大学日刊》（复刊新 67 期），1948 年 11 月。

⑦ 竺可桢：《大学教育之主要方针》，《浙大学生》（复刊第二期），1941 年。

就是今日国立大学的起源。"①

产生这三种观点的根源在于大学观的差异，即对什么是大学有不同的看法。有的人以大学的宗旨和影响来界定大学，有的人以大学的责任和功能来界定大学；有的人只求释义，有的人只求定义。其实，从历史的角度看，任何事物都有一个发展过程，在界定一个不断发展的事物时，不能用扩充或缩小了内涵与外延的"新生"概念去否定原本存在事物。只要它包含培养高级人才，研究高深学问这两项大学最基本的功能和要素，就应该承认它是大学的一种存在形式②，承认它是在履行高等教育的职责。因此，中国既存在传统意义上的大学，也存在现代意义上的大学，两种大学虽然存在办学体制与办学形式的差异，但是在文化脉络上是相通的。即使说在举办京师大学堂等现代意义上的大学时，模仿或移植了西方的大学体制，但是在中国文化语境中生存、发展百余年来，已经深受中国传统文化，尤其是包括中国古代大学理念在内的传统教育理念的影响，烙上了中国文化的鲜明特征。从这个角度看，中国传统意义上的大学办学理念与现代意义上的大学办学实践之间，虽然没有直接的承接与延续，但是中国传统的大学价值观跨越时空，深层次地影响着现代大学的办学实践，这是无可非议。因此，不能因为百余年来中国现代大学移植了西方的大学体制，而否认中国传统大学的存在和中国传统大学文化的影响。恰恰相反，中国现代大学的百年历程中，中国大学文化教育的自我角色意识始终存在并且不断彰显。传统文化始终是我国大学文化的根基。

弗勒德利克·伯得斯通在《管理现代大学》一书中称："大学是我们最大且最恒久的社会机构。"本书所述"大学"，是一种宽泛意义上的"大学"，即通常意义上的"高校"，包括普通本科院校、高职高专院校以及成人教育、远程教育系列的高等教育机构。

（二）大学文化

"文化"的定义纷繁复杂，文化研究也具有多重话语，因此，"大学文化"的界定同样较为复杂。本书主要从组织行为学的角度把"大学文化"作为一种组织文化进行界定和研究。美国学者伦恩伯格（Lunenburg，F. C.）在其所著《教育管理：概念与实践》一书中从教育视角对组织文化作了比较详细的分析。他认为，教育范畴内的组织文化是作为一个组织之特征的所有信仰、情

---

① 胡适：《中国的私立大学》，杨东平编：《大学精神》，沈阳：辽海出版社，2000 年版第 94 页。
② 储朝晖：《中国大学精神的历史与省思》，太原：山西教育出版社，2006 年版第 14 页。

感、行为和象征，更具体来说，组织文化可定义为共享的哲学、观念、信仰、情感、假设、期望、态度、规范和价值。其中至少包含这样几个方面：一是可见的行为规章，在组织成员相互交流时，使用同样的语言、术语和礼节、仪式；二是规范，群体中的行为标准；三是主导价值，群体内共享的主要价值；四是哲学，引导组织如何对待其成员的政策；五是规则，组织内的行动指南，也可称之为组织新成员的"枷锁"，它使得要成为组织成员的人必须要遵循其特定的要求；六是情感，由组织成员相互作用或与外界相互作用而形成的氛围①。从组织文化和组织行为学的视角来看，大学文化中有组织的历史、组织的价值和信仰、与组织有关的神话和故事、组织的文化规范、组织的传统和仪式特征、组织中的杰出人物②等六个紧密相关的部分组成。常滨毓认为大学文化具有三个方面的属性：一是教育的属性，二是管理的属性，三是经济的属性。教育的属性主要体现在"文化化人"的理论与实践上。管理的属性，表现为大学没有好的深厚的文化底蕴，管理行为就很难做出水平。大学文化落地生根，作用于管理行为和人才培养实践，是所有大学文化建设的归宿。关于文化的经济属性，有人认为大学文化建设的投入是成本，是一种管理成本，也有人将其看成是一种投资，成本是要压缩的，是需要节省的，而投资是追求回报的，讲效益的。正如法国人所说："今天的文化，明天的经济"③。归纳而言，大学文化包括并统领校园物质文化、制度文化和行为文化，并内化为大学生的文化素质、大学教师的文化素养、大学校长的文化自觉意识，折射出独特的感染力、凝聚力、约束力和辐射力。

（三）大学管理文化

从人的基本活动领域来看，文化首先是人的基本生存方式或"生活的样法"，它制约着人的行为方式和思维方式，具体表现为人应答问题和解决问题的基本思路、思维模式、价值取向、评价标准、心理结构等；同时，文化是不同主体间交流的方式或模式，表现为交往观念、情感模式、道德规范、交往规则等，也是政治、经济等社会活动的内在机理，表现为社会规范、组织机制、民族精神等。因此，管理视角的文化研究包含两个方面：一是从社会科学研究

---

① Lunenburg, F. C. and Ornstein, A. C., Educational Administration: Concepts and Practices, 1991, p. 85.

② Lunenburg, F. C. and Ornstein, A. C., Educational Administration: Concepts and Practices, 1991, p. 73.

③ 常滨毓：《2006：企业文化新语境》，《东方企业文化》，2006 第 12 期第 31 页。

的一般规律出发找到文化的分析性概念；二是从具有特殊性质的组织和管理这样一种人类活动的方式，来分析组织中的文化模式和管理中的文化倾向性①。

大学管理文化包括两层含义：一层含义是指大学管理的文化，即大学管理过程中形成的关于管理活动的思维与行为模式，属于文化的一部分，是一种文化样式，是管理与文化的聚合方式，主要指大学的"管理思想、管理哲学和管理风貌，包括价值标准、经营哲学、管理制度、行为准则、道德规范、风俗习惯等"②。宏观上讲，管理文化是"一个特定民族、社会、文化圈的特定文化对管理过程的渗透和反映"③，是管理中的文化意蕴，是文化特征在管理中的体现，具体地说有以下四个特点：一是发生于民族传统文化中；二是随着管理实践的发展而不断丰富；三是不断兼容外来文化的影响；四是决定和影响着管理模式④。大学管理的文化既是管理中的文化意蕴，也是文化特征在管理中的体现。

大学管理文化的另一层含义是指以文化为对象，对其进行管理。古希腊神话中就有关于这种文化管理意义的想象，说是：宇宙之王宙斯和"记忆女神"摩涅莫绪生了9个女儿，她们分别成为专司各种不同的艺术与其他学科的女神，如手中拿一把琴的埃拉托主管抒情诗，头戴金冠、手持短剑与权杖的墨尔波涅专管悲剧，体态轻盈、手操七弦琴的忒耳西科瑞则专管舞蹈，等等。这些虽然是神话，但是文化管理的一种原始内涵⑤，即对文化进行管理。

二、大学管理、大学文化管理与大学文化自觉管理

这一组概念属于教育管理的范畴。管理是一个协调工作活动的过程，以便能够有效率和有效果地同别人一起或通过别人实现组织的目标。相对于管理而言，教育管理是依据区域界定的一种管理。赫尔巴特以伦理学和心理学为基础，将教育过程分为管理、教学和训育互相联系的三个部分，他认为其中管理本身不是教育，是为了约束儿童自发的"野性"和盲目冲动，使之遵守纪律为教学和训育提供条件。教育管理的传统方法主要包括威胁、监督、作业、权

①　王学秀：《文化传统与中国企业管理价值观》，北京：中国经济出版社，2007 年 10 月第 14 页。
②　鲁宏飞、沈艳华、魏馨等主编：《学校文化建设与管理研究》，上海：华东师范大学出版社，2007 年 7 月第 1 版第 111～112 页。
③　胡军：《跨文化管理》，暨南大学出版社，1995 年版第 36 页。
④　鲁宏飞、沈艳华、魏馨等主编：《学校文化建设与管理研究》，上海：华东师范大学出版社，2007 年 7 月第 1 版第 111～112 页。
⑤　丁亿：《"文化管理阶段"的提出应改变》，《中外企业文化》，2006 年第 11 期，第 39～40 页。

威和爱，以及命令、禁止、惩罚甚至体罚①。这种界定是指教育教学实践过程中，针对教育对象所采取的管理。广义上的教育管理，是针对整个教育实践过程和教育活动中各个要素所进行的管理，大学管理、大学文化管理与大学文化自觉管理属于其中的一个组成部分。

（一）大学管理

所谓大学管理，是指在遵循社会发展需求和高等教育发展规律的前提下，把人力、财力和物力通过一定的组织形式、手段和措施，实现优化配置，发挥最大效用，实现大学既定的办学目标的过程②。相对于教育管理而言，大学管理是依据区域界定的一种教育管理。它与大学治理（University Governance）是有区别的。大学治理是一个来自美国③，并在欧美高等教育学界使用非常频繁的术语。美国第一本研究大学治理的专著是科尔森的《大学和学院的治理》④。1973 年，卡耐基高等教育委员会把大学治理定义为"作决策的结构和过程，从而区别于行政和管理"⑤。美国著名学者伯恩鲍姆进一步揭示了大学治理的内涵，即"平衡两种不同的但都具有合法性的组织控制力和影响力的结构和过程。"⑥ 最近 ASHE 系列丛书关于 21 世纪大学治理的讨论文集得出了一个比较简洁的定义——"大学内外利益相关者参与大学重大事务决策的结构和过程。"⑦ 综合上述观念和理论可以清晰地看出，大学治理侧重于从社会、政府与大学之间的关系的控制与协调，而大学管理是形成、传承、构建、更新、发展大学文化的重要内在机制，也就是侧重于大学内部的自身协调与控制。

大学不是企业，不是银行，也不是市场，而是一个位于时代文化科学发展前沿的求知、求真的"学问之府"。管理一所大学涉及政治、文化、人际关系

① 顾明远：《中国教育的文化基础》，太原：山西教育出版社 2004 年 10 月，第 192 页。

② 牛维麟：《关于大学组织特点及内在关系的若干思考》，《中国高等教育》2008 年第 11 期，第 13～15 页。

③ Jan De Groof, Guy Neave. *Democracy and Governance in Higher Education* ［M］. Boston：Kluwer Law International，1998：8～9.

④ Corson, J. J. *Governance of colleges and Universities* ［M］. New York：McGraw-Hill，1960.

⑤ Carnegie Foundation for the Advancement of Teaching. *Governance of Higher Education*：*six priority problem* ［M］. New York：McGraw-Hill，1973.

⑥ Birnbaum Robert. The End of Shared Governance：Looking ahead or looking back ［J］. July, 2003, ERIC ED32514.

⑦ Gayle, Dennis John；Tewarie, Bhecendradatt. Governance in the Twenty-First-Century University：Approaches to Effective Leadership and Strategic Management ［M］. ERIC Digest. ED482560.

等因素。市场的经济规律不能代替教育规律，企业管理模式不一定就能适用于大学管理。联合国教科文组织在《21世纪的高等教育：展望和行动世界宣言》中指出，"应当澄清这一方面的模糊与混淆：市场规律和竞争法则不用于教育，包括高等教育。"① 正如悉尼大学校长盖文·布郎说的，"尽管我想像管理一个企业一样管理一所大学，但实际上管理大学要复杂得多。"②

（二）大学文化管理

大学文化管理相对于大学管理而言，是一个依据管理工具或载体不同而设定的二级概念；相对于文化管理而言，又是一个依据管理区域不同而设定的二级概念。因此，在界定大学文化管理之间，有必要了解一下文化管理的内涵。目前，我国学者对文化管理概念的界定有两种：

一是将文化管理视为对文化事业以及文化工作的管理。田川流、何群著的《文化管理学概论》把文化管理学界定为一门将多种现代文化科学与现代管理学科予以交叉、有机融合的新兴学科。将文化管理界定为"文化活动的整体系统或者组织、团体为了达到目标，不断进行的一系列有意识、有计划的协调活动。"所涉及的范畴，是指与人类精神文化密切相关、又具有一定物质属性的文化方面的活动，包括社会的公共文化、文化产业，以及相关联的群众文化、娱乐文化等。这一界定把从事文化管理事业的部门、机构和团体定为管理的主体系统，把处于文化管理对象的部门、个人和运行机制定为客体系统。③

二是把文化管理作为一种管理思想、管理学说和管理模式。这里的文化管理并非是对文化事业以及文化工作的管理，正如"科学管理之父"泰勒提出的"科学管理"并不是指科学事业和科学工作的管理一样。进入21世纪，我国著名管理学家成思危先生指出，如果说20世纪是由经验管理进化为科学管理的世纪，则可以说21世纪是由科学管理进化为文化管理的世纪。清华大学经济管理学院博士生导师张德教授和吴剑平博士著的《文化管理——对科学管理的超越》一书提出，文化管理学说是继经验管理、科学管理之后企业管理理论发展的一个新阶段，文化管理模式是把组织文化建设作为管理中心工作的管理模式。④

大学作为一个承担社会教育功能的社会组织，首先是一个文化组织，其组

---

① 联合国教科文组织：《21世纪的高等教育：展望和行动世界宣言》，1998年10月9日。
② 邰云雁：《大学的发展基础是很多浪漫的理想》，《中国教育报》，2006年1月6日第6版。
③ 田川流、何群：《文化管理学概论》，云南大学出版社2006年版第5页。
④ 张德、吴剑平：《文化管理——对科学管理的超越》，北京清华大学出版社2008年版第1页。

织主体、组织活动及组织形式都呈现出鲜明的文化特征，其最本质的特征是引领、传播、延续和创造文化①。大学文化管理，包括如何对大学文化进行管理和如何运用大学文化进行管理两层含义。传统管理语境中，大学文化管理的内涵更多地指向如何对大学文化进行管理，其中主要包括大学文化的规划和建设。大学文化的形成与发展受多方面的影响：一定社会的经济、政治与文化环境，学校创办人及其办学理念，主要的专业设置与学科结构，教师的主体队伍与学脉传承，学生的学源结构与地区构成，社会的教育理念与价值取向，管理人员的理念与风格等等。而把这些要素吸收、融汇、转化、整合、凝结并提升为某种特定的大学文化的关键因素，则是大学文化管理的过程。大学管理作为一种具有鲜明价值取向的主体性活动，对于大学文化的形成与发展具有不可或缺的重要作用。大学文化的形成有赖于大学的管理，而大学的管理又必须承载文化使命，并趋向于大学文化的价值取向；大学管理者既是大学文化的享受者，也是其创造者，同时又是大学文化的传承者②。从这个意义来看，大学文化管理活动始终伴随着大学管理和大学教育的全过程，只是没有上升到理性、自觉的状态而已。

（三）大学文化自觉管理

根据图 2-1 所示，大学文化自觉管理是立足文化社会学与文化管理学的相关理论，在大学文化管理的基础上提出一个新概念。它以大学管理文化为背景，思考和探索如何对大学文化进行管理和如何运用大学文化进行管理，实现大学文化管理从自发状态向自觉状态的一种提升，强调对大学文化的定量分析，并在此基础之上科学运用大学文化进行管理。

大学文化自觉管理相对于大学文化管理而言，是更加理性、更加自觉的一种阶段性、状态性概念。它既是一种管理思想和管理理念，又是一种系统的管理学说和理论，还是组织管理的一种模式。它从行为科学理论的视角，以我国传统文化作为大学组织文化的宽泛而深远的背景，把"以人为本"作为组织中各个层面、各种类型主体的追求和大学管理的终极取向，贯穿于大学管理的始终，在理性评价文化的基础上，从过去、现在、未来三个向度合理地运用大学文化资源，让大学文化更好地内化于管理过程之中，体现于组织的管理观念

---

① 成长春：《构建与和谐文化相适应的现代大学制度》，《中国教育报》2007 年 10 月 29 日第 6 版。

② 欧阳康：《大学管理的文化品格论纲》，《中国高等教育》，2007 年第 15、16 期合刊，第 37～39 页。

及行为方式之中，发挥大学文化的管理价值，提高管理水平，促进大学生、大学文化与大学组织的和谐、可持续发展。

第三节　大学文化的管理职能

组织文化具有管理成本降低、组织机能完善、减少不协调等三种价值创造机理，从这三种价值创造机理出发可以进一步得出组织文化的主要功能：凝聚力、激励力、约束力、导向力、互动力、辐射力[1]。大学文化在管理中的能力主要是指文化作为一种管理执行力在管理过程中各种要素上的体现。因此，人们往往从管理要素的角度去分析文化的管理执行力。所谓管理要素是构成一种管理活动的必要的组成部分。因为管理思想不同，对管理要素的界定也不同，一般来说可以归纳为三类：一是从职能角度界分。最早由法国管理学家亨利·法约尔提出把管理要素分为计划、组织、指挥、协调和控制。后来，管理职能研究界又把它分为计划、组织、人事、领导和控制。二是从管理过程来界分。这种界分方法主要立足于马克思主义的视角研究管理的主客体关系，把管理要素分为主体的要素（管理者）、客体的要素（管理对象）以及两者派生出来的管理手段、管理方法等。三是从管理资源的角度界分。把管理过程视为对资源的谋划、筹集、掌握、组合、使用的过程，发挥资源的最大效能就成为管理工作的内容。当前研究文化管理执行力或文化管理职能的专家往往依据第一种要素分类方法，把大学文化的管理职能归纳为导向功能、激励功能、调节功能和控制功能等。

文化在大学组织中的主要职能是给大学成员传达一种认同感，有助于成员为重要的事而不是为自己奉献更多的力量，增强高校作为一个社会系统的组织稳定性，同时文化又可以作为参照系让成员借助这一参照系理解组织的活动，指导组织成员作出适当的行为。如表2-1所示，本章主要从领导、决策、激励、调节、控制五个方面阐述大学文化与大学管理的关系以及大学文化在管理中的职能体现。

---

[1]　白万纲：《集团管控之文化管控》，北京：中国发展出版社，2008年版第17页。

表 2 - 1　文化管理职能一览

管理职能	计划	组织	控制	领导	激励
文化管理职能	战略管理	学习型组织	自我控制	育才型领导	内在激励

资料来源：张德、吴剑平，文化管理——对科学管理的超越［M］，北京清华大学出版 2008 年第 160 页。

一、领导职能

相对于管理中的领导职能而言，大学文化一方面影响着领导者的思维、判断与决策，另一方面又是领导的重要对象与内容之一。领导的独特、必要的职能是对文化的管理控制[1]。领导者的愿景期望对组织文化的形成和发展具有独特的贡献，而且领导者在"文化的管理"过程中起到关键性的作用。组织的高层行政人员应该能够进行文化的领导。对文化的领导内容包括维持原有文化和进行文化创新两个方面[2]。领导者的责任是维持组织文化和组织所选择的战略的匹配，这就要求领导者创造一种可以预见变革做出反应的文化。领导者或许有必要维持并强化组织初创者所建立的原有文化，或者，如果环境发生变化，他们有责任、有必要对原有的文化进行修订。变革组织文化是转换领导层的一种结果，领导层的转换影响后来者的积极性和绩效的水平[3]。

早期古典主义理论家，曾写道："作为一种真实存在的普通目的，信仰的诱导是行政长官的一项必要职责……（管理者）首要的是成为促进价值观的形成并加以保护的一个专家。"[4] 这就是现代管理中的符号领导（或者组织文化的管理），它是鼓励员工的一种方式，鼓励员工产生这样一种感觉：他们正在为某些有价值的事情而奋斗，因此他们将更加勤奋地工作并且使产出更多。20 世纪 80 年代初，美国学者戴维·布雷福德（David Bradford）和艾伦·科恩（Allan Cohen）针对传统的英雄式领导模式"师傅型"、"指挥型"的弊端，提

---

[1]　Schein, E. H., 1985, *Organizational Culture and Leadership*, Jossey-Bass, San Francisco, p. 317.

[2]　Trice, H. M. and Beyer, J. M., 1984, 'Studying organization cultures through rites and ceremonials', *Academy of Management Review*, Vol. 9, No. 4, pp. 653 ~ 669; Trice, H. M. and Beyer, J. M., 1993, *The Cultures of Work Organizations*, PrenticeHall, Englewood Cliffs, NJ.

[3]　Bass, B. M., 1985a, *Bass and Stogdill's Handbook of Leadership: Theory, Research and Managerial Applications*, Free Press, New York (third edition); Bass, B. M. and Avolio, B. J., 1990, 'The implications of transactional and transformational leadership for individual, team and organizational development', *Research and Organizational Change and Development*, Vol. 4, pp. 321 ~ 372.

[4]　Barnard, C., 1938, *The Functions of the Executive*, Harvard University Press, Cambridge, MA. p. 28, pp. 87 ~ 88.

出了一种超英雄领导模式——"育才型"领导模式①。这种育才型领导需要掌握和运用更多的符号领导和文化管理的理论和职能②，才能通过价值认同和目标激励，带领大家共同有效推进组织运行，实行组织目标。

二、决策职能

组织文化影响甚至引导着组织的决策行为与过程。制定决策的方式主要有理性（rational）、有限理性（bounded rationality）和直觉决策（intuitive decision）三种。理性假设的含义是，管理者所制定的决策是完全客观的和符合逻辑性的，是追求特定条件下价值最大化的，前后一致。事实上在决策制定过程中，管理者由于个人处理能力的局限性，不可能分析所有决策方案的所有信息，加之组织文化、内部政治、权力等因素的强烈影响，而趋向于按照有限理性的假设制定决策，其决策行为只是在处理被简化了的决策变量时才表现出某种程度的理性。直觉决策是一种潜意识的决策过程，基于决策者的文化背景、从业经验和积累的判断。因此说，在组织决策过程中，文化作为一种潜在的导向，时时刻刻在影响着其决策行为。

相对于大学管理中的决策而言，大学文化一方面影响着决策的方向性选择，另一方面通过影响决策者的主观因素而参与决策过程。大学文化作为大学系统运转的原动力，确立并左右着学校教育目的。大学文化的基本精神就是文化发展的内在动力，也就是指导大学文化不断前进的基本指导思想。大学文化的基本精神是处于大学文化核心层次的思想、意识、观念等等，其中最重要的有两个方面：一是价值观念，一是思维方式，它们和世界观一样，历来是哲学的基本内容。它们既影响大学对已有成果的取舍兴废，又影响到学校发展的取向、投入的力度和重视的程度等等，在很大程度上规定了学校系统的特质和发展演变方向，也就在很大程度上影响着学校的决策。

三、激励职能

所谓激励功能主要指从组织行为学的角度可以激发人的动机，使人产生内在动力，朝着期望的目标前进，包括信任激励、关心激励、宣泄激励。很多中外学者和企业家都有较多的研究和鲜明的观点，先后指出目标、愿景、使命、

---

① 戴维·布雷福德、艾伦·科恩著、蔚誉蛟译：《追求卓越的管理》，北京：中国友谊出版公司1985年版。

② 徐国华、张德、赵平：《管理学》，北京：清华大学出版社1998年版。

归属感、工作的自豪感等激励因素的重要性①。文化是一种渗透并体现于不同实体领域中的"柔性"的创生力②，其激励功能主要是通过"心理契约"来实现，即"个人将有所奉献与组织欲望有所获取之间，以及组织针对个人期望收获而有所提供的一种配合"③，也就是学校发展和师生成长双重目标统一的机制，激发员工的责任感和工作热情。文化的激励功能，有助于激发组织成员的创造活力和创作潜能，把组织成员的力量和智慧凝聚到组织的建设目标上来，使一切有利于社会进步的创造愿望得到尊重、创造活动得到支持、创造才能得到发挥、创造成果得到肯定。

四、调节职能

阿德勒（Adler）把文化协调定义为：处理文化差异的一种方法，包括组织和管理者根据个别组织成员和当事人的文化模式形成的组织方针和办法的过程。④ 调节职能是文化管理的重要职能。良好的文化有助于组织成员主动调节自己的心理状态，并使之由不适应、不平衡向适应、平衡转化，有助于正确处理组织内部矛盾，从而建立起新型的人际关系，保持和促进组织自身以及组织外部关系的稳定与发展。文化的调节作用既是表达权力的工具，也是对权力的一种表达。一方面导致文化生物多样性（Cultural bio-diversity）逐渐下降，另一方面又在没有任何明显的反平衡机制（Counter-balancing Mechanism）的情况下促进多元亚文化快速发展⑤。文化调节的主要途径有环境调适、人际调适和心理调适。

五、控制职能

控制功能主要指文化可以实现对人的思想观念、思维方式、精神状态、心

---

① 坎特：《恢复以人为本》，赫塞尔本等：《未来的组织——51位世界顶尖管理大师的世纪预言》，成都：四川人民出版社1998年版第141~153页；李文谦：《如何让企业长寿》，《中外管理》1999年版9期第33~34页；林正大：《有效领导的秘诀》，《中外管理》，2000年第8期第76~77页；席酉民：《漫谈管理难题》，《中外管理》2000年第4期第25~27页；内夫、西特林著、王庆华等译：《高层智慧——全球50位顶级首席执行官的经营理念》，北京：华夏出版社2001年。

② 李景林：《文化的"无用之用"与儒学未来发展的契机和天命》，《北京师范大学学报（社会科学版）》2007年第3期。

③ 施恩：《职业的有效的管理》，北京：三联书店，1992年。

④ 唐炎钊、陆玮：《国外跨文化管理研究及启示》，《管理现代化》（京），2005年第5期第25~28页。

⑤ 薛晓源、曹荣湘：《全球化与文化资本》，北京：社会科学文献出版社，2005年4月，第117页。

理素质、行为方式和价值取向进行显性或隐性塑造，包括组织控制、制度控制、观念控制。相对于科学管理的外部控制方式，文化管控实行以人为本的管理，注重发挥的内在的积极性、创造性，是一种内在的自我控制方式。

每一个社会都通过要求其成员服从在该社会流行的规范、期望值和行为模式，以维持社会秩序、控制社会秩序、控制社会变革以及建立与其成员的联系。文化拥有双重特性：虽然是人的实践活动的创造物，但是它一旦形成，就具有群体性，并对个体的行为形成外在的强制性，成为一只无形的调控之手；不仅仅是员工的工作背景，也是他们工作生活的目标；不仅是一种环境，而且是一种行为模式；不仅意味着储蓄的和详细的规则，说明了组织的共有价值观，引导和影响他们自己的行为和工作体验，还是一种工具，就组织内部成员的行为方式提出了一系列的假设，组织成员往往在解决组织所面临的内外部问题的过程中不断学习该行为模式的同时，并将其作为正确的认识、思维和感知方式教给新成员①，有意识地通过它去影响其他人的行为和体验。文化的双重性反映了一个关键的、潜在的主题：文化是一种控制机制。文化的控制力不仅在许多方面类似于经济权力的方式发挥作用，而且它还具有自己独特的控制方式和特有的合法化方式②。因此说，文化是满足人的各种需要的价值规范体系，为社会成员提供了特定时代公认的、普遍起制约作用的个体行为规范③。个人行为和集体行为都是在主观意向指导下的行动，都是由一定的社会规范、文化和道德观念支配的。

文化可以在主体思想意识和外部行为的状态发生过程中，对主体进行无形而有效控制，可以增强主体应对变化、抵御风险的自觉意识。组织并充分发挥文化强有力的控制能力，是保持自身稳定、促进各方面协调发展的重要保证。虽然文化所影响而形成的由行为、思想和感情组成的成员角色不是有形的，但为了实现组织目标，可以通过举办演出、发布信息、举办新成员岗前培训、制定和推行"规则"等一些具体的方法对"文化"进行营造——研究、设计、改进、维持。例如，泰克（Tech）公司为新员工准备一本"文化操作手册"，包括一套指导公司和它的职员处理关系的准则，包括思想和感情的表达原则、

---

① 理查德 L. 达夫特（Richard L. Daft）、多萝西·马西克（Dorothy Marcie）著，高增安、马永红等译：《管理学原理（原书第4版）》，北京：机械工业出版社2005年1月第36页。

② Bourdieu, P. and Passeron J. C. (1980) "The production of belief: contribution to an economy of symbolic foods", *Media Culture and Sociery* 2：pp. 261～293.

③ 衣俊卿：《文化哲学十五讲》，北京：北京大学出版社，2004年10月第1版，第36页。

精神状态和积极行动，为公司的社会特征提供了一种描述，社会特征也包含了对它所要求的工作行为的具体说明："不拘礼节"、"原创性"、"精简结构"、"睁一只眼闭一只眼"、"努力工作"、"共同奋斗"、"自下而上制定决策"、"人际关系"、"推动这个体系"、"上进"、"冒险"、"把工作做得有声有色"。目前，我国高校普遍制定有教师工作守则、学生守则、新生入学手册等，通过新教师岗前培训、新生入学教育等途径告知新成员，促进新成员加快文化角色转变。

第四节 大学文化自觉管理的研究范式

科学研究起源于问题，而不是单纯的观察或理论。"问题"既是科学研究的动力，也反映科学研究的价值，指示科学研究的方向①。根据这一点，本书不是一般地"描述"和"说明"大学文化活动，不是资料汇编、政策解释和经验总结，而是要揭示、分析、理解大学文化自觉管理中所存在的"问题"。这个问题就是大学文化自觉管理的"范式"。什么是"范式"？美国科学哲学家托马斯·库恩在《科学革命的结构》（1962）中系统阐述了范式的概念和理论，列举了 21 种不同含义的范式。1987 年英国学者玛格丽特·玛斯特曼将其归纳为三个方面：一是作为一种信念、一种形而上学思辨，称谓哲学范式或元范式；二是作为一种科学习惯、学术传统、一个具体的科学成就，是社会学范式；三是一种依靠本身成功示范的工具、一个解疑难的方法、一个用来类比的图象，是人工范式或构造范式。

本书在现有文化管理理论与模型的基础之上，主要从理念、理论与模型三个维度，研究、阐述和构建大学文化自觉管理的范式。

一、理念

理念（idea）是一个"旧哲学名词"，源出于古希腊语，意为"形式"、"通型"，与"看"（idein）直接相关，因而与事物的外观与形状相联系。后来，这个词义向抽象方向发展，逐渐有了"精神"、"信仰"、"理想"、"宗旨"、"认识"、"观点"等含义②。柏拉图哲学中的"观念"通常译为理念，认为观念指永恒不变而为现实世界之根源的独立存在的、非物质的实体。黑格尔在《小逻辑》中认为观念为"自在而自为的真理——概念和客观性的绝对

---

① 石中英：《教育学的文化性格》，太原：山西教育出版社 2005 年 7 月第 1 版，第 11 页。

② 肖海涛：《大学的理念》，武汉：华中科技大学出版社，2001 年版第 4 页。

统一"。① 康德在《纯粹理性批判》中也将观念称谓"纯粹理论性的概念"，指从知性产生而超越经验可能性之概念，这些观念多被译为"理念"。②

理念的含义大致有三种：（1）理念是一类事物的原型。例如，人们平常见到的马总是白马、黑马，大马、小马等等，按照柏拉图的理解，这是具体的，有生马有死马。这种具体的马不是"理念"，不是"原型"，而作为这些具体的马的"理念"，就是马的"原型"。因为理念是无限的、永恒的、完善的，具体的马只是分有或摹仿了马的"原型"，才有自己特定的存在。（2）理念是事物的理想。理念作为"原型"是脱离具体事物而存在的观念性的东西，事物对原型的"摹仿"或"分有"也就是把它作为理想目标来追求。事物只有达到了理念这一理想目标，才实现了自身的"完善"。（3）理念作为一种形而上的"本体"，作为事物的"理想"，成为具体事物参照、模仿的目标，因而从根本上成为人们评判事物是否完善、是否合理、是否优良的价值标准③。

在汉语中，理念的内涵还不十分稳定。潘懋元先生归纳说："理念是一个精神、意识层面的上位性、综合性结构的哲学概念，是人们经过长期的理性思考及实践所形成的思想观念、精神向往、理想追求和哲学信仰的抽象概括，是指引人们从事理论探究和实践运作的航向，是理论化、系统化了的，具有相对稳定性和延续性的认识、理想和观念体系。简言之，所谓'理念'，就是指人们对于某一事物或现象的理性认识、理想追求及所持的思想观念或哲学观念"④。张光正从管理学的角度提出，理念"乃远景与方向的指导原则，或者说是组织的最高领导原则，行诸于外在环境及内部优势所构建宏远、正确及前瞻之目标"⑤。

总体而言，理念作为一种形而上的"本体"和事物的"理想"，是"原型"脱离具体事物而存在的观念性东西。大学文化自觉管理是一种管理思想和思潮⑥，是"以价值观为核心的组织文化管理思潮、管理方式"⑦。它有别

① ［德］黑格尔著、贺麟译：《小逻辑》，商务印书馆，2003 年第 9 页。

② ［德］康德著、李秋零译：《纯粹理性批判》，中国人民大学出版社 2004 年版。

③ 邓安庆、邓名瑛：《文化建设论——中国当代的文化理念及其系统构建》，望城：湖南人民出版社 1998 年 12 月第 2 版第 5～6 页。

④ 潘懋元：《多学科观点的高等教育研究》，上海：上海教育出版社，2001 年版第 59～60 页。

⑤ 张光正：《"教授治校"的迷思与"理念治校"思维——中原大学教育宗旨与理念之分享》，《新世纪大学教育》，台北：前卫出版社，2001 年版第 169～170 页。

⑥ Hammer M, Chammpy J. Reengineering the Corporation：A Manifesto for Business Revolution ［M］. New York：Harper Collins Publishers，1993.

⑦ 刘惠坚：《试论企业文化管理》，《现代哲学》2000 年第 1 期第 47～51 页。

于以物为中心的管理思想，而以人为中心、以文化执行力为驱动的一种管理思想和管理理念。它从思想上、观念上对大学管理中文化的原型、原则进行反思与评价，进而更加理性地确立大学文化管理的价值目标和理想模型。这种理想和目标是"观念"的，处于"应该如此"的理性阶段。

本书以管理学中的文化管理理论和文化社会学中的文化自觉理论为基础，构建文化自觉管理的理论体系（见图2-2）。从管理学的角度，突破原来对大学文化的纯思辨性研究，建构理性研究的框架与体系，强调对文化的科学运用，使大学文化在现代管理过程中更具工具价值和执行效应；从文化学的角度，完善大学管理理论，使大学以文化执行力的模式进行有灵魂的管理，使现代大学管理更富有人性、人情味和文化色彩，更具有思想力、凝聚力和执行力。

图2-2 大学文化自觉管理的理论基础

二、理论

理论是一个广泛含义的概念。霍伊（Hoy）和米斯克尔（Miskel）对教育管理中的理论一词作了这样的界定，"理论即一套彼此相关的概念、假设和通则，它对教育管理行为的规律作出系统性的描述和解释。"①。我国社会研究中的理论（Theory）通常指的是"一组具有逻辑关系的假设或命题"，大多数理论具有两层以上的假设或命题②。所谓假设（hypothesis），是指在研究开始时提出的待检验的命题，它构成研究主题。假设的提出和验证是研究工作的主线③。

大学文化自觉管理作为一种管理理论，是在文化管理理论的基础上，更加理性地研究如何建设文化、提供文化和运用文化进行管理的理论体系④。它是基于人格化的组织，从人的心理和行为特点入手，培养组织的共同情感、共同

① 郭石明：《社会变革中的大学管理》，杭州：浙江大学出版社，2004年8月，第10页。
② 风笑天：《社会研究方法》，北京：高等教育出版社，2006年7月，第11页。
③ 李怀祖：《管理研究方法论》，西安：西安交通大学出版社，2000年5月，第58~59页。
④ 高立胜：《企业文化管理论》. 沈阳：辽宁大学出版社，1991年版。

价值，形成组织自身的文化；从组织整体的存在和发展角度，研究和吸收各种管理方法，进而形成统一的管理风格；把组织的软要素作为管理的中心环节，以文化引导为根本手段，通过组织文化培育、管理文化模式的推进，以激发组织成员的自觉行为为目的的管理思想和管理方式①。它针对科学管理学的缺陷和不足，又立足于科学管理的理论和实践成就之上；强调组织文化建设，重视发挥文化执行力，但是并不同于组织文化理论。

宏观上讲，大学文化自觉管理包括外部和内部两方面的假设和命题。本书从大学组织的外部视角，借鉴一些企业文化管理、组织文化管理的原理和理论，以大学和大学文化为对象，构建文化自觉管理的理论体系；从大学组织的内部视角，以文化自觉管理旨在构建和谐文化，促进人的全面发展为向度，在对大学文化的性格特征及其供给关系和动力系统的理论研究的基础上，设计了两层假设，构成一棵简单的假设树。第一层次假设是大学文化性格特征、供求均衡状态与目标契合模式三者之间的 12 条路径假设，这是本书定量分析的研究实体。第二层次命题是在 12 条路径假设的基础上，筛选出 2 条有效路径：一条是"顺从性文化→自发性均衡→被动性契合"，另一条是"独立性文化→自觉性均衡→感动性契合"，其中第二条假定为实现大学和谐愿景的优势路径。

三、模型

文化本身就是一种模型与范式。美国学者罗斯·费勒在《文化管理》一书中提出：文化是某一群体的生活方式，所学到的所有行为或多或少定型了模式的结构。美国著名社会学家埃德加·H·沙因在他的经典著作《公司文化与领导》一书中指出：文化是由一些被认为是理所当然的基本假设所构成的范式②。大学文化自觉管理系统在性质上属于人工生态系统模型③，是一种管理模式④⑤或方式。它把组织文化的建设和运用作为带动组织管理全面工作的

① 应焕红：《企业文化管理的基本特征及其现实意义》，《中共浙江省委党校学报》2000 年第 4 期第 85～88 页。

② 鲁宏飞、沈艳华、魏馨等主编：《学校文化建设与管理研究》，上海：华东师范大学出版社，2007 年 7 月第 1 版，第 7 页。

③ 吴鼎福、诸文尉：《教育生态学》，南京：江苏教育出版社，2000 年版第 6～7 页。

④ 张德：《从科学管理到文化管理——世界企业管理的软化趋势》．《清华大学学报（哲学社会科学版）》，1993 年第 1 期第 28～26 页。

⑤ 纪玉山、王耀才：《智力引进是增长方式转变的内在要求》，《长白学刊》，1997 年第 2 期第 22～24 页。

'牛鼻子'"，通过组织文化来治理组织①，是文化管理思想、学说和理论在现代大学组织管理中的一种具体的实践方式②。

模型构造相对于思辨研究而言，一个是理论性的，一个是操作性的；一个是抽象的，一个是具体的。本书在对文化自觉管理理念与理论进行陈述的基础上，立足文化链视角，进行结构系统的实证研究，力求把握大学组织系统内部的基本要素（Essential Elements）及其动态的影响情况，探索、构建一个由大学文化性格特征、供给关系和动力系统组成的大学文化自觉管理的内驱模型，把文化的作用在管理实践中表现出来，从而实现文化在管理中的价值目标，在形而上学和应用模型两个层面之间建立起一种新的相互关系，在"文化性格特征——供求均衡状态——目标契合模式"三者之间构建一个理论模型，解决大学文化在教育管理中由一般哲学社会理论转向实际科学理论的途径方法，把"应该"变成"现实"，把"价值"变成"事实"。

综上所述，大学文化自觉管理内驱模型的研究对象不仅仅是大学文化本身，而是包括大学文化积累、文化增长、文化供给和文化运用过程中表现出来的现象和内在的规律。简单地讲，本书要解决的主要问题是：什么样的大学文化，依据什么方向，通过哪些环节和渠道进行传递，如何传递，达到何种目的。归纳而言，包括两个方面：一是如何对大学的文化进行管理，主要通过对大学文化的现状、预测与评价，更加明确地认识和把握大学文化的类型、结构和性格，便于管理者理性而合理地使用文化进行管理；二是如何运用大学文化进行管理，从文化与管理的关系角度重点研究文化符号在管理过程中的作用，旨在有助于形成一个指向且着眼于大学发展与人才培养的未来需求的文化动力体系。这一动力体系主要是大学文化性格、供求关系、动力传递三者之间在大学管理过程中所表现出来的现象、内在的规律和驱动路径。其中，以大学生的主体感受为测量对象，研究大学文化性格特征、供求均衡状态和目标契合模式三者之际的结构模型，筛选文化执行力在这一结构模型中的有效传递路径和相对优势路径，形成一个指向且着眼于实现大学文化内在均衡的动力传递体系，从而达到促进和谐的目的。

① 张德：《向大师学管理（代译序）》，杰弗瑞·克雷默、杰克·韦尔奇著、罗晓军，于春海译：《领导艺术词典》，北京：中国财政经济出版社2001年。

② 张德、吴剑平：《文化管理——对科学管理的超越》．北京清华大学出版社2008年。

第五节　本章小结

在大学中，文化、教育、管理三者是密不可分的统一体。文化既具有教育的属性，也具有管理的属性。大学文化在大学管理中具有领导、决策、激励、调节、控制等职能。大学文化自觉管理是立足文化社会学与文化管理学的相关理论，在大学文化管理的基础上提出一个新概念。它从理念、理论与模型三个维度，思考和探索如何对大学文化进行管理和如何运用大学文化进行管理，构建大学文化自觉管理的范式，实现大学文化管理从自发状态向自觉状态的一种提升。

第三章

文化自觉管理理论的基础与创新

本章综述了文化管理的理论沿革与模式，借鉴社会学中的文化自觉理论，构建了大学文化自觉管理的理论体系及其内驱模型。

文化是变革的一种杠杆。它通过潜移默化形塑潜意识的心智图式，对客观条件和社会区域进行划分，产生相应的界限感、位置感（sense of position），使组织成员自觉自愿地依照这种被形塑的心智图式呈现世界表象，做出反映，获取相对应的组织角色，使得组织秩序获得合法性和正当性①②。这就是文化在管理中的作用过程。

第一节　文化管理理论沿革

文化管理是管理的最高阶段，文化自觉管理是文化管理中更为理性、更加自觉的一种状态。由此可见，文化管理理论是文化自觉管理理论的基础。

一、文化管理的基本理论

文化管理是指管理者采用组织文化指导组织成员的行为的方式，又称为"符号管理"。社会科学观认为，文化管理是试图内化管理控制的，被称为"内化的控制方式"。批判家威尔莫特（Willmott）认为文化管理方式是试图"克隆思想"或者"设计组织成员的灵魂"，从而鼓励组织成员内化组织期望的价值观和行为准则。事实上，组织文化的力量在于它不仅仅是一种自愿使用的管理技巧，而且影响那些不被外部管理所承认的行为③。组织新成员带着不

---

① David Swartz, Culture and Power [M]. Chicago: University of Chicago Press, 1997, p. 132.

② Pierre Bourdieu, Outline of A Theory of Practice [M]. Cambridge: Cambridge University Press. 1997, p. 188.

③ Hales, C., 1993, *Managing Through Organization*, Routledge, London, p. 216

同的动机、经历和价值观进入组织，这些自然的个体差异倾向于使他们的行为各式各样，千姿百态。为了实现组织的目标并使组织作为一个统一的整体面对外界，管理层必须寻找一些控制并减少组织成员行为变数的方式，其中的一种方式就是文化控制组织成员的行为①，它将事实上的强制同从强迫措施下所感知的自由整合起来，使文化成为一种最强有力的控制方式。

不管把管理分为古典科学管理、行为科学管理、管理丛林和文化管理四个阶段，还是分为经验管理、科学管理、文化管理三个阶段，其总体趋势是管理的软化②，而文化管理都是高于前几个阶段的一个更高层次的管理理论和模式。它既是一种管理思想和管理理念，又是一种系统的管理学说和理论，还是组织管理的一种管理模式。

相对于前几个阶段而言，文化管理重视感情和价值在管理中的运用，通过将组织的价值观灌输到每个成员的思想意识中，为他们提供宽松的发展空间，激发他们的主观能动性、对工作的热情和创造力，来实现超越制度管理的飞跃。注重员工主动意识、自主意识，强调个性发挥和个体价值实现，关注的焦点在组织价值的提升上，关注的层面包括成功要素、阻力要素、核心价值要素、关键行为准则（和细则）、文化管理应用手册、战略匹配、文化深植、胜任能力、文化意味、系统变革、持续提升。文化管理从组织生存和发展的高度出发，牵系管理的所有层面，不仅仅关联到战略、组织、人力、流程和营销等职能序列面，也关联到组织上至最高决策层，下至普通员工的管理的等级序列面，还涉及组织各地分支机构的地域序列面和产业序列面；不仅仅要看整体的同一性和统一性，还要考察每个序列的复杂性和差异性，并通过有效的指导协助各个序列提升各自的价值，从而整体价值的提升③。文化管理所要做的工作，主要包括：一是全面梳理管理思想，并清晰化、系统化；二是将管理思想通过一定的方法和工具应用于管理实践，直接作用于组织行为和个人行为，最终实现组织目标；三是对组织文化深植过程进行测评、考核；四是在测评的基础之上予以反馈，并持续改进和提升④。

① ［英］戴维·布坎南（David Buchanan）、安德杰·赫钦斯盖（Andrzej Huczynski）著，李丽、闫长坡等译：《组织行为学》，北京：经济管理出版社 2005 年 8 月第 1 版，第 663 页。
② 张德：《从科学管理到文化管理——世界企业管理的软化趋势》，《清华大学学报（哲学社会科学版）》，1993 年第 1 期第 28～26 页。
③ 谭昆智：《组织文化管理》，北京：北京大学出版社 2008 年第 58 页。
④ 黄超：《浅谈企业文化管理考核》，《中外企业文化》，2007 年第 8 期第 34～36 页。

文化的基本特点是共享性，即文化是有一整套由某个集体共享的理想、价值观和行为准则，是使个人行为能够为集体所接受的共同标准，它涵盖了人的心理和生理、人的现状和历史，把以人为中心的管理思想全面显现出来了。从对人的作用的重视来讲，文化管理是对行为科学的进一步发展，但决不是行为科学发展阶段的简单重复，而是一种螺旋式上升的过程，从哲学的层面而言，这也是管理科学发展的新阶段。行为科学侧重于把社会学、心理学研究成果引入管理，文化管理侧重于将文化学的研究成果应用于管理①。因此，文化管理的特质主要表现为追求：人性和物性的对立统一、实践性与理论性的对立统一、理性和非理性的对立统一、硬管理性与软管理性的对立统一。②

二、我国文化管理思想的历史渊源

文化管理的思想和相关模式在我国传统文化和传统管理中已经有了相关的体现和实践。

（一）我国古代文武并行的思想

我国古代兵学典籍《孙子兵法·行军篇》在强调人和人性的重要性的基础上，道出了组织管理的真谛："故令之以文，齐之以武，是谓必取。"曹操解释这句话的意思说："文，仁也；武，治也。"用现在的语言来解释，"文"就是管理中管理者与下属之间持续性的沟通、教育、引导和对下属的爱护；而"武"，就是用军纪、军法来统一士卒的行动，而且两者不可偏废，正可谓"卒未亲而罚之，则不服，不服则难用。卒已亲附而罚不行，则不可用"。③

形成于战国末年而盛行于西汉初期的黄老治国思想，是托黄帝之言，以老子道家学说为主旨，同时兼采诸子百家学说而形成的一种经世之学。其核心内涵包括无为而治、以法治国、文武并行三个方面。文武并行起源于阴阳家的天时大理，是黄老治国思想的一个重要内容，在黄老著作中被反复申论。《经法·论约》有言："始于文卒于武，天地之道也；四时有度，天地之李（理）也；日月星辰有数，天地之纪也。"在文武并行中，黄老之学更重视文治。《经法·四度》称："因天时，伐天毁，谓之武。武刃而以文随其后，则有成

---

① 罗争玉：《文化管理是企业管理思想发展的新阶段》，《湖南社会科学》（长沙），2003 年第 1 期第 90 ~ 92 页。

② 张德、吴剑平：《文化管理——对科学管理的超越》，北京清华大学出版社 2008 年第 161 ~ 176 页。

③ 王学秀：《文化传统与中国企业管理价值观》，北京：中国经济出版社，2007 年 10 月第 18 ~ 19 页。

功矣。用二文一武者王。"在黄老之学看来，"文"在政治生活中是经常性的，"武"要以经常性的"文"为先导，"武刃"的成果只有依靠于"文"才能转变成现实并得以稳固和延续。成功获治天下只属于那些能够将"文"或"武"很好地结合起来并加以运用的人①。汉朝的刘向所撰写的《说苑·指武》里的"凡武之兴，为不服也，文化不改，然后加诛"，《束哲补亡》诗里的所谓"文化内辑，武功外悠"，也都从不同角度强调"文"在管理中的作用，提醒管理者在施政过程中要文武并举，相互结合，以达到理想的管理效果。

（二）我国古代士人的文化制衡

我国古代文人——士人阶层对君权的影响和制衡，主要是通过文化的力量来实现的。在古代文化系统中，士人是师，是道的承载者，借文化之道为君主设计做人的价值规范，影响、引导君主的言行，士人文化的一个核心内容便是为君主设计做人的价值规范，通过对社会文化价值观的积极建构来规范、引导君主的言行。杜甫所作《奉赠韦丞丈二十二韵》中的"致君尧舜上，再使风俗淳"两句诗，正恰如其分地体现了士人文化的这一特征。

先秦士人阶层既是士人社会文化价值观基本形态的建构者，又是士人对君权实施"文化制衡"的始作俑者。孔子及其弟子率先以道自任，将"士"与"道"紧密联在一起。"士志于道"、"人能弘道"成为士人阶层自觉到自身重要历史使命的标志。老子之道则借"道"之超越来消解君权，使自然法则转化为社会法则。道家的文化制衡意识到了庄子沉落为一种个体价值追求的自我解构，而儒家的文化制衡意识被孟子发展为"道"、"势"对立的思想，认为士人靠修养而获得强大的主体精神力量和高尚的人格境界，并以此在君主面前保持人格尊严，从而更有效地规范、引导君主。

我国道家学说中的文化制衡精神主要流行于魏晋六朝，其最高表现是鲍敬言的"无君论"。而儒家学说中的文化制衡精神则在宋明时期大放异彩，其最高表现是黄宗羲的《明夷待访录》。

东晋葛洪《抱朴子·外篇·诘鲍篇》记载说，鲍敬言发展了先秦道家"君主无为"的思想，提出了"无君论"，主要表现为以下几个方面：一是把君主的产生根源解释为一些人的"强"与"智"以及强者、智者对弱者、愚者的欺诈，从根本上打破了秦汉的神授之说，消除了君主的神圣性。二是指出

---

① 蓝光喜、魏佐国：《黄老治国思想及其现代价值》，《南昌大学学报》，2006 年第 5 期第 30～34 页。

君权的危害，认为百姓的生存如天地万物一样，本应自然而然，无所约束，而君主却要设立官职来役使百姓，就像穿牛鼻、烙马首一样违反了自然之性。三是对"无君"社会的歌颂与向往。认为"无君"的社会是一幅万物并作，物我一体，适性而为，绝假纯真的上古初民生活图景，正如他所描述的"曩古之世，无君无臣，穿井而钦，耕田而食；日出而作，日入而息。汎然不系，恢复自得；不竞不营，无荣无辱。山无蹊径，泽无舟梁。川谷不通，则不相并兼；士众不聚，则不相攻伐。是高巢不控，深渊不漉；凤鸾捷息于庭宇，龙鳞游于园池。……势利不萌，祸乱不作；干戈不用，池地不没。万物玄同，相忘于道。疫疡产流，民获考终……"这种社会理想从文明进步、社会发展的角度来看，是不积极的，但是从士人阶层的独立性、主体性以及制衡君权的角度看，与孔子的礼乐社会、孟子的仁政国家之理想并无不同。

士人对君主进行文化制衡的目的是出于分权，大抵是先将君主抬高到"天子"的高度，然后士人借助"天理"掌握文化话语权，以"天"来警戒、限制、劝诱、引导君主。即使老子讲无为，杨朱倡为我，也没有公然否定君主存在的价值。当士人在政治、经济上有足够的力量与君权抗衡时，"君立无为"的要求就自然发展成为"无君"之论。鲍敬言的"无君论"上承老庄，下本玄学，符合古人文化制衡策略的这一逻辑，是士人阶层对君权予以文化制衡的极端化表现。汉代道家士人文化制衡的努力在《淮南子》中也有相应的体现，其中《主术训》云："人主之术，处无为之事，而行不言之教。清静不动，一度而不摇。因循而任下，责成而不劳。……进退应时，动静循理。不为丑美好憎，不为赏罚喜怒。名各自名，类各自类。事犹自然，莫出于己。……"

黄宗羲是晚明心学大师刘宗周的弟子，继承了心学思想精髓，发前人所未发，突破了文化制衡的原有模式。在儒家思想体系中，他的一个重要贡献在于把政治制衡与文化制衡统一起来，并将文化制衡具体化、制度化。黄宗羲认为君臣之间应该是一种合作关系，其共同目标是治理天下，为民造福，而不存在什么忠君问题，设计了具体的政治制衡策略和文化制衡策略。政治制衡手段主要包括"明法度"和"置相"。关于"明法度"，他提出"有治法而后有治人"的观念，即先要设定公平合理以天下人的利益为依据的"治法"，然后才能出现善于治理天下之人。这就从政治制度上改变以君权为本位的传统，确立一套体系化的法律制衡机制。关于"置相"，他主张在皇帝之下设宰相一人，参知政事数人，六卿、谏官若干人，共同组成一个分工负责的最高权力核心集体。在文化制衡方面，黄宗羲寄希望于学校，认为："学校，所以养师也。然古之圣王，其意不仅此，必使治天下之具皆出于学校，而后设学校之意始备"，"天子之所是未必是，天子之所非未必非，天子亦遂不敢自为非是，而公其非是于学校"（《学校》）。这就是说，学校不仅具有培养士人的职能而且还负有议论天子之昌非的责任。

我国古代士人阶层的文化制衡策略在要求君主成圣成贤上收效甚微，但并不是没有社会效应。实际效果主要表现在两个方面：一是基本上达到了要求君主尊重士人的目的，在文化系统中，士人是师，是道的承载者，借文化之道来提高身价以制衡君主，这是士人在君主专制社会中得以保持自身独立性的唯一方式。二是束缚了君主的行为，士人阶层通过继承、创造出一种文化氛围，建构起种种价值范畴，使君主们不知不觉地受到熏染，推进君主实施仁政。文化制衡体系像一条无形的绳索束缚了君主的行为。在大多数情况下，君主是在士人的价值观的牵引下行动的。汉高祖从鄙视儒生到重用儒生，汉武帝之独尊儒术，唐太宗之敬畏魏征，这些人所共知的事例一方面固然反映了统治者利用士人以巩固统治的需求，另一方面也证明了他们对士人文化制衡的自觉接受。但是一旦遇到任性而为、独断专行的君主，士人的文化制衡策略就毫无效力了，这正是文化制衡机制的根本缺陷①。

三、现代文化管理理论的发展沿革

随着 20 世纪七八十年代企业文化热的兴起，现代管理视野中的"文化管理"的提法开始被管理学界所广为采用，并不断见诸学术期刊和专著②。20 世纪 80 年代早期，有四本书将文化观念推向管理前沿：威廉姆·乌奇（William Ouchi）的《Z 理论》（1981），理查德·帕斯科尔（Richard Pascale）和安东尼·阿索斯（Anthony Athos）的《日本管理的艺术》（1982），汤姆·彼得斯（Tom Peters）和罗伯特·沃特曼（Robert Waterman）的《追求卓越》（1982）以及特立斯·迪尔（Terrence Deal）和艾伦·肯尼迪（Allan Kennedy）的《公司文化》（1982）。这些书籍提出，浓厚的文化氛围是指导员工行为的一个强有力的杠杆③。1982 年，美国管理学家特伦斯·迪尔（T. E. Deal）和

---

① 沈思：《从孟子到黄宗羲——论中国古代士人的文化制衡策略》，童庆炳等主编：《文化评论》1995 年第 167～187 页。

② 张德、吴剑平：《文化管理——对科学管理的超越》. 北京清华大学出版社 2008 年。

③ ［英］戴维·布坎南（David Buchanan）、安德杰·赫钦斯盖（Andrzej Huczynski）著、李丽，闫长坡等译：《组织行为学》，北京：经济管理出版社 2005 年第 645 页。

阿伦·肯尼迪（A. A. Kennedy）在合著的《企业文化——公司生活的典礼和仪式》一书中首先提出管理学意义上的"文化管理"（Cultural Management）一词，指出该书的目的就是"为企业领导人提供有关文化管理的入门知识"①。

从20世纪初的科学管理到20世纪80年代，管理史的发展清晰地表明，存在一个由理性的科学管理即物本主义的"硬"管理，向非理性的文化管理即人本主义的"软"管理的转变②。20世纪末期，管理理论的发展开始出现明显的文化导向，管理控制方式出现从官僚控制到人性化控制，再到文化控制的变化趋势③。如图3-1所示，相对于官僚控制、人性化控制而言，文化控制通过内化控制，影响不被组织外部管理所承认的行为④，将事实上的规范同从管理措施下所感知的自由整合起来，其力量比指令和规则等硬性制度更为重要⑤。

图3-1 组织控制方式的比较

资料来源：Carol Axel Ray, ‘Corporate culture: the last frontier of control?’, *Journal of Management Studies*, Vol. 23, No. 3, 1986, pp. 287~297. Reprinted by permission of Blackwell Publishing ltd.

进入21世纪，我国管理学家成思危先生指出，如果说20世纪是由经验管理进化为科学管理的世纪，则可以说21世纪是由科学管理进化为文化管理的

① ［美］特伦斯·迪尔，阿伦·肯尼迪著、印国有、葛鹏译：《公司文化》，北京：生活·读书·新知三联书店，1989年。

② 应焕红：《公司文化管理》，中国经济出版社，2001年第72页。

③ Carol Axel Ray, ‘Corporate culture: the last frontier of control?’, Journal of Management Studies, Reprinted by permission of Blackwell, Publishing ltd. 1986, Vol. 23, No. 3, pp. 287~297.

④ Hales, C. Managing Through Organization, Routledge, London, 1993, p. 216.

⑤ Kunda, G., , Engineering Culture: Control and Commitment in a Height Tech ［M］. Philadelphia, PA: Corporation, Temple University Press, 1992: p. 5.

世纪。清华大学经济管理学院博士生导师张德教授和吴剑平博士合著的《文化管理——对科学管理的超越》一书提出，文化管理学说是继经验管理、科学管理之后管理理论发展的一个新阶段①。

第二节　文化管理的理论模型

文化管理的理论模型，主要从过去、现在、未来三个时间点和人、组织、社会三个层次等宏观因素的角度进行设计。其中，清华大学张德教授、吴剑平博士设计文化管理"三三"理论模型（见图3-2），比较全面地考虑到了几种因素之间的作用关系及其变化情况。

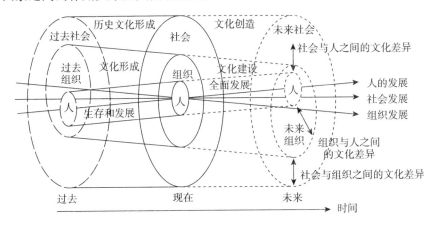

图3-2　文化管理的理论模型（三三模型）示意图

资料来源：张德、吴剑平，《文化管理——对科学管理的超越》，北京：清华大学出版社2008年，第86页。

如图3-2所示，由内向外相互包含、大小不同的圆形分别表示人、组织和社会，三个圆形相互之间的空白表示文化力场，圆心沿着时间方向的轨迹，代表各自的发展趋势。它们都是时间的变量，因此分别截取现在、过去、未来的任何一个时间点可以得到三个截面，分别代表人、组织、社会在不同时间点的相互关系。其中，内圆所表示的人，从过去、现在到未来的成长和发展过程是一个接受传统文化影响，创造社会现实文化，继而创造未来社会及其文化的过程；外圆表示的社会，其总体趋势是实现人的全面发展；中间圆代表组织的

---

① 张德、吴剑平：《文化管理——对科学管理的超越》，北京清华大学出版社2008年。

发展规律受到组织成员和社会的文化影响，同时作用于人的发展。人影响组织文化，使组织按照符合自身发展的方向发展；反过来，组织文化也影响着组织成员，使人按照组织的方向变化。人、组织、社会三者之间的理想状态是趋向完全一致，呈同心圆状（如图3-3所示），达到一种完全和谐发展的最佳状态，文化力的作用完全指向人的全面发展。这种状态下，人的个体目标与组织目标是完全契合的。

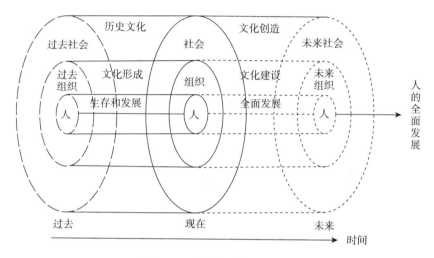

图3-3 文化管理的理想模型

资料来源：张德、吴剑平，《文化管理——对科学管理的超越》，北京：清华大学出版社2008年，第88页。

社会因素是组织管理自身所不能掌控的。因此，一般情况下人、组织与社会发展的趋势往往并非一致。从个人和组织偏离人的全面发展方向的角度，可能出现四种偏差现象①：

第一，组织发展偏离人的全面发展方向。如果组织发展偏离人的全面发展，社会和组织的文化差异都将促进组织调整到与人的全面发展相一致的方向（见图3-4）；如果组织发展偏离人的全面发展方向太远，将出现如图3-5所示的一种极端情况，这时人将选择离开组织。

---

① 吴剑平：《文化管理模式的探索性研究》［博士学位论文］，北京：清华大学经济管理学院2005年。

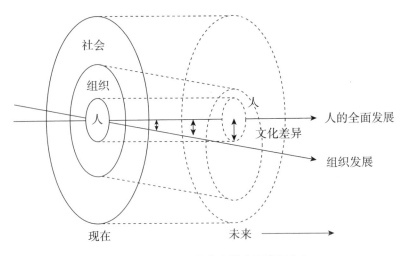

图 3 - 4　组织发展偏离人的全面发展方向

资料来源：张德、吴剑平，《文化管理——对科学管理的超越》，北京：清华大学出版
社 2008 年，第 88 ~ 89 页。

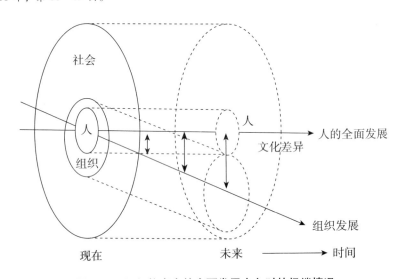

图 3 - 5　组织偏离人的全面发展方向时的极端情况

资料来源：张德、吴剑平，《文化管理——对科学管理的超越》，北京：清华大学出版
社 2008 年，第 88 ~ 89 页。

　　第二，个人发展偏离人的全面发展方向。如图 3 - 6 所示，在组织管理完全
促进人的全面发展时，如果个人发展偏离这个方向，组织和社会都会对人的发
展产生一种趋向于全面发展方向的文化差异作用。如图 3 - 7 所示，假若人的发

展方向大大偏离全面发展方向时，巨大的文化差异作用会促使人离开该组织。

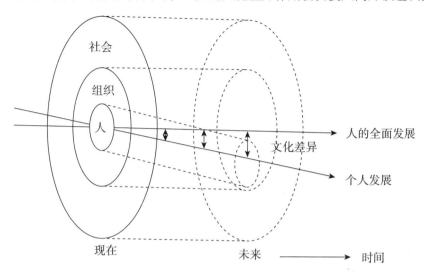

图 3－6　个人偏离全面发展方向

资料来源：张德、吴剑平，《文化管理——对科学管理的超越》，北京：清华大学出版社 2008 年，第 89~90 页。

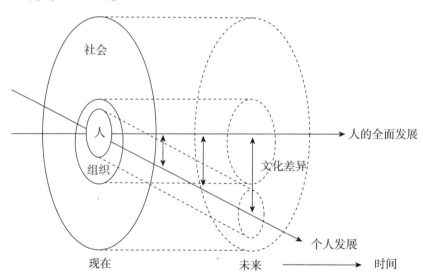

图 3－7　个人偏离全面发展方向时的极端情况

资料来源：张德、吴剑平，《文化管理——对科学管理的超越》，北京：清华大学出版社 2008 年，第 89~90 页。

　　第三，个人和组织同时偏离人的全面发展方向。当组织和个人在同样的方向偏离人的全面发展方向，如果偏离程度不同，两者之间的文化差异促使对方趋向自身的发展方向（见图3－8）。如图3－9所示，如果偏离程度相同，文化差异会促使其趋向人的全面发展方向。

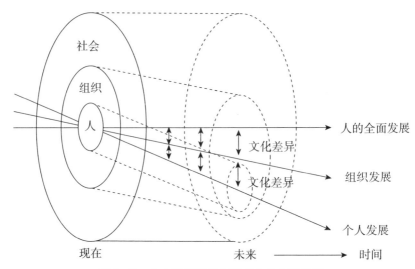

图3－8　个人和组织同向偏离人的全面发展

资料来源：张德、吴剑平，《文化管理——对科学管理的超越》，北京：清华大学出版社2008年，第90页。

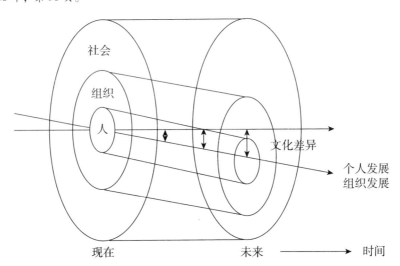

图3－9　个人和组织同向同程度偏离人的全面发展

资料来源：张德、吴剑平，《文化管理——对科学管理的超越》，北京：清华大学出版社2008年，第91页。

第四，个人和组织反向偏离人的全面发展方向。如图 3 - 10 所示，组织和个人朝着相反的方向偏离人的全面发展方向时，社会文化促使人和组织趋向全面发展轨道，同时人和组织之间的文化力促使对方趋向自身的轨道。当人和组织的发展方向出现较大偏离时，会迅速导致人离开组织。

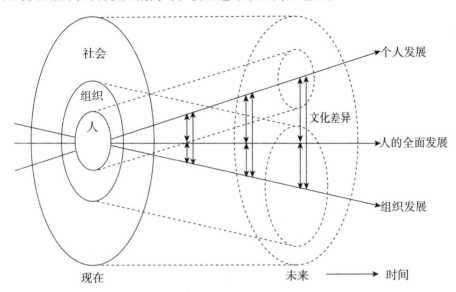

图 3 - 10　个人和组织反向偏离人的全面发展

资料来源：张德、吴剑平，《文化管理——对科学管理的超越》，北京：清华大学出版社 2008 年第 91 页。

第三节　文化自觉管理理论

文化可以强行积累、定向积淀，有序、可控地推进文化的传播、积累、积淀过程。其中，在自然秩序状态下沉淀和积累出来的文化，一般都是低效、高内耗和高自相冲突的文化，一般都不能支持管理和强化战略。优秀高效的文化必须结合管理，通过某种接口转换成为流程、制度、管理标准背后的"宪法"，并贯穿整个管理过程，成为筛选、发展、任用管理者和核心人才的软标准，成为决策、计划、执行、控制的原则和共识点①。这便是文化自觉管理的核心要素所在。

---

① 白万纲：《集团管控之文化管控》，北京：中国发展出版社，2008 年第 17 ~ 18 页。

一、文化自觉管理的核心要素

文化自觉管理理论是基于管理学领域中的文化管理理论和模式，借鉴社会学领域中的文化自觉理论，注重文化的构建与塑造，突出文化在管理中的内在理性和自觉性。相对于文化管理而言，文化自觉管理的核心要素是"自觉"。这里的"自觉"主要包含两层含义：一是自觉的文化，二是文化的自觉。

（一）自觉的文化

自觉的文化是相对于自在的文化而言的。所谓自在的文化是指传统、习俗、经验、常识、天然情感等自在的因素构成的人的自在的存在方式或活动方式。它一方面包含着从远古以来历史地积淀起来的原始意向、经验常识、道德戒律、自发的经验、习俗、礼仪、礼节、习惯等等，另一方面包括常识化、自在化、模式化的精神成果或人类知识，如简单化、普及化、常识化的科学知识、艺术成果和哲学思维。自觉的文化是指以自觉的知识或自觉的思维方式为背景的人的自觉的存在方式或活动图式。科学对事物结构和运行规律的理性揭示、艺术对于对象和生活的自觉的审美意识、哲学对人和世界的命运与本质的反思，都是自觉的文化因素。自觉的文化在现代社会中占据比较重要的地位，它不是自在自发的，而是通过教育、理论、系统化的道德规划、有意树立的社会典范等等自觉地、有意识地、有目的地引导和规范着人们的行为。自觉的文化和自在的文化作为两种不同类的本质对象化，均以人的对象化活动为基础，实现人的活动方式的固定化、社会化，但是在方式和途径上存在着很大的差异。自觉的文化对自在的文化进行超越和批判，主导自在的文化对其吸收和认同，从而在提升自在文化的同时丰富自身，用新的更能发挥人的自由创造本性的文化要素来取代旧的文化要素①。管理归根结底的本质规定性就在于通过文化传承和文化启蒙把个体从自在自发的生存状态提升到自由自觉的生存状态，同时以自觉的文化创新去推动社会的文化进步，乃至社会各个方面的进步。

（二）文化的自觉

20 世纪 80 年代，张岱年先生提出，超越传统，首先要理解传统。文化进步的前提是对传统有一个清醒的自觉。这就是"文化自觉"。后来，费孝通先生在一系列文章中全面、系统地论述了文化自觉的问题，认为文化自觉是一个艰巨的过程，首先要认识自己的文化，理解所能接触到的多种文化，才有条件

---

① 衣俊卿：《文化哲学十五讲》．北京：北京大学出版社 2004 年第 112～117 页。

在这个正处于形成之中的多元文化的世界里确立自己的位置，经过自主的适应，和其他文化一起，取长补短，共同建立一个共同认可的基本秩序和一套各种文化能和平共处，各抒所长，联手发展的共处原则①②③。综合张岱年先生和费孝通先生的观念，文化自觉包含过去、现在和未来三个方面的取向，从传统和创造的结合中去看待和适应未来，也就是继承传统，面对现实，展望未来，加强文化转型的自主能力，取得适应新环境、新时代文化选择的自主地位④，适应需求，推进发展。

基于这一界定，文化自觉，首先要了解自身文化的基因，也就是本体文化繁衍生息的最基本的特点；其次，必须创造条件，对这些基本特点加以现代解读，这种解读融会贯通古今中外，让原有的文化基因继续发展，使其在今天的土壤上，向未来展开一个新的起点；第三，将本体文化置于多元化的语境之中，研究本体文化与其他文化的关系，使其成为文化多元建构中的一个组成部分⑤。

二、文化自觉管理的理论体系

文化自觉管理是以人的内在需求为导向，激励人在事物的规律本源处寻找价值点和创新点，激发内在动力和创新力，以精神和理念的方式唤醒个人的意志和情感，凝聚成一种群体主动追求理想的意志，以达到既定目标。文化自觉管理的目的和作用不仅仅在于凝聚着组织文化中的不竭动力，而且在于维护一种特色文化和培养一种新的文化秩序。文化自觉管理的一个重要目的就是营造文化环境，提高和发挥整个组织的文化能力，包括从组织的最底层到组织的最高层和组织的所有领域，使组织成员在这种文化中能够系统地继承、创造和积累文化，并自觉地与其他组织成员共享文化，以便组织实现更好的运行绩效。

文化自觉管理理论是对文化管理理论的一种提升与拓展。如表3－1所示，两者既有共同点，又有差异处。

①　费孝通：《反思·对话·文化自觉》，北京大学学报1997年第3期。

②　费孝通：《完成"文化自觉"使命》，《创造现代中华文化》，北京大学学报1998年第2期。

③　高昌：《中华文化，情牵四海——新世纪第二届中华文化世界论坛回眸》，《中国文化报》2002年12月27日。

④　乐黛云：《费孝通先生的"最后一重山"》，《中国教育报》2006年6月13日第3版。

⑤　乐黛云：《他们是和中国文化对话的前驱——从伏尔泰到史耐德》，《中国教育报》2007年4月26日第7版。

表 3-1　比较视野中的文化自觉管理的理论体系

特征 ＼ 管理阶段		经验管理	科学管理	文化管理	
				普通意义的文化管理	文化自觉管理
形成时间		约 1769 年	约 1911 年	约 1980 年	21 世纪初
理论假说	管理中心	物	物—人（任务）	人（职工、顾客）	※人—文化
	人性假设	经济人	经济人	观念人	
主要矛盾		人的生存—自然	老板（雇主）—工人（雇员）	人的全面发展—组织发展	※人—组织—环境的可持续发展
管理职能	计划	经济计划	管理计划	战略管理	
	组织	直线型	职能式	学习型	
	控制	外部控制	外部控制	自我控制	※文化调和
	领导	师傅型	指挥型	育才型	
	激励	外激为主	外激为主	内激为主	
管理重点		行为	行为	思想（信念、价值观）	※内在思想与外界文化及其内化路径
管理性质（从是否理性的角度来看）		非理性	纯理性、排斥感性因素	理性与非理性的对立统一	
根本特点		人治	法治	文治	

　　注：本表前四列（经验管理、科学管理、普通意义的文化管理三部分）的内容参考了张德、吴剑平，文化管理——对科学管理的超越［M］，北京：清华大学出版社 2008 年第 181 页的表 8.1，最后一列（文化自觉管理部分）系作者归纳总结。

（一）文化自觉管理与文化管理的共同点

　　文化自觉管理与文化管理在理论体系上的共同点主要表现为人性假设、组织结构和管理性质三个方面：

　　第一，以"观念人"假设为理论基础。基于这一假设，文化自觉管理和文化管理理论，与传统管理理论认为人是机器和规章制度的附属物不同，强调人是组织管理的主体和目的所在。

　　第二，主张建立紧凑、高效、灵活、快速、富有弹性的管理组织。传统理论下的管理组织是以等级为基础，以命令为特征，以设施、工具等物质资源为主体的"金字塔"结构，横向分工是一种以"直线组织"为支柱的框架结构，迟缓而缺乏灵活性。文化自觉管理与文化管理以文化为基础和载体，强调团队精神和情感管理，重视管理者与管理对象之间的充分交流与沟通，减少管理层次和管理环节，压缩职能机构。因此，组织结构呈现扁平化趋势，具有灵活性、柔性、跳跃性等特点。

第三，从管理性质来看，是理性与非理性的统一。既以唯物的、科学的态度对待管理对象和管理过程，又从非理性的角度重视和调动人的直觉、意志、欲望、本能和灵感等因素，实现理性与非理性的结合，让管理过程充满灵性。

（二）文化自觉管理理论的特点

相对于经验管理、科学管理和普通意义上的文化管理而言，文化自觉管理理论有以下几个方面的特点：

第一，从管理中心来看，传统的经验管理是以提高生产率和经营效益为中心的，科学管理以物为中心，在一定程度上重视和尊重人，但其调动人的积极性的目的仍然是为了提高效率和效益，而不是人的发展。文化管理突破传统管理理论这一限制，以人为中心，重视人的过去、现在和未来的协调、可持续发展。文化自觉管理在此基础上进一步强调人与文化的和谐与互动，从文化朝向人的单向的、执行的关系，发展为人与文化两者之间双向、互动的关系，实现人与文化在空间上和谐，在时间上可持续，以文化的可持续保障和促进人的可持续发展。

第二，从管理所要处理的主要矛盾来看，经验管理要解决人与自然之间的矛盾，科学管理要解决雇主与员工之间的矛盾，文化管理要解决组织成员个体发展与组织发展之间的矛盾，文化自觉管理重视组织成员、组织与环境（包括文化环境和自然环境）三者之间关系的协调，通过为组织成员提供良好的文化环境，充分尊重并满足成员自我发展的需求、参与的需求、个人成就感的需求，激励和促进成员从"更加勤奋"地工作发展为"更加自觉"地工作。

第三，从管理职能来看，文化自觉管理由文化管理中的自我控制向文化调和转变。传统管理理论以分工理论和部门制为基础，其管理职能以分工和"管"为职能，采用以技术驱动为主的刚性管理模式。文化管理主张用机器来放大人的智能，并以智能机器为管理手段，把人的自然智能和机器的人工智力的潜力都充分发挥出来，从而将各种现代化管理手段与人的主观性巧妙地结合①起来，实现自我控制。文化自觉管理主张柔性管理，控制方式是文化调

① 罗争玉：《文化管理是企业管理思想发展的新阶段》，《湖南社会科学》2003年第1期第90～92页。

和，与文化管理的自我控制相比较，更加强调文化资源和文化信息的综合、提炼、创新、提升并形成独特的优势。

第四，从管理重点来看，经验管理和科学管理关注的是人和组织的行为，文化管理关注以价值观和信念为核心的人的思想，强调外界文化内化为人的内在素质和追求，文化自觉管理关注人的思想、文化环境以及外界文化内化为人的价值观和思想的具体路径。传统管理理论中，文化的沉淀与积累是自发的，也是低效的，往往存在着高内耗和高自相冲突的现象，不能支持管理和强化战略①。文化自觉管理结合管理需求，以文化构建为主要手段，以塑造组织文化为核心内容，通过理性积累、定向积淀，有序地推进文化的继承、传播与发展，并通过某种接口使其转换成为流程、制度和标准，贯穿整个管理过程，成为决策、计划、执行、控制的原则和共识点。

三、文化自觉管理的实施基础

张德教授、吴剑平博士研究认为，组织实施文化管理必须具备的基础条件为，组织成员的基本生活需要得到了较好满足；组织以知识生产为主体，或组织以脑力劳动为主；组织管理基本实现了科学化；组织成员的主体地位明确②。

对照这些条件，大学组织相对于其他社会组织而言，实施文化自觉管理的条件更为成熟，更具优势。一是要有科学的理念。理念是管理行为的起点，一切管理行为都来源于理念的指导。目前，我国高校的办学理念都已明晰，这为实施文化自觉管理奠定了良好的基础。二是主流价值认同。主流价值就是组织发展所需要的价值，是组织凝心聚力的前提，缺少主流价值组织就会成为一盘散沙。在主流价值的认同的同时，还要尊重多元状态下多元价值观的存在③。经过建国以来的不断探索、实践和提升，社会主义核心价值体系已经成为我国高校教师与学生不可动摇的主流价值取向。这为高校实施文化自觉管理提供了正确、坚定的价值导向和有效的文化执行力。三是要求组织成员的基本生活需要得到了较好满足。高校教师、学生的基本生活得到了很好的保障，尤其是我国政府不断加大投入，建立健全贫困学生生活资助体系，为学生学习解决了后

　① 白万纲：《集团管控之文化管控》．北京：中国发展出版社 2008 年第 17～18 页。
　② 张德、吴剑平：《文化管理——对科学管理的超越》，北京清华大学出版社 2008 年第 272～275页。
　③ 鲁宏飞、沈艳华、魏馨等主编：《学校文化建设与管理研究》，上海：华东师范大学出版社，2007 年 7 月第 1 版，第 120～122 页。

顾之忧。四是组织是以知识生产为主体，或组织以脑力劳动为主。高校是继承、传播、创造知识的专门社会组织，不管是教师还是学生，都以脑力劳动为主。高校组织性质和组织任务为实施文化自觉管理提供了得天独厚的基础条件。五是组织管理基本实现了科学化。文化自觉管理和文化管理是在科学管理基础之上的一种管理，并不是对科学管理的一种否定，恰恰相反在很多方面必须以科学管理的方法和机制作为依托和载体。我国高校从产生之初，发展至今，经历了从从经验管理到科学管理再到文化管理的发展轨迹。如表 3 - 2 所示，甲大学管理模式的演变在一定程度上代表了我国高校管理的整个演变历程。由此可见，我国高校已经具备了实施文化自觉管理所需的科学管理的基础。六是组织空间自由，尊重个性，组织成员的主体地位明确。① 不管是《高等教育法》的条文规定，还是高校实际运行模式，都注重和强调高校自主办学和学术自由，这就决定了大学组织相对于其它社会组织而言，更加尊重个性，追求自由，组织成员的主体地位也更为突出，为高校实施文化自觉管理构建了良好的组织机构和组织氛围。

第四节　大学管理模式的演变

大学管理模式与企业管理一样，遵循着从经验管理到科学管理再到文化管理的发展轨迹②。现代大学在欧洲形成的初期，由于办学规模小、学科门类少、管理很不系统，基本上处于经验管理的状态。后来，以洪堡为代表的教育家们在德国创建了崭新的大学体制，并从企业、军队和政府的管理中吸收了大量经验，开始形成大学的组织结构。在科学管理理论的影响下，欧美现代大学进一步走上科学管理的轨道，学科结构和院系组织趋于稳定，教学科研实行了量化管理、标准化管理，建立了严格的制度体系。

现代大学不仅是结构复杂、功能多样的社会组织，而且是分工精细、协调紧凑的知识社区。单纯依赖科学管理的结果是：大学组织结构过于刚性，院系设置缺乏弹性和灵活性，学科专业越分越细、越来越窄，各种各样的制度规定越来越多、越来越繁琐，教师、学生的自主性越来越少，学术自由和知识创新

---

① 张德、吴剑平：《文化管理——对科学管理的超越》，北京清华大学出版社 2008 年第 272～275 页。

② 吴剑平、李功强、张德：《试论大学管理模式与世界一流大学建设》，《清华大学教学研究》2004 年第 2 期第 51～56 页。

受到严重的阻碍。因此，大学管理在科学化的过程中，也在沿着另一条线索发展，就是越来越重视大学精神和校园文化的构建和运用，一些教育管理家提出大学管理吸收科学管理合理成份的同时，要用大学精神和文化作为学校管理的灵魂。牛津大学校长 Colin Lucas 指出，好的人文环境是大学作为一流大学的重要理念之一①。清华大学校长、中国科学院院士顾秉林 2003 年指出"一流大学的本质在于其特有的校园文化、大学精神及运行机制。"② 事实上，美国的哈佛，英国的牛津、剑桥，中国的清华、北大，这些享誉世界的大学无一例外都有着深厚而强大、与众不同的大学精神和文化，而且这些大学已经基本完成或正在进行着从科学管理模式向文化管理模式的过渡——大学精神和大学文化在管理中日益占据了主导甚至是核心的地位。

清华大学张德教授和吴剑平博士通过对我国一所前身为留美预备学校，始建于清朝末年，1925 年设立大学部开始招收四年制大学，并开办研究院（国学门），1928 年更名为"国立甲大学"的大学进行案例研究，得出了该校的管理模式的演进过程（如表 3 - 2 所示）。

表 3 - 2　甲大学的管理模式演进过程

管理阶段	经验管理	科学管理	—	科学管理	文化管理
时间（年）	1911 ~ 1951	1952 ~ 1966	1966 - 1976	1977 - 2002	2003 至今
主要特点	教授治校	苏联模式	阶级斗争	依法治校	大学精神 大学文化

资料来源：张德、吴剑平，文化管理——对科学管理的超越 [M]，北京：清华大学出版社 2008 年第 260 页。

第五节　大学文化自觉管理的内驱模型

大学是文化场所，其管理和生产（人才培养）属于文化驱动性工作，对文化的依赖更强，一旦缺乏文化的牵引与推动，其目标是难以实现的。台湾学者赵雅博认为："文化之本质要义，乃是改变自然与改变自己的原始状态，而予以新的状态。更确切地说，乃是将在自然中或自己所潜藏的作用或能力发挥出来，也就是人使用自己的能力——理智意志感官，来使潜存于自己或自然中

① 原春琳：《牛津校长：大学应保持文理平衡》，《中国青年报》2001 年 4 月 30 日。
② 张德、吴剑平：《文化管理——对科学管理的超越》，北京清华大学出版社 2008 年。

的潜能成为现实，其目的是在于使人自己得到与自己原始状态的不同的改变，使自己成为比原始状态更好的情况。"① 就大学要实现这一目标，就必须实施文化自觉管理。胡显章研究认为，培育大学创新文化，需要唤醒文化自觉，重视文化教育作用，并在对全球文化与自身文化清醒认识基础上，进行正确、自主的文化选择、创新与传播②。

大学文化自觉管理是文化自觉管理理论在大学管理中的运用，主要指从学生与文化的视角出发，以学生为本位，以大学文化为背景，针对大学生的行为特征，运用微观组织行为学理论和大学人文精神，促进大学生自觉认同大学组织目标，提高大学管理水平与成效。文化自觉管理的取向是多维立体的，其本质是以文化的方式、人格的熏陶、示范的领导、精神式的教练模式，体现人性化的管理理念，促进大学生加快形成社会化人格。

在组织内部和外部的不同角度，存在着实现文化自觉管理目标的不同驱动模型。本书以文化管理"三三"理论模型为基础，基于大学组织内部，以"观念人"假设和人本主义管理思想追求人的和谐发展为向度，以大学文化性格特征、供给均衡状态、大学生个体目标与组织目标的契合模式三个方面六个要素为变量，构建了大学文化自觉管理的内驱模型（简称"大学文化内驱模型"）。

如图3-11所示，大学文化内驱模型主要由"三纵一横"两大板块内容组成。所谓"三纵"：第一纵向研究是从大学文化的"内在结构"到大学文化的"性格特征"，通过对大学文化历时性积累而成的现状的综合分析，以文化的价值导向为依据，将大学文化分为独立性文化与顺从性文化两种，引导出第一组变量定义。第二纵向研究是从大学文化的"需求规律"到"均衡状态"，通过对供给过程中大学生的能动程度和供给矛盾运动状态的分析，根据大学生的需求满足程度和参与调节供求关系的能动程度，把大学文化供求均衡状态分为：自觉性均衡与自发性均衡。这就是第二组变量定义。第三纵向研究是从大学文化的"整合形态"到"契合模式"，以大学生接受和认同大学组织的自觉自愿程度为标准，把大学组织目标与个体目标的契合模式分为感动性契合和被动性契合两种，引导出第三组变量定义。

① 赵雅博：《中国文化与现代化》，黎明文化事业公司1992年版，第1页。
② 胡显章：《唤醒文化自觉，培育大学文化创新》，《中国高等教育》2007年第7期。

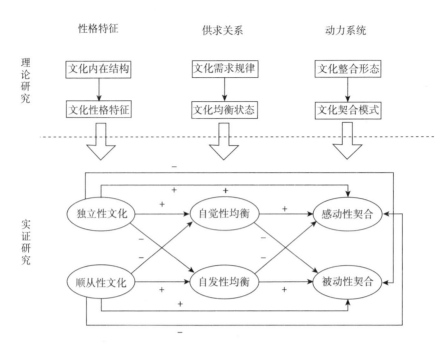

图 3－11　大学文化内驱模型

所谓"一横"，在"三纵"引导出的变量定义的基础上，以大学生个体目标与大学集体目标的有效契合为向度，实证研究三个方面六个要素之间的路径系数，构建大学文化的"文化性格特征"、"供求均衡状态"、"目标契合模式"三者之间的结构模型，假设路径关系，筛选出其中具有相优势的路径。

大学文化内驱模型中的"三纵"部分是基础模块，重点综述和研究基本理念和基础理论，并有所创新；"一横"部分是主模块，重在实证研究和检验大学文化的"文化性格特征——供给均衡状态——目标契合模式"三者之间的结构模型，本书有待验证的假设主要集中在这一块。

第六节　本章小结

文化管理理论是文化自觉管理理论的基础性"母体"。我国古代"文武并行"的思想和士人"文化制衡"的模式在一定程度上蕴含和践行了文化管理理念。20世纪70年代末至21世纪初，管理理论的发展开始出现明显的文化导向，逐渐形成了文化管理理论，从宏观视角构建了"三三"理论模型，使文化管理成为继经验管理、科学管理之后的一个新阶段。

本章借鉴社会学中的文化自觉理论，从管理中心、主要矛盾、控制方式和管理重点四个方面对文化管理理论作了进一步拓展和提升，从人与文化的双向互动，个体、组织与环境三者协调的角度，构建了文化自觉管理理论体系。根据文化自觉管理理论的价值取向，以多元化环境中组织目标与个体目标的契合为向度，构建了基于大学组织内部的"三纵一横"的文化驱动模型——大学文化内驱模型。

第四章

文化自觉管理的人性假设与人本向度

本章从中、西方人性理论的演变入手，分析了管理模式与人性假设的关系，以文化管理的"观念人"假设为基础，界定了文化自觉管理的人本向度。

人性假说是任何管理理论都无法回避的，必须具备的理论假设，不同的管理理论都选择不同的人性假设作为理论基础。美国著名行为科学家麦格雷戈（Mcgregor）认为，有关人的性质和人的行为的假设对于决定管理人员的工作方式极为重要，各种管理人员以他们对人的性质的假设为依据，可用不同的方式来组织、控制和激励人们。有什么样的人性就应该有与之相对应的人的社会活动的特征和管理模式①。

第一节　我国传统哲学中的人性理论

我国古代哲学思想一方面立足人的本性视角度，从善、恶两个角度作出的人性思辨；另一方面从人与自然、人与社会关系的视角提出的人性理论。

一、关于人性善恶的思辨

这一直是我国古代哲学家争论不休的一个话题。儒家代表人物孟子从"恻隐之心"、"羞恶之心"、"辞让之心"、"是非之心"② 四个方面提出了人性本善的观念。而儒家的另一名重要人物荀子则认为"人之性，恶；其善者，伪也"③，"性者，本始材朴也"④，因此人性必须加以教养。告子则认为"人

---

①　郭咸纲：《西方管理思想史》，北京：经济管理出版社 1999 年。
②　《孟子·公孙丑下》。
③　《荀子·性恶》。
④　《荀子·礼论》。

性无善与不善，决诸东方则东流，决诸西方则西流"①，提出了"流水人性"的假设。

二、立足关系论的人性理论

我国传统思想理论中立足人与自然、人与社会的关系所提出的人性理论，主要体现在《淮南子》的"一之理"、董仲舒的"中和之理"和王充的"性之理"② 之中。这些理论跟人性善、恶之辩一样，对当时及后来社会的管理理论具有深远影响。

（一）《淮南子》"一之理"的思想

西汉淮南王刘安（前179～前122），主持编著的《淮南子》论理，在以道为最高范畴的哲学逻辑结构中展开，以理为"一之理"，分而为"天理"、"地理"、"人理"等"物之分理"。其核心涵义为"一之理"。"一"又称道，"一之理"也就是道之理。所谓"一之理"，就是宇宙万物运动变化的总规律。"一之理，施四海；一之解，际天地。其全也，纯兮若朴；其散也，混兮若浊。"③ 理作为道的"一之理"，是普遍的、一般的规律，而作为事物的"一之理"，则是特殊的、个别的规律。每一具体事物都有其自身之理，如天有"天理"，地有"地理"，人有"人理"，这些理，都是道的"一之理"的散解，是"一之理"的分殊。"人理"是《淮南子》"一之理"的一个内容。社会人事之理，包括人之所以为人之理和治国理民之理，称为人理。"循理受顺，人也。"④ 遵循之理，顺从自然，便是人之所以为人的道理、原则。人要体道行德，"明于天道"，"察于地理"，"以义行理"，心守虚静，神应物理，使自己的精神意欲、视听言动，都合于天地物理，"进退应时，动静循理"，以成为君子。基于这观念，治国治民必须顺自然之性，循治国之理，即"圣人之治也，心与神处，形与性调，静而体德，动而理通，随自然之性，而缘不得已之化，洞然无为而天下自和，惔然无欲而民自朴，无机祥而民不夭，不忿争而养足，兼包海内，泽及后世，不知为之者谁何。"⑤ 这里强调的实际上是人的自然属性。

---

① 《孟子·告子上》。

② 徐苏铭、蔡方鹿、张怀承、岑贤安、张立文：《理》，http://www.du8.com/books/frel6048 53.html。

③ 《淮南子·原道训》。

④ 《淮南子·缪称训》。

⑤ 《淮南子·本经训》。

（二）董仲舒的中和之理

汉代的儒学大师董仲舒（前179～前104），将阴阳之说引入儒学，建立起天人感应、阴阳中和的哲学思想体系。董仲舒提出了"中和之理"，把"中和"的思想贯彻于天地之理、人伦之理和政治之理的论述中。自然界有天地阴阳四时之理，人是天地之间的智慧生物，人体副天地之数，人参天地而立，因而也有自己的思想行为的条理准则，这就是"推天理而顺人理"而建立起来的人的"行之伦理"。"行有伦理，副天地也。"① 人与万物一样副天地阴阳之理。人不仅在骨肉形体上副天地阴阳之理，而且在血气精神、思想行为上也副天地阴阳之理。人的思想和德行，人的"伦理"，就是与天地之理相应的。由于有了"天理"，才有人的形体、精神、德行。董仲舒中和之理的思想，是对先秦儒家"仁义之理"的继承发扬，同时也是对道家"天理"思想和法家"法之理"思想的吸收改造。其哲学逻辑结构的最高范畴是天，其核心架构是天人感应之说。但从理的范畴来看，他力图在天人之间架设起沟通两者的桥梁，以便借助于天的威力来约束富贵，告诫君主，推行仁政德治，求得不同社会集团之间利益的调和，使社会稳定太平，和谐发展，用心可谓良苦。在当时的历史条件下，这种思想无疑是有积极作用的。

（三）王充元气之理的思想

东汉时期的王充（27～约100），继承和发展了先秦至西汉各家哲学思想，建立了以元气为最高范畴的哲学体系。王充从元气本原的角度论理，以理为"物气之理"、"事理"、"性之理"等。王充的"物气之理"，推广于人性道德，即是"性之理"。人们生活于社会之中，不同于自然界的禽兽。两者主要的区别在于：人有伦理道德，而禽兽没有伦理道德；人知道自己行为的善恶，而禽兽不知行为善恶。知善恶之别，有伦理道德，去恶而行善，是人之为人的基本准则。王充认为，这种善恶之理便是"性之理"。"性之理"何在？王充说："人禀天地之性，怀五常之气，或仁或义，性术乖也。""实者人性有善有恶，犹人才有高有下也。高不可下，下不可高。谓性无善恶，是谓才无高下也。"② 人禀受元气而生，体内怀五常之气，人性不是尽善，不是尽恶，也不是无善无恶，而是有善有恶。但是，人性有善有恶，并非说不分高下的"善恶混"，而是说禀得清精之气的人性善，禀得浊薄之气的人性恶，人性善恶的

① 《春秋繁露·人副天数》。

② 《论衡·本性篇》。

程度决定于所禀之气的精粗渥薄。这才是真实的"性之理"。

第二节　西方人性假设理论的演变

人们并不是理性的，而是由本性支配的①。人性假设理论中的"人"的概念，是指处于管理的特定活动范围的"人"，在层次上低于哲学上"人性论"中的"人"的概念。管理学中的人性假设重点不是讨论人的善恶问题，而是对影响人的生产、工作积极性的最根本的人性方面的因素进行研究时所形成的理论成果，属于管理理论的深层次结构②。西方经济学和管理学中关于人性的假设主要有以下几种：

一、"经济人"（rational-economic man）假设

这一假设由英国古典经济学体系的建立者亚当·斯密（Adam Smith）在1776年的《富国论》中首次提出。所谓"经济人"，是指个人的所有活动都受利心支配，每个人追求个人利益促进整个社会的共同利益。这种假设实际上把人看成是一个完全的自然人，抹杀了人的本质属性——社会性。19世纪，英国经济学家大卫·李嘉图（David Ricardo）把经济人假设发展成为"群氓假设"，认为社会是由一群一群无组织的个人组成，每个人为实现个人的利益而尽可能符合逻辑地思考和行动。该假设认为，人的本性是懒惰的，必须加以鞭策；人的行为动机源于经济诱因，必须加以计划、组织、激发、控制，建立相应的管理制度，并以金钱和权力维持员工的效力和服从。

二、"社会人"（social man）假设

这一假设是由梅奥等人依据霍桑试验的结果，于1933年在《工业文明的人类问题》一书中提出的。这种假设认为，人是社会人，除了物质利益之外，社会的心理因素同样影响人的劳动积极性。工人不是机械的、被动的动物，对工人的劳动积极性产生影响的也绝不只是"工资"、"奖金"等经济报酬，工人还有一系列社会的、生理的需求。人最根本的需求是社会需求，是良好的人际关系的需求。

三、"自我实现人"（self-actualizing man）假设

主要代表人物是美国著名心理学家马斯洛（Abraham Maslow）。1943年，

---

① Wren D A. The Evolution of Management Thought. New York：John Wiley and Sons Inc.

② 刘毅：《管理心理学》，成都：四川大学出版社2008年第15~20页。

他在代表作《人类的动机理论》中提出了需要层次理论，其中自我实现是人的最高级需要。具有这种强烈的自我实现需要的人，即"自我实现人"。"自我实现人"是最理想的人，都努力成为自己"所期望成为的"那种人。由于受到社会环境的束缚，没有为人的自我实现创造条件，因此在现实中"自我实现人"是少数的。

四、"复杂人"假设

1965 年，美国行为科学家埃德加·沙因（Edgar H. Schein）在《组织心理学》中对人性假设进行了系统的归类，阐述了理性经济人、社会人、自我实现人和复杂人四种人性假设。1970 年，约翰·莫尔斯（John Morse）和杰伊·洛斯（Jay W. Lorsch）发表的《超 Y 理论》对前述人性研究作了总结，并认为"复杂人"的观念揭示了人的多维结构上的多面性——对人性的层层揭示和多面展示引导管理理论并使其流派纷呈。这种假设的含义有两个方面：第一，就个体的人而言，其需要和潜力随着年龄的增长、知识的增加、地位与环境的改变，以及人与人之间关系的改变而改变；第二，就群体而言，人与人是有差异的。

五、其它相关假设

近现代中外学者对人性假设的理论研究十分活跃，除了被广泛运用并对管理理论产生有力支撑的经济人、社会人、自我实现人和复杂人等四种假设外，还有其它一些相关的人性假设。例如，1965 年，美国的犹太裔学者刘易斯·科塞（Lewis Coser）提出了"理念人"（men of ideas）假设，认为理念人是一种狭义的知识分子概念，即"是为理念而生的人，而不是靠理念吃饭的人"①，即追求理念、不问实际的理论人；20 世纪 80 年代后，一些学者提出了"理性人"假设，认为人的最优选择或许更加趋于理性；1982 年，美国学者特伦斯·迪尔（T. E. Deal）和阿伦·肯尼迪（A. A. Kennedy）提出了"文化人"的观念，认为人是环境的动物，环境是自变量，人是因变量，人的未来是不可知的；还有"多维博弈人性"假设，认为人性表现为多维性，人在特定的管理场合中能够进行行为取向的调整②。

---

① 刘易斯·科塞著，郭方等译：《理念人——一项社会学的考察》，北京：中央编译出版社 2001 年。

② 郭咸纲：《西方管理思想史》，北京：经济管理出版社 1999 年。

第三节　文化管理中的"观念人"假设

历史上的人性假设理论，要么揭示了人性的一个侧面，要么在一定程度上反映了人的本质，因此这些假设在一定条件下是对当时人对人性思考的客观反映，但是由于时代的局限和人的思维局限，各种人性假设又都存在各自的缺陷。1996年，清华大学经济管理学院张德教授根据马克思、恩格斯提出的人具有自然属性、社会属性和思维属性的理论，提出"观念人"假设，作为文化管理的理论基础。文化自觉管理是在文化管理基础之上的一种提升，仍然以"观念人"假设为理论基础。

根据马克思、恩格斯的理论，人是自然属性、社会属性和思维属性的综合体。所谓人的自然属性，是指人的动物性或自然属性，主要表现在人的衣、食、住、行、性等生存需要。马克思说："人的本质并不是单个人所固有的抽象物。在其现实性上，它是一切社会关系的总和。"①　人除了具有自然属性，还具有社会属性。所谓人的社会属性，具有四个方面的含义：一是人不能离群索居，必须在社会中生存。二是人除了生存需要外，还存在许多社会需要。三是人的需要存在着客观的社会尺度，正如马克思、恩格斯所说："我们的需要和享受是由社会产生的社会尺度，因此，我们对于需要和享受是以社会的尺度去衡量的。"②　四是人的全面发展取决于社会的高度发展。所谓人的思维属性，是指人具有思维能力，特别是辩证思维的能力，这是人与动物的本质区别。综合上述观念，人的本质是的自然属性、社会属性和思维属性的辩证统一，而且统一在人的活动之中。

张德教授将这种人性假设称谓"观念人"假设，从自然、社会、思维三个方面揭示人的本质，充分考虑人的需要层次之间的复杂性和多样性，如图4-1所示：生存需要（或生理需要）、安全需要主要说明了人的自然属性，而社交需要和尊重需要则主要对应着人的社会属性，自我实现需要以及超越自我需要则主要反映了人的思维属性。人的各层次需要之间存在的辩证统一关系，在很大程度上决定了人的三种属性之间的辩证统一关系。

---

① 《马克思恩格斯选集（第一卷）》，人民出版社1995年6月第2版。
② 《马克思恩格斯选集（第六卷）》，人民出版社1995年6月第2版。

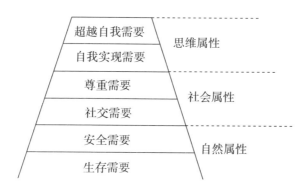

图 4 - 1　人的需要层次与三种属性的对应关系

资料来源：张德、吴剑平，文化管理——对科学管理的超越 [M]，北京清华大学出版社 2008 年第 58 页。

"观念人"假定认为人不是抽象的，而是真实的、具体的、历史的，是有情感、爱心的，并且需要有归属感或者集体主义感，人的行为接受不仅仅接受欲望、本能和物质利益的驱动，而且还受到具体的社会制度、文化背景、生活环境、道德观念的制约。因此，基于"观念人"假设的文化管理和文化自觉管理，重视感情和价值在管理中的运用，通过将组织的价值观灌输到每个成员的思想意识中，为他们提供宽松的发展空间，激发他们的主观能动性、对工作的热情和创造力，来实现超越制度管理和权力管理的飞跃。

第四节　人性假设与管理理论的演变与对照

不同的人性假设导致不同的管理模式，每一次人性假设的重大突破，都会对管理思想和管理理论的发展产生巨大影响。下面以经济人、社会人、自我实现人、复杂人、观念人这五种人性假设为主，通过图表列项，分析人性假设与管理理论之间的关系（见表 4 - 1）

表4－1 人性假设与管理理论的对应关系

人性假设	主要观念	中国传统理论	内涵	管理理论	管理措施	评论
经济人	①多数人是懒惰的，尽可能逃避工作。②多数人没有雄心大志，不愿意负责任，习惯于被动地接受组织的操纵、激励和控制。③多数人的个人目标与组织目标相矛盾，必须用强制、惩罚的办法。④人是由经济诱因来引发工作动机的，工作是为了满足基本的生理需要和安全需要，只有金钱和物质刺激才能激励他们努力工作。⑤人大致分为两类，多数人符合上述设想，另一类人能够自我控制和驱励自己。	性恶论	目好色，耳好声，口好味，心好利，骨体肤里好愉逸。（《荀子·性恶》）	科学管理理论（泰勒管理理论，X理论）	①管理工作的重点在于提高生产效率，完成生产任务，而对于人的感情和道义上应负的责任是无关紧要的。②管理者和生产工人严格分开，工人的任务就是听从管理者的指挥。③在激励方面处的消极要听从管理者的指挥，同时严厉处罚员工，即"胡萝卜＋大棒"的管理方式。	经济人假设把人看成是一个完全的社会人，抹杀了人的社会属性，引申出的管理措施和方法存在特定的环境下，对科学地组织劳动，建立责任制，提高生产率，具有一定的参考和指导意义。
社会人	①人工作的动机主要是社会需要，而不是经济需要。②工作单调无味，生产率高低主要取决于家庭和社会生活以及组织内与人与人之间的关系。③组织结构中除了"正式群体"，还存在具有特殊规范的"非正式群体"，影响着群体成员的行为。④人们期望领导者了解并满足其社会需要，领导要了解员工的意见，倾听员工的意见，促使正式组织和非正式组织的社会需要取得平衡。	性善论	恻隐之心，羞恶之心，辞让之心，是非之心。（《孟子·公孙丑下》）	人际关系论，参与管理理论	①管理者应把注意的重点放在关心员工和满足员工工的需要上。②管理人员不仅要重视与员工之间的关系，培养其归属感和集体感，在员工与上级之间发挥好桥梁作用，了解员工的意见，并向上级反映。③提倡集体奖励，不主张个人奖励。④提倡参与式管理，让员工和下级不同程度地参与组织管理。	社会人假设不仅看到人的自然性，还认识到人有尊重的需求，社会需要等更高层次的社会需求，以此提出的人际关系论和参与管理的方式，可以满足人的一些需求，缓解劳资矛盾。

续表

人性假设	主要观念	中国传统理论	内涵	管理理论	管理措施	评论
自我实现人	①人的需要从低到高有许多层次,自我实现是其最高层次。②人存在着高度的想象能力,力求在工作上有所成就,实现自治和独立,得到充分发展并适应环境。③控制和惩罚不是唯一方法,人们能够自我激励和自我控制。④人在适当条件下不仅会接受职责,而且会谋求自己的目标以配合组织目标,自动调整自己目标。	尽性主义	把各人的天赋良能发挥得十分圆满,人人可以自立。(梁启超《欧游心影录》)	Y理论	①管理重在创造一种包括管理制度在内的适宜的环境,使人充分的自我实现。②管理者的主要实现过程中所遇到的障碍是减少和消除。③创造一个可以允许和鼓励每一位员工都能从工作中得到"内在奖励"的环境。	在工业高度机械化的条件下提出的"自我实现人"假设和Y理论,有利于工作扩大化和丰富化。
复杂人	①人的工作动机因人、因时、因地而异,形成多样而复杂的动机。②一个人在组织中可以形成新的需求和动机。③人在不同的组织或同一组织的不同团体中可能表现出不同的动机。④个人是否满足并愿为组织尽力,取决于本身的动机结构和他同组织的相互关系。⑤人依据自己的动机、能力及工作性质对不同的管理方式作出不同的反映,因此没有一种适合任何时代、任何人的可能管理方式。	流水人性	人性无善与不善,决诸东方则东方流,决诸西方则西方流。"(《孟子·告子上》)	超Y理论,即应变理论	①采取不同的组织形式提高管理效率。②根据人的个别差异,采用灵活多变的管理方法与奖励方式。③采取弹性、权变的领导方式,以提高管理的效率。	复杂人假设具有十分重要的启发意义。但在某种程度上忽视了共性,其结果是过分强调应变性和灵活性,不利于管理组织和制度的稳定。

续表

人性假设	主要观念	中国传统理论	内涵	管理理论	管理措施	评论
观念人	①人的本质是人的自然属性、社会属性和思维属性的辩证统一，而且统一在人的实践活动之中。②观念人是"复杂"的人，其需求是复杂多样的。③观念人是"变化"的人，人的需求在社会随着客观环境和人主观能动性的变化而变化。④观念人是"主观能动"的人，具有思维属性，能够辩证思维。	"一之理"理论	"循理顺，人也"（《淮南子·缪称训》）"进退应时，动静循理"（文子《通玄经》）	文化管理理论	①文化管理以人为中心，注重价值观、群化和创新发展。②通过战略管理、学习型组织，自我控制、育才型领导和内在激励实现管理目标。③坚持人性和物性、实践性和理论性、理性和非理性，硬管理和软管理的统一。	观念人假设是辩证的、发展的。它吸纳了其他人性假设理论的科学合理成份，更具有先进性和合理性，更能适应发展现代生产力的需求。

注：本表中的部分内容参见了刘毅，管理心理学[M]，成都：四川大学出版社2008年第15～21页；张德、灵剑平，文化管理——对科学管理理论的超越[M]，北京清华大学出版社2008年第52～63页；观念人一行的内容是作者在张德、灵剑平两位学者研究成果的基础之上的归纳和扩充。

第五节　文化自觉管理的人本向度

人本主义（Humanism），主张以整体人（或全人）为研究对象，关心人的本性、价值和尊严，强调研究整体的人或人的整体，完备的人格理论应把人看做是充满各种变化的人。英国实用主义哲学家的重要代表人物席勒（1864~1937）在其《人本主义》（1903）和《人本主义研究》（1907）等著作中较早地提出以人为本的观念。他认为，没有独立自在的实在，只有相对于人而存在的实在，即人所认识的实在，而人的认识又依据人的旨趣和目的而转移。他把人推到世界、认识、感觉的中心，甚至包括知识的获得和增长，要由人的旨趣和目的而定。人类的心灵对于创造或改造实在，积累经验具有创造的意义①。

人本主义管理思想（humanistic perspective）出现于 19 世纪晚期，强调要理解和尊重人在工作场所的行为、需求和态度，注重社会交互作用和群体过程。这一思想性的早期倡导者主要有玛丽·帕克·福莱特和切斯特 I. 巴纳德等人。目前基于人本主义管理思想的分支理论主要有人际关系理论、人力资源理论和行为科学理论②。文化管理是基于行为科学理论的进一步发展，其思想基础还是人本主义管理思想，强调以人为本，实现人与组织、人与自然、人与社会的和谐共存、持续发展成为文化管理和文化自觉管理的向度和追求。

一、文化自觉管理在人本向度上的综合性取向

文化模式中，以人为向度的价值取向主要体现在人与自然、人与时间、人的活动和社会关系上。A. L. 克劳伯和 C. 克鲁克洪通过对文化模式的研究，认为不同的文化模式基于人的本性假设不同，在人与自然、与时间的关系，人的活动和社会关系的价值取向也是不一样的。对照 A. L. 克劳伯和 C. 克鲁克洪研究的不同文化模式的价值追求（见表 4 - 2），可以看出文化自觉管理的取向不是单一的，而是多元综合的，具体表现为在人的本性上，是假设人为"观念人"；在时间向度上，是继承传统，立足现实，面向未来；在人与自然的关系上，是主张保持和谐；在人的追求方面，主张尊重个性、珍惜生命、服

---

① 刘建国主编：《主义大辞典》，北京：人民出版社，1995 年 9 月第 1 版，第 6 页。

② 理查德 L. 达夫特（Richard L. Daft）、多萝西·马西克（Dorothy Marcic）著，高增安、马永红等译，《管理学原理（原书第 4 版）》，北京：机械工业出版社 2005 年 1 月第 19~21 页。

务社会；在社会关系上，主张人人平等，兼顾集体和个人的利益。

表4-2　A. L. 克劳伯和C. 克鲁克洪的不同文化模式的价值取向

价值取向	不同的表达方式		
人的本性	坏的	中性的、好坏兼有	好的
人与自然的关系	征服自然	与自然保持和谐	控制自然
人与时间的关系	追忆往昔（传统）	重视现在（情况/背景）	面向未来（目标）
人的活力	碌碌无为（活着）（表露型、冲动型）	知足常乐（精神豪爽，乐天派）	奉献社会（做事）（从事行动，实干家）
社会关系	孤家寡人（专横型）	六亲皆认（集体型）	个人发展（人人平等）

资料来源：转引自弗朗克·戈泰，多米尼克·克萨代尔著，陈淑仁等译，《跨文化管理》，商务印书馆，2005年第33页。

二、文化自觉管理的人本向度的内涵

文化自觉管理的人本取向就是要实现人的全面发展，主要包括三个方面：一是个性发展，二是横向上的和谐发展，三是纵向上的可持续发展。要实现这一价值取向，在以人为本的同时要处理好个性自由与整体和谐，竞争生存与关爱共生，挖掘潜力与积累资源三方面的对应统一关系，实现人与社会、自然的整体受益、互惠共生和可持续发展，才能为人的全面发展提供有力保障。

宏观上讲，文化自觉管理的人本取向，在人与自然的关系上突破非此即彼的二元机械关系，构建新的和谐、互惠的生态性关系，保障和促进人的全面发展。微观上讲，文化自觉管理以人为本，不是传统管理中的将人视为获取利润的一种生产要素，更重要的是以人为出发点，并以人的价值实现为最终管理目的，依靠管理主体与管理对象之间形成的文化力的互动来实现的尊重人性的管理。文化自觉管理内驱模型中的自觉性均衡文化，就是组织内部的一种和谐文化。所谓和谐文化是指一种以和谐为思想内核和价值取向，以倡导、研究、阐释、传播、实施、奉行和谐理念为主要内容的文化形态、文化现象和文化性状，它是融思想观念、理想信仰、价值体系、思维方式、行为规范、社会风尚、制度体制为一体的文化形态①。文化自觉管理旨在构建和谐文化，建立共同的目标和使命，让每个人都与组织的目标保持一致，领导其他人进行自我领

---

① 王革等：《校园文化建设：大学发展的战略使命》，《中国高等教育》2007年第13、14期合刊，第30～32页。

导，要实现的不是"我被要求做什么"，而是"我喜欢做什么"，从而将人性光泽中最美好的一部分激发出来，释放出来，让每个人在自己的岗位上绽放光彩，收获幸福。

三、人本向度在大学文化自觉管理中的生成依据

从大学的组织性质、管理模式发展的沿革和文化自身的变迁历史，都可以看出以人为本是大学文化自觉管理的终极取向，是相对于其它管理模式更高层次、更为完美的一种价值追求。

（一）大学的组织性质

从大学的组织性质看，人的需要和人的发展是大学文化和大学管理的首要追求。从法人性质来看，高校属于公益法人。所谓公益法人是指以社会公共利益为目的而成立的法人，它不同于以取得经济利益并分配给其成员为目的营利法人。我国《高等教育法》（1998年8月29日第九届全国人民代表大会常务委员会第四次会议通过）第三十条规定："高等学校自批准设立之日起取得法人资格。"第四条规定，高等教育必须"为社会主义现代化建设服务，与生产劳动相结合，使教育者成为德、智、体等方面全面发展的社会主义事业的建设者和接班人。"第五条规定"高等教育的任务是培养具有创新精神和实践能力的高级专门人才，发展科学技术文化，促进社会主义现代化建设。"综合这三条对大学组织性质的规定来看，大学属于非营利性组织[1]，没有营利组织的"账本底线"，管理目标是提供公共服务而不是提高产品的销售额和利润率[2]，管理绩效主要体现在人才培养和科研工作的社会效益上。高等教育的内在价值观是以"人的发展"为最高目的，不论是其大众化、市场化，还是国际化、主体化发展趋势，都呼唤和关注人的需要和人的发展[3]。

因此，我国的大学文化和大学管理体系的构建要回归大学本真，营造"追求科学、崇尚真理"和"对国家负责"的使命文化；要回归以人为本，营造尊重知识、尊重人才、尊重学者和学生的包容文化[4]，把学生和教师的成长和发展作为核心价值追求，从管理的理念、制度到具体实践都要反映和体现以

---

① 劳凯声：《高等教育法规概论》，北京：北京师范大学出版社2000年6月第237～239页。

② 理查德 L. 达夫特（Richard L. Daft）、多萝西·马西克（Dorothy Marcic），高增安、马永红等译：《管理学原理（原书第4版）》，北京：机械工业出版社2005年1月第8～9页。

③ 秦小云、别敦荣：《论中国大学教学管理制度的人文关怀诉求》，《高等教育研究》，2005年9月第84～87页。

④ 眭依凡：《创新文化：决定大学兴衰的文化之魅》，《中国高等教育》，2006年第7期。

人为本和人文关怀。

（二）管理模式的演变

从管理模式演变的角度来看，人本主义向度是管理发展到高级阶段之后的一种更为完美丽的取向。从人作为管理对象的角度来看，在不同的管理思想和管理模式中，人的地位不同，管理的终极目标也不同。从管理的目的功能看，大致有三个境界：一是约束人，二是调动人，三是发展人。第一境界，约束人。这是经验管理的目的功能，主要是为了约束人、限制人，正如《论语·泰伯第八》"民可使由之，不可使知之"所言，只要让被管理者按照管理者的意志去做，而不要让他们懂得为什么要这样去做。这个阶段，人仅仅是作为工具人而存在的。第二境界，调动人。这是科学管理的目的功能。进入资本主义时代以后，管理的目的功能发展为"调动人"，即通过管理来发挥人的潜能而获得最大效益。美国管理的鼻祖彼德·朗克曾说："管理就是利用别人把事情办成。"这一境界的管理首先是强调成效，其次是重视物质，再次是把人当成是产品的一种因素。第三境界，发展人。这是文化管理的目的功能。苏珊·C·施奈德和简·路易斯·巴尔索克斯提出"真正的管理是通过管理来发展人本身"。这一定义"揭示了对人是什么和人的发展方向的关心，而不只是关心他们得知了什么"，反映了一种"更加精神化的、把人作为驱动的信仰和价值观"。① 这三种境界代表着三种不同的管理模式，如表4－3所示，三种管理模式的制度生成原则、生成路径和管理的最终向度是不同的。

表4－3 不同管理模式的不同原则、方式与向度

管理模式	管理制度的生成原则	管理制度的生成路径	管理的向度
经验管理	强调样式、传承和成规	在经验中生成	追求社会秩序化
科学管理	精细、严格和权威性	绝对理性的产物	追求生产高效率
文化管理	弹性、人性和发展性	以对人的解读为基点，精神要素为管理原点	追求人的发展性

注：本表参照鲁宏飞、沈艳华、魏馨等主编，《学校文化建设与管理研究》，上海：华东师范大学出版社，2007年7月第1版第188页。

经验管理阶段，追求的是社会秩序化，也就是社会发展；科学管理阶段，追求的是生产效率，也就是经济发展。当社会和经济发展到一定阶段，"经济

① ［瑞士］苏珊C·施奈德、［法］简－路易斯·巴尔索克斯著，石永恒译，《跨文化管理》，经济管理出版社，2002年版，第44页。

发展"和"社会发展"的追求都将被"人类发展"的取向所取代，原因在于"人类发展"更加强调作为发展的努力目标和发展动因的是"人类"。20世纪80年代末期，联合国发展计划委员会、联合国开发计划署在自己的年鉴或报告中，都开始采纳"人类发展"这一概念，提出了社会发展应以人为核心的思想。这种社会发展观，强调社会发展的主题和核心是人的发展，追求人的发展的完整性。在这一背景下形成的文化管理和文化自觉管理的全部着眼点在于"人"，在于人的灵魂、情感、需求、态度和潜能。它以对人的解读为基点，追求人与人、人与组织、人与社会之间的和谐协调和自身的发展。

（三）文化的变迁因素

从文化变迁历史来看，人既是某种特定文化的产物，又是一定文化的创造者，还是文化的享用者。以人为本，体现在管理中，就是促进人的发展；体现文化中，就是追求和谐。文化自身发展是一种"垂直式的继承"，"是一个间断性与连续性相统一的过程，它表明文化发展的过去、现在和未来是绵延不绝的，传统与现代是脉息相通的"①。这一过程是一个"层累"的过程，而不是一般意义上的文化发展"阶段"。"层累"显得较有弹性，而"阶段"显得较为硬性。所谓阶段，认为文化的发展是有一定的次序和步骤的。在文化的"层累"发展过程中，缓变是文化发展的常态，突变是是缓变到一定程度之后而发生的。在缓变的"层累"过程中，较低的文化比较简单，较高的文化比较复杂，较低的文化偏于一致，较高的文化偏于和谐。现代大学文化不管是相对其它组织文化，还是相对于自身的历时态文化而言，都是一种"较高的文化"，因此偏向于复杂与和谐。

（四）文化与教育关系的进化趋势

从文化与教育进化的依存关系的角度看，如图4-2所示，"文化的进化是一种从动物界的调适走到理性人类界的调适的过程"，其终极取向就是关注人的存在与发展的和谐。

---

① 汪澍白：《二十世纪中国文化史论》，北京：中国青年出版社，1999年第26页。

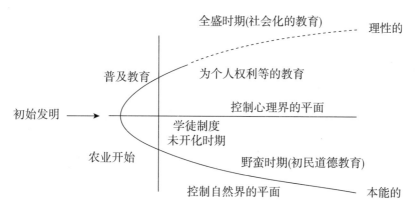

图 4 - 2　文化与教育进化的依存关系

资料来源：［美］爱尔伍德（CharlesA. Ellwood）著，钟兆麟译，《文化进化论》，五洲出版社 1957 年 1 月第 145 页。

第六节　本章小结

　　管理理论中的人性假设，有别于哲学上"人性论"中的"人"的概念，它是指处于管理的特定活动范围的"人"。我国古代人性思想往往立足哲学视野，从善、恶两个角度和人与自然、人与社会关系角度作出一些人性思辨，提出相关的人性理论。近现代西方学者主要从管理理论的角度提出了"经济人"、"社会人"、"自我实现人"和"复杂人"等人性假设。文化自觉管理的取向不是单一的，而是多元综合的，具体表现为在人的本性上，是将"人"假设为"观念人"，认为人的本质是的自然属性、社会属性和思维属性的辩证统一，而且统一在人的活动之中。从大学的组织性质、大学管理模式的演变、文化的变迁因素、文化与教育的关系进化趋势四个维度可以清晰地看出，文化自觉管理的人本取向就是要实现人的全面发展，主要包括个性发展、横向上的和谐发展、纵向上的可持续发展等三个方面的具体内涵。

第二篇
大学文化自觉管理的人本向度

　　大学管理不仅要遵循管理的要求和规律，更要遵循教育的要求和规律。第四章从管理学的人性假设理论和文化管理的哲学基础的角度，阐述了大学管理的人本向度。本篇通过分析国际视野下人本教育理念的变迁，进一步阐述大学文化自觉管理确立以人为本的必要性。

　　法国教育家卢梭提倡"自然教育"，认为教育的任务应该使人"归于自然"，培养自然的人、自由的人①。如何培养自然而且自由的人？人只有在和谐的时空环境中才能得以自由。这就是现代人本教育理念的内涵所在。现代大学文化和大学教育的核心取向是以"人与环境的和谐共存"为人的可持续发展提供可持续的保障。大学文化自觉管理立足行为科学理论的视角，以我国传统文化作为大学组织文化的宽泛而深远的背景，把现代人本教育理念作为贯穿大学各个层面的终极追求，统领大学管理行为和人才培养工作。

---

　　①　顾明远：《中国教育的文化基础》，太原：山西教育出版社2004年10月，第2页。

第五章

现代人本理念的基础与变迁

本章介绍了传统人本理念的生成和演变，分析了现代人本理念相对于传统人本理念的变迁和差异，界定了现代人本理念的内涵。

人在人与自然的关系发展历程上，经历了三个阶段：一是崇拜自然阶段，二是征服自然阶段，三是协调自然阶段。从崇拜自然阶段到征服自然阶段，人逐渐由"边缘"走向"中心"，这是传统人本理念的形成阶段；从征服自然阶段到协调自然阶段，人逐渐由"中心"走向"全局"，这是传统人本理念的突破阶段，也就是现代人本理念的形成阶段。

第一节　传统人本理念的局限

传统人本理念不仅认为人类在伦理观、价值观方面具有特殊的中心性，而且企图从科学上确认这种中心性，即不仅认为人类的所作所为最终是为了自己生存与发展的需要，而且认为人类是宇宙的中心，人在整个生态系统中本来就处于或者应该处于至高无上的地位。这是人类忘却人对自然、人的社会的责任的根源所在。在表现形式上，传统人本理念主要体现为人与自然的对立观、"人类统治主义"、"人类征服主义"、"人类沙文主义"、"物种歧视主义"等等。传统人本理念没有很好地克服狭隘的"人类中心主义"和"个人中心主义"。基于传统的人本理念，由于有个人独立完成的人格，因此出现了完全的个人中心主义；由于特别注重家庭，因此出现了家族主义；由于注重族群，因此出现了地方主义；由于注重自己的国家，因此出现了民族中心主义。

这些传统的人本理念，实际上是造成当前人与自然关系紧张、人与人关系紧张的深层次的思想根源。究其原因，主要是在传统人本理念语境中，人在人与世界的关系中具有至上性、唯一性和短视性。

一、至上性

传统人本理念强调人的主体地位和征服自然的能力，忘记了人是自然界的"一员"，认为人是整个生态系统的"中心"，是世界的绝对的"主人"，相对自然界而言其地位是至高无上的，自然界的一切都是为了人而存在的，为人服务的。一切从人类的整体利益出发，为整个人类生存与发展的需要服务。人有权可以在任意支配、统治、处置一切非人类的自然物。我国传统文化中"天地万物人为贵"的观念，就是传统人本理念的一种典型反映，认为人是最富灵性、最有感性的，也是最有能力的，人和人可以通过感性达至共鸣，也可以跟自然、跟生物、跟无生物进行共鸣，进而征服和改造自然。

二、唯一性或排他性

传统的人本理念只看到人的主宰地位和人的主体力量，只看到了人的物质需要、物质利益，而没有看到人所属的自然生态系统，没有看到人对非人世界的高度依赖性。强调人对大自然无限度的索取和征服，但是忽视了自然环境的承载力以及自然作为客体对人类的限制作用和反作用力。只知索取而不知回报，完全将自然界视作自己任意宰割的对象。这就使其具有极强的"排他性"。

三、短视性或近视性

短视性或近视性，是指传统的人本理念中更多地关注当代人的利益，或者是人的眼前的、可以看得到并能很快实现的利益——而且主要是人的物质方面的利益，从而忽视了人的长远的或子孙后代的利益及其他方面的需求。

传统人本理念的生成主要有两个基础，一是客观基础，二是主观基础。客观基础主要是指人类凭借不断进步的科学技术和生产工具，在征服自然的道路上一路凯歌高进，无形中促使人类向着"征服者"、"主宰者"的中心地位逼近。主观基础主要是指人类对人与自然的共生共荣关系认识欠缺，对自然界缺乏系统性观念，对生态规律知之甚少，不懂得自然界的命运与自身的命运休戚相关，生死与共。传统人本理念在思维认识领域体现为一种功利型的思维方式，完全以人为中心，以最大限度地谋取和占有人的眼前物质利益为关注和思考对象的一种思维方式。

第二节　传统人本理念的反思

理论上讲，人类文明的程度应该随着历史的线性发展不断提升。但是，历史并非理想。人类居住在世界文化之中，但世界文化却无法安抚人类对于生活的焦虑，人类无法取消工作中的乏味和工作后的空虚，无法制止贫困和剥削、战争和杀戮，无法使其摆脱对自身存在价值的怀疑①。

早在 18 世纪，卢梭就提出："文化"这一概念从一开始就充满了矛盾，一方面，文化是文明的象征，文化在一定的程度上反映了人的理性；另一方面，因为文化是人创造的，而人又是不完美的，所以人创造文化的过程则恰恰是违反自然的过程。因此，他提出要"回归自然"。从本质上讲，他并不是真正要在形式上回归远古，而是要回归一种更健康的文化。他在人无限制的创造和竞争中看到人的自我麻痹和行为的盲目性，想通过文化批评，从以人为本的文化中解放出来，寻求新的文化价值。在卢梭看来，人的尊严是至高无上的，而人的尊严则在公民和法律的理念中才能真正实现，政治、社会和宗教三个方面的和谐统一是实现人的尊严的基本保障。人要将绝对自我变为"审视世界的法官"，从原有的价值观出发来评判文化。这一改变价值观的过程，就是人的受教育的过程。在卢梭的整个学术和理论思辨过程中，"自然"这个概念几乎成了尽善尽美的同义词。他所追求的是人的价值，所要改变的是人和人之间的不平等，所争取的是人的自由。"回归自然"的实质是回归人类童年时代的那种伦理和完美，是心灵的回归。

自康德以来，哲学从本体论转向认识论，"人"逐渐成为哲学自觉探求的主题，"哲学就是人学"为越来越多的哲学家所认同，人的主体地位也成为所有人文学科不可动摇的前提②。20 世纪，在科学技术和工具理性的影响下，人们形成了对科学技术的膜拜，教育也陷入了"实证主义"和"功利主义"的泥潭，在这一逐渐"理性化"、"科学化"的社会嬗变中被抽象化了，一味地追求抽象的科学知识和实用的技能、技巧，忽视了人的本真存在的价值理性诉求，忽视了人的主体生命层面的终极关怀，忽视了人的全面发展的本质内涵，

---

① 王茜：《和谐精神的生态文化内涵》，《中国教育报》，2005 年 9 月 27 日第 3 版。
② 刘福森：《自然中心主义生态伦理观的理论困境》，《中国社会科学》，1997 年第 3 期。

教育的诗性被粗暴地剥离了教育的本体，成为一种忽视人性追求的教育路径①。

20世纪中期，为了与现代文化中的工具理性对抗，西方哲学和艺术领域出现了一场反理性思潮，通过深入挖掘人的潜意识、无意识、欲望、本能等一向被理性文明所压抑的内在生命世界，反抗异化、维护人性的完整。这种做法虽然拓宽了人的自我理解视野，却无法弥补精神与身体、感性与理性之间分裂对立的鸿沟，现代艺术和文化都助长着过分沉溺于个体身体感觉，而忽视理性思考的倾向，使人类缺少了自我提升的正面精神力量。在人类中心主义和理性中心主义的作用下，自然不再是被人热爱与依恋着的生命之母，而是人类征服和控制的对象，自然与人类世界曾有的多维生命关联，逐渐退化成赤裸裸的实用性、功利性关系。而当人类依赖现代科技手段，享受着以自然资源的耗尽为代价的物质繁荣时，人作为自然之子，通过与天空和大地的接触，培养起来的情思与灵感、想象力与直觉能力、感受力，也在渐渐萎缩。导致环境危机的不是自古就有的朴素的人类中心主义意识，而是在现代社会中被确证的以"控制自然"为核心的人类中心主义价值观，它是机械论自然观和人本主义叙事相连结的产物。

20世纪中叶以来，在日益严峻的环境问题的压迫下，人类开始对自身的主体地位和作用展开了反思和讨论，其核心内容是关于人类中心主义的讨论。这类争论大致形成了两大派别：

一派是肯定和维护人类中心主义的正确性、合理性，认为人类不但不能"走出人类中心主义"，还要"走进人类中心主义"。传统的人本理念，是建立在人类中心主义基础之上的一种理念，它侧重于以人类为主体一极去考虑客体，极端的人本意识走向人在人与自然关系上的"主体论"，建立一个以人为中心、符合人的目的的世界，带有以掠夺式征服自然为特征的"人类沙文主义"的倾向。持这类观念的人习惯于从严格的人类观点宣称人类的优越性，把人类的优势作为判断的标准，认为人具有别的动物所没有的能力，认为人类的能力，如理性思维、审美创造力、自主、自决以及道德自由，比别的物种的能力更有价值。

另一派是基本上否定人类中心主义，要求"走出人类中心主义"，这是非

---

① 王定新：《对新世纪我国基础教育价值取向的思考》，《中国教育报》，2005年5月24日第5版。

人类中心主义的派别。这里所说的非人类中心主义，包括生态中心主义和自然中心主义，其主要观点认为人类应全面超越人类中心主义，建立一个以自然生态为尺度的伦理价值体系和相应的发展观。非人类中心主义侧重于从客体来要求主体，极端地走向"客体论"，对人的主体地位完全否定，否定人类的发展与进步。"走出人类中心主义"的人认为，人类可以试着从非人类动物（还有植物）的立场来看待他们的能力，从中找到相反的优越性判断，就会发现众多非人类物种同样具有人类所没有的能力，如猎豹的速度、鹰的视觉、猴的敏捷。

作为要求走出人类中心主义或者否定人类中心主义的"非人类中心主义"，可以大致分为个体主义和整体主义两个谱系。个体主义发源于早期的以辛格（Peter Singer）为代表的动物解放运动（animal liberation movement）和以雷根（Tom Regan）为代表的动物权利论（animal rights theory），成熟于泰勒（Paul W. Taylor）的生命中心论（biocentrism），他们将道德关心的对象扩展至整个生命界，构筑了以"尊重自然"为终极道德意念的伦理学体系。整体主义通常被等同于生态中心论（ecocentrism）。其思想渊源要追溯到利奥波德（Aldo Leopold）。在《大地伦理》（1949）中，利奥波德提出一个基本道德原则："一件事物，当它倾向于保护生命共同体的完整、稳定和美时，就是正当的；反之，就是错误的。"这一原则被环境主义者视为"金律"。

事实上，人类在考虑人与自然的关系的过程中，关键要确立这样两个观念：一是"中心"并非一定要有。即使人类中心被取消，也不意味着必须由另一个中心来填充。二是人类与非人类生物并没有穷尽可选择对象，两者是相异关系，不是矛盾关系。

21世纪前后，人类社会进入了一个新的时代。这个时代类似与前苏联学者 B·N·维尔纳斯基所提出的"智力圈"时代。"智力圈"是一个表述自然和社会相互作用的术语，即指人与生物圈的共同进化，也就是人类社会的定向发展和生物圈有目的的发展二者的统一。不难看出，这一概念中，人的智力是其主要特征和要素，即人类的活动必须遵循和服从生物圈的规律，与生物圈同步协调，和谐发展，共同进化。

人与人的社会关系随着人改造自然的活动的发展而丰富化、深刻化，越来越直接地参与人对自然的改造活动，在社会生态系统的平衡与协调中扮演着举足轻重的角色。在人类对自然规律的探索和追问中，科技应该和哲学、艺术一样，作为人类生存和发展的一种工具。人类应该以科技为手段，在挑战自己思考与创造的潜能的同时，不断深化对自然和宇宙生命存在的理解。人类应该依靠自身的卓越理性、智慧和巨大潜力，既不盲目乐观，也不消极悲观，重新自我定位，站在当代实践的高度上，从自然、历史、社会、文化、价值立体交叉、有机融会的多维化视角，全面反思人与自然关系问题上的得与失。

第三节　现代人本理念的变迁

人类自从开始对自身的存在和其存在的意义进行思考的时候，就开始出现了人本理念。经过若干万年的发展，凭借着自己的实践能力、知识文化、技术手段等要素逐步走向"中心"地位。到了近代工业社会以后，人本理念才具有了绝对性的特征并发展成为具有相对完备的理论形态和在人类实践活动中发挥着越来越大影响作用的一种精神现象。对于人本理念产生的原因，学术界较为一致的看法是，科学技术发展所表现出来的"双重性"是导致人本理念诞生的缘由①。但是，当人类取得这个地位之后，要保持这个"中心"地位的可持续性，就要跳出这个中心地位，站在一个更为全局的视野里，考虑自己的地位和受益的同时必须维护自然的权益，重视生态系统的内在价值，和谐地处理人与自然界的关系。20世纪末，随着生态危机的出现和人类生态系统的形成，对传统的人本理念提出了质疑。在人类走向21世纪的历史转折时期，现代人本理念以其先进性、科学性、合理性而逐步成为人类精神生活领域里的一种重要思潮。

现代人本理念坚持人文精神与科学精神相统一，认为自然界的和谐、统一是自然而然的，人类社会的和谐、统一是人力化成的。人的存在和发展必然会导致个人需要与社会需要、他人需要、自然延缓需要的矛盾，这种矛盾作为人自身的根据，引申出人如何调谐这些关系的要求。人只有在人与他物的和谐共存中，以恰当的方式促使个体顺利地将他人的力量、社会整体的力量转化为自己的本质力量，促使相互受益共生，才能促进个体的可持续发展。

从人本理念到现代人本理念的这一跃进，表示了人与自然的和谐关系从不自觉到自觉的提升。这种提升将使人类走向一个新时代。这一时代的一个重要特征是，用人与自然和谐发展这种新的价值观指导自己的行动，建设以人与自

---

①　施晓光：《美国大学思想论纲》，北京：北京师范大学出版社，2001年2月，第132页。

然的和谐发展为特征的"绿色文明。"①

一、现代人本理念的基础理论

现代人本理念是一种伦理观，也是一种文化观、价值观，还是一种基本的哲学观念，是对人与自然界关系及其现实的人类实践活动的一种更为理性的概括。它既走出人类中心主义，同时又克服非人类中心主义的缺陷，在人与自然的关系上突破非此即彼的二元机械关系，构建新的和谐、互惠的生态性关系。

现代人本理念突破人类中心主义，突破个人主义和人类整体的封闭性，突破为"人"培养"人性"的局限，由"以尊重个性为核心，以促进个体充分、自由的全面发展为终极取向"，向"以全球伦理和全球普适性为背景，以可持续发展和生态性平衡的战略思想为基础，强调人与自然、与社会、与他人的和谐相处和受益共生"迁移。它在以人为本的同时更多地强调人性与自然的"统一性"，确立为"人—自然—社会"的整体统一，培养全球伦理性的"完美人性"，强调和关注人的共性、普遍性、共同人性与个性，树立起个体的自主意识和社会责任意识，自觉地为保护生物群落的稳定和延续作出贡献。

在人与自然关系的层面上，现代人本理念以全球意识、生态意识、可持续发展的意识等核心观念为主要构成要素，强调人与自然的统一与协调，关心人类的整体利益和终极价值，但也同时承认自然的权益及其内在价值，这就要求人类把社会的发展和自然的发展有机地统一起来。现代人本理念奉行的是互利互惠的准则，以互利互惠的观点和思维方式，来处理、改善、优化人与自然的关系和人与人之间的关系，追求自然、社会和人自身的统一和谐，追求认识世界、改造世界和改造人的统一和谐，追求人的自由全面发展与自然环境的统一和谐，追求物质与精神的、客观与主观的统一和谐。现代人本理念的理想状态，是实现本质意义上的人与人、人与外部世界、人与自身的统一，构建一种人与人、人与自然、人与自身的内在统一的一体性关系②。它所追求的，正如印度诗人泰戈尔对东方文明所赞美的："它的前进是生命内在的前进。它活着，吸收阳光，叶儿微微抖动，汁液微微流动。"③ 这里的生命不仅是人个体，也不仅是人类本体，而是世界上有生命迹象和无生命迹象的整个群体。这里之所以说是"生命迹象"，是因为在现代人本语境中，世上的万事万物都是有生

① 余谋昌：《走出人类中心主义》，《自然辩证法研究》1994 年第 7 期。
② 高清海：《人类正在走向自觉的"类存在"》，《吉林大学社会科学学报》，1998 年第 1 期。
③ 泰戈尔著，谭仁侠译：《民族主义》，商务印书馆，1997 年第 34 期。

命的，这是生命的本质。而平常区分是否有生命，只是对生命迹象有无的一种分类。

现代人本理念中的"以人为本"，与建立在抽象人性论基础之上、缺乏实践基础的西方人本主义思潮，以及建立在封建专制主义基础之上、围绕君主和臣民关系展开的我国传统民本思想，有着本质区别。它认为宇宙万物之间不存在任何超人的力量，不承认神和上帝的存在，没有任何固定的精神力量可以左右人的存在，因此，提倡、认可并尊重个体的多样性，强调实现人的自我价值不等同于提倡极端的个人主义，主张合理地调节自我与他人、自我与社会、自我与外来文化、自我与自然之间的众多关系，提倡人与他人、人与社会、人与自然达到和谐的同时，通过自我教育来达到自我完善的目的。人的本质在其现实性上是一切社会关系的总和，没有离开社会而存在的人。只有在现实社会中、在群体中，个人才能获得解放和发展的条件。余谋昌先生把人在社会关系中的"自我实现"分为三个阶段："一是从本我到社会的自我；二是从社会的自我到形而上学的自我，即'大我'；三是从'大我'到'生态自我'。它在个人与人类共同体、大地共同体的关系中实现。这是人不断扩大自我认同对象范围的过程，也是人不断走向成熟的过程。"[1] "我"的生命内涵在与他人、社会、自然打交道的过程中逐渐充实，离开了与自然、他人和社会的多方联系，"自我"就只能是一个空洞的概念。因此，自我生命的完善要把他者视为拓展丰富"我"的生命维度的契机和载体，在自我与他人的生命世界的一次次碰撞交融中不断拓展自己的生命境界，最后实现与宇宙精神的合一，这种开放生成式的个体生命本体论，才是现代人本理念中的"以人为本"的内涵所在。要真正落实现代人本理念中的"以人为本"，需要对"人上人"价值的消解，对"他者"思维的解放，从"我以你为本"和"你以我为本"走向"我们以我们为本"[2]，最终到达我们以"大家"为本的彼岸。

二、现代人本理念与人本理念的异同

人是社会创造的主体，是社会服务的终极客体。但是，人的行为不能是盲目的，而必须发生在人和人之间理性的相互关系层面上的，必须对他者（包括人、自然等）和社会具有并发挥责任性作用。这是现代人本理念与人本理念的核心区别。

---

① 余谋昌：《走出人类中心主义》，《自然辩证法研究》1994 年第 7 期。

② 周作宇：《"以人为本"的大学路径》，《中国教育报》2005 年 5 月 13 日第 3 版。

（一）基础要求不同

传统人本理念是建立在传统工业文明的价值基础之上的，而现代人本理念则是建立在新型生态文明的价值观基础之上的。传统人本理念的"人本"是绝对性的，突出以人为本的无条件性和机械性，而现代人本理念的"人本"是相对性的，突出以人为本是有条件性和灵活性。简而言之，既在某些方面肯定以人为本位的必要性、合理性，但同时又认为这种本位是"有条件"的。人类在一定的意义上达到了自己的目的，取得了一定程度的成功；但是，这种成功是局部性的，或者是暂时性的。人们用相对的、有条件的、可变的观点看待人与自然的关系，主张以尊重自然规律和其内在价值为基础来规范人类的实践行为和建构新的文明发展模式。

（二）取向视角不同

传统人本理念，从经济的视角思考和处理人与自然的关系，导致人类支配自然、榨取自然和破坏自然，现代人本理念以"伦理的视角"取代·"经济的视角"。现代人本理念与传统人本理念的实质区别，是人类在自然界中的地位和自然界的内在价值、自身利益。现代人本理念基于对自然（生态、生命等）权力、利益的发现和确认，批判传统人本理念所一贯秉持的文化观、价值观的偏见和近视，强调自然界的自身（或内在）价值及其对人类价值的承载，主张从自然、社会（历史）、文化、价值等多维化视角，对科技理性与人文精神的关系做一种深刻透视和全面把握。

（三）关注对象不同

传统人本理念尊重"个性"，现代人本理念更多地尊重"和谐"和"协调"，将关注对象的范围从"人"扩大到"人—自然—社会"系统，并赋予非人类的物种以内在价值，并把道德对象的范围从人类社会扩展到非人的生命和存在，从当代人类扩展到后代人类。这里要说的是，现代人本理念强调人与自然的关系，但并不是以人与人、人与自然关系简单直观的协调为出发点和最终目标，而是以人类社会的可持续发展作为出发点和终极取向，对人与自然的关系加以反省，试图建构一种人与自然、与社会和谐相处的关系。这种关系中，既强调人与自然的和谐相处，同时更强调建立在人与自然和谐基础之上的互利共生以及人的主动、创造作用。因此说，现代人本教育理念的核心可以简约为"人本、和谐、可持续"。

（四）扩展逻辑不同

从传统人本理念到现代人本理念，关注对象的扩展是沿着两种不同的逻辑展开的。传统人本理念是沿着主体——"人"的逻辑而展开，具体表现为两种转变：从个体扩展到个体的联合体——人类社会；从当代人类扩展到当代人类的延续体——后代人类。现代人本理念是沿着"存在"的逻辑而展开，具体表现为两种转变：从人类扩大到有生命的存在，如动物；从有生命的存在扩大到非生命的存在，如土地、岩石等。正如唐纳德·沃斯特在《自然的经济体系》一书中所言，在未来的文明社会中，"人类的自然观念将重新回到对其丰富而具体的多样性，其由自身所确定的自由、其特性的深度复杂性甚至神秘性、其内在意义和价值方面的认识上去。简而言之，这将是一个有机论的时代"①。

（五）终极关怀不同

传统的人本理念，强调社会发展是以人而不是以物为中心的价值思维。而在现代人本理念看来，人的发展与社会的和谐发展始终是双向互动的过程。一方面，人不能脱离社会而存在，人都是存在于社会之中的现实的人，社会是人生存发展的根据和条件。另一方面，人又是社会的主体，是社会活动和社会关系的承担者，也是社会发展的终极目的。社会经济发展只有在人本价值原则的规约和牵引中才能获得持续的发展和真实的意义。因此，人类在推进社会发展中，既要追求经济增长的经验事实，更要追求社会发展的人文价值，努力实现物的尺度与人的尺度、社会发展与人的发展的必然性、合理性的统一，实现现实关怀与终极关怀的统一，为人性的提升提供导向，创设必要的社会人文条件，促进人们学会追求觉悟，自我努力塑造和生成崇高的精神境界。

现代人本理念和人本理念具有相同的传统底蕴，但两者的基调和取向迥异。如何跨越传统人本理念和现代人本理念之间的巨大沟壑？第一，人类不能仅仅站在自己的立场上追求利益，必须把自己置于有一致追求的共同体内。第二，在人类要主动地履行对自然的尊重，尊重与和谐一旦真正体现、浸润于思想和行动，古老的传统也就在实践者的身上得以延续，被遗忘的历史语境也就重新回到了他们之间。

第四节　现代人本理念的内涵

现代人本理念是在对社会发展过程中人的主体地位和作用日益突出的反思

---

① 唐纳德·沃斯特著，侯文蕙译，《自然的经济体系：生态思想史》，商务印书馆 1999 年 12 月。

中，尤其是在对片面追求经济增长的发展观所付出的代价的反思中，提出的一种发展理念。

一、现代人本理念中的"人"

古希腊虽然提出了"人是万物的尺度"、"认识你自己"等哲学命题，但是没有把社会最底层的人即奴隶涵盖进去。欧洲文艺复兴期间，人性论成为哲学家们不可分割的研究主题。近代以来，康德把人的主体性置于突出位置。17世纪至18世纪，欧美一些国家对于人的问题研究赋予了"人类解放"、"天赋人权"等更多的政治色彩，人类开始进入认识社会、认识自身的一个重要阶段。德国古典哲学的集大成者——黑格尔从哲学观和唯心论的角度，以辩证法阐释了人的劳动本质问题、人的自由问题以及人的存在方式，即需要、劳动和享受三个环节。德国古典哲学家费尔巴哈明确提出了"人本学"理论，是一种以自然感性的人为基础和中心的哲学。① 但是这一时期的启蒙研究是以资产者为其"生活原型"的，所以马克思揭露传统"人论"的实质说，他们总是用后来阶段的普通人来代替过去阶段的人并赋予过去的个人以后来的意识。

两次世界大战尤其是第二次世界大战，人类遭受到了空前浩劫。战后，人对人自身的生命价值、生活意义和精神追求等问题进行了新一轮的思考和探索，这就是战后的新一轮人学思潮，其中以存在主义最具代表性。20世纪50年代以后，经济社会和科学技术得到了空前的迅速发展，但是这种经济增长和科技发展，并没有自然而然地带给人们普遍的安居乐业，相伴而来的却是技术工具理性的统治、生态环境的恶化、能源和资源危机、贫富差距拉大、人的"单向度"畸形发展、价值信仰危机等一系列社会问题的产生，人生的意义被淹没在对物的片面追求中。表面上看，人拥有很多物质财富，实质上人已经沉沦，失去了本真的存在，失落了人性。这种危机是一种人性人格的危机。因此，在西方哲学界出现了一股从人那里寻找哲学发展的人学思潮，强调哲学要唤起人对自身的觉醒，领悟人自己生存发展的意义和价值，把人同僵死的物区别开来，并超越于物之上，以寻求解决社会危机和人的精神危机的路径，使人从这种困境和危机中解脱出来，获得拯救，成为一个真正意义上的人②。

现代人本理念设想的是一种围绕人并为了人而使社会经济、政治、文化、

① 哈罗德·孔茨、海因茨·韦里克著，张晓群译：《管理学》（第十版），北京：经济科学出版社，1998年。

② 张澍军：《人本身建设与社会和谐》，《中国教育报》，2005年10月11日第3版。

生态自然协调发展的社会发展范式。它从人和动物的区别、不同社会群体的人之间的区别、个人和个人的区别三种意义上来理解人，不仅把"人"看成是类存意义上的人，而且还包括社会群体意义上的人和具有独立人格、个性的人。它既强调人的类存在和类价值，也强调人的个性存在和个性价值，还强调人的社会存在、社会价值和社会责任，尤其是把人看作是现实的人或社会的人。

现代人本理念中的"人"包括人与人类，主要有三层含义：第一，不仅是人个体，而且是人"类主体"的含义；第二，是相对于"整个地球"而言的，而不是相对"个别区域"而言的；第三，不仅指"当代"的人类，而且指"后代"的人类。也就是说，"人"在哲学层面上的内涵，不仅是理性的存在、政治的动物、工具使用者或语言的运用者，还是感性、社会、政治、历史和形而上的存在。如何理解这三层含义？首先，人类是感性的存在。因为人类不仅能在两个人和更多人之间形成内在的共鸣，也能与动物、植物、山川、河流等以至自然整体，形成内在的共鸣。其次，人类是社会的存在。因为作为孤独的个体，人类与地球王国上的其他成员相比是软弱的。但是，如果他们组织起社会，他们就拥有了内在的力量，不仅能活下来，还能繁荣昌盛。人类相互作用的各种网络结构展示的人际关系，对人类的生存和发展是必要的。一定程度上可以说，人类组成的社会决定了人类的特征。第三，人类是政治的存在。就等级、地位和权力而言，人的生物本性和社会命运对人际关系作出了区分。儒家虽然坚持这人造的界限是变动的，但是他们承认"差别"对实现社会的有机而非机械的团结具有重要意义。于是，在一个讲究仁义的社会里，社会的有机团结，既是公平原则的中心目标，也是公正实践的首要目的。第四，人类是历史的存在。他们分享集体的记忆、文化的记忆、文化传统、风俗习惯和"心灵的习惯"。第五，人类是形而上的存在。因为人的最高渴望，不是用人类中心主义的思想术语所能简单阐释的，但却能用人对顺应天命的终极关注来描绘①。

二、现代人本理念中的权利与义务

传统的人本理念认为，人是地球上唯一的权利主体，只有人有权利可言。在确立义务和责任时，更多地是从人与人之间的社会关系来看待义务与责任

---

① 陶继新：《对儒家人文精神的多元观照——美国哈佛大学著名学者杜维明教授访谈》，《中国教育报》2004 年 11 月 11 日第 5 版。

的。前苏联教育家苏霍姆林斯基就曾经强调，未来的学校，应该把大自然所赋予和人所能做到的一切都尽可能充分地利用于人的和谐发展，做到使大自然为人服务。苏霍姆林斯基强调了人的和谐发展，但是他的观念表明自然界是为人服务的，暗示了人是权利主体。从法律意义上讲，中外学者也普遍坚持人格权的神圣，这种人格权的神圣包括自然人人格和法人人格神圣，其中自然人人格权神圣具有"终极"意义。一般认为，在人格权体系中，生命权和健康权是基础，自由权则是核心①。不管是教育家，还是法学家，在强调人的权利的时候，忘记了当自然以海啸、地震、泥石流等方式瞬间吞噬成千上万个人的生命的时候，人类根本就无权利可言，最终为人自身行为埋单的还是人类自己。人类与自然环境的关系，就好比鱼与水的关系。自然界中组成生命和生态系统的每一个物种都在整个系统中发挥着其独特的功能与作用，以其多样性的存在和相互之间的联系维护着整个系统的正常运行②，也就都应该有着各自的权利和相应的保障体系。人类只有确认它们在生态系统中持续存在的权利，并自觉地维护它们的权利，才能为人类社会的和谐和可持续提供一个生物多样、生态平衡的自然环境。

现代人本理念关于权利的范畴扩展为两大方面：一是承认和保护宽泛意义上的人的权利，也就是在尊重当代人的权利的同时，要求当代人要自觉维护下一代人的发展权利。二是承认自然界的权利，并要求尊重和维护自然界的权利。所谓自然界的权利，是指生命和生态系统按照生态学规律持续生存的权利。随着现代人本理念关于权利确认和保护范畴的扩展，责任和义务所适用的范畴也突破仅仅限于人与人之间的社会关系的局限性，进一步扩展到人与自然、人与社会的方方面面。也就是说，人类在享受自然界为之服务的同时，应该承担更多的义务与责任，要对自己的行为方式负责，自觉地维护生态平衡，合理利用资源，进而促进整个社会可持续发展。当作出了违背这种权利与义务平等原则，并造成损害的时候，人类就必然会为之承担责任和后果。20世纪，人们在尽力发展科技，不顾自然承载力地改造自然，尽情享受之后，给自然造成损害之后，自然已经以它的"不作为"或"非常规行为"让人类承担相应的责任，甚至是遭受应有的惩罚。

因此，保护自然是人类"起码的义务"。"起码的义务"这个概念出自义

---

① 张俊浩：《民法学原理》，北京：中国政法大学出版社，1997年。
② 许先春：《坚持可持续发展的伦理观》，《中国教育报》，2004年3月16日。

务论直觉主义者罗斯（William David Ross）之手。他用以指在原初道德境况中的义务"显现"（appearance），它可能是真实的义务，也可能是义务的假象。与之相对的是"实际的或绝对的义务"，它代表着义务的本性。前者是相对的，后者则是普遍必然的。例如，守信用、遵守诺言是一种起码的义务，但当一个人为救他人于水火而违背诺言，他就是以牺牲起码的义务来履行实际的义务，在道德上仍然是正当的。罗斯列举了六种起码的义务：忠诚的义务、补偿的义务、感激的义务、公正的义务、仁慈的义务、自我完善的义务。泰勒的生命中心论从立论的基点到最后实践规范的制定，都深受罗斯影响。罗斯强调，人类应当意识到自然不仅创造了评价的对象，而且创造了我们这个评价主体；一旦意识到这一层，我们就会对生命、创造性乃至整个自然界油然而生亲近、感激和敬意，承认"保护价值的义务"。

三、现代人本理念中的"平等"

平等是权利与义务的天平，是和谐的前提和基础，是现代人本理念的主导人文思想。现代人本理念所确立的平等地位是多极主体间的平等。所谓平等地位的多极主体存在于两个向度：一是空间横向上的多极主体，指同一历史时期的不同个体或个体群，包括自然；二是历史纵向上的多极主体，指现在的人和未来的人。作为多极主体之一的人或个体群体在唯一的自然环境中生存与发展，不仅不能危害同时期的其他主体，也不能危害未来主体的生存与发展。

泰勒的"尊重自然"原则下的平等框架，基本上没有突破康德学说的范围，但是关于道德价值担当资格的认定却与后者大异其趣。泰勒把"尊重自然"作为其理论的最高原则。他说，"我所捍卫的环境伦理学理论的主旨是，某些行为是正当的，某些品质在道德上是善的，是由于它们表达或体现了我称之为尊重自然的终极道德意念。"尊重自然的道德意念是通过"固有价值"（inherent worth）来界定的："拥有尊重自然的意念，即是认为地球自然生态系的野生动植物具有固有价值。此类生物具有固有价值可以看作是尊重意念的基本价值预设。"泰勒分步骤加以论说：

第一步，区分了两个不同的概念：存在物"自身的好"和存在物的"固有价值"。"自身的好"是一个描述性概念，有关的陈述是事实判断。说一个存在物有"自身的好"，是指该存在物能够受到惠助或伤害。这个"好"是客观的，不涉及存在物是否有意识。依据这一标准，一切生物，无论有无感受力，都是有"自身的好"的存在物。"固有价值"则是一个规范性概念，有关的陈述是价值判断。说一个存在物具有固有价值，包含着两个原则：一是道德关心原则，就是说该存在物应得到道德关心；二是内在价值原则，即该存在物"自身的好"的实现本身就是目的，而道德代理者对此负有"起码的义务"。

第二步，泰勒指出，一个存在物有自身的好，是该存在物具有固有价值的必要而非充分条件。前者向后者的转换，必须借助他称之为"生命中心论自然观"的"信念体系"。该信念体系由四个命题组成：一是相信人与其他生物同是地球生命共同体的成员；二是相信人类物种和所有其他物种是一个相互依存的系统中不可分离的要素，每个生物的存活及其盛衰变化不仅取决于环境物理条件，而且取决于它与其他生物的关系；三是相信一切有机体都是以自身的方式追求自身的好的独立的生命目的中心；四是相信人并不天生优越于任何其他生物。这四个命题组合起来，形成一个平等主义框架。

泰勒认为，一个人一旦接受了这个观点，就达到了尊重自然这一终极的道德意念，就会自觉地为生物自身的好，即为实现其自身的生命潜能，去提升它们，保护它们。

第五节　本章小结

人类自从开始对自身的存在和其存在的意义进行思考的时候，就开始出现了人本理念。但是，在传统人本理念语境中，人在人与世界的关系中具有至上性、唯一性和短视性等局限。18世纪以来，卢梭等人开始对传统人本理念进行反思和批判。20世纪末，随着生态危机的出现和人类生态系统的形成，人们更加强烈地意识到，要跳出"中心位置"，站在一个更为全局的视野里，考虑自己的地位和受益的同时必须维护自然的权益，重视生态系统的内在价值，和谐地处理人与社会、人与自然的关系。这就是现代人本理念。它突破人类中心主义、个人主义和人类整体的封闭性，并在基础要求、取向视角、关注对象、扩展逻辑和终极关怀等方面区别于传统人本理念，在"人"、"权利与义务"、"平等"等方面形成了新的内涵体系。

第六章

现代人本教育理念的基础与形成

本章基于现代人本理念和传统教育思想，分析了生态学对教育理念的影响和现代人本教育理念的变迁，给出了现代人本教育理念的内涵体系。

教育是人类特有的一种有目的的培养人的社会实践活动。为了实现教育的目的和理想，使教育活动更符合客观的教育规律，人们对教育现象进行观察、思考和分析，并开展交流、讨论和辩驳等，从而形成了具有普遍性、系统性和深刻性的教育理念。

第一节 "以人为本"的教育理念概述

一、教育理念

教育理念，是人类经过思维加工而形成的教育理论认识，具有实践性、抽象性、社会性和前瞻性等特征，引领着教育走向。教育理念以回答"教育是什么"和"教育走向哪里"为重点，进而引领如何实现"教育的理想"。它是调整教育实践活动的"核心指挥系统"。有人以有没有办学理念和办学理念的融入程度为标准，将学校由低至高依次分类为：管理无序的学校、制度化学校、有学校精神的学校①。

教育理念对教育实践的作用主要有认识、导向、调控、评价、反思等功能。教育理念的最基本的功能是对教育活动的认识功能，即引导人们深刻地认识教育活动，把握教育活动的本质和规律。教育理念的预见功能，主要是说教育理念可以超越现实、前瞻未来，帮助人们预见性的探测教育未来发展前景和

---

① 袁智慧：《学校文化及其架构》，《中国教育报》2004 年 10 月 12 日第 6 版。

趋势，从战略高度指导当前的教育实践。教育理念的导向功能，指教育理念中有关教育目的和培养目标的一些观念、取向，指导着教育实践，对整个教育事业的发展和教育活动的开展起着关键的导向作用。教育理念的调控功能，主要指教育理念可以帮助人们跳出教育现象，跳出陈规旧俗，超越经验，以客观和理性的态度去认识和把握教育的本质和规律，积极、有效地调控教育活动和教育行为，纠正教育失误，优化教育元素。教育理念的评价功能，主要指教育理念从教育与人的发展及社会发展的关系的角度，揭示教育与人及社会之间相互作用的规律性，为评价教育活动的结果提供理论的依据和尺度。教育理念的反思功能，主要指通过促进人们进行自我观照、自我分析、自我评价、自我总结等，客观而理性地分析和评价自己的教育行为和结果，从而增强自己的自我教育意识，自觉调整教育目标，改进教育策略，完善教育技能，促进教育者、教育活动和教育实践的成熟和完善。

教育理念的形成及其发挥作用的过程是十分复杂的，往往受到政治、经济、文化以及社会环境的影响。有些教育理念并不是一旦形成就能对教育实践发挥作用。只有当教育理念与社会的主流教育期待相耦合的时候，它才能对教育活动发生积极而有效的作用。

二、"以人为本"的教育理念

马克斯·韦伯有关社会行为的观念，认为教育作为社会行为不是一种价值，而是重点放到"人"上。布列钦卡的观念是，教育的目的不在于让人做什么，而是让人愿意主动去做什么，因此他把改善人的心理素质结构，视为教育作为社会行为的目的①。两者的观念从一定程度上阐述了人本教育理念的核心内涵：一是"为人"，教育的终极目标是为人服务；二是"人为"，让人在教育活动中具有主体地位，发挥能动作用。上述观念和理论从一定层面上给出了"以人为本"的教育理念的内涵。

"以人为本"在学理层次上有这样几种解释：在世界观上，强调人是自己存在和发展的内在根据和理由，在关注人和尊重人的前提下，建设人本身；在认识论上，始终从人的主体性维度，强调把人作为认识的主体、中心和焦点；在价值观上，强调价值本身的意义，以实现人的全面发展为终极取向，力求对人进行深刻而全面的人格塑造。"以人为本"的教育理念，主要有四个方面的

---

① 转引自范捷平：《德国教育思想概论》，上海：译文出版社，2003年，第53页。

含义：

第一，就受教育者与教育活动中其他各因素的关系而言，"以人为本"的教育理念把受教育者当作主体，要求改变受教育者在教育实践活动中对教育活动中其它要素（教师、教材等）的依赖现象。我国传统教育中受教育者对教育组织者（包括政府、学校等办学机构）、施教者（主要指教师）、教育内容等教育因素存在着很强的依赖性，不具有独立的人格，受教育者成为教育的"奴隶"。针对这一现象，我国提出"以教师为主导，以受教育者为主体"的教育思想。但是由于各种因素的影响，受教育者仍然是一种依附性的"假主体"，并没有成为真正的主体。

第二，相对于受教育者在教育活动中被边缘化而言，"以人为本"的教育理念把受教育者看作一切教育活动的前提。这里要强调的是，"以人为本"的教育理念所要确立的是受教育者在教育活动中的主体地位和作用，也就是说，既要强调受教育者在教育活动中的主体地位，也要强调受教育者在教育活动中的主体作用。"地位"和"作用"是有区别的，只有切实发挥受教育者在教育过程中的主体作用，才能让受教育者有教育实践活动中得到自主性锻炼和成长，才能培养其独立人格和自由个性。

第三，就教育活动载体而言，"以人为本"的教育理念把受教育者的进步和成长作为一切教育活动和活动载体的终极取向和目的所在，强调尊重受教育者、解放受教育者、依靠受教育者、塑造受教育者。要求教育在分析、思考和解决一切问题时，要确立并运用人的尺度，关注受教育者的生活世界，要对受教育者的生存和发展的命运确立终极关怀。

第四，就教育过程而言，"以人为本"的教育理念，首先是从人出发，其次是人为主体，最终就是教育的服务终端仍然是人。教育从人出发，我们可以看裴斯塔洛齐所主张的基本教育观：教育的过程就是在表现人的内心和外部世界的关系，人的内心是真理和伦理力量的唯一源泉，教育活动是确立正确的社会伦理的过程，是将人固有的完美的理念进行外化的过程，因此，教育应该从人的内心着手。裴斯塔洛齐认为，只要通过教育和知识把人的内心调节好了，那么它就像水中落石，水纹就会一圈一圈地向外伸展。

就其产生的时空背景而言，"以人为本"的教育理念的提出是进步的。但是，其缺陷也是明显的。宏观上讲，"以人为本"的教育理念主要是从人与自然界其他事物相区别的意义上理解人，更多看到的是人的类存在和类价值，更多强调人的共同性、普遍性。微观上讲，"以人为本"的教育理念主要是从受教育者与教师、课程、教材等因素的关系上理解受教育者的主体性，更多地是立足于机械的、非此即彼的"二元一主"的主体观，思考和设计教育活动中各元素之间的关系，还没有树立和构建多元协调互动的和谐关系。

第二节　生态学理论对教育理念的影响

生态学是研究生物与生物之间及生物与非生物之间关系的学科。生态观点，是指借用生态学研究生命主体与其所在环境之间相互作用及关系的理论与方法。生态环境，不仅包括自然社会活动方面的生态环境，而且包括如经济生态、政治生态、社会心理生态、社会意识生态等环境。宏观、中观、微观生态环境的区分是相对的，整个社会活动生态环境实际上是由许多交叉连接的生态圈所构成的，人们可以根据不同的分类标准对这种生态环境进行不同分类①。生态文化主张以身体直面世界，意味着用包含感觉、体验、理解等多种综合生命能力的身体，来触摸、感受和沉思世界，从而克服理性主宰生存的僵化和欲望主宰生存的本能化倾向。生态方法十分注重研究一定环境中各动态有机体之间的功能关系和它们对整个生存发展（即生态）系统的调节整合机制。

近一段时期以来，生态学理论对人类在思考和处理人与自然的关系上产生了很大的影响。尤其是生态平衡观的增强和生态学理论在教育学中的渗透，对传统人本教育理念的完善和现代人本教育理念的形成产生了极其重要的推动作用。从社会关系的视角看，教育是社会大生态中的一个动态有机体，它对社会大生态环境中的其他生态圈产生着各种作用，同时也不可避免地会受到社会大生态环境及其他因素的制约。社会生态环境中各因素之间的关系，一般存在着两种基本关系，一是纵向的前后承续生态关系，二是横向的周围牵制生态关系。生态学理论要求建立合理的制度，让这些社会活动有机体相互依存、相互作用、相互支撑、相互促进，构成一个良性的生态链。从教育自身的内部关系看，教育活动及其过程自身就是一个生态环境圈，可称之谓教育的"微生态环境"，由构成教育活动过程的一切因素之间形成的相互关系与结构等构成的，这些因素如教育者、受教育者、教育任务、教育目的、教育内容、教育方式方法、教育效果等。

从发生学的意义上讲，人与自然的关系是在人类的社会性的生产劳动中建

---

① 邱柏生：《生态视野中的高校政治理论课建设》，《中国教育报》，2004年5月11日第3版。

立起来的，社会成为人与自然关系的中介。而"人化的、感性的、实践的活动则构成人类社会的基本要素，是人类社会的有机内容。"①。"生存哲学"观念就以"人作为自然而存在——人是自然界的一个环节；自然作为人的一部分而存在——自然是人的生境"② 为基本理念，旨在倡导人与自然的共存、协调、交流和发展。现代生态学表明，自然界是由动物和植物、土壤和水构成的生命共同体，人是共同体的一个成员。这要求我们同情、善待同伴，忠诚于共同体本身。在人的方面说，这意味着"从利己主义向环境主义转变"。因为我们作为个体是与自然同在的，保护自然环境就是实现我们的自我利益。

从宗教信仰的角度讲，人的生存和延续需要依靠信仰来支撑。正是这种信仰，可以使人受精神之光照耀，从世俗生存向无限和永恒提升的人生迈进。这种力量是来自宇宙所呈现的强健和谐的生命之道。在《周易》中它是生生不息的"易"，在生态科学家那里它是作为地球灵魂的"盖娅"，在诺贝尔物理奖得主超导物理学家布赖恩·约瑟夫那里它叫做"宇宙智慧"。它赋予一切生命活动内在的价值和目的，使它们因为服从于一个更漫长、更宏大的生命整体的健康存在，而显示出和谐的秩序。万物无不是这种宇宙智慧的显现者，人类文化作为其中的一部分，也只有通过追随和理解它才能健康发展。对于这种智慧，我们除了依靠科学认知外，还需要通过信仰才能接近它。对神圣的自然生命之道的信仰，将转化为一种心中有所敬畏的生活态度、一种尊重生命的内在价值取向，开启一种与现代人无所畏惧的傲慢姿态不同的生存方式。当然，信仰并不意味着否认科学探索、理性思考和人的能动创造，而是要将对生命的敬畏之心作为包括科学、艺术、哲学等一切人类文化活动的前提与底线，主动避免那些可能会超越自然规律、触犯人类道德底线和生命尊严的研究方式与行为方式。孔子在山水中见到了仁者的宽厚和智者的灵动，华兹华斯儿童时代从自然中学习的美德使其受益终生，利奥波德认为当人像山一样思考时，世界会呈现出完全不同的景象。古今中外的这些例子说明一个道理，那就是善于从自然中获得比人的视觉所见更深邃丰富的精神内涵，可以帮助人类从只专注于自己的欲望、只关爱亲近的人、画地为牢的自我限制中走出来，回归更广大的生命家园。

从教育实践的角度看，近现代不少人都在积极地让课堂回归自然。20 世

---

① 宋周尧：《论主体自然意识》，《学术月刊》1992 年第 10 期。
② 安维复：《人类困境：本质、由来及其超越》，《齐鲁学刊》，1994 年第 6 期。

纪二三十年代，闻一多先生穿一袭长袍、咬一柄烟斗趁着黄昏夜色开始他的《离骚》讲座，声情并茂的演讲，衣袂翩然的风度，常常让受教育者辨不清是闻先生在演讲还是屈原在行吟。潇洒浪漫的诗人徐志摩，对泰戈尔创办那所"把大自然当成绝妙奇书"，坚持在森林中上课的学校情有独钟，"再别康桥"之后，他一度为在国内办一所类似的大学而奔走，尽管终未如愿，但他经常带着受教育者走进茂密的森林，靠着梧桐树，一手拿书，一手指着蓝天白云讲授欧洲文学与我国诗学。

马克思主义的全面发展学说和当代社会高速发展的现实都已经证明：社会发展的程度越高，对人的全面发展的要求也就越高。1987 年世界环境与发展委员会发表的《我们共同的未来》中写道："传统社会里，人的生存依赖对生态的认识与调适，代代积累的知识与经验，将人与生命古老源头紧紧相连，是世上最珍贵的知识宝库。对整体人类社会而言，传统社会的消失将是无法弥补的损失，因为我们可自其中学习在微妙生态系统里永续生存的传统技巧。"这个宣言虽然是从人与自然关系的角度申明传统的重要意义，但是触及到了一个非常关键的问题，那就是说文明在其进展过程中必须始终与其源头保持联系，才能有效防止自身的异化。始终与其源头保持什么样的联系，又如何增强这种联系，关键是要"在微妙生态系统里"实现"永续生存"。这正是生态学的基本要求。随着生态学理论在世界范围内对教育的影响越来越广泛，我国教育开始从加强环境教育入手，引发教育理念的新变迁。《中国 21 世纪教育议程》把环境教育列为我国可持续发展能力建设的重要内容，中国教育部、世界自然基金会（WWF）、英国石油公司（BP）联合发起了环境教育项目"中国绿色教育行动"①。1998 年王大中先生在清华大学建设"绿色大学"的研讨会上，提出用"绿色教育"思想培养人，用"绿色科技"意识开展科学研究和推进环保产业，用"绿色校园"示范工程熏陶人②。这里提及的"绿色教育"，是从环境保护和可持续发展角度，提出的一种方法性理论或目标性概念。杨叔子先生从教育内容的视角，提出了科学知识与人文知识的相互融合，并称之谓"绿色教育"。事实上，"绿色教育"不仅仅是内容的一种融合，而且应该是教育从遵循社会规范性与人类自身规定性，转向自然与人类的整体规定性的一种

---

① http://www.nwnu.edu.cn/jiaoky/1-jky/green_edu.htm. 2003~10~16 "中国中小学绿色教育行动"项目简介。

② 王大中：《在 1998 年清华大学建设"绿色大学"研讨会上的讲话》，《光明日报》，1998 年 4 月 12 日 B1 版。

回归性创新，是一个联系环境、生态和教育未来的全新教育理念①。这应该更加接近生态平衡观对教育的要求。

20 世纪末，我国社会主义教育明确提出要深化教育改革，全面实施素质教育，提出了创新教育的新理念，为现代人本教育理念的实现搭建了相应的平台。21 世纪初，我国教育更加全面、更加深层次地倡导和追求个体充分、全面、富有个性的发展，进一步强调以人为本，以受教育者为本位，以受教育者的个性发展为本位，以受教育者的可发展性追求为取向，以大众教育为主体，重视培养创新实践能力。

第三节　现代人本教育理念的变迁

人本理念的最初目的是唤醒人自己，使其在自己存在的生命长河以及生命意义中把握住自己的主体地位和历史使命，在社会生活的无尽海洋中寻找到"自我"，获得生存发展价值和方向上的确定性、满足感。基于这一点，传统的人本教育理念认为，造就人才的目的就是帮助个人自我实现或自我充分发展，使他的能力表现于工作之中，从而获得成就与价值，实现自己的理想，并能以服务社会为最终目的。

教育不仅离不开人，也离不开社会和环境。歌德文学作品中所蕴涵的人文教育思想有两条基本原则：第一是发展人的个性；第二是把人的个性适当地置于社会生活中去，人的受教育成长过程不仅需要内在精神因素，也需要合适的社会环境。一个人能否取得成就，并不仅仅取决于一个人的智能潜能，而且取决于其所处的环境。美国斯坦福大学心理学教授 Terman 在对 1528 位智商在 140 以上的天才儿童作长期追踪观察之后，将其中大有成就者与表现平平者分成两组进行比较，发现他们在社会上成就高低决定于三个主要因素：情绪稳定、社会适应与上进心（成就动机）。台湾师范大学教育学院吴武典教授提出做人也是一种能力，而且把"智力"的内涵扩大到做人②。"不只成己，也要成人"，教育不只是训练受教育者有聪明的头脑，更要使他们具有负责任的态度和健全的人格，让利己与利人并进，造自己之福，更造社会人之福，造就千

---

① 丁钢：《回归与创新之间——与杨叔子先生商榷"绿色教育"》，《镇江高专学报》2004 年第 3 期第 16～21 页。

② 黄文：《发掘潜能造就天才——访台湾师范大学前教育学院院长吴武典教授》，《中国教育报》，2004 年 11 月 19 日第 4 版。

万生灵之福。联合国环境规划署执行主席多德斯韦尔女士认为，未来世界的命运不是由经济实力、文化影响和武力来决定的，而是依赖你与我、人类与生物之间爱与爱的相连、情与情相牵而铸成的。人们对周围生灵的宽容所体现出来的价值，筑就人们的未来世界①。美国生态后现代主义的主要代表查伦·斯普瑞特奈克（Charlene Spretank）在《绿色政治（Green Politics）》一书以及生态后现代主义所倡导的绿色政治运动中，提出生态后现代主义包括"生态智慧、非中心化、尊重差异、全球社团、可持续的未来发展"等十大核心价值观。②上述观念和理论，都从不同侧面呼唤教育理念突破传统人本理念中教育主体的个体本位的教育思想，转向注重社会利益、社会公平、人与自然和谐的社会本位的教育思想，更多地关注"个性自由与整体和谐"、"竞争生存与关爱共生"、"挖掘潜力与积累可发展因素"等关系问题。

现代人本教育理念的价值取向由社会规范性和人类自身规定性，朝向自然与人类的整体规定性方向，实现一种回归性创新。在整个社会和自然空间的大背景下，突破"功利主义"和"人类中心主义"的束缚，突破纯粹意义上的"人本"教育观，根本转换教育理念中的人类生存价值体系和生态价值体系，强调人与自然、人与社会的和谐，在整体和谐的环境中张扬人的个性，达到教育系统内部的和谐发展，教育与其它社会系统之间的协调发展，进而达到整体可持续发展。它以全球意识、生态意识、可持续发展的意识等为其具体的观念性构成要素，以互利互惠的原则来处理人与自然的关系和人与人之间的关系，强调人与自然的统一与协调，既关心人类的整体利益和终极价值，也同时承认自然的权益及其内在价值，要求社会的发展和自然的发展有机地统一起来。现代人本教育理念中，教育的目标趋向非终极性，教育的知识结构趋向整体性，教育的机制趋向健康态，教育环境趋向生态化，教育评价趋向非固定的多元性，教育正朝着人与自然、人与社会、人与未来的和谐统一、受益共生的方向迈进，构建着更为宽泛、健康和完善的理论体系和实践体系。

现代人本教育理念，不是把教育的主体看做是一种由确定的主体位置组成的简单集合。它对传统意义上一个统一的、稳定的和自我决定的主体提出了质疑。教育主体的构建，关键要考虑主体的行动和言行以及所处的语境。现代人本教育取向下的主体不是一种在某一次实践中就确定的一成不变的同一性主

---

① 《在纪念徐秀娟去世 10 周年的信》，《京江晚报》2004 年 1 月 28 日 B3 版。

② 王治河：《全球化与后现代性》，桂林：广西师范大学出版社，2003 年 8 月。

体，而是一个不断被重构和重塑的主体，在一种流变的语境中被重构的处于动态境遇的关系集。它确立的是"人地共生"的新观念和人类文明"生态化"目标，其中主要包含三个方面的内容：一是使人们确立生态化的价值观念，树立起符合自然生态原则的价值需求、价值规范和价值目标。二是要使人们确立生态化的生产方式。人类要从自然对人的价值需求的单向度满足，转变成生态法则制约下的有条件满足，并在生产过程中采用符合生态要求的技术手段。三是要使人们确立生态化的生活方式。人们追逐的不再是物质财富的过度享受，而是一种既满足自身需要又不损害自然生态的生活。个体的生活既不能损害人类或群体的自然环境，也不应损害其他类种的繁衍生存，从而成为真正的全面符合道德的生活。

从教育理念的变迁，可以清晰地看出：如果说，过去的教育因过多地关注受教育者以外的世界，而对受教育者本身的世界关注不够，是一种缺失和遗憾；那么，未来的教育如果只关心受教育者本身，而忽视了对受教育者以外的世界的关注，同样也是教育的缺失和遗憾。前者是人本教育理念所要改变的，后者是现代人本理念所要预防的。但是，这一变迁过程并不是简单意义上的回归，而是理念升华后的一种超越。

第四节　现代人本教育理念的内涵

现代人本教育理念的形成，是教育价值取向的回归，是教育内涵和外延的扩充并趋向完备，是教育理念、教育理论和教育实践体系通过回归途径实现的一次创新。现代人本教育理念中的"以人为本"，要求人的发展要具有全面性、协调性和可持续性，缺少其中任何一条，都不是完整意义上的"以人为本"，也不可能实现社会全面进步和人的全面发展。因此，主要有三个方面的教育价值取向：一是个性发展，二是和谐发展，三是可持续发展，要求处理好个性自由与整体和谐，竞争生存与关爱共生，挖掘潜力与积累资源三方面的对应统一关系，综合性终极取向是追求"人与社会、自然的整体受益、互惠共生和可持续发展"。

一、现代人本教育理念中的"人本"内涵

人作为一种特殊的有意识的生命存在，不能满足于对现实世界的追求，而是不停地探索对于已有本我的超越，追求自身有限性的不断突破，从而在永恒的企求中赋予人单调乏味的生命活动以价值和意义，这也就是存在主义思想家

蒂利希所说的对生命的"终极关怀"。过去，封闭的、以理性思维为主体的"自我"概念，造就了孤立的原子式的个体人格，形成了人必须通过征服他人和他体，才能获得自我认同的社会价值关系体系和竞争性、敌对性的人际关系。现代人本教育理念所聚焦的本体，突破以人为唯一中心的单元格局，突破个体发展的单一性、终极性取向，由受教育个体本位转向和谐与公平的社会本位，正如耶鲁大学所强调的"教育必须为不可预测的未来培养受教育者"。

就人的个体而言，现代人本教育理念追求的是一种开放、动态的自我实现过程，是一个有着内在统一性、开放性的生成过程，是个体意识通过不断从外部世界中摄取营养而由微弱到成熟的过程。这一过程中，教育要统筹兼顾潜能开发、潜能积累和潜能发展，可持续地发挥和发展受教育者的潜能。现代人本教育理念的终极取向不仅仅在于单位时间内挖掘人的多少潜能，更重要的是要积蓄和补给人的发展潜能。不仅要求受教育者当前的发展不能以损害以后的发展为代价，而且要求当前的发展为以后的发展提供更多的发展条件。例如，丁肇中在学校中并非出类拔萃，只是中上而已，但他后来把潜能发挥到极致并取得了巨大的成就。因此，受教育者成长的路很长，不需也不能以百米赛跑的速度将其能量在短期内耗尽，这样只会不断重复江郎才尽的故事。

就人的整体而言，现代人本教育理念提倡从"围绕个性，设计个体和培养个体"，向"围绕社会，设计个体和引导个体"转变，涵盖受教育者的生活、生命、人性、价值诸层面，最终塑造出具有健全人格和主动发展精神的人。首先，教育要回归生活，根植生活。引导受教育者走进生活，真实而深刻地把握生活的脉搏，从生活中去看一切，这才是教育获得生命力的唯一出路。其次，教育要尊重生命，关注生命。生命构成了世界存在的基础，没有生命的世界，是冷寂而残缺的世界。教育疏离生命意识，忽视人的生命及其价值实现，学校和课堂就会处处散发出忽视生命、扭曲生命、窒息生命的气息，教育就会迷失自我，遮蔽灵魂，失去真谛，导致人性的欠缺甚至泯灭。因此，教育要关注受教育者的生命，把受教育者的生命作为其人性论的基础，把能够维持生命、认识生命、理解生命并提升生命作为其基本追求，引导受教育者在自己的生命活动中认识并体现出宇宙的生生不息之道和生命的进化之道。第三，教育要提升精神，凝练品质。人从本质上说更是一个精神性的存在，精神是人类灵魂的家园。人正是在追求和实现精神世界的过程中，不断使自己的生活、生命具有超越性和崇高性。精神的贫乏会导致道德的沦丧，这就势必造成一种最大的损失——人的意义的损失。

二、现代人本教育理念中的"和谐"内涵

"可持续发展"是人的最高追求，"和谐共存、协调前进"是实现人类与自然"可持续的发展"的载体和手段。爱因斯坦曾说过：学校应该确立这样的目标，受教育者离开学校以后，不是成为一个专家，而是成为一个和谐的人。寻求和谐，对崇尚精神生活、追求理想境界的受教育者而言，是一件幸事。教育要以促进人的自由、保持民族文化、国家经济可持续发展为出发点和落脚点，在人与社会的关系上树立相互受益的共生理念，从教育思想和教育实践上发生革命性的改变，把教育界定为社会整体、和谐、持续发展的一部分和推进社会整体发展的重要途径。

"和谐"表象上是一种环境或一种关系，实际上是一种哲学、一门艺术、一种境界。追求"和谐"境界，就是要合理而有效地利用各种自然资源和社会资源，按客观规律办事，简化、优化、净化人与人、人与社会、人与自然的关系，实现持续发展。"和谐育君子，险恶育小人"，和谐环境能够培养美德，给人以前进的动力，促进人的全面发展和健康成长。和谐的教育环境是一种文明向上、竞争创新、协调有序、体恤包容、法治稳定的环境。如何营造和谐的教育环境，要求人们树立共存意识、和平意识、平等意识、合作意识，统筹、公正、谦让地处理好人与他人、与自然、与社会的关系乃至全球问题，构建生态化环境。这里说的生态化环境，而不是"生态环境"。生态化环境注重构建一定环境中各动态有机体之间和谐的功能关系和它们对整个生存发展（即生态）系统的调节整合机制。它不仅指社会活动方面的生态环境，而还包括着如经济生态、政治生态、社会心理生态、社会意识生态等环境。

在人类社会的发展历程中，只要有革新、有进步、有发展，就会伴生失衡和困惑。现代人本教育理念中"和谐"取向，不是绝对的均衡，而是动态的协调。绝对的均衡是没有的，但是人类可以通过协调，实现和谐。和谐是一种动态的平衡，也是平衡的最高境界。实现和谐，人类要从以人为中心的"人—人、人—自然、人—社会"的"社会关系"，转变为"人、资源、环境、经济、社会"这一组排列不分先后、权重不存在绝对主次的"发展关系"。这是现代人本伦理下的新型关系。因此，现代教育活动追求"以人为本"应突破以尊重教育主体个性特征与个性培养为核心的人本思想，跳出为"人"培养人性的束缚，为社会、自然、个体的整体和谐与持续发展，培养全球伦理意义上的"人性"，追求人与自然、社会和谐共生中的个性自由和个性自由下的和谐共生。

三、现代人本教育理念中的"可持续"内涵

保持生态环境的动态平衡，提高人类生活质量，实现人与自然的持续发展，是当代人文精神的最高境界。受教育者个体内部各因素之间，存在着两种基本关系，一是横向的和谐互动关系，二是纵向的前后承续关系。如果说"和谐"体现了人际间公平的要求，那么可持续更多地体现了代际间公平的取向。现代人本教育理念的目标主要分横向和纵向两个方面：横向以和谐为终极取向，覆盖人才培养的方方面面；纵向以可持续发展为终极目标，贯穿人才培养、成长与发展的始终。

现代人本教育理念强调的"可持续性"要求，主要包括三个方面的内容：

（一）受教育者个体的可持续发展

从个体来看，教育所追求的既不是缺失发展，也不是均衡发展，而应该是协调发展。现代人本教育理念重视调控构成受教育者个体发展系统的各子系统之间的协调关系，目的在于促进个体系统的可持续发展。个体的各方面素质在遵循个性特征的基础上，力求达到三个目标：一是某一方面素质的发展不影响其它方面素质的发展，各方面的素质和谐互补、相互牵引和促进。二是个体某阶段的素质发展对以后的成长不存在负面影响。就个体教育价值取向而言，现代人本教育理念不仅指向受教育者当时的发展，更为重要的是指向受教育者的未来发展。三是力求个体各方面素质充分而自由的发展。按照受教育者成长的规律和成才的需要，促进其和谐、可持续发展。

受教育者个体的可持续发展，关键还要靠自身的努力。受教育者是主体，受教育者的学习和发展归根到底是自己的事。教育培养方案和教育实践活动要着眼于夯实受教育者可持续发展的基础，并为其实现可持续发展提供方法论、认识论的支持。独立人格的呵护、开放思想的养成、健康体魄的锻炼，最终靠自己承担责任。要实现受教育者个体和整个社会、自然的和谐、可持续发展，必须培养受教育者四个方面的意识和能力：首先要学会"肯定"，要肯定自我特质，认识自己的优点和价值，了解并接纳自己，但又不为此而自傲；其次要学会"珍惜"，珍惜自己的资源，尽可能将其用于学习与发展；第三要学会"感恩"，理性地感谢社会的赋予，立志回报社会；第四要学会"服务"，服务社会与自然，与社会分享自己的进步、能力和贡献，并在服务社会与自然的过程中体现价值，享受快乐。

（二）教育活动内部的可持续发展

教育活动内部的可持续发展，主要指受教育者个体、施教者以及教育活动

中其他各要素在内容及其相互之间的关系要能够可持续地运用和发展。这就要求建立合理的、理想的教育制度和机制，促使教育活动的各个有机体相互依存、相互作用、相互支撑、相互促进，从而开成一个良性的和谐空间和生态化的可持续链。现代人本教育理念由单一价值观向多元价值观转变，在个体的全面发展和全体的个性发展之间寻求科学的平衡点和结合点，追求群体综合素质的整体提高、个体素质的全面发展和相互间的和谐共生。

按照系统论的观念，在教育活动中，力求使教育过程诸要素之间以及教育过程与教育环境之间始终处于一种协调、平衡的状态，从而提高教育质量，促进受教育者的基本素质和个性品质得到全面、和谐、充分的发展。现代人本教育理念要求整体构建教育实践活动，也就是说不仅要把教学过程看做是一个系统，而且把教育教学内容和影响教学的各因素都看成是一个相关系统。这样才有利于教育实践系统中各要素的均可持续发展，从而为人的可持续发展提供有力保障。

（三）教育与社会、自然的整体性可持续发展

原始教育的形态常偏重于自然规定性，近现代教育越来越偏重于社会规范性与人类自身规定性，现代人本教育理念要求教育活动遵循带有自然回归倾向的整体规定性[①]。教育与自然、社会各要素之间的和谐和可持续，既是实践现代人本教育理念所必须的基础和前提，又是现代人本教育理念所追求的最高境界。同时，教育的和谐、可持续，又是实现整个社会与自然的和谐、可持续的重要手段。现代人本教育理念以一种全新的、综合的、整体的观念，调控教育对自然与社会整个可持续发展系统及其存在物的行为。它将教育活动的价值取向和关注范围从人与人、人与自然的关系扩展到人与自然（资源、环境）、人与人、人与社会经济关系的各个方面，既重视调节人与人之间的社会关系以及人与自然之间的关系，又注重协调发展系统之间的关系，强调人类与自然、与社会的和谐与可持续发展。通过倡导和实施新的教育原则和规范，为人类社会的可持续发展提供新的行为准则，并探寻人类社会可持续发展的新途径，通过良好的协作和互助，保持世界的丰富多彩和可持续发展。

综合上述"人本"、"和谐"、"可持续"三个方面的追求，归纳而言，现代人本教育理念主要追求个体内的、代内的与代际的和谐与可持续。所谓个体内的和谐与可持续，就是指受教育者个体当前的发展不能影响未来的发展、一

---

① 王丽琴：《生态化教育，必要的乌托邦》，《上海教育科研》，2000 年第 12 期。

部分素质和能力的发展不能影响其他素质的全面发展。所谓代内的和谐与可持续，是相对于同一时空背景下的受教育者而言，各个受教育个体要树立共存意识、和平意识、平等意识、合作意识等，坚持公正原则。一个人的发展不能影响其他人的发展，一部分人的发展不能损害另一部分人的发展。所谓代际的和谐与可持续，是指当代人在思考教育、发展教育和接受教育时，要增强对后代人类负责的自律意识和对后代人的责任感，把自己的发展与未来人类的发展自觉地联系在一起，在发展自己的同时一定要为下一代人创造更好的发展条件。

关于个体内的和谐与可持续，我国当前的全面素质教育要求，实际上已经涵盖了这一部分内容。关于代内的和谐与可持续，目前我国的教育专家、法律专家和社会学专家关注得比较多的教育公平问题，政府已经给予了高度重视并正在着力推进。关于代际的和谐与可持续，则是科学发展观赋予教育平等的新内涵，也是社会、经济和教育发展到一定阶段的必然要求和必然趋向。现代人本教育理念要求教育活动，不仅要对受教育个体的可持续发展负责，对当代人的可持续发展负责，而且还要对后代人的可持续发展负责，对人类群体的个性发展和整个大系统的可持续发展。因此，教育的视野如果只局限于当代人，只局限于眼前，那就是教育的失职，是教育对未来世世代代的失职和社会可持续发展的失职。

第五节　本章小结

教育理念，是人类经过思维加工而形成的教育理论认识，对教育实践有认识、导向、调控、评价、反思等功能。传统教育中的"以人为本"理念主要是从人与自然界其他事物相区别的意义上理解人，立足于机械的、非此即彼的"二元一主"的主体观，思考和设计教育活动中各元素之间的关系。马克思主义的全面发展学说证明：社会发展的程度越高，对人的全面发展的要求也就越高。现代教育理念，受现代生态学、发生学和现代人本理念的影响，价值取向由社会规范性和人类自身规定性，朝向自然与人类的整体规定性方向，追求个体内、代内和代际的"和谐"与"可持续"，促进人的全面发展。

第七章

西方大学人本理念的变迁脉络

本章从古希腊、古罗马时代萌芽人本思想入手，重点分析了德国和美国大学理念的变迁脉络和主要观念。

我国近代大学发展于 19 世纪末 20 世纪初，距今百余年时间。我国教育与国际接轨并不是一个全新的课题。我国自洋务运动以来的近代教育可谓"洋学"。郑观应、严复、陈独秀、蔡元培等可以说是提倡我国教育与国际接轨的先驱。一百年来，我国近现代大学虽然临摹了西方大学之形，但未能将西方大学理念和制度与我国教育的传统与文化有机地结合起来，可谓先天不足，后天又历经磨难。

随着改革开放的不断扩大，我国大学的学术与思想开始倍受全球化和西方思想的影响。全球化和后现代主义思潮对我国高等教育理念和我国大学精神文化产生了多方位的冲击和深层次的影响。一定程度上，我国的现代化是被动的、应激型的，内部的生长有赖于外部的参照、激发和支援。尤其是面对西方现代社会的扩张和文化冲击时，我国传统文化的应对显得有些被动。费孝通先生谈论社会与制度的变迁时说，"在 20 世纪里，国与国之间、文化与文化之间、区域与区域之间，有着明确的界限，这个界限是社会构成的关键"，"而在展望 21 世纪的时候，我似乎看到了另外一种局面，20 世纪那种'战国群雄'的面貌已经受到一种新的世界格局的冲击。民族、国家及其文化的分化格局面临着如何在一个全球化的世纪里更新自身的使命。"① 在新一轮文化碰撞与融合中，我们应该主动地更新自身的使命，积极地应对变化，站稳并发挥主动性和能动性作用。这样才能保持和彰显特色，并有所为。

当前，在经济全球化的新趋势下，我国高等教育再次自觉与不自觉地参与

---

① 费孝通：《"三级两跳"中的文化思考》，《读书》，2001 第 4 期。

国际交流与合作。这种接轨与一百多年前洋务运动和"五四"时期的"接轨"是有区别的：当时的"接轨"是求民族之生存，当今的"接轨"是国际经济一体化、国际人才一体化、中华文化复苏和再生的必由之路。因此讲，当前我国高等教育在国际交流与合作中应该是"以我为主的兼收并蓄"①。要想实现"以我为主的兼收并蓄"，必须先对西方教育思想和理念有一个清晰的认识。

第一节　西方大学人本理念的生成背景

古希腊文化是西方文明的摇篮，萌芽了人本思想。当时的"人本"，又称"人文"，包含两层意思：一是"以人为本"，二是"人文精神"。它是一种真、善、美和谐统一的标志，同时还包括对自我的肯定、自我对社会和他人的关系以及积极的生活态度。古希腊特尔斐的阿波罗神庙上镌刻的名句就是"认识自我"，人文主义成为古希腊的一份精神文化遗产。

古希腊时期，有许多崇高"以人为本"的思想家，其中最早提出"人本"思想的是哲学家普罗塔格拉斯（Protagoras，公元前485～415年）。他在《论诸神》残卷中，对神的绝对权威提出质疑，提出了著名的相对认识论命题："人是万物之尺"。他认为，世界上没有绝对的美和善，也没有绝对的真理，人的伦理价值观与每个人的认识和经验有关。这如后来尼采所说的"视角说"——所谓"真理"只是每个人从自己角度出发作出的理性判断。古希腊悲剧家欧里庇得斯（公元前480～公元前406年）的《美狄亚》等作品中所描述的奥林庇斯山上的众神已经不再是万能的，作品中充满了各种人性的"人"。苏格拉底（公元前469～公元前399年）一生试图在人文伦理的基础上寻求通往真理的道路，主张只有人，才具有理性，而真理隐含在理性之中。只有以人为本和通过教育，使人获得人文精神。他认为，德行便是认知，"自我"既是认知的出发点，也是认知的最终目的。

14世纪前后，罗马教廷积极组织学者收集和研究古罗马时期的文学艺术遗产，掀起了文艺复兴运动，"人文主义"被作为一个概念正式提了出来。文艺复兴运动中的"人文主义"这个名词的来历有两个方面：其一是因为这个思潮的代表人物活动的领域和研究的对象是人文科学；其二是因为他们的基本思想是提倡属于人的东西和以人为中心。人文主义的内容包括：肯定现世人生

---

① 范捷平：《德国教育思想概论》，上海：上海译文出版社，2003年6月第2页。

的意义，要求享受人世的欢乐；提出个性解放，要求个性自由；相信人力的伟大，称颂人性的完美和崇高；推崇人的感性经验和理性思维，主张运用人的知识来造福人生①。

这一时期的古典人文主义有两个主要特点：一是在天主教会的一统天下的背景与环境下，强调了人的尊严和人的理性；二是充分肯定现世和此岸人生的价值，在不否定上帝的存在和基督教神学主张的来世幸福的同时，强调了人的自由意志、理性和现世生活的乐趣。一大批艺术家和思想精英聚集在佛罗伦萨，发掘和弘扬古希腊、古罗马时代的建筑、雕塑、绘画、文学，提倡把个人道德和艺术修养的绝对完善作为教育的目的，同时推崇科学、技术，反对愚昧和迷信。意大利人文主义思想家比科（Pico）、费奇诺（Ficino）等人提出，早在古希腊和罗马时期，人性已经达到了最完善的实现，因此应该首先要回归到古典时代。在这些当时的人文主义学者眼里，"人道"的实现首先在于弘扬古典时代人的完美伦理，其次是在拉丁文中恢复人对艺术和科学的执著追求，三是重建百花齐放的学术气氛和对下层民众的仁政。人文主义很快成为文艺复兴运动的核心思想，席卷了整个欧洲，恢复和点燃了欧洲古典时期的人文精神。

欧洲文艺复兴时期的人文主义学者提倡通过教育来培养人的自由个性和"人的尊严"。比科在《论人的尊严》一书中就提出："人的尊严只有在人成为自己生活的诗人，把自己的生活视为一件艺术作品的时候，才能得以真正的实现，若要做到这一点，你就要做到完全自由和自尊，使自己成为塑造自我的雕塑家和诗人，来决定你想要的生活形式。"

第二节　德国人文主义教育理念的变迁脉络

一、费希特的"自我"与"非我"原理

约翰·高特利勃·费希特（Johann Gottlieb Fichte，1762～1814）是德意志古典哲学史上前承康德后启黑格尔的唯心主义哲学家和重要的教育思想家。费希特的教育思想根植于欧洲大陆启蒙精神及十八九世纪欧洲新人文主义思潮和人文哲学的土壤，充满了强烈的人文主义气息，同时又带有强烈的时代特征和

---

① 张岱年、程宜山：《中国文化论争》，中国人民大学出版社2006年10月第1版，第195页。

民族主义色彩。他从当时的新人文主义的理念出发，提倡人至高无上的尊严，从主观唯心论出发坚持从意识到存在的认识路线。费希特认为，客观外界的存在只不过是人的意识的产物，客观世界的存在只有在"自我"参与认识的基础上才能得到证实和肯定。在欧洲18世纪新人文主义氛围中的主体至上论的影响下，他提出任何认识都是主观建构的观念，包括教育，其目的就是为了培养学生正确地构建符合社会道德伦理的认识能力，并帮助他们形成与社会道德伦理相符合的社会行为能力。这种主观建构思想的教育观在资产阶级上升时期，对提倡个体解放曾有过积极意义。

在费希特看来，教育的最终目的并不在于"将人培养成为什么人，也不在于人学到了什么，而在于他是什么"①。他强调人先天具有理性和自我行动的本质，这种自觉性是不能、也不允许通过外部的机械训练达到的。人文主义教育的精神和特点就在于使学生在其行动时具有独立性，让学生通过独立思考去获取知识，而绝不是让学生通过去机械地模仿。外部强加的知识和技能是无价值的，应该重视培养学生理性和独立思考问题的能力。他认为，虽然人类共同的、健康的理性是和人与生俱来的，理性是人类的本性，但是，人的感性却容易被物质世界所误导。所以说，一个理性的社会只能建立在具有理性的个体之上，而具有理性的个体只有通过理性的教育才能实现。只有通过国民教育，才能使具有理性本性的人转化成具有理性科学的人，从而达到全体国民共同拯救时世、解放个性的目标。

从费希特的国家伦理观和"国民教育"思想中可以清晰地看他的人本观念。在费希特眼里，"国民"首先不是"国"，而是"国"之"民"。费希特的国家观也并非"朕即国家"的独裁国家观和我国儒家思想所倡导的"内圣外王"式的开明封建统治，而是民主的资产阶级君主立宪制度。他认为，国家应该以"法治"的形式在个人的外围起作用，制约个人的享乐欲望；在使个人感觉到自己的欲望不能无限制膨胀的同时，作为绝对权威的国家有义务通过教育的手段，强制个人的发展趋向社会赖以生存的伦理轨道。国家应该成为一个专门从民族利益出发，从事促进民族政权和民族安全的组织，而且更重要的是实现民族道德观念的权威。费希特所处的时代正好是缺乏"德行"的时代，极端的自我膨胀和极端的个人主义是当时社会最严重的弊端，而这种弊端一方面要通过国家运作的教育手段使之得到有效的抑制，另一方面通过在哲学

---

① 转引自范捷平：《德国教育思想概论》，上海：上海译文出版社，2003年。

层面上发展理念使人的精神得到新生。只有在放弃绝对的个人主义的前提下，人类社会才能向前发展。费希特认为，理念是自觉的思维，是物质的表露。理念可以使人从本性中解放出来，进入自觉，从而达到科学层面。1800 年前后，费希特提出了"优化"德意志民族的口号，也就是说要优化德意志民族的"德行"。为此，费希特提出了两条途径：一是使人充分地个性化，即人完全与自我认同；二是通过民族优化，使各社会成员之间达到和睦相处。

在费希特看来，教育过程就是一个"自我"和"非我"之间发生相互关系和作用的过程。他在《知识学》中提出的认识第一原理是"自我设定自己本身"。他认为，行为与事实是一个辩证的共同体。例如，"我是"或"我存在"就其本身来说无非是对"事实行动"的一种表述，自我只有通过自我的行动才能达到自我的实现，而自我行动又是自我无法抗拒的绝对性。因此，费希特在他的《人的使命》一文中提出的著名口号是"你在这里生存，是为了行动，你的行动，也只有你的行动，才决定你的价值。"在第一原理的基础上，费希特规定了"自我"的反设定。这里的反设定就是指"自我"可以无条件地设定一个与其相反的东西，即"非我"。这就是他的第二个原理，即"非我"原理。这是他所有否定性判断的基础，否定范畴是由"自我"无条件地设定"非我"而来的。费希特提出的第三原理是"自我作为有限制的自我而设定非我"。有独立人格的"自我"只有在"非我"限制下才能实现，也就是说，个人的完善只能在他与他生活的国家、民族或他人的交往中完成。从费希特的三个教育原理可以看出，认识和理论在费希特眼里是教育的起点，而使受教育者达到理性的行动才是教育的最终目的。

费希特教育思想的一个重要的体现载体，就是他的大学教育构想，主要集中在 1805 年至 1806 年间撰写的《爱尔朗根大学内部组织建议》和 1807 年写的《有关在柏林建立一所高等学校的演绎计划》。费希特认为，大学是最重要的人文机构，保障人类知识的不断进步。大学建设的一个基本点，就是要让大学同实际存在着的世界相联系，而绝对不能把大学建设成一个自我封闭的世界。在德国 19 世纪新人文主义思潮的影响下，费希特特别强调哲学的教授与学习。他认为，哲学是所有科学知识的精神有机统一，教授和学习哲学是大学的根本方法。在教学方法上，费希特以学生为本，提倡采用对话的方式进行教授和测试，允许学生充分地表达思想。

费希特的极端民族主义倾向无疑给社会和后人带来了一定的负面消极性，但是他的乌托邦式的教育思想在他的时代已经超越了与他同盟时代的普鲁士政治改革家，对德国和德意志民族产生了深远的影响。1834 年，德国伟大诗人海涅在费希特去世二十年后发表的著名论文《论德国宗教和哲学的历史》中写道："当今的德意志精神"仍然受着费希特思想的支配，费希特的影响仍然不可估量。"①

二、哈贝马斯的自我意识与主体认同

哈贝马斯（Jvrgen Habermars）（1929 年 6 月出生）是德国战后最重要的哲学家之一，并被世人公认为是继霍克海姆、阿多诺和马库色之后法兰克学派第二代表人物。他全面继承了法兰克福学派的西方马克思主义社会批判理论，并且是第一个开始对社会批判理论进行反思的哲学家。20 世纪七八十年代，他经过十几年对认识论和马克思主义社会学体系的慎思之后形成了后现代批判社会学理论，于 20 世纪 80 年代初创建了社会交往理论。

从科学的认识旨向看，人有横向和纵向两个层面的关系：纵向层面是指个体自我成长的历史，这种历史融合在母体文化的历史长河之中；横向层面是指主体和他者，即其他主体间、各种文化之间的关系。主体之间的横向关系与纵向关系一样重要，人和人之间的社会交往以及社会共识都会影响到主体对某一个文本或某语境的理解和阐释，影响人的社会化进程。哈贝马斯试图从马克思出发进而超越马克思，认为人的认识源于人的社会实践，但人的认识同时也是一个学习过程，这个学习过程既与人的社会方式和社会文化紧密相关，也同人类与自然界进行物质交往的过程紧密相联。从本质上讲，教育就是人的社会化过程。这一过程有一个基本的出发点，就是要改变自我及社会现状。这一过程，不仅仅是社会化主体被动地接受外界社会影响的过程，而是一个主体和社会精神、物质交往的互动和反思的过程。人是社会的主体，在社会化过程中具有主观能动作用，包括主体的批判、反思和作用社会的能力。社会与个人是一个有机体，既没有绝对的社会伦理规范，也没有绝对自我个人的自由选择。在哈贝马斯看来，社会化过程既是自我意识形成的过程，又是自我融入社会集体的过程。个人应该在尊重社会共识、审视和接纳外来文化和外来价值观念的情况下，促进个人批判与反思的能力，提倡自我个性发展。换句话说，标准的社会伦理只有在全体社会成员作为个体的反思型参与下才能奏效。归纳哈贝马斯的人本观念，主要体现为自我意识和主体认同两个方面：

---

① 转引自范捷平：《德国教育思想概论》，上海：上海译文出版社，2003 年。

（一）自我和自我意识的形成

哈贝马斯在《重建历史唯物主义》一书中提出，自我和自我意识的形成以及发展是一个与语言、思维（反思）和人的普遍行为结构以及个体对社会伦理价值标准的判断等相结合的综合过程，只有在具体的生活环境和一定的文化背景中，通过人与人之间平等的社会交往，在社会价值共识的影响下，在语言的社会化过程中，自我意识才能形成，主体才能得到社会和自我的认同。在这个基础上，哈贝马斯将教育者的自我发展的过程分成四个阶段：首先是意识模糊阶段，其次是自我中心阶段，三是社会中心及客观主义阶段，四是抽象归纳阶段①。

（二）主体认同

主体的"认同"主要包括对自我的认同和对他者的认同两个层面的内容，自我认同取决于人与人之间的关系，是在他人认可的基础上而确立的。如果个人在社会群体中的关系无法定位，没有个人和他者的一致性和区别，自我认同也就无从谈起。自我主体的形成不是个人主义的形成或自我中心主义的形成，而是与自我同他人的共同发展紧密相联的，由低级到高级、由简单到复杂，直至形成道德判断能力和独立的自我判断能力的过程。德国精神科学教育学，尤其是解放教育学和批判建构教育思想都特别注重主体发展的完善性、多元性及自我认同能力的培养。个体的自我认同与个体的社会参与是紧密相连的。而传统的教育模式把个性培养和发展的结构过于简单化，没有看到个体发展过程中的价值取向和心理需求，而只用现存价值观念来看主体的成型与发展。这样对主体社会行为的分析是机械的、静止的。哈贝马斯认为正确的自我认同是以弱化家庭交往、强化社会交往为基础的。他把主体认同的过程分为三个主要阶段：第一是自然认同阶段，第二是角色认同阶段，第三是自我认同阶段。自然认同带有明显的生理自然属性，指人（儿童）在成长过程中不受时间和地点限制，学会成功地将自我与客观外界区分开来。角色认同是指将自我在周围的生活世界里（家庭或某一社会群体里）定位，从而获得具有具象和抽象的双重性、个体化的角色，包括亲属关系角色、年龄角色和性别角色等等。自我认同是在前两个认同的基础上，学会识别社会行为基本准则，逐步形成抽象的、以社会成员为基础的个体认同。这一阶段，主体对职业、文化、社会身份、集体、国家、政治观点的认同逐步变得明显。

---

① 范捷平：《德国教育思想概论》，上海：译文出版社，2003年，第53页。

三、德国人文主义的变迁

人文主义是欧美、尤其是德国近代教育学各主要流派的精神支柱，无论是继承了赫尔达、洪堡、施莱玛赫和狄尔泰的新人文主义教育思想的德国精神科学教育学，还是以法兰克福学派批判理论为支柱的批判建构教育学，都是从历史阐释、启蒙精神和以人为本的欧洲传统文化中吸取大量养分，把理性和智力尚未开启的"人"作为施行教育和教养的对象，把人的个性发展和批判反思能力的培养作为教育学中最基本的价值定向。

1750 年前后，人文主义思潮在德国的哥廷根大学、哈勒大学、莱比锡大学等大学的一大批基督教新教贵族知识分子的倡导下重新复苏。这一时期的人文主义与以往的旧人文主义者不同的是，他们把对古典的追求重点放在古希腊文化之上，更侧重于追求人性和自然的统一。当时著名的哲学家和数学家、哈勒大学教授沃尔夫（Wolff）提出人的理性与上帝的神喻是完全可以统一的，并因宣传人文思想被教会以"宗教的敌人"革除教职。德国启蒙运动时期著名哲学家温克尔曼和赫尔德认为"以人为本"的思想在古希腊人的精神和肉体的和谐形式中达到了最完美的统一。温克尔曼积极主张回归古典、回归自然、回顾归完美的人性。赫尔德提出，人道是人的本质目的，上帝依照这一本质目的把人类的命运交给人类自己的手中。他认为自己一生的学术研究都围绕"人文"这两个字，都是为了每一个人的幸福和人类社会的完美。他说，只有建立和促成人与人之间的相互关怀，才能达到人类和睦相处的目的，人应该充分享受自我的存在，同时将最美好的事物传达给他人、他所属的社会则应该给他予以帮助。18 世纪，德国还出现了许多伟大的人文主义思想家，如文学家莱辛、歌德、席勒、荷尔德林等，思想家、哲学家、教育家费希特、洪堡等。19 世纪，哲学家费尔巴哈提出，教育是达到人文理想的一个重要途径，改变社会政治也是达到人文社会和人文理想的一个重要途径。马克思在欧洲传统人文主义中看到通过共产主义来消除人的自我异化，提出通过社会变革达到人文主义理想，最终实现人的自我和尊严的可能性。马克思把共产主义社会形式看成一种"现实的人文主义"形式。

19 世纪，德国人文主义教育开始比较系统化。这与威廉·冯·洪堡倡导的一些教育理念和推行的一些教育改革是分不开的。洪堡一生坚持认为语言是人的本质，希腊、罗马文化的精髓就在古典语言之中。洪堡的教育理想是培养"真正的人"：即在"全面"和"纯粹"的指导思想下，通过"最合理分配"

的教育，培养具有"永久理性，全面发展的人"①。所谓"全面"，就是反对单一的职业技术教育和完全以"用"为目的的科学启蒙主义教育观，反对把人制造成"工具"或"产品"，主张把人"真正"作为人来教育培养，充分激发人内在的理性，提高人的精神文化素质，开阔人的视野，让受教育者成为自由的、会独立思考的、具有创造能力的人。

20 世纪，人文主义全面进入实用和语法逻辑化阶段，从一种文学社会的价值标准扩展成为政治社会的价值标准。人文主义成为一种对世界和存在的主观解释，成为一种具体的生活价值观，成为一种把人和人的尊严置于至高无上地位的信仰，主张：人是真正唯一的主体，是认识、记忆和改造客观世界的主体，处于一切精神活动和社会活动的中心。其最终目的是追求人性、个性和自我的完善以至完美。

四、德国现代人文主义

20 世纪中叶以来，德国现代人文主义更加强调无神论、社会责任和自由个性，其基本原则主要体现在培养学生独立地、有责任心地寻找生活中遇到问题的答案的能力。具体地讲，现代人文主义教育和教养目的可以概括为以下几点：一是培养学生在承担社会责任的前提下具备独自的决断能力；二是培养学生具有民主的行为能力；三是培养学生在符合社会伦理道德的前提下具备反思科学技术的能力；四是培养学生对教条和偏见的批判能力。

20 世纪以后的现代人文主义，特别是二战结束以后的人文主义被称为是一种"清醒"的人文主义，在价值观问题上，它放弃了德国古典时期赫尔德、歌德、洪堡时代那种鄙视"现实的人"、追求塑造雅典式"完美、理想的人"的教育目标，它告别了一种创造完美世界的未来之梦。现代人文主义看到，教育问题的实质不是勾画出一副尽善尽美的完人图像，而是深刻地认识和发现作为人文主义对象的主体和客体，也就是人和世界的本身。他们认为，价值观或者价值标准既是主观的，也是不断变化的，它是一种相对社会价值判断。同时，价值观不是抽象的，它以人的行为标准作为其表现形式。一个人的价值观决定了他的生活方式和行为目的，并且价值观与某一个群体或社会是相关的，不与其紧密相连、认同，就与其相斥或反其道而行之。德国人文主义协会制定的教学大纲，按谢勒、哈特曼的价值哲学中的价值主次序列法，总结出了 12

---

① 转引自范捷平：《德国教育思想概论》，上海：上海译文出版社，2003 年。

个基本价值范畴，按序分别为：一是人生；二是自由、自主决策和自我发展；三是和平、友爱和非暴力；四是心境平和和无原罪感；五是公平；六是团结和共同富裕；七是真理；八是教育、知识、认知和智慧；九是爱和被爱的能力；十是身心健康和力量；十一是婚姻、人的他人和荣誉；十二是美。这 12 个价值范畴可以说代表了德国现代人文主义的基本价值观，同时，它们也是受到挑战、最难以保持的价值体系。在这一个价值序列中，传统人文主义的古典"美"已经不在首位，而降到第十二位。现实的"人生"价值处于首要地位，自由、自我发展、和平、非暴力等处于重要位置。由此可以看出，文艺复兴以来的人文主义"美"的概念，已经在现代文明中被撞击得支离破碎，比如，古典美的概念在现代艺术中已经被完全放弃。人文主义发展到了现代有了其新的价值体系。现代人文主义更重视现世生活和此岸的价值，认为只有应该被肯定的价值一定是美的，不予肯定的则往往不成为价值；只有积极地看待人生，创造美好的人生，其它社会价值才有意义。"完美的人生"不是单单指表面意义上的完好无缺、靓丽和谐，完美同时也包括矛盾和冲突。关于这一点，法国现代人文主义哲学家傅柯（M. Foucault）在《存在之美学》中已经把传统人文主义中"美"的概念置入人的生活之中，在人的生存中赋予美以实际的意义。

无论是欧洲文艺复兴时期的人文主义，还是 19 世纪的新人文主义，它们都有一套不容置疑的客观伦理价值标准。传统人文主义的价值观往往被称为"价值客观主义"或者"价值理想主义"。而现代人文主义可以说是"价值主观主义"或者"价值相对主义"。现代人文主义更注重行为价值标准的实际性。例如，德国现代人文主义教育家塞依林就认为，传统价值观的失落已经不是个人所能影响的了，而是取决于正在一体化的世界，取决于周围环境，如美元利率、借贷利息、通货膨胀、劳工市场、交通、能源消费、大气污染、机器作用、技术进步、合理化措施、信息接受、许多人的恐惧、偏见、歇斯底里，那么道德和伦理也是同样。

现代人文主义认为，现代人对价值标准也同样存在一个自我决定和选择的问题，每个人根据自己的生存环境来做判断，并且给予自己所选择的价值标准以某种意义。因此，个人的判断能力和价值选择能力就显得极其重要。现代人的行为有一个表现形式，即能够正确估计、计划某一行为处境的特殊性，能够认知自己行为的意图、目的和价值，并且付诸实施。这不仅取决于人的智力，而且还取决于行为主体对自己和对他人关系的正确估价，更重要的是，这也取决于他对自己行为的价值和行为导向的认知。

现代人文主义价值观可以归纳为三个基本的指向：一是继承历史人文主义传统，强调符合社会道德伦理的自我决断；二是继承无神论传统，对人和世界做出理性和非宗教性的解释；三是继承独立思考的传统，以科学理性为准则。这三个基本价值指向确定了二次大战以后欧洲现代人文主义教育的宗旨、框架和实施的方向，也是现代人文主义者对世界和人的根本性认识。

五、关于人文主义的反思

20世纪以前的人文主义，称为传统人文主义。传统人文主义具有双重性：一方面认为人实际上是一种可以受伦理道德、知识和理性驯养的动物，所以人文主义教育的最终目标在于如何"正确地"影响受教育者，把人培养成主宰世界的中心和一切行为的中心；另一方面，人文主义教育一贯居高临下地向教育对象施加其主观认定是"真、善、美"的价值影响，所以它早已成为空洞的说教。传统人文主义，是自上而下的教育方式和结构，推行的是一种"以文载道"的、典型的文学社会信息传递方式。传统人文主义环境中，人们一直以对这一方式的全部认可、并投入所有的热情去接受前人的精神遗产。这种人文主义的全部实质，实际上只是精英文人社会的梦幻，被知识精英们手中垄断的传统古典文化则是他们得以进入这场"人文主义梦幻"的入场券。一向以自我主体和欧洲为中心的西方传统人文主义教育，通过这种方式不断地将下一代纳入民族人文主义的思维模式，传统人文主义教育实质上无非就是将那沉重的历史邮包一代接一代地传递下去。传统人文社会中的知识精英手中握着人文主义伦理道德的教条，板着脸教育人。这一时期，教师的权力和人文学者的关键作用，在于他们手中掌握着那些堪称为权威学说的特殊性权，向年轻一代不断地灌输着那些毋容置疑的民族主义著述。在传统的人文主义教育环境中，人性不仅仅只是人和人际间的关系，它越来越表现为一种强加于人、好为人师的霸权。尼采讽刺几千年来采用人文主义专制教育的学校，是戴着既定伦理道德的假面具来驯化所谓未开化的人的马戏团。

人文主义本身不是完美的，也不是万能的。人文主义本身掩盖着其自身的辩证法。人文主义的发源地古希腊和古罗马的市民一方面具有高度发达的、理性的人文精神和哲学文明，另一方面却热衷于观赏奴隶（人）与野兽搏斗。再看接受了人文主义教育的现代人，却能在电视、电影和文学等人文媒体和人文气息中无动于衷地欣赏战争的野蛮，并且能通过欣赏残酷的画面而达到心理上的一种快感。

1946 年海德格尔在写给法国哲学家让·贝弗雷的一封信（后被称《论人文主义之信》）中提出，人的本质问题在 1945 年之后不应再是"人文精神问题"，而是一个"存在"问题。这封信中，海德格尔提出，以古希腊、古罗马、基督教文化和启蒙运动精神为基础的西方人文主义在其长达两千年的漫长历史中，一直是"不思想"的。"不思想"的原因来自于人文主义自身的"伦理遗传"，信奉人文主义的"后代"们无法拒绝、也无法改变人文主义"父母"的遗传基因。其实，早在 20 世纪 20 年代，海德格尔在他的《存在与时间》中就开始质疑人文主义价值观，认为人文主义"并不是过高地定义了人的本质，而是没有把握人的本质"。人文主义对人本质的解释表面上合理的，但事实上，它却封闭了对人的存在本质进行反思的任何可能性。要想本源地掌握人的本质，就必须离开传统人文主义思想下的原有思维轨迹①。

海德格尔说，欧洲的历史就是人文主义暴力的一场历史剧，在这个舞台上，人类将自己当成主体，凌架于一切存在之上，人的一切行为都从这一理所当然的地位出发，从这点来看，人文主义打着一切为人类造福的幌子，实际上是人类所有悲剧的天然帮凶。海德格尔认为，"人文主义"这一概念在人类自身造成的灾难中已经自我扬弃，因而他把后现代社会称之为"后人文社会"。后人文社会里，人不是动物加上精神和理智的简单复合物，更不是人文主义"精神贵族"们借用古典精神来解救、开化和教育的一群"土著"。

1999 年夏天，德国当代哲学家彼得·斯洛特戴克（Peter Sloterdijk）在德国巴伐利亚州的爱尔玛厄宫发表了名为《人类训养场里的规则》的演讲，提出了一个采用遗传基因工程来取代传统人文主义的"人类工程学"假设，积极地运用基因技术，以制定一种人类工程学的共识和法规，对人类的伦理、文明、教育等问题从根本上提出了质疑。他援引尼采等哲学家对人文主义的批评和柏拉图有关教育的思想，对人在后现代基因信息社会的存在本质、人文教育和人文伦理进行了大胆的挑战，提出在"后人文时代"如何有效地控制和改进人类基因，用准确的基因特征规划来代替无规则的人类繁衍，试图在大框架上确定基因工程在人类繁衍中运用的伦理学依据。

斯洛特戴克提出，后现代社会的政治、文化结构只在极其有限的情况下还凭借纯文学和人文媒介支撑，文学早就从代表民族文化精神的神圣殿堂上走了下来，成为一种次文化现象。在后现代电子数控信息时代，如果还想通过原先

---

① 转引自范捷平：《德国教育思想概论》，上海：上海译文出版社，2003 年。

文学和文人社会的信息运作机制来控制后现代社会的政治、文化和经济结构无疑是天方夜谭，因此说，主要以人文主义伦理价值观为精神支柱的学校教育和传统的教育模式在数字化信息时代已经显得苍白无力。

第三节 美国近现代大学人本理念的变迁脉络

美国大学思想是欧洲大学理念与本国大学思想结合的产物，较之其他国家大学思想更具有普遍性和代表性。

社会文化思潮是美国大学思想赖以存在的基础和发展动力。实用主义是美国文化的核心，是美国民族的性格和精神，美国一切制度的基础和主流思想观念生存的土壤，渗透到美国社会的各个领域。美国大学的人本理念是在与实用主义大学理念相互斗争、相互抗衡、相互推进发展的过程中实现自身的进步与成熟的。因此，要了解美国人本主义大学理念的形成与发展，首先要理清美国实用主义大学理念的发展轨迹。

一、美国实用主义大学理念的变迁

美国实用主义大学理念的发展可以归纳为"实用主义大学理念→国家主义与要素主义→工具主义"这一路径。

（一）实用主义大学理念

实用主义（Pragmatism）是一种推崇主观经验，强调行动的实际效果，主张用实际效果评价一切和检验一切的思想或观念①。实用主义的核心内容是个人主义，其具体目标体现在"独立"、"民主"和"平等"三条原则之中。美国学者 H. S. 康马杰在《美国精神》一书中评价实用主义说，实用主义是一个权宜的哲学，它拒不接受各种学说和抽象概念，而建立起可实用性这个唯一的标准；是民主的哲学，强调每个人都是哲学家，都拥有同样的选票；是个人主义的哲学，认为一个人的成败取决于自身的努力而绝非可以依赖上帝和自然的力量；是人道主义和乐观主义的哲学，它完全赞同进化的学说，不过认为该学说也不是一成不变的；是富有冒险精神的哲学，主张以个人的德行、智慧和勇气进行冒险，赞赏新奇、独特、标新立异和开展自由竞争②。

美国的实用主义社会思潮和观念文化对于高等教育产生了巨大的影响。19

---

① 刘放同：《实用主义评述》，天津人民出版社，1983 年，第 25 页。

② ［美］H·S·康马杰著，南木译：《美国精神》，光明日报出版社，1988 年，第 140～141 页。

世纪美国高等教育的理论与实践，不管是学院改革运动的兴起，还是大学思想的形成，都得益于实用主义思想的影响。当时美国的高等教育到处都弥漫着实用主义的气息。19 世纪 70 年代，美国学者科尔曾说，"在过去三百年中，美国与其他国家相比，整体文化与高等教育之间的关系要更加密切，它们相结合而发展。"① 当时美国的"主流文化"就是实用主义文化，主要包括宗教文化、共和文化、个人主义文化等三种传统文化，它们都对美国高等教育的形成、发展和改革产生了重大的影响②。

纵观美国大学改革与发展的历程，可以非常清晰地看到实用主义对美国大学发展的影响和作用。18 世纪末 19 世纪初，由于受欧洲启蒙主义思想及其新大学运动的影响，北美殖民地时期建立的学院教育，越来越不适应美国社会政治、经济发展的需要，一些政治家、教育家开始对传统的学院教育表现出强烈的不满，要求政府建立新型大学。于是，各州开始成立州立大学，如马里兰大学（University of Maryland）、佐治亚大学（University of Georgia）等等。但是这批大学的成立并不能代表美国大学的改革。19 世纪中叶才是美国高等教育发展的分水岭。这一时期，美国高等教育从"传统学院"向"现代大学"方向发生的轰轰烈烈的改革运动，被美国史学界称为"美国高等教育学院改革中的第一个伟大时期"③。与 19 世纪美国高等教育改革紧密相关的一件事，1862 年美国政府颁发了《莫雷尔法案》（Morrill Act of 1862）。这一彻头彻尾的实用和技术主义的法案，规定联邦政府向各州免费无偿提供土地，支持各州建立新型学院和大学，资助各州农业和工艺教育的发展，直接推动了美国赠地学院运行的开展。

诸多赠地学院的办学思想和宗旨充分体现了美国高等教育实用主义和技术主义的特点，代表了 19 世纪大学主流思想的一个重要方面。例如，康乃尔大学的办学思想首先是强调世俗性、职业性和学术性的统一，其次是注重科系、课程设置的范围宽泛，实行必修课与选修课并举。威斯康兴大学积极与州政府的密切合作，提出大学主要有三项任务，努力大学在地方文化和经济发展中的地位和作用。这三项任务分别为：一是把受教育者培养成为有知识，能工作的公民；二是进行科学研究、发展、创造新文化、新知识；三是传播知识，把知

---

① Oscar Handlin & Mary Handlin: The American College and American Culture, Mcgran-Book Company, 1970, p. 16.
② 王英杰：《美国高等教育发展与改革》，人民教育出版社，1993 年，第 127 页。
③ ［美］克拉克·科尔著，陈学飞等译：《大学的功用》，江西教育出版社，1993 年，第 117 页。

识传授给广大的民众，使他们运用这些知识解决经济、生产、社会、政治及生活方面的问题。这三项任务中，当时的校长范亥斯（Van Hise）最重视第三项任务，将其概括为"把知识传递给广大民众"，"为全州服务"。这一观念是范亥斯大学理论的核心和精华①。

（二）国家主义与要素主义大学思想

国家主义是民族主义的另一种表现形式，本质上是一个政治学的概念。它主要倡导"国家至上"、国家利益高于一切。宣扬个人依靠国家而存在，当个人利益与国家利益发生矛盾冲突时，均要以本国的国家利益为重，甚至为国家利益不惜牺牲个人利益乃至个人生命为代价。19世纪，国家主义盛行于欧洲，并激励人们反抗侵略，在维护和促进民族独立、国家统一中发挥了一定的促进作用。但是到了20世纪，变成了一种具有贬义性质的政治主张。

美国国家主义大学思想主要体现在战后兴起的要素主义大学思想中。要素主义大学思想具有较强烈的政治意识和明显的功利色彩。其主要认为，教育的社会功能、政治功能、经济功能是第一位的，而文化功能和人的发展是第二位的。

（三）科尔的工具主义大学理念

克拉克·科尔是一个典型的工具主义者，被美国教育界推崇为"最具有教育行政领导才能"的人。1952年，克拉克·科尔被推选为加州大学伯克利分校校长，1958年至1966年担任加州总校校长，而后先后担任卡内基高等教育委员会主席和卡内基高等教育政策研究理事会主席，一直到1980年退休。他认为，理智本身不能作为目的而存在，而应作为解决问题的手段。他所说的手段，不仅仅是解决学术问题的普遍手段，而且也是解决商业、工业、政治和社会状况等问题的普遍手段。基于这样的思想，他认为教育本身不过是一种工具，不应该追求某种终极的永恒真理和个体人格的完美，而是根据社会现实的变化，培养人才以实现国家和社会的目的。他在《高等教育巨大变化》一书中提出大学的六项目标：一是训练人力；二是传递包括宗教文化、民主文化、历史文化、道德伦理文化、民族主义文化、国际主义文化和科学知识文化等等在内的共同文化；三是发展个性；四是研究学问，包括基础研究和应用研究；

---

① 康健：《威斯康兴思想与高等教育的社会职能》，载于《当代教育发展的重大课题》，南京大学出版社，1990年，第262页。

五是公共服务；六是实现平等目的①。

科尔的这种工具主义大学理念与人本主义的观念存在较大的差异，但是符合美国实用主义的文化传统，也与战后美国国家教育政策和美国工业化时代的精神吻合，并适应战后美国大学办学规模迅速扩大的实际情况，对全面推进战后美国高等教育改革发挥了积极的作用。20 世纪 50 年代末，科尔抓住前苏联第一颗人造卫星上天在美国国内产生巨大冲击波的时机，主张从高等教育内部发动一场结构性的变革，搞一所新的大学。在他的思想的指导下，加州大学的办学规模达到了 20～30 万人之多，为美国树立了多元化大学的榜样，使得"多元化、高质量、普及与规划"成为美国高等教育的统一纲领。从此，大学教育的大众化取向替代了美国传统精英教育的大学思想观念，成为美国大学思想的主导力量。美国大学开始走出象牙塔，加强社会服务功能，全面参与社会。

二、美国人本主义大学理念的发展

美国人本主义大学理念的形成与发展路径，可以扼要地归纳为"理性主义大学理念→永恒主义大学理念→新自由主义与存在主义→新人文主义"。

（一）理性主义大学理念

教育上的理性主义最早可以追溯到古希腊罗马时代。柏拉图、亚里士多德等人的教育思想都具有浓郁的理性主义色彩。柏拉图认为，真正的教育不能仅仅限于知识的传递和技能的训练，它必须要使人从偏见、狭隘的见识，尤其是要从经验所造成的狭隘性和偏见中解放出来，使他的灵魂获得自由。这样的教育可以称为"自由教育（Liberal Education）"。亚里士多德认为，人的灵魂具有理性，对于人的教育就应该尽可能地实现或显示人的灵魂和理性。这样的教育既不要追求其用途，也不要为利益，而要为理性而理性。

一般来说，哲学上的"理性主义"是指 16 世纪末到 18 世纪初以笛卡尔、斯宾诺莎、莱布尼茨等人为代表的一种哲学流派。作为理性主义大学思想，是伴随中世纪大学产生，并随着古典大学的演变而发展起来的，成为 19 世纪以前整个西方高等教育的主导支配力量。尤其是英国的理性主义大学思想，其中牛曼的"自由教育"思想成为理性主义的经典思想，美国早期高等学校就以此作为发展的精神理念。

---

① Clark Kerr：The Great Transformation in Higher Education，State University of New York Press，1991，p. 84.

20 世纪，美国大学思想进入一个重要的历史时期，存在着两种缺乏和谐的高等教育哲学：一种以认识论为基础，另一种则以政治论为基础①，形成了两种不同的价值体系，即人本主义（也称理性主义）和功利主义（也称工具主义）。哲学意义上的人本主义，主要是以"理性"为核心的一种思潮，把理性作为神的属性和人的本性看待，认为合乎自然、合乎人性的就是理性。试图用理性作为唯一标准去衡量一切现存事物，从而建立一个永恒的理想王国。哲学意义上的功利主义"以实际功效或利益作为道德标准的伦理学说，认为个人利益是唯一的现实利益，社会利益只是一种抽象利益，它不过是个人利益的总和。"②

功利主义者的观念是，在学校活动中，个人始终处于被动地应付环境的地位，认为衡量教育的标准是实现价值和创造价值，教育是为职业作准备的，社会的需要就是教育的需要，也是人的需要。在理性主义者的眼里，人永远是受教育者，发展人的个性和传播理性知识，始终是大学教育的最高目的，主张在教育过程中实现人的自我完善，抛弃教育中的实用性和职业性，主张教育是为生活作准备，而不是为职业作准备。

20 世纪初，美国理性主义大学思想作为一种保守的思想，所倡导的思想仅是一种理性的思索，是一种理想化的学说。

（二）永恒主义大学理念

永恒主义教育家主要有 M. 艾德勒（Mortimer Adler）、马克·范杜伦（Mark Van Doren）、杰卡斯·马力丁（Jecques Maritain）、诺曼·弗尔斯特（Norman Foerster）等人，他们认为现代社会完全曲解了教育的本意，过分强调职业化和专业化教育的最大恶果就是导致整个西方文明的衰落和民主社会的毁灭。其中，罗伯特·M·哈钦斯（Robert M. Hutchins，1889~1977）是 20世纪理性主义大学思想的代表人物和集大成者，也是反对工具主义最坚定的战士，是 20 世纪初最有影响的大学思想家之一。

哈钦斯虽然生活在 20 世纪这一推崇实用主义和科学主义大学思想的时代，但是他从理性主义哲学角度出发，高举理性主义的大旗，勇敢地对实用主义、功利主义、科学主义和物质主义等当时流行的观念进行反击，提出永恒主义大学思想。哈钦斯的永恒主义大学理念有三个核心观念：一是永恒性。任何形式

---

① John Brubacher: On the Philosophy of Higher Education, Jossey-Bass Publisher, 1982, p. 15.

② 邬大光：《理性主义与功利主义的冲突与选择》，《高等教育研究》，1989 年第 4 期。

的教育宗旨都是一样的、永恒的。其理由是"教育包含教学；教学包含知识；知识包含真理，真理是四海相同的，因此教育也应该是四海相同的。"① 二是唯一性。大学是"一个学者的团体"，"是社会中唯一能够作理性思考，寻求建立基本原理的机构。"② 三是层次性。他认为大学目的可以分为两个层次：即终极目的和近期目的。大学及其活动的最高目的是使受教育者的个性达到睿智而至善，帮助他们在现实世界基础上，将不完美的现实加以改造引导它走向完美；近期目的是帮助受教育者通过知识的掌握，发展智能、养成德行。

哈钦斯基于人性本同论及知识即真理的观念，认为大学是"一个保存文明和文化遗产的机构，一个探求学术的社会"，③ 其目的在于传递万古长存的不变真理。这一观念与西方古代教育家，特别是与古希腊柏拉图和亚里士多德的大学思想一脉相承。他认为"现代危机的实质是现代人的精神——理智的破产，其根本原因是现代科学技术的发展和实用主义哲学观造成了古希腊信念和中世纪信念的崩溃，进而造成了价值观的紊乱和精神的危机。"④ 大学如果放弃研究高深学问的传统，只会屈从于社会的功利主义目的，而美国大学应该恢复古典大学的传统，挽救西方社会的精神。因此，大学不应该毫无原则地迁就于社会，更不应该为社会和政治所左右。他曾提出质疑"大学究竟应该服务社会，还是批评社会？是依附的，还是独立的？是一面境子，还是一面灯塔？"是"迎合国家当前的实际需要，抑或在传播及推广高深文化？……"⑤ 哈钦斯的这一思想为以后的理性主义与工具主义大学思想的融合奠定了思想基础。

哈钦斯不仅是一位大学永恒主义教育理论的代表，而且是一个大学教育实践家。他的永恒主义大学思想的出台以及与爱德勒一道在芝加哥大学积极推行"百部名著"计划，将当时美国的理性主义与功利主义的论争推到了顶锋。

（三）新自由主义与存在主义大学思想

二战以后，美国的政治、经济、军事和科技等各方面都以无法形容的高速度和快节奏迅猛发展，高等教育和高等教育思想的发展也进入了一个最活跃的

① R. M. Hutchins, Higher Education of American, Yale University Press, 1936, p. 36.

② R. M. Hutchins, Higher Education of American, Yale University Press, 1936, p. 66.

③ R. M. Hutchins, Higher Education of American, Yale University Press, 1936, p. 5.

④ 扈中平、刘朝晖：《挑战与应答：20 世纪的教育目的观》，山东教育出版社，1995 年，第 45 页。

⑤ R. M. Hutchins, The Learning Society, The new American library, N. Y. , 1968, p. 27.

时期，诸如保存主义、发展主义、集中主义、生物进化主义、科技主义、相对主义等大学思想流派纷纷涌现。

二战后不久，由于科技发展的刺激和社会经济政治发展的需要，发展主义的工具理论思想占据了统治地位。到战后的 25 年左右，新自由主义思潮开始流行。新自由主义是相对古典自由主义而言的，又称为现代自由主义，其主要观念为"个人的价值是至关重要的，个人应该自给自足；政府的目的是要为个人追求其合理的目标创造条件"①，否认自由竞争的原则，主张国家干预，以保证个人发挥才能的机会。20 世纪 60 年代以后，人们普遍怀疑新自由主义者提出的只不过是一些幻想，尤其是随着女权运动、黑人人权运动、反越战运动和校园反叛的兴起，美国国内人民对政府越来越缺乏信任感。60 年代末，美国青年发起了"反主流文化运动"，又称"大学生造反运动"、"嬉皮士运动"。"反主流文化"（Counter ~ Culture）是美国学者西奥多·西扎在 70 年代创造的一个词汇。50 年代后期至 60 年代后期美国出生于中产阶级家庭的青年，由于对"丰裕的美国"的现实不满，开始反叛和背离美国社会正统价值观念和生活方式，要求社会对个人自我进行重新肯定。1964 年加利福尼亚大学伯克利分校爆发了"自由言论运动"，揭开了以后持续六年之久的校园反主流文化高潮的序幕。反主流文化思潮使得 20 世纪 50 年代一直保持寂静的大学校园再度活跃起来，大学生的社会责任感再度被唤醒，他们重新投入各种社会思想文化活动中。

存在主义大学思想，是 20 世纪五六十年代流行于欧美的教育哲学流派，最先起源于德国和法国，但是很快成为国际性的社会思潮。存在主义是现代人本主义的一种派生变异思潮，在理论特征上，存在主义把人的存在当作全部哲学的基础和出发点，认为：在个人的发展中，存在先于本质；一个人先有存在，然后才是成长。简而言之，人决定他自己，并且生来就是自由的主体。存在主义思想的局限性就是把个人与社会、他人以及客观世界完全对立起来。认为每一个人都是孤单的个人，个人在同他相对立的世界中，总是感到"恐怖"、"烦恼"与"孤寂"。这种绝望、恐怖的情绪正是人的"存在"的基本方式。可见，在存在主义哲学中还深藏着战争条件下以及战后一段时期内人们生存境遇、苦难心态的一些痕迹②，这些痕迹令当时的人刻骨铭心。

---

① 李庆余、周桂银：《美国现代化道路》，人民出版社，1994 年，第 409 页。
② 张澍军：《人本身建设与社会和谐》，《中国教育报》，2005 年 10 月 11 日第 3 版。

（四）人文主义教育思想的回归与新人文主义的出现

20 世纪 60 年代，与新自由主义、存在主义同时出现了一种大学思潮，它与人本主义大学思潮的形成有着密切的关系。这就是当时美国一批学者，准确地说是一批思想保守的学者，对大学里的人文教育和人文学科的现状提出了不满，如 T. K. 辛伯森、阿兰·布卢姆等学者纷纷著书立说，阐述人文教育在社会和人的发展中的地位和作用，提醒人们注意在强调科技教育和专业教育的同时，不要忽视人文教育。当时，美国大学的自然科学作为一种榜样的特权，已经使得人们相信科学的发展将不可避免地带来社会领域的变革。人文学科内容的严重匮乏，已经成为美国大学课程和专业设置方面的一个明显缺陷。这些专家、学者提出，培养受教育者的公民意识和社会责任感是大学教育的一项重要任务，但是大学丧失了它应有的社会意识，始终没有能够建设成一种真正值得称之为"教育"的事物繁盛的人文环境。因此，他们认为当时完整的和伦理意义上的高等教育在美国已经不存在。

20 世纪 70 年代，美国社会从电气化时代走向信息化时代，知识经济取代农业经济和工业经济，给生产过程、生活方式、劳动结构带来了质的变化。一些学者称之为"后工业社会"（Post-industrial society）或"信息社会"（Information society）。随着科学技术飞速发展和社会急剧变化，美国大学思想观念也日常活跃，相对主义、保守主义和新人文主义粉墨登场，构成美国大学思想发展的新景观。1987 年，卡内基基金会主席波伊尔在他的《学院：美国本科教育的经验》中指出："我们最主要的敌人是'割裂'：在社会中我们失去了文化的内聚力和共性，在大学内部是系科制、严重的职业主义和知识的分裂。"① 1991 年，R. N. 比拉在《良好的社会》（A Good Society）一书中认为，高等教育最大的困境源于人们沉溺于把科学知识作为现代研究型大学的社会文化的范式。有学者就把当时的大学称之为"完全服务性"大学，把当时的大学学术模式称比喻为"巨大的市场式"的学术模式。

第四节　本章小结

古希腊、古罗马文化就开始萌芽人本思想，其内涵主要包括"以人为本"

---

① Ernest L. Boyer, College：The Undergraduate Experience in American, New York：Happer & Row. 1987, p. 23.

和"人文精神"。人文主义是欧美、尤其是德国近代教育学各主要流派的精神支柱。德国人文主义教育理念主要体现在费希特的"自我"与"非我"原理、哈贝马斯的自我意识与主体认同等思想观念中。20世纪中叶以来，德国现代人文主义更加强调无神论、社会责任和自由个性，开始更加注重培养学生独立、有责任心地发现问题和解决问题的能力。

美国大学思想基于本国国情，吸纳了欧洲大学理念，形成了实用主义和人本主义两条发展路径。实用主义大学理念的发展路径为"实用主义大学理念→国家主义与要素主义→工具主义"，人本主义大学理念的形成与发展路径为"理性主义大学理念→永恒主义大学理念→新自由主义与存在主义→新人文主义"。由此可见，美国大学的人本理念是在与实用主义大学理念相互斗争、相互抗衡、相互推进发展的过程中实现自身的进步与成熟的。

第八章

我国人本理念的传统机理与现代意义

本章分析了我国传统文化中的人本思想和人文精神及其对现代教育的影响，总结了现代人本教育理念的创新性要义和对教育实践的功能性要义。

我国传统文化隐含着的丰富人文精神，我国先秦时期就开始对人的问题进行了许多探讨，孔孟道墨各家都有许多论述，这些思想丰富了我国传统文化中的人文精神，是中华民族的一笔宝贵文化遗产，为后世思想家们所继承和发挥，为后代人学哲学研究其提供了丰厚的历史文化底蕴。但是，1966 年到 1976 年的十年"文化大革命"在"革命"、"造反"的旗号下严重地摧残和扭曲了人的尊严、人格、人性和灵魂。1978 年，中共十一届三中全会开启了拨乱反正和思想解放运动，开始了一场民族性、国家性的历史反思，人的问题研究被理所当然地重新提了出来。当我国改革开放推进到一定阶段的时候，人们认识到：我国与发达国家的差距，不仅是经济和科技的发展水平，还有人的素质，社会主义现代化建设的最终成败取决于人的现代化。20 世纪 80 年代以来，当代人学哲学研究成为我国思想界的一个热点和理论建设的一个亮点。

第一节　我国人本理念的历史机理

西方、中国、印度的文化分别体现了三种路向：西方文化走第一路向，以意欲向前要求为根本精神；中国文化走第二路向，以意欲调和、持中为根本精神；印度文化走第三路向，以意欲反身向后为根本精神。这三种路向起于人生所遇到的三种基本问题：求物质世界的满足，求与他人的沟通，求生命的永久。与之相适应的三种生活态度是：一遇到问题，向前面下手，改造局面，这是一种奋斗的态度；二遇到问题，随遇而安，不求奋斗，而是求自我的满足；

三是遇到问题，就想取消问题和要求①。中国文化路向代表的是一种注重协调、平等、人性的文化路向与文化精神，她深深地蕴藏在我国的传统文化之中。

一、传统的"天人合一"的思想

天人合一，强调人心要和天道相辅相成。不仅强调个体要通过自己的修身，使得身、心、灵、神能够成为一个有机的整体，还强调人心要和天道相辅相成，正所谓"天人感应""天人相应"。这正如泰戈尔说的，"大地和晴空织就了人的思想的纤维，人的思想亦是宇宙的思想"。

我国传统哲学及其宇宙论的基本特点是连续性、有机整体性、动态性和辩证发展，即把宇宙看作是连续创造活动的展开，同时也把自我看作是流行不已、创造转化的开放系统。我国传统文化把人与自然的和谐统一，作为人生理想的主旋律。主张和强调人与天道、自然取得和谐，并且参与天道、自然的创造活动。从古代开始，儒家就关注与自然保持和谐，接受自然的适当限度和范围。儒家思想所说的"以天地万物为一体也"，就是天人和谐观。不仅具有丰富的哲学资源，而且还有无尽的伦理资源，可供发展更全面的环境伦理学。儒家从天人一体、性天相通、天人合德的角度论证天人合一，道家则从取消人为，顺应自然，合人于天的角度来讲天人合一。可以说，我国传统文化中的主流思想就是认为，世界上的一切事物都是大自然的一部分，大自然是一个生生不息的有机体。天与人是相同的、统一的，天地万物与人具有相同的生命起源。人的生活要服从于自然界的普遍规律，而自然界的普遍规律也要与人类道德的最高原则相统一。人的价值源头在于天，人的生命的意义就在于认识、顺应、推进宇宙进化的过程，天也是人的价值归宿②。

在我国传统文化中，人们不仅在思想意识上如此倡导，在风俗习惯、建筑风格、文学创作、绘画艺术等方面也如此实践。追求天人合一的审美境界，是我国传统审美意识中的一个重要特点。我国的文字学和文学研究方面，就有人文字原本就是一种记录天文或阐述天道的符号，文学是与天并生的，反映"天经地义"，揭示宇宙奥秘的一种形式。我国传统的农业生产依节令进行，民间节日也多与自然有关，主动适应自然和时间的节律，努力与自然界建立协

---

① 梁漱溟：《东西文化及其哲学》，《梁漱溟全集》第 1 卷，山东人民出版社，2005 年 5 月第 2 版，第 371 ~ 392 页。

② 杨玉洪：《"天人合一"的启示》，《中国教育报》2005 年 12 月 20 日第 3 版。

调一致、融为一体的关系和境界。古代宫廷建筑的构思强调"法天"、"象天"，从布局样式到名称都以天象为准，与天体对应，"纳千顷之汪洋，收四时之烂漫"，使游览者"仰观宇宙之大，俯察品类之盛"，从有限的时空进入无限的时空，追求"天人相应，人神一体"，具有浓厚的天文色彩。中国传统山水画讲究意境，并且总是尽可能地表现天人合一的审美境界。画家总是用多感的心境直观自然，让心灵沉浸到山水的底蕴之中，让心灵与宇宙的生命节奏和谐统一，在山水中发现宇宙无限的生命，既表现大自然的美丽风光，也表现人对大自然的爱慕之情，努力表现人与大自然融为一体的"无差别"境界。

二、和谐是我国传统文化的基本维度

我国传统的价值取向，大体上可以区分为儒墨法道四派。儒家的价值学说，可称为内在的价值论或道德至上论。墨家的价值学说，可称之为功利价值论，以利为基本价值，以人民之大利，即公利，为唯一的价值标准。法家的价值学说也是功利主义的，但与墨家颇有不同，而崇尚竞争，崇尚实力，专讲富国强兵，否定道德和文化教育的价值。道家的价值学说可称为绝对价值论，认为只有作为宇宙本根的"道"及"一物所得以生"的"德"才有真正的价值。这四派价值学说的最终分歧是在和谐与竞争的问题上。汉武帝以后，墨学中绝；法家受到唾弃，成为隐文化；道家流传不绝；儒家占据了主导地位。这样，和谐成了整个中国传统文化的最高价值原则[①]。

以和谐为取向，是儒家传统的一个重要价值，也是我国传统文化的一个基本精神。按其内容可分为五个不同的层次：第一层次是天与人，也就是人与自然的和谐；第二个层次是国与国，也就是国家间的和平；第三个层次是人与人，也就是社会关系的和睦；第四个层次是个人的精神、心理，也就是境界的平和；第五个层次是文化或文明，也就是不同文化的协和理解[②]。我国传统思想不仅关注人的价值，同时也关注事物的整体关联性。先秦以来，中华民族在长期实践中形成的，在处理人与自然、人与社会、个人与他人、个人自身的身心诸方面关系时，就重视人的价值、重视整体、重视和谐，通过融合矛盾、和解冲突，达至共存共生、互济双赢的观念学说与行为方式的总和。

---

① 张岱年、程宜山：《中国文化论争》，中国人民大学出版社 2006 年 10 月第 1 版，第 172~173 页。

② 陈来：《传统与现代——人文主义的视野》，北京：北京大学出版社 2006 年 4 月 183 页。

（一）关注人的价值

我国传统文化特别重视人的价值，有着浓厚的人本思想。我国古代儒家、道家学说都以人为根本研究对象，围绕人的问题进行研究，进而形成有关道、性、理、心等基本范畴。如《荀子》中说："道者，人之道也。"《礼记·中庸》则说："道不远人，人之为道而远人，不可以为道。"《尚书》中说："天视自我民视，天听自我民听。"《老子》中说："功成身退，天之道。"所说的这些"道"，表面上是讲"天道"，实质上是借天道表达一定的价值诉求，并借题发挥讲人之道。

（二）注重事物的整体关联性

我国传统文化把人类和万物作为一个整体来思考，对人生价值取向的目标，有着"重整体"的鲜明特征。当个体利益与整体利益发生冲突时，主张个体的言行视听均应服从整体的利益，强调个体对社会整体的责任，形成了以"先天下之忧而忧，后天下之乐而乐"，"天下兴亡，匹夫有责"为典型特征的民族精神。"先天下之忧而忧，后天下之乐而乐"所倡导的实质内容，与近现代所提倡的公共关怀是相似的。所谓公共关怀，是对身边的人和事的主动知情和热心参与，是对文明与发展、知识与文化、人类前途命运等重大问题的省思。倡导公共关怀，有利于引导受教育者走出个人主义的藩篱，尊重他人，学会感恩，关注人类文明发展。

（三）为人处事注重适度与和谐

我国传统文化中强调的"礼之用，和为贵"，其中的"和为贵"是对"礼"的作用的陈述，"礼"讲的就是治理社会必须规范各等级身份，节制各利益群体，使其行为符合"礼"的规定，既无过分、过头、过火之处，又无不及的地方，做到恰到好处，就能达到"事之调适者谓之和"。在人际关系上，我国传统文化强调和谐有序，建立了以"仁"核心、以"德"为基础、以"礼"为规范的德性思想体系，倡导"知足"和"不争"，以"仁"和"中庸"去规范行为，追求实现"仁者爱人"、"礼之用、和为贵"，"万物负阴而抱阳，冲气以为和"的和谐环境与和谐关系。

第二节　传统人本理念对现代教育的影响

我国的人文精神的源头，可以追溯到西周。殷商时期的奴隶主阶级是笃信宗教的，大大小小的事都要求神问卜，巫师集团在政治生活中占有十分重要的地位。西周末年，随着宗法奴隶制的危机日益加深，"天"的权威也维持不下去了。春秋战国时期，理性主义和人文主义破壳而出，独立地发展起来，并从此确立了它们在士文化中的统治地位。这个时期的人文主义和理性主义，与西方近代的人文主义和理性主义在理论形式上颇为相似。中国传统文化中的人文主义自春秋战国时期确立以后，在两汉时期、南北朝时期受到了严重的挑战。两汉时期的春秋公羊说和宗教迷信色彩极浓的谶纬之学盛行一时，南北朝时期，佛道二教泛滥。但这两次挑战，都受到了传统人文主义坚决而有效的回击。宋、明以来，儒学在思想文化领域中的统治力量大大加强，宗教势力日益衰落①，从此，传统人文理念和思想为后世带来了无限的启发和深远的影响。

一、"为己之学"、"己欲达而达人"与个体全面发展

中国古代管子最早提出"人本"概念，提出要尊重人格，尊重人的自我意志，满足人的需要，可称为我国雏形的"人本主义"。"仁"是孔子思想的核心，也是他本人终生坚守的人格修养原则，正所谓"君子无终食之间违仁，造次必于是，颠沛必于是"。"为仁"的根本途径是自我修养，核心是"为己之学"，而不是"为人之学"。《论语》中讲："为仁由己，而由人乎哉？""古之学者为己，今之学者为人。"《大学》中也说："自天子以至庶人，壹是皆以修身为本。"可见，"为仁"的关键是"为己"。不是为了师长，也不是为了家庭，甚至也不是为了简单的社会要求，而是为了发展个体人格，发展自己人格内在的资源②。这些观念提倡不仅要尊重人格，而且要重视如何做人，怎样做人，关怀人的内在道德修养，要求从主体自我做起，树立主体性人格，并由主体及于客体。后来儒学人本思想进一步确认了人个体与群体的地位、作用、价值的独立性和尊严性。

如果说"己所不欲，勿施于人"是恕道，是人与人之间相处的消极原则，与之对应的积极原则是忠道，即"己欲立而立人，己欲达而达人"。其主要想告诫人们：你的生存发展与我的生存发展不是零和游戏，而是宽容、沟通、双赢。这个"己"不是一个孤立绝缘的个体，它是一个关系网络的中心点。从这个中心点来讲人的尊严，从关系网络来讲人的社会性、人的感通性、沟通

① 张岱年、程宜山：《中国文化论争》，中国人民大学出版社 2006 年 10 月第 1 版，第 196～197 页。

② 陶继新：《对儒家人文精神的多元观照——美国哈佛大学著名学者杜维明教授访谈》，《中国教育报》2004 年 11 月 11 日第 5 版。

性，这要从人们心中最根本、最有价值的一些感情来体现，比如恻隐之情、羞辱之情、是非之情、辞让之情。这就是推己及人的基本价值。儒家思想不是人类中心主义，人们不能从狭隘的人文学的视角去理解儒家思想。儒家追求的是从个人到家庭，从家庭到社群，到社会，到国家，到世界，最终实现超越，其最高理想是与天地万物为一体，天人合一。

在我国近现代教育思想的变迁过程中，也有不少专家学者提出了"以人为本"的教育思想。20世纪初，蔡元培就提出"教育者养成人格之事业也"的思想，傅斯年也提出"为了公众的福利，自由发展个人"的教育观念①。这些观念和理论都强调教育要尊重和发展人的个性，更为直接的是把健康作为以人为本的第一基本要求。1950年6月，当时的教育部长马叙伦向毛泽东汇报受教育者健康水准有所下降时，毛泽东提出"健康第一，学习第二"②。

"为己之学"、"己欲达而达人"的观念，不仅为我国现代人本教育理念的形成和弘扬，奠定了良好的思想基础和理论基础，而且也对国际教育理念和伦理观念的变迁产生了积极而广泛的影响。从1993年开始，世界各地开始进行"全球伦理"的讨论，世界一些主要的宗教代表把孔子的"己所不欲，勿施于人"视为人类和平共存的基本原则，写进了《全球伦理宣言》。

二、顺乎"天命"与现代生态教育观

在人与自然的关系上，我国传统文化把天地人看作一个统一、平衡、和谐的整体，主张"道法自然"，即人们要顺从自然，回归自然，把大自然对人类的报复惩罚减少到最低限度，寻求人类理想的生存空间。孔子强调的"不知命，无以立也"，就是指要按天行规律而立。老子强调的"以辅万物之自然而不敢为"的"无为"，即指不违背自然规律办事。《四书·大学》中"格物，致知，诚意，正心，齐家，治国，平天下"，格物就是研究客观事物及其规律，致知就是认识与掌握客观事物及其规律，这是"修身，齐家，治国，平天下"的前提和基础③。

孔子说的"天何言哉？四时行焉，百物生焉，天何言哉？"意思是说四季的运行和百物的生长都有自身的规律，不因外物而改变。"仁者乐山，智者乐

---

① 尹松年：《北大人性格与命运》，北京：企业管理出版社，2002年4月第80~333页。
② 尹松年：《北大人性格与命运》，北京：企业管理出版社，2002年4月第80~333年。
③ 杨叔子：《绿色教育：科学教育与人文教育的交融》，《教育研究》，2002年第11期第12~16页。

水"不仅意味着巍峨葱茏的群山孕育了人们博大的仁爱精神，畅流不息的江河启迪了人的无穷的智慧，而且指出仁者喜欢宽广厚实的山峦，智者热爱波涛起伏的流水。孔子的这种自然观曾被西方启蒙思想家予以介绍、借鉴，被西方自然神论者用以与中世纪神学统治作斗争，促进了自然科学的发展。他那种尊重自然规律、珍爱自然、欣赏自然的精神，至今仍然值得人类效法。

道家清静无为、道法自然的自然观，在许多方面都近乎极端，如："使民复结绳而用之"，"民如野鹿"、"行而无迹，事而无传"，"民至老死不相往来"。这些消极、落后的成分今天固然不可取，但其中的淡泊宁静的人文境界和修身精神，"见素抱朴，少私寡欲"，顺应自然不要对自然无限制地索取，以防破坏生态、引发暴雨等自然灾害的思想，对于保护自然环境，推进人与自然的和谐共生，创建世代延续的人类美好家园，仍然是可资借鉴的精神财富①。

近代，一些专家学者直接把教育跟自然生态联系在一起。吕叔湘先生曾经说，教育的性质类似农业，而绝对不像工业。工业是把原料按照规定的工序，制造成为符合设计的产品。农业是把种子种到地里，给它充分的合适的条件，如水、阳光、空气、肥料等等，让它自己发芽生长，自己开花结果，来满足人们的需要②。这种依据我国传统农业提出"教育类似农业"的观念，是教育理念向自然性规范的朴素回归。从传统意义看，种庄稼只要满足自然属性的成长需要，办教育比种庄稼复杂得多，还得给受教育者提供陶冶品德、启迪智慧、锻炼能力等社会属性的成长条件，并让他们能动地利用这些条件，促进个体成长。立足现代农业而言，"大棚蔬菜"、"温室农业"和袁隆平先生的杂交水稻栽培等等，日渐凸现人对农业发展的主导、能动作用，从这个意义上看，教育与农业之间又出现了新的相似，说明一个道理——客体对主体的发展，不仅要顺其自然，而且要因势利导。

第三节　现代人本理念的教育意义

人们越是在文明发端处，对于存在的理解就越发天真、本源和质朴，而越

---

① 张耀灿：《我国传统和谐文化的当代价值》，《中国教育报》，2005 年 12 月 20 日第 3 版。

② 叶圣陶：《吕叔湘先生说的比喻》，《2003 年国家公务员录用考试教材〈申论〉考点考题全解》，北京：中国和平出版社，2002 年 11 月第 100～101 页。

是到文化发展的高级阶段越容易丧失这些特性。回溯传统，能够使个体正视自己文化身份的源流，从中寻找到克服文明异化的思想资源，拓宽面向未来的视野，使其文化具备充满希望的生成精神，孕育出含蓄柔韧却蕴涵着无穷发展契机的生命样态，让人类更加善于体验自然的神秘美丽，感悟宽厚仁慈的自然美德，寻找生命意义，引导心灵成长，催生出友善合作的社群关系（包括人与自然）。

基于我国传统人本思想和人文精神、西方传统人本理念和现代人本理念的精髓思想和理论，结合时代精神和需求而形成的现代人本教育理念，对我国教育的理论研究和实践活动具有深远地战略影响。这种影响可以带来教育价值取向的一次回归，带动教育内涵和外延的扩充并趋向完备，促进教育理念、教育理论和教育实践体系的又一次创新。这种作用和影响主要表现在对教育理念的创新性要义和对教育实践的功能性要义。

一、对教育理念的创新性要义

（一）促进教育观念呈现后现代性

后现代主义突破"人类中心主义"，强调全球伦理和可持续发展，推崇相互受益的共生理念，要求人类从精神上或思想上发生一定的革命性改变，把自己的活动界定为自然界和谐发展的共同生存的一部分，而不是改造、战胜等居高临下的尖锐对立。全球伦理的准则就是，任何事物都要保护生物群落的稳定和准确，人性与自然的"统一性"将帮助人们走向"完美的人性"①。教育只有突破为"人"培养"人性"的束缚，进而确立为"人—自然—社会"的整体统一，培养全球伦理性的"人性"，才能适应全球伦理和可持续发展的需求。

（二）促进教育目标呈现非终极性

科学哲学家波普尔指出，所有的知识，不仅是科学知识，实质上都是"猜测性"知识，都是对于某些问题所提出的暂时回答，需要在以后的认识活动中不断加以修正和反驳，没有一种知识可以一劳永逸地获得②。在知识迅速更新、信息量极度膨胀的当今时代，事实越来越清晰地说明，科学知识型所谓的"终极的解释"是根本不存在的。这样的环境下，任何一个教育目标都是阶段性的，即非终极性目标。教育的直接目的不是"培养什么样规格的人"，

---

① D·格里芬著、马季方译：《后现代科学》，中央编译出版社，1995 年第 168 页。
② 万伟：《对话：一种新的教学精神》，《教育理论与实践》，2002 年第 12 期第 46～49 页。

而是要培养人的素质和能力，为今后发展乃至终身发展奠定相应的基础。

（三）促进知识结构追求整体性

在充满魅力的知识世界里，人文社会科学和自然科学是并峙的双峰。人文社会科学的昌明意味着精神底蕴的厚实，自然科学的发达意味着文明格调的高深。20 世纪给人类留下的有科技创新的辉煌和自豪，也有源自各种社会问题的遗憾和创伤。面对未来社会的挑战，人类要选择科技、经济、社会的全面与和谐发展，要高度重视人文社会科学与自然科学的平衡、交融、协调发展。1948 年，梁思成先生在清华大学大声疾呼，呼吁受教育者走出"半个人"的时代①，改变"懂文不懂理，懂理不懂文，文理分家"的现象。半个世纪以后，我国教育出现了对人文教育的强烈呼唤，通过加强人文社科教育、科学人文并重和科学人文交融等途径，努力改变这一现象。现代人本语境中，教育所传授的不再是知识的简单堆积，而应该是克服二元对立思维，构建整体关系性的知识结构和一体化框架。

（四）促进教育机制追求健康态

健康是一种状态。美国国家研究委员会1994 年指出，"如果一个生态系统有能力满足人们的需要并且在可持续方式下，产生所需要的产品，这个系统就是健康的"②。现代人本教育的健康状态，实质上是教育系统的一个综合特征，表现为：既保持着内在的稳定性，系统中各因素相对独立地在自己的环境中进行活动，又与其它系统和谐相处，对系统外的信息保持着旺盛的吸纳能力。在此状态中，教育系统为教育者和受教育者提供需求的同时，还要维持着系统本身的和谐特征。

（五）促进教育环境追求生态化

在教育空间网络化、教育内容数字化、教育技术智能化对教育的人文环境发生巨大冲击时，教育环境生态化的主要任务除了创设"绿化、美化、人性化"的硬件教育环境，还要深层次推进教育管理亲情化、教育形式交互化、教育方法人性化和学习方式个性化，营造教育的绿色空间和生态环境。生态性的教育环境中，教育者和受教育者应该打破"非此即彼"的一元主体和多元主体的机械关系，在开放而又宽松的情境中，在平等、民主、互动的平台上，

---

① 《杨叔子在中国地质大学（武汉）演讲时倡导"绿色教育"》，《科技日报》，2002 年 6 月 19 日第 5 版。

② 徐陶：《课堂生态观》，《教育理论与实践》，2002 年第 10 期第 37～40 页。

进行对话、沟通和交往，催生受教育者的主动性、创造性、实践性、合作性和发展性因素。

（六）促进教育评价呈现非固定的多元性

《后工业社会》的作者丹尼尔·贝尔认为，在后现代时代，技术、经济、社会方面的"创新者成为英雄，善于抓住机会的人成为英雄"，同样，"不自卑地表现出更开放、更灵活和更宽容的人，也越来越成为英雄"①。人才的标准是多样的，教育评价也应该是多元化的。全球伦理背景下，现代人本语境中，人们对教育质量和人才质量的评价呈现出非固定的多元性，表现为三个方面：一是评价标准不是单一不变的，而是多元并存，并随事物发展同步变化的；二是评价体系不是封闭的，而是开放的；三是评价结论并非终极性鉴定，更多侧重于过程性和预见性分析。

二、对教育实践的功能性要义

（一）引导教育取向

教育取向，是教育内在目标和社会、未来对教育的期待的总和。它既是教育工作的出发点，又是教育工作的落脚点，并贯穿教育全过程，导向性、决定性地影响着整个教育。传统的教育目标，立足于教育活动的终极点，侧重于满足社会对受教育者的"成品"需求，教育过程是"制器"过程。传统理念中，教育目标立足于教育活动的始发点，结合社会的组织性需求和个体充分发展的需求，侧重于培养社会统治阶层需求的人才，其教育过程是"育人"过程。现代人本理念中，教育应该立足于生物群体的稳定和持续进步，培养与整体环境相和谐，并促进多方受益共生的人，其教育过程是在"完善人"中促进人的提升和创新。

马克思指出："有一种唯物主义说法，认为人是环境和教育的产物，因而认为改变了的人是另一种环境和改变了的教育的产物，——这种学说忘记了：环境是人来改变的，而教育者本人一定是受教育的"②。马克思所批判的观念是一种绝对化的教育"社会本位"观，强调了教育"人本位"观。现代人本理念中，既要防止绝对的"社会本位"观的倾向，也要防止纯粹的"人本位"观的倾向，从"人—教育—社会整体"的多维视角，重新认识和审视教育的人本观，构建社会、自然整体性体系中的人本教育体系。

---

① 王治河：《全球化与后现代性》，桂林：广西师范大学出版社，2003年8月。
② 马克思恩格斯选集（第1卷）[M].北京：人民出版社，1972年。

（二）拓宽教育内容

从全球化和可持续发展的视角看，现代人本理念中的教育内容体系，应该突破素质教育过于偏向个体均衡性的要求和创新教育过于偏向社会需求性的要求，立足整体和谐下的个体持续发展，统筹全面发展与个性需求，坚持全球与本土、科学与人文、重心与边缘、适应与牵引、时效与持续的兼顾统一和有机侧重，构建完整而具特色的内容体系。根据当前教育实际，我国教育需要加强本土知识和边缘知识的教育：一要特别重视和加强本土知识即民族文化与民族文明的教育。小约翰·B.科布认为"文化适应"教育包括学习技能和交流信息，在美国最重要的技能是掌握英语，最重要的信息是美国历史及其文化的欧洲渊源[1]。作为美国这样一个"移民国家"的后现代思想家，小约翰·B.科布对本土语言和文化都如此重视，具有五千年文明历史的中国没有理由忽视和放弃本土教育。二要高度重视边缘性知识的价值，加强边缘性知识的教育。后现代的全球意识强调，在人类历史上，新价值的创造性往往不是来源于中心而是来源于边缘[2]，随着科学、技术的迅速发展和多方向细化，边缘性、交叉性、前沿性的知识对社会发展的作用越来越重要。

（三）匡正教育遵循

我国建国以来的教育遵循主要出现过三种现象：一是以政策、法规为指导，以政治要求代替教育规律；二是以市场为导向的"趋利性"规律，出现效益第一的教育企业化倾向；三是有条件地遵循教育内在规律，"在充分考虑社会需要的前提下，按教育规律办事"[3]。现代人本教育理念，关键要打破貌似合理的"效率优先"原则，遵循可持续发展的教育发展规律。"效率优先"是一个企业化的运行原则，反映在教育发展中主要表现为：一是基础教育中的阶段性学业评价优先，如考试成绩直接等于定性评价、升学率优先和所谓的"优秀率"优先等等；二是职业教育中一味强调"技能教育"的思想，致使职业学校成为"制器车间"；三是研究生教育中，只重视以论文为主的结果性鉴定，忽视综合素质评价和探索研究能力的过程性评价。这些表面的阶段性教育成果，往往以牺牲受教育者潜能的培养和积累、身心的和谐调节和其它素质的培养为代价，成果越明显，付出的代价就越大。当前我国受教育者心理健康状

---

① 小约翰·B.科布著、曲跃厚译：《后现代的多元文化与教育》，《后现代主义与公共政策》，纽约州立大学出版社，2002年。

② 王治河：《全球化与后现代性》，桂林：广西师范大学出版社，2003年8月。

③ 杨叔子：《绿色教育：科学教育与人文教育的交融》，《教育研究》，2002年第11期第12~16。

况的下滑，受教育者自杀、自虐事件的频繁发生，青少年和大学生犯罪率的不断上升，表面上看是社会因素造成的，实质与教育自身偏离应有遵循是紧密相关的。

（四）重构方法体系

一个世纪以前，丰子恺先生画过一幅漫画，标题是《教育》。他画一个做泥人的师傅，一本正经地把一个个泥团往模子里按，模子里脱出来的泥人个个一模一样。这幅漫画用来形容现在的一些教育现象也未尝不可。有所变化的是现在的师傅多了，师傅面前的模子多了，但事实上师傅总是按照社会的要求和自己的意志做好相应的模子，把受教育者当成颜色不同的"泥团"往模子里按，忽视了"泥团"的不同质地和自主设计、选择模子的权力。这样的教育仍然是失败的。例如，"演示主义"的启发式教育，就是根据大纲、教材和施教者的主观思路设计若干问题让受教育者回答，与启发式教育引导受教育者发现问题和解决问题的实质性要求相差甚远①。现代人本教育的方法体系的研究与实践，将以教育环境的整体和谐与受教育者个体需求为标准，把选择和设计教育方法本身作为教育和发展受教育者个性的重要内容之一，并与其他教育因素有机融合。

（五）调和教育关系

教育关系是围绕教育活动所发生的一切关系的总称。从相互作用的对象和内容看，可分为宏观关系、中观关系和微观关系三种。宏观关系是指作为社会子系统的教育在社会大系统中的地位和作用；中观关系，是指教育与社区、家庭、友邻单位的关系；微观关系是指教育内部的各种主体关系（人际关系），如师生、干群、师师、生生关系等②。和谐是美的基本要求和途径，我国古典画论强调色彩相和，西方生理学家认为眼睛的感色机制处于平衡状态时就会感到和谐，奥斯特瓦尔德认为和谐等于秩序③等等，说明和谐不仅可以保持系统的秩序，而且能给人以美感，给系统产生动力，即教育关系本身就可以发挥教育功能。现代人本教育要打破传统教育中的对比反衬关系、二元对抗关系、师生主辅关系等等，实现教育关系中宏观、中观、微观各层面内部的和谐与层面间的协调，形成学校、家庭与社会的三者协调，个体心理、生理与体魄的三者

---

① 丁钢：《启发不是问十万个为什么》，《师范教育》，1990 年第 3 期第 18～20 页。
② 纪大海：《教育关系论》，《教育研究》，2002 年第 12 期第 16～21 页。
③ 魏永利：《透视色彩构图解剖—造型艺术技法理论》，北京：高等教育出版社，1993 年第 10 月第 130～131 年。

平衡，知识、能力和人格的三者同步，学习、工作与生活的三者和谐，承接、实践与创新的三者互动，构建透光透气、协调和谐、浑然一体的空间背景和生态环境。

（六）前移教育功能

教育对社会和人类进步的积极性影响，主要有前置式和后滞式两类：超前的教育社会功能是建设性的，对社会产生拉动性作用；滞后的教育社会功能是补偿性的，对社会发展产生适应性作用。社会文明程度和社会竞争程度发展到一定的高度，社会对教育的依赖性会越来越大，不仅需要教育对社会进步发挥适应性作用，而且要发挥拉动和推动作用。在稳定、开放的社会发展格局中，教育要适应社会，超越社会，拉动社会进步。

现代人本教育理念，应该由"智能性"教育的终极性取向，转向人性和灵性相统一的持续性追求，超越纯粹的"人本"教育观，朝着人与自然、人与社会、人与未来的和谐统一、受益共生的方向迈进，构建更为宽泛、健康和完善的理论、实践体系。

第四节　本章小结

我国传统文化路向注重协调、平等、人性与人文精神，追求天人合一与和谐统一。基于此的传统人本思想和人文精神，关注人的价值和事物的整体关联性，提倡为人处事"恰到好处"。传统文化中的"为己之学"、"己欲达而达人"、顺乎"天命"等观念与现代教育中的个体全面发展、构建现代生态教育都具有深刻的启发和影响。

蕴含传统人文精神和现代人本理念的现代人本教育理念具有对教育思想的创新性要义和对教育实践的功能性要义，前者主要表现为：促进教育观念呈现后现代性，教育目标呈现非终极性，知识结构追求整体性，教育机制追求健康态，教育环境追求生态化，教育评价呈现非固定的多元性；后者主要表现为：引导教育取向，拓宽教育内容，匡正教育遵循，重构方法体系，调和教育关系，前移教育功能。

第三篇

大学文化自觉管理的内驱模型

不管是从管理学的观念人假设的角度，还是从教育价值取向变迁的角度，确立大学文化自觉管理的现代人本向度，都是一种理论上的思辨和假设。现代管理的科学方法和文化研究方法的科学化路径，要求通过实证性研究来检验所设定的理论假设。

本篇以大学生作为调研对象，从大学文化的性格特征、供求均衡和目标契合三个方面，设计了大学组织内部文化执行力的驱动模型，剖析不同性格的大学文化对文化供求均衡的影响以及两者对目标契合模式的影响。通过数据统计，定量化地描述了大学文化的总体特征，根据变量值的规律和相关的路径系数，筛选出文化内驱模型中的有效路径和优势路径，验证了大学文化建设和管理以人为本的正确性和必要性，确定了其中实现学生个人目标与大学集体目标自觉契合的多条有效路径，并筛选出其中具有相对优势的路径，为下一篇战略性思考大学文化建设和管理的具体方略奠定哲理基础，确立科学依据。

第九章

大学文化的静态分析

本章分析了大学文化的内在结构及其结构模型与特征，总结了文化模式的变迁和传统分类维度，依据目标函数的差异，把大学文化分为独立性和顺从性两种性格，引导出大学文化内驱模型中的第一组变量定义。

文化是存在于一定活动场域的现象，这一场域不仅包括地理环境、自然物，而且包括人工环境和人造物等①。大学文化的活动场域就是"大学"。大学作为一个教育区（educational community），有固定的人数和明确规定的政治结构，具有代表社会关系的一个紧密连结的网络，渗透着一种同群感，有自己特定的文化②，更"像一个独立机构似的"行使职能的社会统一体。正因为大学作为一个相对独立的活动场域，所以"有其自身的文化——尽管它不是孤立封闭的——这种文化包括参与者的行为规范和维持这些规范并以其为基础的价值观"③。正如本尼迪克特所说的，"每一文化之内，总有一些特别的，没必要为其他类型的社会分享的目的。对这些目的的服从过程中，每一组织成员越来越深入地强化着它的经验，并且与这些内驱力的紧迫感相适应，行为的异质项就会采取愈来愈一致的形式。"④

因此说，大学文化是一种相对独立的文化现象，但并不是一种完全独立存在的文本，而是被一种"总体性的逻辑所捕捉到的"（詹姆逊）⑤，其内在是一个活动着的多层次的结构体，这就是大学文化结构。从理论上讲，任何一个

① Boesch, E. E., (1990), *Symbolic Action Theory and Cultural Psychology.* Berlin: Springer Verlag. p. 279.

② Waller, W., *The Sociology of Teaching*, 1932, p. 6.

③ Spindler, G. D. (ed)., *Education and Cultural Process*, 1974, p. 41.

④ ［美］本尼迪克特著、张燕等译：《文化模式》，杭州：浙江人民出版社，1987 年第 36 页。

⑤ 转引自陶东风：《文化研究精粹读本》，北京：中国人民大学出版社，2006 年 2 月，第 3 页。

组织的文化特征与其结构是相互依赖的。文化结构是个人或群体之间形成的持久关系，在一定程度上影响着文化特征的形成。大学文化结构的变迁影响着大学文化模式和性格特征。

第一节　大学的组织结构特征

从理论上讲，文化结构与组织结构是相互依赖的。组织结构是个人或群体之间通过文化形成的持久关系，又在一定程度上影响着文化结构和文化特征的形成。大学组织结构的变迁影响着大学文化构成、模式和性格特征。

一、组织及组织结构特征

组织是无形的，很多关于组织的定义都希望表述出组织与众不同的特征。归纳总结一些定义，主要有以下七种界定：一，著名管理学家巴德纳将组织定义为是一种有意识的、审慎的、有意图的人们之间的合作。二，管理学家马奇将其定义为互动人群的集合体，是社会中任何类似于集中合作体系中最庞大的集合体。三，社会组织学家古尔德纳定义组织是一个集合体，参与者寻求着多种利益，无论是不同的还是相同的。但是，他们也认识到组织作为一项重要资源永久存在下去的价值。在参与者之间发展起来的非正式结构，为理解组织行动提供了比正式结构更丰富和更精确的指导。四，管理学家西蒙认为，组织是指群体内人们交流的复杂模式和其他关系。该模式给群体中每个人提供了决策所需的大量信息、假设、目标和态度，同时，也给他提供了关于群体内他人所作所为和别人对自己言行的反应的一系列稳定和可理解的预期。五，詹姆斯·E·罗森茨韦克认为：组织指的是结构性和整体性的活动，即在相互依存的关系中人们共同工作或协作[1]。六，理查德·L·达夫特认为：所谓组织，是指这样一个社会实体，它具有明确的目标导向和精心设计的结构与有意识协调的活动系统，同时又同外部环境保持密切的联系。七，2003年中国经济出版社出版的《最新组织战略精要词典》定义组织是由两人以上的个体组成的有机体。它是一个围绕共同目标，由内部成员形成的一定关系和共同规范的力量协调系统[2]。

---

① ［美］弗莱蒙特·E·卡斯特，詹姆斯·E·罗森茨韦克著，傅严等译：《组织与管理——系统方法与权变方法》，北京：中国社会科学出版社，2000年9月第1版。

② 宝利嘉：《最新组织战略精要词典》，北京：中国经济出版社出版，2003年。

从组织结构的角度，亨利·明茨伯格（Henry Mintzberg）把组织分为五个部分：战略制高点（SA）、运营核心（OC）、中坚力量（ML）、技术阶层（T）和员工支持（SS）。战略制高点包括那些管理指导整个组织的个人；运营核心是指把输入要素转化为产品或服务的个人；中坚力量指位于组织顶端战略制高点和基层运行核心中间的员工及其所在部门；技术阶层是指技术支持员工；员工支持是指为不同层级提供行政管理或事务性支持服务的个人①。为了设计组织的这五部分，萌茨伯格把一些理念和"组织文化"添加进去。这些组织文化主要包括价值观、信仰和认为理所当然的假设——证实五部分组织和协调机制存在的合理性。

经过研究，明茨伯格提出了五种理想的或纯粹的组织结构，如图9-1所示：

第一，简单结构。这种结构主要包含两部分——战略制高点和运营核心。只有极少或没有技术阶层，有较少的员工支持和较少的组织层级，部门之间的差异是微小的。

第二，机器结构。大部分决策都是在战略制高点制定出来的，日常的运营由中坚经理管理，而技术阶层和行政员工支持在结构里所占比重较大。

第三，专业结构。这个结构中的运营核心所占比重较大，而战略制高点和专业员工所占比重是比较少的。经过分权，组织结构趋向于扁平化。它是通过层级职权来经营维持的，但是强调专家性权力。

第四，事业部结构。这种结构中，是由半自动化的组织部分来完成大部分工作。因而，中坚力量和运营核心占的比重比较大，而技术阶层和员工支持所占比重较小。这些区域的内部结构可以采用上述任何结构，但一般以机械结构为主。

第五，委员会结构。这种结构是一种松散的、灵活的、自我更新的有机结构，一般包括不同部门的专家。这种结构中，最重要的部分是研究开发部门的支持员工以及属于运营核心的专家。为了实现理论上的创新，它要把经过高等培训的专家集中到一起，组成复杂的项目团队。通过水平沟通和成员间的直接合作以及彼此互利的相互调整来实现协调。这种结构形式是有机的、分权的。

---

① Mintzberg, H., 1983a, *Structure in Five: Designing Effective Organizations*, Prentice Hall, Englewood Cliffs, NJ.

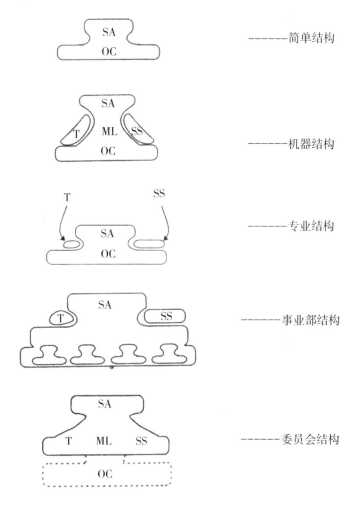

图 9 - 1　亨利·明茨伯格的五种组织结构

资料来源：［英］戴维·布坎南（David Buchanan）、安德杰·赫钦斯盖（Andrzej Huc-zynski）著，李丽、闫长坡等译：《组织行为学》，北京：经济管理出版社 2005 年第 493 ~ 494 页。

二、规模因素影响下大学组织结构特征的历时态变化

促进组织结构变迁的最主要因素包括"组织的规模、活动的分散性、培训管理人员的需要"[①]。其中，组织规模是促进组织结构变迁的主要原因之一。

---

① 周多等：《管理学——原理与方法》，上海：复旦大学出版社，1999 年版，第 298 页。

纵观高等教育发展史，高等教育不同的发展阶段，各所大学的办学规模不同，其组织特征也不相同。高等教育发展按照其接受人口所占整个人口的比重分为精英化、大众化、普及化三个阶段。具体地说，在整个人口中，如果18岁至22岁年龄段中超过15%的人接受不同层次和形式的高等教育，高等教育发展便进入了"大众化阶段"；这个比例低于15%，则处于"精英化阶段"；超过50%，则可以说达到了"普及化阶段"。大学规模的不断扩大，不仅带来大学成员数量剧增，而且促进学科大类的不断延伸，促进大学成员成分上和需求上的多元化，以及知识领域的急剧交互与急速发展，无限性地拓展大学自身职能，增进大学内外关系结构的交融，增强大学组织结构的复杂性，呈现出大学组织结构的不同特征。

（一）高等教育精英化阶段的大学组织结构特征

高等教育精英化阶段，大学组织结构主要有三种：

1. 创业者组织结构（见图9-1中的简单结构）。这是大学组织的初始阶段的一种组织结构模式，其结构如同亨利·明茨伯格五种组织结构中的简单结构，特点是大学的组织规模小、管理层级和中层管理人员少，劳动分工松散，活动正规化程度低，很少工作有规范的、具体的计划程序或培养方案。从这个意义上讲，它是一种没有结构的组织结构。在这种组织结构中，权力集中在主要负责人手中，决策简单而灵活，每个人都向主要负责人报告情况，信息沟通是面对面的，而且是非正式的（不是文件的形式）。这种组织结构中的管理过程往往倾向于直觉。

2. 机械性行政结构（见图9-1中的机器结构）。大学组织的这种结构模式，如同亨利·明茨伯格五种组织结构中的机器结构。其特点是专业化程度高，有很强的技术专家，行为正规化、制度化，有许多规章制度，决策权力比较集中。

3. 职业性行政结构（见图9-1中的专业结构）。这是大学组织中一个纵向和横向都高度分权的结构，就如同亨利·明茨伯格五种结构中的专业结构。它的正规化、制度化程度非常高。需要高度分权的原因是其基本作业具有高度的技术性、职业性，工作复杂，难以用标准化的方法控制其工作过程或成果[1]。

---

① 吴培良等：《组织理论与设计》，北京：中国人民大学出版社，2002年。

（二）高等教育大众化阶段的大学组织结构特征

明茨伯格对组织结构设计的各种变量关系进行研究，提出了 16 种假说。其中 3 种涉及到组织规模。组织规模对大学组织结构的影响，可以说是一个动态渐进的发展过程①。高等教育大众化阶段呈现出一般国家进入工业社会中期出现的一种特有的教育现象，其最大特征是量的高度扩张性。如图 9 - 2 所示，这种高度的规模扩张必然引起大学组织规模扩大，由小型组织到大型组织。

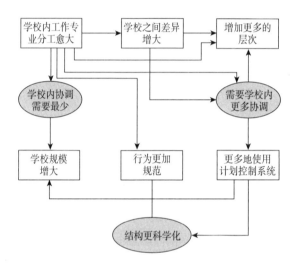

图 9 - 2   组织规模与结构关系线路发展

资料来源：吴志功，《现代大学组织结构设计》，北京：北京师范大学出版社，1998 年。

明茨伯格认为：组织愈大，其组织结构愈精细；组织愈大，其单位的平均规模愈大；组织规模愈大，其行为愈趋向正规化。如图 9 - 3 所示，大学的组织结构由于量的扩张，引起组织分化，管理层级增多，组织的专业化程度越来越高，管理也越规范化，管理结构从纯组织结构发展为事业部结构。

---

① 吴志功，《现代大学组织结构设计》，北京：北京师范大学出版社，1998 年。

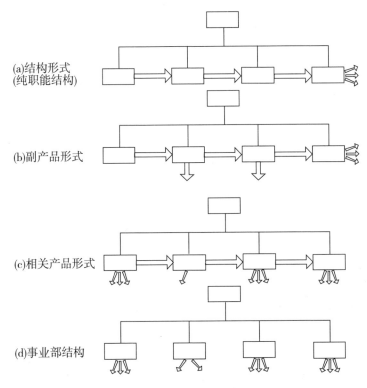

图 9 – 3　大学组织结构过渡到事业组织结构的四个阶段

资料来源：吴志功，《现代大学组织结构设计》，北京：北京师范大学出版社，1998 年。

（三）高等教育普及化阶段的大学组织结构特征

高等教育普及化阶段，大学的中层结构发生了很大的变化，呈现出两大特点：一是大学组织结构多样化，二是大学组织结构多层次性。大学组织结构由高等教育大众化阶段的学校、学院和系三个层级扩展为学校、校区（分校）、学院、系部四个层级（图 9 – 4）。与此对应的是管理重心的多样化和低移化，有的大学管理重心仍处于学校与校区（如图 9 – 4 中①所示）或者学校与学院之间（如图 9 – 4 中②所示），而有的大学管理重心下移到学院与系部之间（如图 9 – 4 中③），学校的职能更多的是直接或通过校区对学院进行指导和监控。

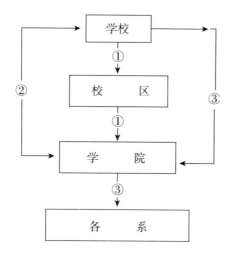

图9-4　高等教育普及化阶段的大学组织结构

　　普及化阶段大学组织的中层结构变化还表现为：在大学中，存在着按矩阵结构划分和设置单位的方法。大学组织的矩阵结构，从时间上可以分为临时矩阵结构和长久矩阵结构，从职能上可以分为教学矩阵结构、科研矩阵结构、服务矩阵结构，从组织元素上可以分为二元矩阵结构、三元矩阵结构、四元矩阵结构等。综合上述几种划分方法，可以把大学组织的矩阵结构分为二元临时矩阵结构、多元矩阵结构①。

　　如图9-5所示，二元临时矩阵结构主要包括教学和科研两种矩阵结构。二元临时教学矩阵结构，以横向专题"对称与非对称性"为龙头将纵向各个系贯穿起来，其具体做法是学校组织各个系就其学科领域中的"对称与非对称性"问题进行教学。这样学生在这种临时的教学组织中可以听到各个系的教授讲授其学科领域的"对称与非对称性"。二元临时科研矩阵结构是指横向以课题为一元，纵向以各系有关人员为一元而临时组成的跨学科的攻关小组，或称课题小组。由于当代科学技术的特点是综合、跨学科，因此这种矩阵结构在大学到处可见。

---

　　① 吴志功：《现代大学组织结构设计》，北京：北京师范大学出版社，1998年。

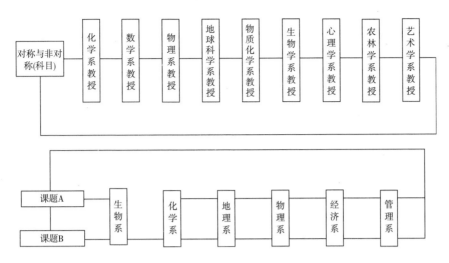

图9-5　大学二元临时矩阵结构

资料来源：郭石明，《社会变革中的大学管理》，杭州：浙江大学出版社2004年第38~39页。

如图9-6不管是三元临时教学矩阵、三元临时科研矩阵结构，还是四元临时教学矩阵结构、四元临时科研矩阵结构，只要在二元矩阵结构的基础上再加上"市场元"、"管理元"，就是三、四元矩阵结构①。

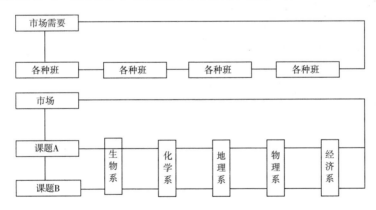

图9-6　大学多元矩阵结构

资料来源：鲍嵘、刘莞，《政府扶持还是市场竞争——兼评一流大学成长的外部环境》，《北京理工大学学报（社会科学版）》，2002年第1期第70~73页。

---

① 鲍嵘、刘莞：《政府扶持还是市场竞争——兼评一流大学成长的外部环境》，《北京理工大学学报（社会科学版）》，2002年第1期第70~73页。

这里要补充说明的是，大学组织是一个多层次多类型的体系，矩阵结构并不适应于所有的大学组织，只是适应于研究型、教学研究型的大学组织，而不适应于教学型的大学组织①。

第二节　大学文化的内在结构

大学文化结构，是指在文化内部各成分之间所形成的有主有次的组合形式，其中的文化成分，是组成一种文化的要素或原素，人类学者和社会学者称之为文化的特质（Culture Trait），这是最基本的文化单位。相关的特质组，称为"文化样式"。大学文化结构是一个复杂的、内容丰富的有机体系，其内在构成要素是紧密相联、相互制约、相互影响的，其中一个要素的变化，都会引起其他要素发生变化。

大学文化结构既是一个相对独立的结构，又是一个开放性的系统。说它具有相对独立性，是因为大学组织结构是单位与学科相结合的学术组织，能发展出一种鲜明的文化、组织和职业利益，有可能明显偏离于劳务市场的需求和主导阶级的利益。例如，传统的法国大学，人文主义文化传统的代际传递就与当代对工业化所提倡的实用知识的关注相互矛盾。说它是开放性的系统，主要有两个方面的理由：一是大学文化的边界具有较强的柔性和可渗透性；二是虽然客观社会对文化的整体假设模糊了文化内部相对独立群体的多元形态及其动力特征，但是这些动力是相互相对独立，而又错综复杂、相互冲突的。因此说，文化结构既是一个整体，又是一种耗散结构，是一个复合的、开放的、动态的系统，具有可分性和可析性。它既有相容并且不可分离的许多要素，也有不相容而可以分离的许多要素②。

文化社会学专家从文化主体、文化内容、文化形式和文化范畴等不同的角度对文化构成进行划分，主要有两分法，分为物质文化和精神文化；三分法，分为器物文化层、制度文化层和精神文化层；四分法，分为物质文化、制度文化、行为文化、精神文化四个层面③。组织行为学家则从其整合性意图以及层

---

① 郭石明：《社会变革中的大学管理》，杭州：浙江大学出版社 2004 年 8 月第 30～40 页。
② 张岱年、程宜山：《中国文化论争》，中国人民大学出版社 2006 年 10 月第 1 版，第 3～5 页。
③ 陈序经：《文化学概观》，中国人民大学出版社 2005 年 2 月第 1 版，第 237～251 页。

次性的意义结构上进行把握①，认为，文化具有不同层次的结构及其意义，即作为制度结构的文化、作为意义与社会行动或行为模式的文化、作为历史与形式或生活方式的文化以及作为主观结构或"人格特征的文化"② 等不同层次意义。

结合文化社会学和组织行为学对文化结构的不同分类，大学文化作为一种独特的区域文化，其内在结构可以分为价值观（信念）、制度层面、行为层面和物质层面四个层面：

一、价值观和信念

使某些社会传统和习俗在历史中被稳定传递延续的关键因素，是成员认同和践行的处于文化最深层次也是最高层次的价值与信念。价值观是个人的内在控制系统（implicit control system），相对于外在控制系统更能使组织产生协调一致的行为③。它一旦形成并被深化，就有意识地或无意识地成为一种引导行为的标准，发展和延续为对待特定事物和情况的态度，使组织成员的行为和观点合理化④。在哲学中，价值是表征主体和客体之间一种客观的基本关系的范畴，它指的是客体对于满足主体需要，对于主体的生存和发展的有用性⑤。黑格尔说："人的一切文化之所以是人的文化，乃是由于思想在里面活动并曾经活动。"⑥ 事实上，任何一种文化都存在着核心价值观念，充当一种统摄力和整合力。共享的核心价值观构成了组织文化并影响着组织的运行方式和组织成员的行为方式。这种核心价值观，被马林诺夫斯基称为"宪纲"，被本尼迪克特称为"主要动机"，被克罗伯（A. L. Kroeber）称为"文化原型"，被斯宾格勒（Oswald Spengler）称为"主导象征"⑦。

信念是人们根据实体的某些共同的利益和信念，来确定其参与者是些什么人，他们正在做什么和为什么这样做，据此对他们作出判断。关于构成组织文化结构的核心要素，著名人类学家、美国人类学协会前主席克莱德·克鲁克洪

---

① 约翰·R. 霍尔、玛丽·乔·尼兹著，周晓虹、徐彬译：《文化：社会学的视野》，商务印书馆，2002 年；周怡：《文化社会学发展之争辩：概念，关系及思考》，《社会学研究》，2004 年第 5 期。

② 本尼迪克特著，张燕等译：《文化模式》，浙江人民出版社，1987 年。

③ 魏钧、张德：《中国传统文化影响下的个人与组织契合度研究》，《管理科学学报》2006 年第 6 期第 87～96 页。

④ Rokearch，M.. Beliefs，attitudes，and value：A theory Of organization and change. San Francisco：Josey-Bass，1968：160.

⑤ 彭建军：《论传统"和合"精神的现代管理价值》，《财富智慧》2006 年第 5 期。

⑥ ［德］黑格尔著，贺麟译：《哲学史讲演录（第 1 卷）》，商务印书馆 1959 年第 10 页。

⑦ 朱炜：《论高校德育的培育性和整体文化特征》，江苏高教 2008 年第 3 期，第 110～112 期。

（Clyd Kluckhohn）教授认为是一种观念或信念，而露丝·本尼迪克认为是一种所谓的"精神气质"，这种信念或者精神气质既是解释组织中成员思想和行为间联系的基本概念和逻辑起点，同时，它本身又构成了一个特定组织和群体的"文化焦点"，即一种相对稳定的文化特质，集中体现了文化的内敛性和各种不同文化事实所具有的一致性。

大学文化中的价值观和信念是大学系统内部自然产生的或者是最牢固地存在于大学文化之中的那些思想的源泉，是某种共同的取向和信念，是大学组织文化的核心，是大学组织的凝聚力、感召力和亲和力的来源地。大学既是人才培养组织，又是学术组织，其价值观和信念主要表现为两个方面：一是培养什么样的人，二是在学术上求真创新。

二、制度层面

制度层面的文化"是个人的行为受到来自主体以外的约束，并对个人的理念像给予一定框框似的，是一种'规范性的文化'"①。宏观上，制度层面上的文化被认为具有独立于个人意识的"社会事实"的特征②，主要由道德、宗教、习俗、政治和法律等组成。其中，作为道德话语的文化，揭示了通过惩恶扬善的规则建立"人群秩序"③ 或社会秩序的期望④，成为外在的社会角色及其期望的制度化体系。高校制度层面的文化，宏观上包括相关的法律法规，微观上包括学校内部的一系列规章制度，从内容上看主要表现为：一是如何培养人或者学生如何成长，二是如何从事学术活动。

三、行为层面

人是积极的社会行动者，通过自己的行动创造大量文化，并从中吸取精华指导行为，进而再生产或改变已有的文化或制度。⑤ 因此，文化既是人们建构行动的策略，通过界定人们所想要的来塑造行动⑥；又是行为本身的模式以及

① ［日］横山宁夫著，毛良鸿等译：《社会学概论》，上海：上海译文出版社，1983 年版，第 187 页。

② Durkheim，Emile，1964，*The Division of Labor in Society*，New York：Free Pree.

③ 梁漱溟：《中国文化之要义》，上海人民出版社 2005 年版。

④ 约翰·R. 霍尔、玛丽·乔·尼兹著，周晓虹、徐彬译：《文化：社会学的视野》，商务印书馆，2002 年。

⑤ Fine，Gary Alan & Kleinman，Sherry，1979，"Rethinking Subculture：An Interactionist Analysis"，*American Journal of Sociology*，85，pp. 1 ~ 20.

⑥ Swinder，Ann，1980，"Culture in Action：Symbols and Strategies"，*American Sociological Review*，51，pp. 273 ~ 286.

一切行为关联的结果①。美国著名的文化人类学家莱斯利·怀特（White L. A.）曾提出一个有科学依据的命题："行为是文化的函数"。② 现代意义上的大学，随着规模的不断扩大和功能的复杂化，大学内部产生了学术和管理两个不同的部门。它们有不同的行为文化特征：学术将大学的教师和学生联系起来，其组织文化是专业文化，用专业手段进行教学，用专业标准组织知识和评价学生成就；管理部门将专业世界与外部世界联系在一起，其组织文化是管理文化，突出对工作业绩的追逐和行动导向③。

四、物质层面

物质层面的文化是处于最外层的文化，是文化的显性符号，主要包括物质的物象和象征的物象两个方面：物质的物象，包括一切从自然转变而成的工具与机械，其功用是靠外部的某种力量与指向才能运用的；象征的物象，主要的表现是物质的物象所包含的象征或意义，而非物象本身含有的显性与简单的性质。大学校园内存在的建筑、雕塑、图书等等，都被赋予其特定的文化内涵，有的是历史的积淀，有的是人们特意设计的某种象征意义，成为大学文化重要的基础性组成部分。

第三节　大学文化的结构模型

一些专家综合诸多关于组织文化的文字表达内容，试图构建一种具有概括性、直观性和实用性的文化结构模型。目前，主要有"同心圆"、"陀螺"、"雷达"三种颇具代表性的模型，这三种模型在大学文化的内在结构研究中也都有所使用。

一、文化结构的传统模型

（一）"同心圆"模型

如图9－7所示，组织文化有四个层次内容构成，即核心理念层、制度层、行为层和物质层，四层的关系形成一个同心圆。这是一个静态模型，其弱点是

---

① Wuthnow, Robert, 1987, *Meaning and Moral Order*: *Explorations in Cultural Analysis*, Los Angeles: University of California.

② 转引自：伦蕊：《从创新文化因素分解看科技文化与人文文化的冲突及融合》，《科技管理研究》，2008年第9期，第295～297页。

③ 郭石明：《社会变革中的大学管理》，杭州：浙江大学出版社2004年8月第9～10页。

不能很好地表现大学文化的内在动态性变化。

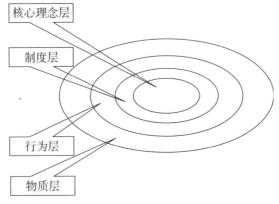

图 9 - 7　文化结构的"同心圆"模型

资料来源：许学锋，《"雷达"模型——企业文化结构探讨》，《中外企业文化》2007年第9期第40~41页。

（二）"陀螺"模型

清华大学经济管理学院吴维库教授等人用动态运转的"文化陀螺"来描述文化结构。如图 9 - 8 所示，核心价值观是"文化陀螺"的支轴，制度层、行为层和物质层构成"文化陀螺"的惯性盘。这一模型克服了"同心圆"模型的静态性局限，突出了核心价值在文化结构中的地位和作用，强调动态性的建设文化，增强组织文化对环境和形势的适应能力。但是忽视了某地组织文化的结构的相对稳定性。

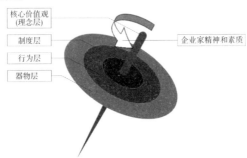

图 9 - 8　文化结构的"陀螺"模型

资料来源：许学锋，《"雷达"模型——企业文化结构探讨》，《中外企业文化》2007年第9期第40~41页。

（三）"雷达"模型

如图 9 - 9 所示，"雷达"模型的文化结构由四部分组成，第一部分是

"价值观体系"，包括核心价值观和分类价值观。在"雷达"模型中，核心价值位于雷达的中心圆点，基于核心价值的价值观体系用雷达的扫描针表示。如果把模型做成 flash 动画效果，扫描针按顺时针方向不断地旋转，对其它部分构成的"界面"进行扫描，就像一个正在工作的雷达。第二、三、四部分内容与"同心圆"、"陀螺"模型中的制度层、行为层和物质层相同。① 这一模型体现了文化的动态性变化，强调了文化内部结构中的核心价值体系对其他部分的影响，忽视了文化结构中各组成部分的相互作用。

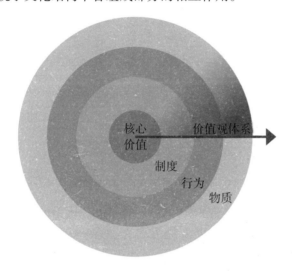

图 9 - 9 文化结构的"雷达"模型

资料来源：许学锋，《"雷达"模型——企业文化结构探讨》，《中外企业文化》2007年第 9 期第 40 ~ 41 期。

比较而言，上述模型有的侧重于静态分析，有的侧重于动态变化，有各自的优点和缺点。其中，"雷达"模型更加接近文化内在结构的实际和发展趋向。

二、大学文化结构的理想模型

大学文化结构既是一个相对独立的结构，又是一个开放性的系统。理想的文化结构模型应该体现以下三个特点：一是整体结构的相对稳定性。任何一个组织文化或区域文化相对于其他组织和其他区域而言，都有着其特定的内在逻

---

① 许学锋：《"雷达"模型——企业文化结构探讨》，《中外企业文化》2007 年第 9 期第 40 ~ 41 期。

辑和个性，使其具有相对独立的结构和特征。二是内部结构的立体性。任何一个组织文化或区域文化的结构都是三维立体的，而不是平面的。三是文化内部各部分之间的作用是互动的。一个组织的核心价值体系朝向制度、行为、物质等其他层面的文化内容的作用路径，是组织内部文化力作用的一条主要路径，但不是唯一路径。如图9-10所示，一定环境中，组织文化内部不同层面之间的影响和作用是相互的。当某一组织文化结构相对稳定的情况下，其中A→E方向的作用力相对强一些，其作用路径是辐射状的，而E→A方向的作用力相对弱些，其作用路径是聚焦状的；而当某一组织文化处于突变期，其作用力的强弱恰恰相反。根据上述分析，本书设计了文化结构的"立体动态"模型（见图9-11）。

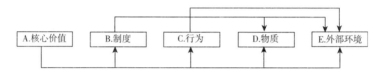

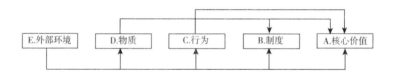

图9-10 一定环境中组织文化内部成份的作用路径

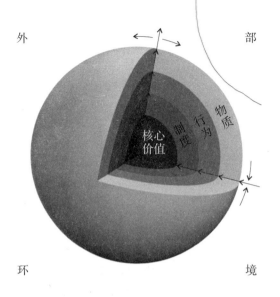

图9-11　文化结构的"立体动态"模型

第四节　大学文化结构的特征

从社会系统角度来看，社会结构是由基本的社会组织所构成的。著名社会学家帕森斯把社会组织分类四种类型，即大学、医院、实业组织和军队组织。郭石明教授在《社会变革中的大学管理》一书中把大学定义为"知识的创造者、传播者和应用者的学术组织；大学组织是有众多个体组成的联合体，它是围绕共同目标——促进学术繁荣和发展，而形成的以教学、科研和社会服务为载体的关系结构和规范的协调系统。"① 综合这些观念，大学作为社会组织体系中的一员，所表现出来的文化结构特征与其他组织既具有相似性②，又具有独特性。大学文化结构的特征主要表现为以下四个方面：

一、大学文化结构的自组织特征

从组织特性看，大学文化具有自组织性。所谓自组织性，是指一个机体内部的自我平衡约束能力，也就是说系统在演化过程中、在没有外部力量强行驱使的情况下，内部各要素协调运作，导致空间的、时间的或功能上的联合行

---

① 郭石明：《社会变革中的大学管理》，杭州：浙江大学出版社2004年8月第4页。
② 吴志功：《现代大学组织结构设计》，北京：北京师范大学出版社，1998年。

动，出现有序的、活的结构①。杰夫·卡特赖特提出，一种组织文化从根本上来说具有自组织性②。从大学文化的内容来看，一个主要的标志是，物化的他组织方式为人化的自组织所取代，工具性的工作观（工作为谋生的手段）为精神面的工作观（寻找工作的内在价值）所代替，其根源在于大学成员的自主性的尊重和张扬。从大学文化的变迁过程来看，虽然常常有来自外部力量的影响，但是变化的动机和变化过程必定来自身内部。因此说，大学文化的自组织特征表现得尤为突出，即行为主体的自主性，赋予了大学文化为大学复杂系统的自组织的内在规定性。

二、大学文化结构的松散性特征

对于大学文化的松散性特征，托尼·布什（Tony Bush）概括了九个方面：第一，组织目标不明确；第二，组织管理的手段和程序不清楚，管理过程难以明确；第三，机构和成员有相当程度的自主权、独立性强，组织中不同机构间的联系有限而且是不经常的，相互间影响薄弱；第四，各组织部分权力界限不清；第五，大学以人为工作对象，组织内部运作具有无序的特征，往往需要专业人员依据自己的判断来开展工作；第六，组织管理中参与者的流动性强，难以明确责任；第七，组织对外部信息的把握具有不确定性，决策过程具有模糊性；第八，组织的决策无计划性；第九，强调分权优势③。不同大学在不同阶段的松散性程度和所表现出的松散性表象虽然不尽相同，但是相对于其它组织而言，其存在共性的松散性特征是不可否认的。而且，这种"松散"和"无序"组织状态，是大学师生所营造的，也是大学师生所必须的，是他们创造性劳动所需要的一种最佳环境。只有在这种环境中，大学师生的创造、创新的火花和灵感才能不期而至。

三、大学文化结构的异质性特征

美国历史学家哈罗德·铂金曾经说过，大学的历史可以说是不断改造自己的形式与职能、适应当时、当地的社会经济环境的历史④。伯顿·克拉克在

---

① 樊一阳、张家文：《基于自组织理论的创新互动研究》，《科技管理研究》，2008 年第 3 期第 18～19 页。

② 杰夫·卡特赖特著，郁启标等译：《文化转型：企业成功的基础》，江苏人民出版社，2004 年。

③ ［英］托尼·布什著，强海燕等译：《当代西方教育管理模式》，南京：南京师范大学出版社，1998 年。

④ 伯顿·克拉克主编，王承绪等译：《高等教育新论——多学科研究》，杭州：浙江教育出版社，1998 年。

《高等教育系统》一书中，对大学组织结构问题进行了研究，提出了三种模式：国家系统、市场系统、职业系统（即学术系统）。在比较了美国、加拿大、日本、英国、意大利、法国、瑞典、苏联的高等教育后，提出了一个分类图，如图9－12所示，不同权力模式的结构是有差别的①。大学治理过程中，行政权力、学术权力以及市场权力在不同的时期、不同的大学所发挥的作用也是不同的。据此，可以把大学治理权力的结构分为三个类型：行政权力主导型、学术权力主导型与市场权力主导型②。现代社会中，市场权力是一种办学软权力，任何一所大学要想摆脱市场的影响都是不可能的。大学的异质性结构特征要求人们抛弃学术主义或市场主义的一元化论断，承认大学组织既具有组织文化的相对独立性，又具有社会结构功能特征。

图9－12　不同权力模型国家大学治理权力的不同倾向

资料来源：转引自郭石明，《社会变革中的大学管理》，杭州：浙江大学出版社2004年8月第4页。

第五节　大学文化模式的变迁

文化在本质上是趋于整合的，各种特质形成一种具有内在统一精神和价值取向的文化模式。这种文化模式是一个包括思维方式、知识结构、价值取向、审美趣味的综合体，是特定组织或特定时代组织成员群体普遍认同的，由内在组织成员的团队精神和时代精神、价值取向、习俗、伦理规范等构成的相对稳定的行为方式，或者说基本的生存方式与样法。它把每一位个体的行为包容于文化整体之中，赋予它们以意义。

美国人类学家露丝·本尼迪克特（Ruth Benedict）在1935年出版的《文化模式》一书中提出"文化模式"这一概念，认为"文化是人格典章的扩

---

① 伯顿·克拉克著，王承绪等译：《高等教育系统——学术组织的跨国研究》，杭州：杭州大学出版社，1994年。

② 苏君阳：《论大学治理权力结构的基本类型》，《江苏高教》2007年第4期第1～3页。

大","一种文化就如一个人，是一种或多或少一贯的思想和行动的模式。各种文化都形成了各自的特征性目的，他们并不必然为其他类型的社会组织所共有。"① 美国文化人类学家克莱德·克鲁克洪认为，在任何一个社会中，都存在一种含蓄的哲学，即"一种建立在观察到的思想和行为模式之间一致性基础上的推理结构"。不管是"最适合特定环境的生活方式"，还是一种一致性的推理结构，本质上都体现着一个组织所特有的文化模式特征。

文化模式是文化性格的基础，相对于文化性格而言，它更接近于文化组织结构特征。而文化性格是一种更为抽象、更为外界的一种文化特征，侧重于从心理学的角度和尊重组织成员主体性、主观性的角度，更加高度概括体现组织文化的表象。因此，本章在首先归纳阐述组织文化模式的变迁和分类，为文化性格分类铺设相应的理论基础。

一、组织文化模式的传统分类

由于所依据的标准不同，对组织文化模式的分类方法也不尽相同。有的学者从组织对成员的关心程度进行分类，有的学者从组织的价值取向进行分类，还有的学者从组织成员的关系状况进行分类，其中得到广泛认可的主要有两种：一是杰弗里·桑南菲尔的模式标签理论，二是 Goffee 与 Jones 以社交性为纵轴，以团结性为横轴的分类方法。

艾莫瑞大学的杰弗里·桑南菲尔提出了一套关于组织文化的模式标签理论，确认了四种文化模式：一是学院型。这种文化模式的大学组织主要是为那些想全面掌握每一种新工作的人而准备的地方。二是俱乐部型。此类文化模式的大学组织非常重视适应、忠诚感和承诺，其中，资历是关键因素，年龄和经验也至关重要。三是棒球队型。这一文化模式的大学组织鼓励冒险和革新，从各种年龄和经验层次的人中寻求有才能的人。四是堡垒型。这类组织以前是学院型、俱乐部或棒球型的，但在困难时期衰落了，现在尽力保证组织的生存。②

Goffee 和 Jones 在 1998 年进行的研究中，以社交性为纵轴，以团结性为横轴，将组织文化分为四个类型。如图 9 – 13 所示，社交性高、团结性高的文化称为网络型文化，社交性高、团结性低的文化称为共有型文化，社交性低、团

① ［美］本尼迪克特著、张燕等译《文化模式》，杭州：浙江人民出版社，1987 年第 45 页。
② 转引自王学秀：《文化传统与中国企业管理价值观》，北京：中国经济出版社，2007 年 10 月第 18～19 页。

结性高的文化称为图利型文化，社交性低、团结性低的文化称为散裂型文化。①

图9-13　Goffee 和 Jones 的组织文化模式分类

资料来源：作者根据引文大意设计。

二、大学文化模式的分类

综合对大学组织文化模式分类研究的一系列成果，主要有三种分类：一是汉迪提出的权力文化、角色文化、任务文化和人的文化四种学校组织文化模式，二是舒尔·多普森和伊安·莫克内提出的学院模式、官僚模式、团队模式和企业模式四种文化类型，三是威廉姆·H·伯格奎斯特描述的学院文化、发展文化、管理文化和协商文化四种文化类型②。郭石明教授在《社会变革中的大学管理》概括并评述了这几种文化模式的分类情况。

（一）汉迪的学校文化分类

20世纪80年代，汉迪提出学校文化存在四种模式，并分别选择宙斯、阿波罗、雅典娜、狄俄尼索斯等四位希腊神话人物分别作为四种文化模式的象征。第一，权力文化模式。组织结构呈同心圆式的网状，具有高度整合的特征。组织运行主要取决于权力支配者的意愿，其他成员紧紧围绕在中心人物的周围，接近组织顶层的人努力强化自己与核心人物间的关系，而下层成员则以畏惧或者臣服的态度来面对上级，以获得安全感和依赖感。第二，角色文化模式。组织由处于不同等级中的各种不同角色构成，强调角色、职责和工作的清晰界定，重视秩序以及维护秩序的程序、规章制度和等级，看不到具有丰富感情和个性的人存在。超出角色规定和职责范围的行动，即使为组织带来绩效也不会受到鼓励。第三，任务文化模式。组织运行的核心是工作任务和目标的确

---

① 转引自王学秀：《文化传统与中国企业管理价值观》，北京：中国经济出版社，2007年10月第111页。

② 阎光才：《识读大学——组织文化的视角》，北京：教育科学出版社，2002年。

定，在此基础上细化任务和目标，并安排人员。在完成工作任务的过程中，等级、权力等因素并不具有强大的影响力，而一切应围绕工作本身，凡有利于目标实现的人员安排、工作计划、合理化建议与主张等等，都会引起重视。第四，人的文化模式。组织不是把人作为组织的依附和实现组织目标的工具，而是把每个成员个体的存在和发展作为内部所有活动的出发点，为人服务。这种模式中，专业人员的地位明显优于管理者，人的发展先于组织的发展。

（二）舒尔·多普森和伊安·莫克内的大学文化分类

舒尔·多普森和伊安·莫克内将大学的组织文化模式也归纳为四种类型，但在分类依据与内容上跟汉迪有所不同。第一，学院模式。这一模式的形成与西方大学学者治校和教授治校的自治传统密切相关。在欧洲的传统大学中，学术权威的地位极其显赫，如在德国大学的讲座教授不仅拥有强大的职位权力，而且其个人的人格魅力、学术声望等对组织决策活动、组织设计、组织成员的价值和行为取向等都具有潜在的影响力。因此，在系科（讲座和研究所）等部门，围绕各个学术权威而建立起来的基层组织带有强烈的权力文化色彩。第二，官僚化模式。组织中的每一个成员如同一枚处于平稳运作机器上的螺丝钉，分工明确、职责分明，组织内部的每项活动的开展都有章可循、路线清晰，秩序井然，从而排除了由人为主观随意性而引起的混乱。第三，团队模式。该模式的主要特征表现为组织整体结构化程度高，任务分工的明晰化与权力分散的相结合。组织由众多分散的团体组合而成，但每一团体的任务必须与组织的整体目标整合，明确各自的任务，强调相互间的合作，因此，目标的分解和任务的合理分工在团队模式中是非常关键的环节。第四，企业模式。大学组织是外适型的，大学的政策导向顺应外部的社会需要，而不是内求完善。为适应外部复杂的环境需要，政策的调整、组织的设计、人员的安排、任务的分配等都要有灵性，用以加强组织整体的敏感性和应变能力。

（三）威廉姆·H·伯格奎斯特的学术机构文化分类

威廉姆·H·伯格奎斯特在其撰写的著作《学术机构的四种文化：改善学院组织领导权的认识和策略》中描述了四种文化模式。第一，学院文化。它是一种由学者主导的文化，又称"松散结合"的文化。学院文化的历史渊源来自两大支脉的办学传统。一是英国的牛津、剑桥模式，这种模式奉行自由教育、培养社会精英为圭臬，在教学与研究之间，它更重视教学，注重通过教学塑造人的精神和灵魂，而不是带有任何外在目的的研究，更不能以提高人的谋生技能和手段作为办学宗旨。学院文化的另一个传统渊源是德国模式，与英国模式所不同的是，它更重视研究，为保障洪堡所倡导的教学与研究自由，从而无止境地拓展知识领域。第二，管理文化。其基本特征是实行严格的财政控制、确立森严的等级制度、规范运作程序，最终目的在于保证教学活动的平稳进行，提高资源的利用效率。第三，发展文化。在发展文化的大学组织中，三种价值取向根深蒂固：教与学、个人和组织的动力、组织的任务和目标。发展文化的核心价值带有理想主义的倾向，但与管理文化所推崇的工具理性不同的是它以行为科学为理论基础。在发展文化中，主张组织的发展与个人的成长是相统一的，组织为个人的发展创造条件，而个人不能独立于组织而存在，个人自我发展的目标必须统合到组织的整体目标中。第四，协商文化。这种文化的一个前提假设，就是把大学视为政治组织或准政治组织，这里的协商和谈判不仅仅是化解利益冲突的一种手段，同时也是一种组织运作策略。这种策略一旦成为组织制度、发展和变革的基础，甚至将其自身制度化了，一种相对稳定的文化模式——协商文化也就形成了。相比较而言，协商文化多少体现了民主的精神和平等的理念。

综合上述 12 种大学文化模式，重叠的有以下四种：一是管理文化、角色文化模式、官僚化模式；二是学院文化、学院模式；三是任务文化、团队模式；四是发展文化、人的文化模式。把内容相近的管理文化与任务文化进行组合，形成三类文化模式，加上权力文化模式、企业模式、协商模式，总共有 6 种文化模式①。其中，学院文化是大学组织文化的基础和主体。无论是从大学的悠久历史，还是从厚重学术堆砌而成的大学文化来看，都是其他任何文化所无与伦比的，也是使其他文化望而却步，或黯然失色的。集权制国家的大学，或教学型的大学，行政权力对大学的影响是根深蒂固的，因而要大力发展学院文化，多培养一批学术巨头，从而限制行政权力滥用；而分权制国家的大学，或研究型大学，学院文化是非常厚重的，对大学的影响也是巨大的，因而适当地加强行政权力是必须的，寻求"松散"中的合作。

第六节　大学文化的性格类型

一、性格、文化性格与大学文化性格

在英语中，"性格"是"character"，指人所特有的"品质"，同时也表示

---

① 参见郭石明：《社会变革中的大学管理》，杭州：浙江大学出版社 2004 年 8 月，第 93～96 页。

事物的"特性"、"特征"。汉语语境下，性格是"人的态度和行为方面的较为稳定的心理特征"，"是个性的重要组成部分"，是在生理素质的基础上，在社会实践活动中逐渐形成和发展的，具有很大的个体差异性，并给个体的一切活动着上了底色。从"性格"的定义看，尽管它有属物的、自在的、静态的、同一的、自然的一面，但就其主要的方面来说，它是属人的而非属物的，生成的而非自在的，动态的而非静止的，多样的而非同一的，文化的而非自然的①。如果把"性格"的上述特征赋予文化，并与之结合起来，对逻辑的、技术的外表下的文化实质进行审视和剖析，可以在具有典型性和代表性的文化上，构建一个清晰的文化特征脉络，这就是文化性格。

所谓文化性格是文化主体内化形成的个性和品质的体现。这一概念相对于文化环境、文化氛围和文化模式而言，有两个显著特征：一是品质性，一个组织的文化性格具有高度的凝炼性，有形而又无形，无处不在地体现着；二是内在性，传统的、现代的、外部的一切文化因素经过组织自身的内化，进而个性化地体现出来，才能称之谓"文化性格"。

大学文化性格，是指具体的大学领域、某地区域大学乃至某一所大学文化特质的类型化，教学、生活方式的风格化以及各部分文化特质（内容）相互结合而产生的文化特征。它是在大学建设发展过程中通过大学与社会、大学内部不同成员之间相互作用，使客观世界的影响在学校的反映机构中保存和固定下来，形成的一定的态度体系，并以一定的形式表现在大学组织行为之中，从而构成了一所大学所特有的、习惯化了的行为方式，表现了一所大学对社会的比较稳定的态度。

美国社会学家萨姆纳提出的文化相对主义，认为人类没有可以用来衡量生活方式好坏的统一标准。一切文化现象都有其本身的立场，一切习俗都有其本身的属性，因此对文化的研究只能是相对的②。"任何一处文化，都自具个性；惟个性之强度则不等耳"③。正如左拉（zola）所言，科学是通过某种气质而见到的自然，个性是既为文化所窥视又为文化所屏蔽的气质④。文化存在差异性，但是并没有"对"与"错"、"好"与"坏"之分，其差异性表现的主要

① 石中英：《教育学的文化性格》，太原：山西教育出版社 2005 年 7 月第 1 版，第 187～188 页。
② 刘建国：《主义大辞典》，北京：人民出版社，1995 年 9 月第 1 版，第 71～72 页。
③ 梁漱溟：《中国文化之要义》，上海人民出版社 2005 年版，第 35 页。
④ 朱希祥：《当代文化的哲学阐释》，上海：华东师范大学出版社，2006 年 1 月第一版，第 9 页。

是不同文化所选择的解决问题方法的不同①。根据上述观念，可见大学文化包含大学成员的一切活动或一切习惯，也没有高下荣辱等价值或等级的意义。因此说，大学文化性格也只有类型之分，没有好坏之分。

　　大学文化正如人的思想与涵养，是自内而外的，不是像换件写着"文化"的衣服就可以，也不可以用买花瓶的思想来塑造文化，否则只能换来文字形式上的宏伟和宣传上的繁荣。大学文化作为巨大复杂的文化实体，地域性差别和历史性差异是非常大的，各所大学所呈现的文化性格也有着独特的个性和与众不同的风格。大学文化性格既是大学文化多样性的标志，也是大学文化有机整体或大系统下的亚文化或子系统，也是影响教育实践活动的不竭源泉。正如冯友兰1948年6月在《论大学教育》中谈道："一个真正的大学都有他自己的特点、特性。比如我们说清华精神，这就是自行继续的专家的团体的特征……由于一个大学所特有的特征，由那个大学毕业的学生，在他的脸上就印着一个商标、一个徽章，一看就知道他是那一个学校的毕业生，这样的学生才是一个真正的大学毕业生……（若）所有的大学硬要用一个模型造出来，这就是不了解大学是一个自行继续的专家团体，有其传统习惯，日久而形成一种精神特点。"②

二、文化识别维度

　　文化性格的分析研究本质上是一个文化比较学的课题，比较分析的角度和维度是多种多样的。例如，冯友兰先生把自己的思想发展归纳为三个阶段：第一阶段，用地理区域来解释文化差别为东方、西方的差别；第二阶段，用历史时代来解释文化差别为古代、近代的差别；第三阶段，用社会发展来解释文化差别为社会类型的差别。冯友兰先生自身的思想发展阶段分类，实际上为组织文化的类型划分提供了三个不同的维度：区域维度、时间维度、社会维度。再如，艾肯柏格（Eckenberger，L.）、克莱威尔（L.，Krewer，B.）和他们的同事组成的沙阿布鲁肯（Saarbrcüken）学派从文化心理学行动理论的视角提出"在相同的理论语言之内"，"实际起源（过程）、个体发生学和历史起源，三个主要因素是紧密相关联的"，而且"历史变化和个体变化是实质性地联系起

　　① Fons Trompenaars and Charles Hampden-Turner, Riding the Waves of Culture, Understanding Cultural Diversity in Business, 2nd edition, London: Nicholas Brealey Publishing, 1998

　　② 冯友兰：《论大学教育》，《三松堂全集·第十四卷》，郑州：河南人民出版社，2000年第162~163页。

来的"。①

宏观上讲，文化性格差异的形成原因是多方面的、复杂的。对此，张岱年、程宜山提出了影响文化特性的四个主要因素：首先，地理的隔绝机制是文化性格差异的基本条件。其次，地理环境的差异是文化性格差异最重要的自然根源。第三，一定范围内自由创造的可能性是文化差异形成的重要机制。民族、地理环境、文化传统等是人们从事文化创造的基础，同时也是对文化创造的限制，而自由创造只是在一定范围内的自由创造。第四，不同文化发展成果对人类自身的不同改造是文化差异的最高表现②。

格尔特·霍夫斯泰德（Geert Hofstede）对 40 个国家进行研究后，提出了识别民族文化的四个维度：一是个人主义与集体主义；二是权力差距；三是不确定性规避；四是生活的数量与质量。

第一，个人主义与集体主义。个人主义（individualism）是指一种松散结合的社会结构，在这一结构中，人们只关心自己的和直系亲属的利益。集体主义（collectivism）是以一种紧密结合的社会结构为特征。在这种结构中，成员对团体绝对忠诚，希望群体中的其他人（诸如家庭或一个组织）在他们有困难时帮助并保护他们。霍夫斯泰德发现，一个国家的个人主义程度与一国的财富密切相关，像美国、英国和荷兰等富裕国家，人们表现出强烈的个人主义，像哥伦比亚和巴基斯坦等贫穷的国家，则盛行集体主义。

第二，权力差距。权力差距（power distance）是霍夫斯泰德用来衡量社会接受机构和组织内权力分配不平等的程度的尺度。权力差距小的社会淡化不平等，上级拥有权威，但下级并不恐惧或敬畏上级。权力差距大的社会组织内权力的差别巨大，员工对权威显示出极大的尊重。

第三，不确定性规避。不确定性规避（uncertainty avoidance）是衡量人们承受风险和非传统行为程度的文化尺度。我们生活在一个不确定的世界中，未来是未知的。由于不同的文化背景，社会成员对这种不确定性有两种不同的反应特征。一种是低确定性规避特征，这种社会文化中的成员沉着地接受未来的不确定性，对风险泰然处之，比较而言更能宽容不同于自己的行为和意见。一

① Eckenberger, L., Krewer, B. & Kasper, E. (1984). Simulation of Cultural Change by Cross-cultural Research: Some Metamethodological Considerations. In K. A. McCluskey and H. W. Reese (Eds.). *Life-span Developmental Psychology: Historical and Generational Effects.* New York: Academic Press. p. 97

② 张岱年、程宜山：《中国文化论争》，中国人民大学出版社 2006 年 10 月第 1 版，第 102～103 页。

种是高不确定性规避方式，社会成员在这种文化环境中感受到了不确定性和模糊性的威胁，具体表现为神经紧张、高度焦虑、高度压力和进取性。这种文化中的组织可能有正式的规则，而人们也很难容忍异常的思想和行为。

第四，生活的数量与质量。有的民族文化强调生活的数量（quantity of life），其特征表现为过分自信以及追求众多钱和物质。有的民族文化则强调生活的质量（quality of life），这种文化重视人与人之间的关系，并表现为对他人幸福的敏感和关心。①

三、大学文化性格分析的维度

本书重点研究大学文化内驱机制，因此着重于从大学组织内部寻求影响和形成大学文化性格的原因。主要有以下四个比较分析的维度：

（一）主体特性是大学文化性格形成的个性成因

大学文化的主体成员主要是大学生和大学教师。这是一个特殊群体，其特殊性主要表现为：一是组织成员具有很高的文化品位。二是大学主体成员的存在方式本身就是一种文化的存在。他们追求的是"大道"、人格和知识，并按照一种文化的方式去生活。三是大学主体成员特别注重人格的构建，追求和捍卫自己作为人的一份价值。四是大学主体成员存在状态的现实超越。开放的大学文化环境下，大学教师不再是皓首穷经、述而不作的经师和教书匠，而是有着创造性和独特性的鲜活个体；大学生也已经真正做到孔子所谓的"当仁不让于师"和亚里士多德所谓的"吾爱吾师，吾更爱真理"②。所有这些，是大学文化相对于其它组织文化而言个性差异明显体现的根本原因。

（二）历史溯源是大学文化性格形成的纵向成因

文化性格是历史运动的文化结果。如图9-14所示，大学文化性格是在大学成员的成长和发展历史中形成，又是大学成员生活其中并且以此为基础彼此识别，且有超稳定性结构特征的文化存在样式。这种样式既反映在大学成员日常生活的层面上，又反映在他们的道德、信仰、世界观、价值观等精神层面上。

---

① ［美］斯蒂芬·P·罗宾斯（Stephen P. Robbins）、玛丽·库尔特（Mary Coulter）著，孙健敏、黄卫伟、王凤彬、焦叔斌、杨军译，《管理学（第7版）》，北京：中国人民大学出版社2004年4月第1版，第101~103页。

② 鲁宏飞、沈艳华、魏馨等主编：《学校文化建设与管理研究》，上海：华东师范大学出版社，2007年7月第1版，第149~151页。

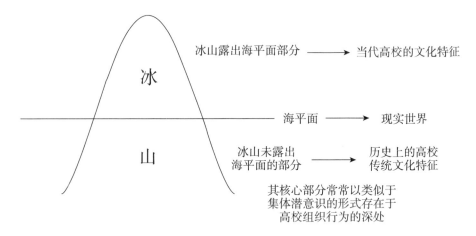

图 9 – 14　大学文化性格形成的"冰山图"

资料来源：本图参考了汪凤炎、郑红，《中国文化心理学》，广州：暨南大学出版社，2005 年第 14 页。

由图 9 – 14 可知，当前大学文化主要包括两部分：一部分是在当前现实中所呈现出来的文化，另一部分是潜藏于历史深处，通过文化的传承而保留下来的文化。后一种文化或隐或显地对当前的大学文化和大学组织成员行为产生着深久的影响。

（三）组织结构是大学文化性格分析的基本维度

文化性格以历史、地理为载体和基础①。一个组织的文化性格，体现了一个组织的性格。法国著名社会学家布迪厄（Pierre Bourdieu）一直强调物质力量作为文化的根本维度，认为社会分配、制度体系、场域竞争等物质性内容是形成文化区隔的最终力量。这一态度与马克思的意识形态理论是基本一致的②。如表 9 – 1 所示，从组织结构的角度，比较分析组织文化的特征主要有三个方面的观念：一是整合观，也就是一元观，认为文化是单一的，其特征是持续稳定、得到组织成员广泛认可的，并且是清晰的。二是差异观，认为一个组织是由子文化构成的。每一种子文化都得到一定群体的认可，并且是清晰可见的。三是分裂观，认为组织是由结构松散和不完整的共有体系构成的，彼此相互交往、经历许多事情和组织所面对的环境的变化，这种体系也会随之发生

---

①　秦榆：《中国文化性格》，北京：中国长安出版社，2006 年 6 月第 1 版，第 1 页。

②　Bridget Fowler, ed. *Reading Boudieu On Society and Culture*, Oxford：Black Publishers, 2000, P. 2.

变化①。一般情况下，支撑文化一致性的研究成果强调组织结构和技术等宏观问题，而支持文化差异性的研究成果则强调微观问题。

表9－1　马丁的组织文化比较观

特征	文化观念		
	整合观	异观	分裂观
达成一致的倾向	组织范围内的一致性	子文化保持一致	没有一致性——存在多种观点
不同文化成分的关系	一致	不一致	复杂性
不明确的倾向	排斥不明确性	在子文化外进行引导	关注不明确性

资料来源：*Cultures in Organizations：Three Perspectives*，by Joanne Martin copyright 1992 by Oxford University Press，Inc. Used by permission of Oxford University Press，Inc.

（四）生产形态是大学文化性格分析的动态维度

从文化生产形态看，文化变化是一个动态的过程，组织文化在这个过程中的不同阶段所表现出来的性格是不完全相同的，主要表现为文化生产过程的前后两个环节：一是原创性形态，二是物态化形态。原创性文化生产是充分自由的个体化的主体精神劳动过程，带有很强烈的个性色彩、非组织化生产的特征，是一切现代形态的文化生产的起始形态。它的产品——原创作品，作为这一过程的成果，有自身的目的；作为一种精神劳动产品，它具有价值和使用价值，具有这种价值实现的可选择性。物态化文化生产是受制于原创性文化生产的成果质量和社会需求而进行的集体性（组织化）生产过程，带有很强的市场选择和客观色彩，有组织的生产特征，因而具有很强的社会和经济的功利性②。随着我国不断推进高等教育事业的不断发展，大学文化生产越来越偏向于物态化生产。从文化生产性角度看，大学文化有四个方面的特性：一是具有较高的知识、技术和智能的综合性；二是具有高度的创造性和探索性；三是文化和知识的再生产性；四是文化生产过程和结果的双重存在性。

四、心理学视角下大学文化的性格分类

（一）关于人的性格分类

---

① ［英］戴维·布坎南（David Buchanan）、安德杰·赫钦斯盖（Andrzej Huczynski）著，李丽、闫长坡等译：《组织行为学》，北京：经济管理出版社2005年8月第1版，第659～662页。

② 胡惠林、李康化：《文化经济学》，太原：书海出版社，2006年7月第1版，第34～35页。

关于人的性格类型的划分，心理学意义上没有统一的标准，常见的分类有这样几种：一是两分法。瑞士心理学家容格（C·G·Jung）根据一种假设的本能的能量把人的性格分为内倾性和外倾性。还有一种按照个体独立程度，分为顺从性和独立性。二是三分法。比较认可的三分法主要有两种：一种是根据专门编制的心理测验数据测验确定智力、情绪、意志在个体自身体现的程度，把性格为情绪型、意志型和理智型；另一种是是德国心理学家狄尔太把性格分为官能型、英雄型和冥想性。三是六分法。德国学者斯卜兰格把人的性格分理论型、经济型、审美型、政治型、社会型和宗教型。

（二）关于组织文化的性格分类

目前，人们对组织特征的研究还停留于对组织结构和语言特征的研究，还没有专家专门地对组织文化的性格进行分类研究。

组织行为学上通常把组织结构分为封闭型结构和开放型结构两种主要类型，其中封闭型结构不与它所处的环境发生相互作用，不受环境的影响，而开放型结构则是动态地与它所处的环境发生相互作用①。可以据此，将组织文化分为封闭型文化和开放性文化。从我国高校的组织性质变迁来看，从新中国成立到改革开放前夕，大学文化倾向于封闭型文化；而改革开放以来，大学文化的开放性特征越来越鲜明。

美国著名人类文化学家 Edward T. Hall 根据文化语言在情景与内容两个方面的侧重点不同，提出了高情景文化语言和低情景文化语言分析框架，认为高情景文化语言的组织，重视人际交往和沟通过程中的"情景"而不是"内容"，组织成员注重建立社会信任，高度评价关系和友谊。低情景文化语言的特征恰好相反，在沟通过程中大量的信息已经存在于清晰的编码中。低情景文化的组织，重视的是人际交往和沟通过程中的"内容"而不是"情景"②。大学文化中同样存在着尊重个性、注重建立信任，还是重视信息、强调工作内容两方面的不同侧重，并因此促使大学文化呈现出不同的性格特征。

（三）基于价值取向的大学文化性格分类

本书基于组织结构类型、文化学中的情境文化语言分析框架和心理学中的性格类型理论，以大学文化的目标导向为依据，将大学文化分为独立性和顺从

---

① ［美］斯蒂芬·P·罗宾斯（Stephen P. Robbins）、玛丽·库尔特（Mary Coulter）著，孙健敏、黄卫伟、王凤彬、焦叔斌、杨军译：《管理学（第7版）》，北京：中国人民大学出版社2004年4月第1版，第13～14页。

② Edward T. Hall, How Cultures Collide, Psychology Today, July, 1976.

性两种性格。

　　现实中，任何一所大学的目标函数中都会包含人本导向和任务导向两个方面，只不过是两者的强度在不同大学的文化中的表现有所不同。因此，如果将大学目标函数的两个维度分别用"追求完成任务"和"促进学生发展"两个变量来表示，沿 45 度角画一射线，就可以将大学文化分为两大类（见图 9 – 15）：

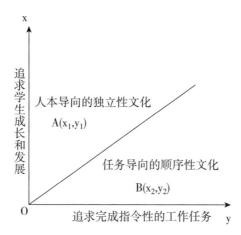

图 9 – 15　基于大学目标导向差异的文化性格分类

　　资料来源：本图参考，雷巧玲，《文化驱动力——基于企业文化的心理授权对知识型员工组织承诺影响的实证研究》，北京：经济管理出版社 2008 年，第 64 页。

　　一是位于左上半区的大学文化，以人的发展需求为导向，称之为独立性大学文化。如图 9 – 15 所示，A（x_1，y_1）点在上半区，这半区的大学文化在目标偏向上有一个共同特征，即 $x_1 > y_1$。这说明，这一类大学的文化更多地以人为本，尊重个性，追求学生的健康成长和可持续发展，而对完成任务的追求相对较弱。独立性大学文化表现为崇尚真理、公平和信任，重视学生的成长与发展，自觉为学生提供不断学习与可持续发展的机会及支持，营造一个自由、快乐、有创造力的大学氛围。有学者将这类文化称谓支持导向型文化，强调参与、协作、以人为本、社会性、相互信任、群体凝聚力以及个人成长，常采取口头的、非正式的方式沟通、交流并作出决策，鼓励组织成员表达对工作及他人的看法，很重视每位成员对组织的认同[1]。

---

　　[1]　谭乐、宋合义、韩樱：《支持型组织文化下领导者动机组合对绩效的影响研究》，《科技管理研究》2009 年第 2 期第 159～163 页。

二是位于右下半区的大学文化，以工作任务目标为导向，称之为顺从性大学文化。如图 9 – 15 所示，B（x_2，y_2）点在下半区，位于这半区的大学文化在目标偏向上有一个共同特征，即 $x_2 < y_2$。这说明，这一类大学文化更多地追求政府和教育主管部门所布置的任务目标的完成情况，而在重视、尊重和发展学生个性上的追求相对较弱。顺从性大学文化，注重明确的责任和权力，具有高度的组织性和系统性，信息传递与权力分配的等级性强。这种文化的特征为：等级清晰，结构鲜明，程序规范，集中决策，执行谨慎，指令性和权力倾向较强。[1]

由于管理体制的不同，政府对学校内部运行的影响程度有大有小；由于学校领导班子的管理思想和学校学生群体的主流追求不同，学校对政府和上级主管部门的依赖程度也有大有小。有的大学更多地追求以人为本，以满足学生需求，促进学生的成长和可持续发展为主要目标，基于这种人本导向的大学文化性格更多地表现为独立性特征；有的大学更多地追求适应政府和上级主管部门的指令性要求，以完成各种事务性工作任务指标为主要目标，基于这种任务导向的大学文化性格更多地表现为顺从性特征。

第七节　本章小结

文化既是结构，也是过程，其结构与组织结构是相互依赖的。大学文化的内在结构主要由价值观和信念层面、制度层面、行为层面、物质层面四个部分组成。一些学者依据这一结构，设计了"同心圆"、"陀螺"、"雷达"等模型，本章创造性地构建了文化内在结构的"立体动态"模型，分析了大学文化结构的自组织、松散性、异质性等特征。在总结归纳文化模式的传统分类方法的基础上，从主体特征、历史溯源、组织结构、生产形态等四个维度分析了大学文化性格的形成因素。

大学文化内在结构中的核心价值观是文化性格特征分类的基本维度。本章根据大学目标函数在学生导向和任务导向两个方面的不同倾向，把大学文化分为独立性和顺从性两种性格。前者重在促进人的全面发展，后者重在完成工作任务。

---

[1]　雷巧玲：《文化驱动力——基于企业文化的心理授权对知识型员工组织承诺影响的实证研究》，北京：经济管理出版社 2008 年。

第十章

大学文化的供求关系

本章总结了文化消费的类型与特征，分析了大学生文化消费的供需矛盾、需求规律和个体差异，依据消费主体在调节供求均衡关系中的参与度和能动性，把文化供求均衡关系分为自发性均衡和自觉性均衡，引导出大学文化内驱模型的第二组变量定义。

第一节　大学生文化消费的类型与特征

社会生产过程包括生产、分配、交换和消费四个环节，消费是社会生产中不可缺少的环节。物质消费如此，文化消费也如此。文化消费是人们社会存在的方式，是人们为了满足精神生活的需要，采取不同的方式享受文化消费品和劳务的过程，简单地讲，即是以一定物质或服务劳动力为载体的精神获取行为。①

随着受教育程度的提高，大学生不断地追求精神发展和人的文化的自我完善，文化消费成为大学生日常生活中的主要消费。大学生相对于进入高校前的学习阶段和其他消费群体而言，用于生存需要的消费开支（包括时间和经费）的比重相对较低，而用于教育和发展需要的消费开支的比重相对较高。大学生的主要任务是学习文化和知识，因此花费在物质消费上的时间和投入较少，而花费在文化消费上的时间和投入较多，以满足精神需要和发展需求，主要表现为：一方面大学生文化消费的边际增量超过了物质消费的边际增量；另一方面大学生物质消费品的文化附加值在不断上升。

一、大学生文化消费的类型

按照不同的标准，大学生文化消费可以作以下几种划分：

---

① 胡惠林、李康化：《文化经济学》，太原：书海出版社 2006 年 7 月，第 82 页。

按文化消费品的表现形态，可以分为文化产品消费和文化服务消费。例如，大学生课堂上接受老师授课的过程，是一种文化服务消费；而大学生获取老师所讲授的具体知识或技能则是一种文化产品消费。

按文化消费的供给主体，可以分为供给性文化消费和自给性文化消费。所谓供给性文化消费，主要是指由学校提供文化消费内容满足学生的文化需求。所谓自给性文化消费，主要是指由学生自我提供文化内容，例如学生课余时间自己练习声乐演唱，在自己演唱的过程中享受音乐文化的陶冶。大学生文化消费过程中，供给性文化消费和自给性文化消费往往是紧密地联系在一起的。

按文化消费的性质，可以分为教育型文化消费和娱乐型文化消费。这种划分主要依据大学生文化需求动机和购买结果的不同而划分的。大学生教育型文化需求，主要指大学生着眼于自身的人文品格的培养和文化素质发展的需求，而通过货币的投资行为实现个人某项能力的提高，例如大学生交费接受英语培训等。娱乐型文化消费，主要不是以个人素质提高为目的，而是指以感官享受为特征的需求，追求消费过程的感官体验与享受。通俗地讲，教育型文化消费主要指大学生为了学习而消费，娱乐型文化消费主要指大学生为了休闲而消费。例如，周末大学生到学校的歌舞厅去跳舞，到学校的影视厅去看电视等等一般都属于娱乐型文化消费，而到图书馆阅览室看书、查阅资料等等则属于教育型文化消费。

按文化消费的方式，可分为个人文化消费和集体文化消费。大学课堂集体教学活动，群众性文娱活动都属于集体文化消费。

按文化消费品的经济属性，可分为商品性文化消费和非商品性文化消费。由于精神需求构成的不同，大学生文化需求可以分为商品性文化需求和非商品性文化需求两个方面。关于"文化商品"这一概念能否成立，或者说是否有意义、是否具有学理上的合法性，在我国学术界是有争议的。对照马克思所说的"商品首先是一个外界的对象，一个靠自己的属性来满足人的某种需要的物"，和列宁所说的"商品是这样一种物品，一方面它能满足人们的某种需要，另一方面，它要用来交换别种物品"① 而言，商品最基本的性质：它不是用来供自己消费，而是用来与别人交换并通过交换获得自己所需要的别种物品，以满足自己对"别种物品"的消费需求。由此可见，商品是由交换的需要而产生的。这种交换本质上是物质劳动与物质劳动，或者是物质劳动与精神

---

① 转引自：国务院研究室课题组：《完善文化经济政策》，北京师范大学出版社 1994 年第 3 页。

劳动，或者是精神劳动与精神劳动之间的交换。从这个意义上看，文化产品一旦进入流通领域交换和消费，就在文化市场获得了文化商品的质的规定性和"身份证"①。文化商品既是一种特殊的商品形态，又是一种特殊的社会现象和物的存在，它虽然具有价值和使用价值，但是这种价值却又同一般商品的价值和使用价值有着本质的区别。大学生商品性文化消费，是指大学生通过购买手段，支付一定的价格，以货币交换方式实现的文化消费。由于商品性文化消费是通过货币交换方式实现的对文化商品的有偿购买，它的运动就必然受到价值规律的支配，因此也就成为文化经济学研究的主要对象之一。大学生非商品性文化需求，是指大学生无须支付价格就可以实现的需求。这种需求主要由社会和学校无偿提供无形的传统文化资源和有形的文化艺术产品而实现，如一所高校的历史文化、校训等无形资源，学校的雕塑、免费的广场音乐会等等。这一类文化消费活动，由于需求和需求实现之间没有发生任何交换关系，因此一般来说并不成为文化经济学研究的主要对象，但是这一文化消费活动构成了大学生文化消费的重要方面。

从文化消费内容的载体来看，可以分为实物形式文化消费和非实物形式文化消费。以实物形式消费的文化内容主要有图书、报刊、音像制品、美术品（字画、雕塑）等；以非实物形式消费的文化内容主要有电视、电影、广播、文艺表演等。在商品性文化供给中，前者一般属于对象的占有性消费，后者通常表现为有限占有消费，即购买者虽然支付了一定的货币，但也只能在有限的时间和空间里占有，而供给者却可以不断地把同一商品在同一空间和不同时间里提供给不同的需求者消费，以满足文化需求。

二、大学生文化消费的特征

文化消费比一般的物质消费层次更高、形式更多、行为更繁杂，对消费主体的消费能力构成及其水平的要求也更高。文化消费者必须具备与文化消费相适应的知识、经济和理解力。文化消费能力不同，文化消费的取向、形式和成效往往也不相同，即使是相同的文化消费对象，由于文化消费主体的能力不同也会表现出极大的差异。大学生文化消费的特征，主要有三个方面：

（一）消费对象是较高层次的知识、技术和智能以及三者的综合化

一般消费的过程，本质上是为了满足自身生活需要而与外在进行的一种交

---

① 胡惠林、李康化：《文化经济学》，太原：书海出版社 2006 年 7 月第 143 ~ 144 页。

换过程，是"有形"的。但是，文化消费不一样。它虽然借助于一定的物质产品，但消费内容主要还是精神的，一些有形的固态文化消费品（如书本、电脑等）只不过是实现精神需求的手段或者精神文化消费内容的物化载体。大学生文化消费更多地是知识的转移和智力的开发。可以说，没有知识、技术和智能及其三者的综合，就没有现代大学的文化消费。三者的综合化，在大学内部机制运行过程中显得尤为突出，大学的很多文化产品往往是不同行业、不同学科的师生员工利用各自的知识、智能和劳动工具、设备以及文化材料，通过跨学科、跨领域的协作联系，而达到的有效的发明与创造。很多文化产品既是文化艺术品，又是现代高科技的产物，还是大学师生员工思想的体现和才智的结晶。现代大学多学科交叉、边缘学科和新兴学科不断形成的相互渗透状况的不断涌现，使得大学文化的生产和传递日益前沿化、现代化和综合化。尤其是大学生社会化人格的整体塑造，更是大学历史的与现代的、人文的与科学的各种文化和知识经过师生员工多元主体脑力和体力劳动加工综合而成的。

（二）消费过程具有高度的创造性和探索性，是文化和知识的再生产过程

马克思指出："消费直接也是生产，正如自然界中的元素和化学物质的消费是植物的生产一样。例如，吃喝是消费形式之一，人吃喝就是生产自己的身体，这是明显的事。"[1] 文化消费过程同样也往往包含文化产品的再创造。人们在消费文化产品时，往往会根据自己的立场、观点、情趣和能力，运用逻辑思维对原先的或他人的文化产品加以评判和改造；根据自己的生活经验、情感倾向进行联想和想象，产生再造的文化产品[2]。大学文化消费，作为一种特殊的文化消费，其中更多的消费活动不是一种单纯的消耗过程，而是一种高度的创造性和探索性的生产过程，是在创造价值。大学生文化消费不仅仅是为了满足大学生的物质需要，也不仅仅是为了满足大学生的生存需要，更多地是为了满足大学生的精神需要和发展需要。无论是有形的文化产品消费，还是无形的文化资源消费；无论是休闲时的审美娱乐消费，还是对人生、宇宙的深刻思考和个体所研究领域的知识获取，都是通过文化消费和文化享用，满足大学生个体和群体的精神需要与发展需要，从而形成并发挥大学生最大限度的创造性思维和丰富的想象力，在前人已有的探索、创造和发现的基础上，把相关问题的研究和相关技术的开发推向更深、更高、更广的空间领域，促进文化的传承、

---

① 《马克思恩格斯选集》第 2 卷，93 页，人民出版社，1972 年。

② 胡惠林、李康化：《文化经济学》，太原：书海出版社 2006 年 7 月第 82 页。

创新、积累与持续发展。因此说，大学生文化消费中的更多消费活动尤其是教育型文化消费，实际上就是文化和知识的再生产，投入和产出的主要是智力和精神成果，通过文化和知识流通的运动与反馈，使文化的传播更加广泛，使消费主体接受、创造文化的能力和个体智力水平不断提高。

（三）消费感受具有过程性享用与结果性享用的双重存在

大学生文化消费如同钓鱼一样，既可以享受钓鱼的过程，又可以享用钓到的鱼，具有两个方面的消费内容：一是文化生产的结果，也就是在一段时间内可以出卖或流通的文化产品，"如书、画以及一切脱离艺术家的艺术活动而单独存在的艺术品"①。二是文化生产的行为，表演艺术家的表演、演说家的演说、教师的课堂授课等一些文化产品与文化生产过程是不能脱离的，正如马克思所说的"一个歌唱家为我提供的服务，满足了我的审美需要；但是，我所享受的，只是同歌唱家本身分不开的活动，他的劳动即歌唱一停止，我的享受也就结束；我所享受的是活动本身"②。这种文化消费行为随着消费活动的结束而结束。文化消费过程中，消费主体的文化参与和审美投入是满足最佳文化消费的途径。大学文化消费活动中，大学生既是消费者，又是生产者，往往是在生产的过程中消费，在消费的过程中实现创新。如大学生参加文娱演出活动，排练的过程，既是自己享用文化的过程，又是创造演出成果的过程。

第二节　大学生的文化需求规律

作为人类社会生产的精神现象，文化需求是社会经济发展的必然产物；作为人的本质的一种自我确证，文化需求又是人的自身发展的必然表现形态。文化需求是一种处在不断运动和变化中的多元构成。

一、文化需求规律研究的历史沿革与基本假设

霍尔从文化的生产过程和政治经济学的角度，将政治经济学的模型应用于媒体领域，分析媒体的运作过程：媒体如何产生信息、信息如何流通、受众如何使用信息以及如何对信息进行解码以创造新的意义。他以马克思的《1857～1858年经济学手稿》为基础，根据"连续的循环"的各个环节，即"生产—分配—消费—生产"，提出了"编码/解码"模型。霍尔的"编码/解

① 《马克思恩格斯全集》第26卷，第1册，第295页，人民出版社，1972年。
② 《马克思恩格斯全集》第26卷，第1册，第295页，人民出版社，1972年。

码"模式的理论意义有两方面：一方面强调了编码、生产者与解码、消费者之间"没有必然的对应"，对信息发送者与接受者之间的线性对应关系提出了质疑，赋予受众以主体的位置；另一方面并没有像唯心主义的纯文本分析那样彻底地消解了生产和政治经济学的中心地位①。

约翰逊根据霍尔的"编码/解码"理论创造了"文化循环"（circuit of culture）图式，又称谓"文化分析和批判的维度"（见图 10-1），提出了四个基本假定：首先，文化形式既不像文本主义认为的，完全是一种主体的话语建构，也不像文化主义那样，将文化置于物质语境之中，作为"主观的"文化与作为"客观的"生产是平行的。"一切社会实践都可以从文化的视点加以主观地审视"，文化研究的关注点在原则上应该落于主体性或意识在其中得以生产和再生产的各种形式。第二，文化循环与资本循环（the circuit of capital）是相平行的一种主观循环，通过一个平行的循环过程进行运动，即由生活文化中的生产、文本化、接受和占有四个环节构成的循环。第三，强调政治分析在文化研究中的重要性，将社会权力关系放在突出位置。第四，文化循环是一个整体，循环的每一个阶段或每一个环节对理解这个整体的过程动力都是不可或缺的。但是每一个环节都是一个焦点，需要相应的特有的方法，对整体提供自己独特的视角，规定不同类型和不同程度的政治介入。在社会和经济条件的制约下，各种不同形式的文化生产是文化循环的第一个环节；从文本的角度对文化产品进行分析研究，作为循环的第二个环节，但是文化研究的最终对象不是文本，而是在流通的每一个环节上的"主体形式的社会生活"；第三环节，读者不是一个抽象的主体，而是社会、历史和文化构成的实际读者，这就是"文本中的读者"向"社会中的读者"的转变；生活文化或"活生生的文化"（lived cultures），作为文化循环的最后一个环节，是约翰逊"文化循环"理论建构的核心所在。这里的"生活文化"有别于"经验"和"整体的生活方式"，是多种理论要素的重新组合。文化循环的四个环节实际上是把基于生产的、文本的和关于生活文化的三种文化研究模式，整合为一个循环的整体，从而防止"仅仅把三个进路拼凑起来，在适当的环节使用适当的进路"，忽略了这些环节之间的"内在联系"②。约翰逊虽然设计了循环图式，但并未建立一

① Hall, Stuart, （1980）"Encoding/Decoding", *Culture*, *Media*, *Language*, London：Hutchinson, pp. 128 ~ 138.

② Johnson, Richard, 1996 ［1983］. *What Is Cultural Studies Anyway*? Storey, John, *What Is Cultural Studies*? *A Reader*, London p. 75 ~ 107.

个系统，只是进行了多层面和多维的文化分析和批判①。

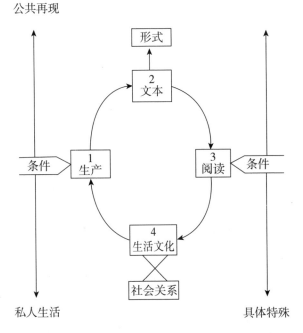

图 10 - 1　文化循环图示

资料来源：萧俊明，《文化转向的由来》，北京：社会科学文献出版社 2004 年第261 页。

20 世纪 90 年代末期，凯尔纳对文化研究提出应该沿循一条多视角进路，探索其三维关系：一是文化的生产与文化的政治经济学；二是文化分析及文本批判；三是受众研究与媒体/文化产品的使用②。

针对文化需求研究中的一些现象，吉姆·麦克盖根（Jim McGuigan）在其1992 年出版的《文化民粹主义》中，对文化研究中的非马克思主义化和非政治经济学化倾向提出了了批评，认为，文化研究的真正危机是把自己的关注点狭隘地集中在消费上，而没有把消费问题置于物质的生产关系中③。

---

① 萧俊明：《文化转向的由来》，北京：社会科学文献出版社 2004 年 10 月，第 267 页。

② Kellner, Douglas, *Critical Theory and Cultural Studies：The Missed Articulation*, McGuigan, Jim, *Cultural Methodologies*, Sage Publications Ltd, 1997, p.36.

③ 陶东风：《文化研究精粹读本》，北京：中国人民大学出版社，2006 年 2 月，第 16 页。

二、大学文化供求的主要矛盾

文化供给是与文化需求相对应的，是指文化生产部门为满足社会和组织成员的文化需求而在一定时期内向社会、市场或组织成员提供的文化内容（包括有形的文化产品和无形的文化资源）的数量和质量。文化供给作为文化经济活动的一个重要内容，与文化需求共同构成文化经济的基本矛盾运动。两者是文化产品流通领域中的两个重要方面，均以对方的存在为自己的依存条件，既相互对立又相互联系。两者的矛盾运动是文化产品矛盾运动在文化供给和文化需求关系运动中的反映，反映的是文化产品在供给和需求的运动过程中不同的文化力相互作用的一种结果形态。

大学文化供给是大学的基本功能，是大学存在的合理性依据。大学文化供给的能力、形态和方式，反映了一所高校自身建设和发展的水平，同时还反映了一所高校人才培养工作的水平和质量。大学文化供给和大学生文化需求，这一对文化供求双方在质与量上的不相适应，造成了文化供求关系的失衡，也就是不平衡。在大学教育教学实践活动过程中，文化供求关系的均衡与不均衡，是循环往复以至无穷的运动过程，这一过程构成了大学文化供求的全部矛盾运动。大学作为文化供给方，大学生作为文化需求方，两者之间的供求矛盾，主要表现在以下三个方面：

（一）大学文化供给与大学生文化需求的层次性矛盾

这一矛盾是指文化供求之间在内容与形式构成层次方面的不均衡状况。文化需求是人的精神需求的表现，主体精神构成的层次性，规定了主体精神需求和价值取向的层次性。社会角色的不同，决定人对文化消费内容、等级的选择不尽相同。大学生作为一个具有较高的文化素养、专业知识水平和审美能力的文化需求主体，对文化商品的质量、层次的需求比较高。而我国高校更多地停留于通俗性、消遣性、娱乐性层次的文化供给层面上，而如交响乐、芭蕾舞、歌剧等文化消费内容长期以来在供给与需求方面存在比较突出的矛盾，尤其是思想性、艺术性、观赏性高度统一的优秀文化产品和服务，显得供给不够。

（二）大学文化供给与大学生文化需求的地域性矛盾

文化供给与需求的地域性矛盾，是指大学文化供求在不同地区之间的不平衡状态①。以江苏省高校为例，其地域性文化供给矛盾主要表现在省会城市与

---

① 胡惠林、李康化：《文化经济学》，太原：书海出版社 2006 年 7 月第 73 页。

省辖市、县级市之间，城市与郊区、农村之间，苏南与苏北之间在文化供求的质与量、丰富与不丰富的差异。省会城市、中心城市和经济发达地区作为政治、经济、文化的中心，由于优越的地理位置和丰厚的历史积淀，对高校和高校学生的文化供给相对比较合理、丰富和便捷。而在城郊、农村、经济落后地区和偏远地区，由于经济发展相对落后，缺少文化积淀，现代文化产业结构发育不成熟，文化生产能力、供给能力都相对较低。近几年来，新型大学城一般都建在城乡结合的郊区，有的更是直接建设在农村，对于高等教育的集团化、规模化发展，改善硬件办学条件，促进资源共享，带动和推进农村文化与经济发展具有极其重要的意义，但是突出的矛盾是大学在文化供给方面不能很快捷、高质量地满足大学生的文化需求。

（三）大学文化供给与大学生文化需求的价值取向之间的矛盾

文化供给与需求的价值取向之间的相背矛盾，是指商品供求关系在经济效益与社会效益、经济商业价值与社会文化审美价值之间的不平衡状况。这种不平衡状况，主要表现在由文化商品在商业价值和审美价值两种不同的价值评价指标，在引导大学文化生产和大学生文化消费过程造成经济效益、社会效益两种效益的分离和两种价值的倒挂①。例如，大学文化供给的社会效益的高低与经济效益的大小相互倒挂；某些本应提倡的文化产品的生产与供给，却在经济效益上陷入"生存危机"。这种由于效益的分离和价值取向的相背性而形成的供求关系非均衡运动，在大学内部的图书、音像制品、网络等文化商品的供求过程中表现得尤为突出。

三、文化需求变化的三个普遍规律

文化需求规律是人们对文化商品的需求量与价格之间关系运动、变化的内部联系。从经济学的角度，文化需求变化主要有三个普遍规律：一是文化需求与价格的内在联系；二是文化需求与可支配收入的内在联系；三是文化需求与可支配时间的内在联系。②

（一）文化需求与价格的内在联系

在市场经济条件下，作为商品生产的基本规律之一，需求规律反映和制约了人们对商品需求量与价格之间的最一般关系。如图 10-2 所示，文化商品价格是影响文化需求的基本因素，在其他因素不变的情况下，文化需求量随着价

---

① 胡惠林、李康化：《文化经济学》，太原：书海出版社 2006 年 7 月第 74～75 页。

② 胡惠林、李康化：《文化经济学》，太原：书海出版社 2006 年 7 月。

格上升而递减，随着价格下降而递增，即文化商品价格上升，文化需求量就会下降；相反，文化商品价格降低，文化需求量就会增加。

从图 10-2 中可以看出，当文化商品价格为 P_2 时，文化需求量为 Q_2；如文化商品价格上升到 P_3 时，文化需求量就降到 Q_1；如文化商品价格下降到 P_1 时，文化需求量就增至 Q_3；这种关系用函数形式来表示就是文化商品的需求函数，需求量是价格的函数：

$$D = f(P)$$

式中，D 表示需求量，P 表示价格，f 表示它们之间的函数关系，自左上方向右下方倾斜的文化商品需求曲线 DD_1，反映的是需求量与需求主体之间的变动关系。

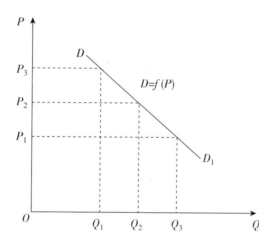

图 10-2 文化需求与价格的内在联系

资料来源：胡惠林、李康化，《文化经济学》，太原：书海出版社 2006 年 7 月第 55 页。

（二）文化需求与可支配收入的内在联系

文化需求是人的一种享受和发展的需求，它是在人们的生存需求得到满足之后才形成和发展起来的，是生存满足后物质富余成果的另一种投向。这种生存满足的物质富余成果的多少，即人们可用以文化享受的支付能力的大小，直接影响人们对于商品性文化需求的程度。一般说来，如果其他因素不变，可支配收入与文化商品的需求量成正比例变化关系，即可供支配的收入越多，人们对文化商品的需求量也越多，反之，就会下降。

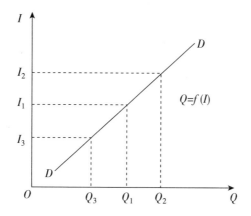

图 10 - 3 文化需求与可支配收入的内在联系

资料来源：胡惠林、李康化，《文化经济学》，太原：书海出版社 2006 年 7 月第 56 页。

如图 10 - 3 所示，I 表示可支配收入，Q 表示文化需求量，f 表示它们之间的函数关系。当可支配收入水平为 $I1$ 时，文化需求量为 Q_1，当收入水平从 I_1 增至 I_2 或减至 I_3 时，则相应的文化商品需求量也分别增至 Q_2 或减至 Q_3，其函数关系为：

$$Q = f(I)$$

（三）文化需求与可支配时间的内在联系

一定的文化需求，作为人们自身的文化消费欲望的表现，是人们物质生活得到满足之后，享受余暇时间的一种存在方式。因此，在同一消费环境和同等收入状况下，文化消费主体可支配时间的多少，直接影响其文化需求情况的变化。一般情况下，随着人们余暇时间的增多，对文化需求的数量也会相应增加。因此，文化需求同余暇时间的关系与文化需求同可支配收入的关系一样，也是成正比例的。

综上所述，文化需求的基本规律主要表现为：在影响文化需求的其他因素不变的情况下，文化需求与人们可支配的收入水平和余暇时间成正比，与文化商品的价格成反比。①

四、大学生基于主体差异的文化需求规律

大学生文化需求是指大学生为了满足各种精神生活需要而形成的，并通过一定量表现出来的，对文化产品和商品的要求。其需求规律不仅随着文化商品

① 胡惠林、李康化：《文化经济学》，太原：书海出版社 2006 年。

价格和可支配收入、时间三个因素的变化而变化，而且会随着文化消费主体的变化而变化。作为同一或相近年龄的大学生的人口结构特征，从理论上讲主要表示为性别、生源地和职业面向。本书有效调查了 403 位对象（具体的调查和统计方法详见第 13 章），作了一些基本情况（见附件调查问卷的"背景材料"部分）的调查和统计分析，表 10-1、10-2、10-3 的统计结果显示，性别差异对文化需求的影响不显著，但是生源地和职业面向的差异对文化需求的影响显著。

表 10-1　样本月消费额学历分布

学历	性别	月消费额（元）					合计
		500 以下	500~800	800~1200	1200~1500	1500 以上	
研究生	男	1	2	2	4	2	11
	女	1	4	3	2	0	10
本科生	男	6	52	38	13	6	115
	女	31	93	76	15	0	215
专科生	男	5	10	8	2	1	26
	女	5	13	6	2	0	26
合计		49	174	133	38	9	403

表 10-2　样本文化消费金额占月消费总额的比重学历分布

学历	性别	文化消费金额占月消费总额的比重（%）				合计
		10% 以下	10%~30%	30%~50%	50% 以上	
研究生	男	0	4	5	2	11
	女	0	5	3	2	10
本科生	男	16	60	29	10	115
	女	45	112	43	15	215
专科生	男	6	13	5	2	26
	女	6	14	4	2	26
合计		73	208	89	33	403

表 10 – 3　样本文化消费金额占月消费总额的比重生源地分布

性别	父母所在地（生源地）	文化消费金额占月消费总额的比重（%）				合计
		10% 以下	10% ~ 30%	30% ~ 50%	50% 以上	
男	城市	9	32	26	7	74
	农村	13	45	13	7	78
女	城市	15	57	32	12	116
	农村	36	74	18	7	135
合计		73	208	89	33	403

（一）性别差异

性别构成因素对文化需求的影响，主要表现为该性别成员在一定社会和一定历史时期的社会参与程度。如果男性的社会参与程度高，对文化需求的量就大；参与的程度低，则对文化需求的量就小。就高校而言，某一性别的学生群体在学校活动（包括文化消费活动）中的参与面越宽、参与度越高，他（她）们的文化需求量就越大，反之就越小。如表 10 – 2 所示，样本高校男生的文化需求和文化消费比重并没有明显高于女生。这一结果说明：随着人们的思想观念不断解放，不同性别的大学生趋向平等，尤其是女大学生在学校、社会活动中的参与度越来越大。

（二）区域差异

地理环境对人的文化需求的影响，不仅表现在文化内容和形式的要求上，而且表现在对文化商品需求的量和质上的要求。一般情况下，城市居民的文化需求高于农村居民，沿海沿江城市居民的文化需求比内地和偏远地区的中小城市居民的文化需求要高①。形成大学生文化消费的区域差异的原因主要有两个方面：一是可支配经费，来源于经济发达地区的大学生的可支配经费要高于经济欠发达地区的学生；二是文化消费观念的影响。就江苏省内而言，城市相对于农村，苏南相对于苏北，经济发达区域相对于经济欠发达区域而言，文化消费和生产的市场发育较好，满足文化需求的硬件设施也较为丰富，而且人口流动量大，信息传播和观念更新快，文化需求的层次不断提高，内容不断更新，数量不断增多。本书针对生源地城市与农村之间的不同大学生的调查结果显示：城市生源地学生的文化消费比重要高于农村生源地学生的文化消费比重

---

①　胡惠林、李康化：《文化经济学》，太原：书海出版社 2006 年。

（见表 10 - 3）。

（三）职业面向的差异

职业面向是大学生主体因素中对文化需求发生影响的一个重要方面。一定的职业分工是人们一定的社会角色的确认，是人们所受教育程度不同的体现。不同的职业会要求就业者具有不同的文化需求。高校的人才培养目标和大学生未来的职业选择，影响着大学生在校期间的文化需求。大学生如果倾向于选择文化素质要求越高的职业岗位，那么在校期间的文化需求的数量越大，文化需求的层次和质量也越高。本书通过面向科学技术研究开发型就业岗位的研究生、面向工程技术型岗位的本科生和面向管理、生产一线应用型岗位的高职高专院校学生三个不同职业面向的学生对文化需求量的变化情况的调查统计，验证了这一差异。表 10 - 2 的问卷调查结果显示：研究生的文化消费比重 > 本科生的文化消费比重 > 专科生的文化消费比重。

第三节　大学生的文化供求均衡

大学文化供求均衡，主要指大学在一定时期内所提供的文化内容（包括文化产品和无形的文化资源）与学生文化需求基本相适应的流通状态。传统经济学理论把供求均衡分为静态均衡和动态均衡。事实上，供求矛盾运动的总的趋势虽然是趋向平衡，但是供求矛盾的实际形态总是不平衡的，区别只是在不平衡的量上所表现出的大小不一，从大不均衡到小不均衡再到均衡，循环往复，这是文化商品在流通领域中的基本规律。

20 世纪 90 年代至 21 世纪初，我国高等教育由于办学规模的连续性扩张，大学生文化需求层次和需求内容均呈现出多元化的新趋势，高校文化消费品在供给量和结构上不能很好地适应大学生日益增长和日益丰富的文化消费需求，以至于形成文化消费领域的供求不均衡现象，引发了大学的“文化滞差”（cultural lag）和文化堕距现象。所谓文化滞差，是由美国学者 W. F. 奥格本所提出的，指精神文化或适应文化的变迁滞后于物质文化的变迁。所谓文化堕距，是指非物质文化与物质文化相互适应在时间上的差距。在全社会的商品化浪潮和功利心态的引导下，目前大学生的主导性文化模式是一种贴近生活原生态的平面文化，放弃了传统精英文化用理性、人生的价值、历史的意义、人的终极关怀等深度文化价值取向构造的理性文化或理想文化空间，开始向衣食住行、饮食男女等日常生计（生活的原生态）回归，从而自觉或不自觉地接受以现代大众传播媒介为依托、以此时此刻为关切中心、以消费文化和通俗文化为基本内容的需求①，正如吉姆·麦克盖根所言的"狭隘地集中在消费上"。大学文化供求研究不仅要落于文化内容、文化消费上，而且必须落于文化的生产、分配与接受上，客观地分析大学主体的文化需求规律和供求矛盾，从而增强文化管理、文化提供的针对性，促进大学生文化供求均衡。

一、大学文化供求均衡的调节措施

供求关系中，均衡既是一个过程，也是一种结果；既是一种状态，也是一种手段。如果说，大学文化供求关系达到"均衡"，这个"均衡"就是一个名词，表示一种状态；大学要"均衡"文化供求关系，这个"均衡"就是一个动词，包含了调节的意义。因此，完整意义上的大学文化供求均衡，应该涵盖"均衡文化供求关系的措施"和"文化供求关系的均衡状态"两个方面的内容。

如图 10-4 所示，大学文化供求均衡的调节措施，根据发生机制和其性质的不同，可以分为自发的和自觉的两大类。自发的调节行为，就是指文化产品的生产和供给，随着市场需求和价格的变化而变化，它是价值规律调节商品生产和商品流通的表现形式。自觉的调节行为，是指供给主体根据价值规律、教育规律和供求规律运动的一般特点，理性地选择针对性的手段对供求矛盾运动实行干预，而达到的一种均衡。自觉调节行为可以分为经济性调节手段和非经济性调节手段两类，前者运用经济杠杆进行调节，后者采用行政管理、教育引导等措施进行调节②。经济性调节又分为经济性直接调节和经济性非直接调节。经济性直接调节，即直接通过价格调节促进均衡；经济性非直接手段，即通过加大经济投入，加强大学文化建设，提高文化供给能力，实现大学生文化供给总量平衡、资源分布合理，促进供求平衡。根据文化供求矛盾的不同调节手段的发生机制、措施性质及其相应的行为结果，可以把大学文化供求均衡分为自发性均衡和自觉性均衡两种类型。

图 10-4 文化供求平衡的调节措施

---

① 衣俊卿：《文化哲学十五讲》，北京：北京大学出版社，2004 年 10 月第 1 版，第 302 页。

② 胡惠林、李康化：《文化经济学》，太原：书海出版社 2006 年。

二、大学文化供求的自发性均衡

文化供求关系的自发性均衡，依据市场规律，发挥价格自发调节的作用，实现文化供求的基本平衡。这是一种比较性均衡。主要基于两个规律：一是文化生产和消费相制约规律，任何生产都是为了消费，没有消费就没有生产。在供求关系的矛盾运动中，如果说供给联系着生产，那么需求则与消费相联系；需求是消费的表现形态，而供给又体现着生产的基本状况。生产与消费的矛盾运动是制约文化生产与文化发展的主要因素，这在客观上要求文化商品的供给与需求的总体发展水平必须相适应，呈现均衡运动态势。否则，就会造成文化生产过剩和空耗，或者不能满足文化需求而导致文化供求运动的失衡。二是文化商品供求双方自身的矛盾运动，也要求两者趋于均衡，以形成良性循环机制。文化供求双方都以对方为依存条件，这种关系反映到市场上就是文化商品的销售与购买行为之间的对立统一。其中，供求关系的任何失衡，都会造成市场的震荡，而供求双方为了确保自己的利益也就必然地会在价值规律的作用下，自发地去寻求两者之间的均衡。

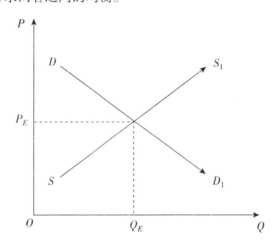

图 10 - 5 文化供求量价均衡关系

资料来源：胡惠林、李康化，《文化经济学》，太原：书海出版社 2006 年 7 月第 71 页。

影响大学文化供给与需求之间矛盾运动的因素很多，其中价格是一个极为重要的因素。不同的价格水平下，文化商品的供给量是不同的；同样，相对于不同的价格，消费主体对文化商品的需求量也是不一样的，文化供求的均衡变化依存于文化商品一定的价格水平。如图 10 - 5 所示，SS_1 是文化供给曲线，DD_1 是文化需求曲线。当价格为 P_E 时，SS_1 与 DD_1 相交于 E，文化供给与文化需求在量上相平衡。对应于交点 E 的供求量为 Q_E。这就是说，在供给曲线和需求曲线已定的情况下，文化供求均衡的条件是价格，为 P_E。这一价格就称为一定时期内文化供求的均衡价格，与之相对应的供求量 Q_E 是均衡供求量。

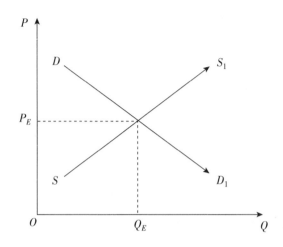

图 10 – 6 文化供求量价均衡的实现过程

资料来源：胡惠林、李康化，《文化经济学》，太原：书海出版社 2006 年 7 月第 71 页。

大学文化供求关系的自发性均衡是由文化市场供求规律的内在运动自发形成的，其实现过程和运动形态如图 10 – 6 所示，当文化商品的价格高于均衡价格 P_E，而表现为 P_1 的情况时，这时对应于 P_1 的价格，需求量为 A 点所对应的 Q_1，供给量为 B 点所对应的 Q_2。这说明，在价格为 P_1 时，文化供求关系是供大于求，这对需求者不利，于是会引起供给量增加和需求量减少的逆方向运动。由于供求规律和市场竞争机制的共同作用，供大于求，即需求量减少必然会导致价格的回落、下降，而价格的回落又对供求双方产生新的逆方向运动，即价格下降使供给减少，需求增加，两者的变化方向都向均衡点 E 运动。当文化商品的价格低于均衡价格 P_E，即表现为 P_2 时，这时对应于 P_2 的价格，供给量为 G 点所对应的 Q_1，需求量为 F 点所对应的 Q_2。这表明，在价格为 P_2 时，市场上文化商品供不应求，需求量大于供给量。同样，在供求规律和竞争机制的作用下，需求的增加必然导致文化商品价格的重新上扬，从而出现又一轮供求关系的逆方向运动，以寻求新的量价均衡。因此，不管价格是高于还是低于均衡价格，在供求规律的作用下，都会自发地向均衡点 E 所对应的均衡

价格 P_E 运动，供求量也由于同样的引力作用向均衡点 E 所对应的均衡供求量 Q_E 运动，以求文化商品的供求由不均衡达到均衡[①]。这就是大学文化供求关系自发性均衡的实现过程。

三、大学文化供求的自觉性均衡

大学文化供求关系的自觉性均衡，是指供求双方以及其他供给主体（社会、政府、教育主管部门、相关企业），以学生需求为导向，通过经济手段（价格和投入）、行政手段（调控）、法律手段（知识产权保护）和舆论手段（教育引导）等一系列措施的有意识地整合运用，实现文化供求内在均衡的行为。

第一，尊重市场规律，主动、理性地发挥市场调节作用。自觉性均衡并不意味着对自发性均衡的否定，而是要更加自觉地遵循市场规律，理性地运用自发的市场调节措施，促进供求均衡。我国高校长期处于"计划性"经济机制调控之中，到目前为止同地区的同类高校还实现统一定价收费，缺乏弹性的价格政策、完善的价值体系和市场化拉动机制。大学文化供求均衡的一个重要措施就是要完善价值体系，以成本为主要依据，以供求关系为指导，按质量的高低实行分等论价和弹性价格政策，运用价格调节供求关系，引导文化供给和文化消费，使大学文化供给的整体价格体系回位到与大学生消费能力相一致的水平。同时，要加快建立有利于大学生文化消费的市场拉动机制。随着我国高等教育体制的变化，高校文化消费正由计划分配向市场调节转变，但是"计划"的成份还比较重，学校依靠政府投资实现文化供给的比重比较大，而社会、企业参与供给的比重比较小，消费对供给的拉动力比较弱。如何建立大学文化供求的市场拉动机制，一要尊重价值规律，让文化生产者按投入产出原则计算成本，获得适当赢利；二要坚持竞争原则，通过市场的消费选择，极大限度地降低文化生产流通过程中的成本费用，扩大市场开发的范围和深度。

第二，重视环境建设，优化文化投资结构。文化供求均衡的最终实现，还必须依赖于适宜的文化消费环境、理性的投资行为与消费选择。文化消费环境主要有两个方面的含义：一是硬件环境，包括文化基础设施和相关配套设施的建设情况；二是软件环境，包括供给渠道、供给手段和服务质量等。良好的文化消费环境能够拓展消费主体的消费空间，引导消费主体更新消费观念，改善

---

① 胡惠林、李康化：《文化经济学》，太原：书海出版社 2006 年。

供求关系。只有改善文化消费环境，优化文化投资结构，实现投资效益的合理化，才能促进文化消费的可持续发展。大学文化投资要调整文化发展战略，合理安排和优化文化投资结构，坚持公益性投资与经营性投资相结合、文化教育性投资与审美娱乐性投资相结合、积累性投资与应用性投资相结合，进而更加合理地满足学生的文化需求。

第三，优化文化消费结构，实现消费行为合理化。文化消费结构，是指人们在文化消费过程中享用各种不同类型的消费品与服务的比例关系，主要包括享用文化消费品和服务的数量；享用文化消费品和服务的种类及所占的比例；文化消费品和服务存在的形式等等。它是人们的精神需求结构的社会表现形态。一定的文化消费结构，不仅体现了不同精神结构的内在差异性，而且还深刻地揭示了由此而形成的不同社会文化结构的差异性。

从某种意义上讲，人们的消费观念、消费心理、兴趣和爱好会直接决定文化消费结构的形成和变化，大学生文化消费的侧重点会随着消费心理的变化而有所变化。大学作为供给主体，要有针对性地运用包括行政手段、法律手段和舆论手段等一系列柔性调节措施，科学把握大学生文化消费特征，加快更新文化消费观念和消费方式，引导大学生进行正确的文化选择与文化消费，提高大学生文化消费的选择能力、理解能力和享用能力。通过具体、有效的消费指导，广泛普及文化消费知识，加强对文化消费结构调整重要性的宣传，通过正面教育、舆论引导、规范制度等形式与途径，引导大学生树立正确的文化消费观，改变不正确的消费思想，形成健康的文化消费风气，自觉抵制来自国内外的种种腐朽、消极的文化消费内容和消费方式的浸染。通过文明健康、科学合理的文化消费，提高大学生的思想文化素质和审美能力。

大学文化供求自觉性均衡要求综合运用各种手段，并使它们互相支持、配合，对外拓宽文化供给渠道，吸纳优质文化资源；对内加大投入，加快建设，增加文化消费品的数量，提高消费品的质量，拓展新的文化消费内涵，扩大文化服务的覆盖面，更新消费观念，引导正确消费，这样才能从宏观上和微观上有力、有效地调控大学生文化供求关系。

四、自发性均衡与自觉性均衡的区别

大学文化供求关系的自发性均衡与自觉性均衡的区别可以从谁来调节，通过什么调节，调节什么，达到什么目的和状态等五个方面来进行比较。

如表10-4所示，自发性均衡的调节主体主要是市场，是市场在内部运行中自发地运用市场规律进行调节。它调节的杠杆主要是价格，以供求关系为导

向，通过调高或调低文化商品的价格，来调整供给量和需求量之间的矛盾运动，达到两者基本平衡。它仅仅对具有价格的文化商品发生作用，而对一些无形的文化资源，例如学校的办学理念、历史文化、价值取向等内容的供给不会发生调节作用。它所追求的调节结果是供求关系的相对、基本平衡，并不意味着一定能够满足消费主体的真正需求。

表 10－4　自发性均衡与自觉性均衡的特征比较

特征	自发性均衡	自觉性均衡
调节主体	市场	管理主体、供求双方、其他供给方、市场
调节手段	经济性（价格）	经济性、非经济性（政策、管理、舆论）
调节内容	文化商品	文化产品、无形的文化资源（包括价值观等）
调节目标	平衡供求关系	满足发展需要
均衡状态	比较均衡	内在均衡

自觉性均衡相对于自发性均衡而言，有这样几个方面的特性：一是调节主体的多元性，除了市场发挥调节作用，更重要的是政府、教育主管部门、学校、学生以及文化商品的生产企业都自觉、有序、有度地组织或参与文化供求关系的调节工作，共同努力，以适应学生发展的需要；二是调节手段的整合性和调节行为的自觉性，除了理性发挥市场调节作用，还有针对性地选择和综合性地运用其他手段，有效地调节文化供求关系；三是调节对象的广泛性，除了调节文化商品，同时重视无形文化资源的供求调节，实现更多文化内容的供求均衡；四是均衡关系的内在性，文化自觉性均衡是以学生需求为导向，终极目标是满足学生成长需要，促进学生可持续发展，这种均衡是一种实质性意义上的均衡。

第四节　本章小结

大学生文化消费活动在消费对象、消费过程和消费感受等方面，呈现出与其他群体有所不同的个性特征，其需求变化除了存在价格、可支配收入和时间三个方面的普遍规律，还存在着性别、生源地和职业面向三个主体差异的变化规律。

本章依据文化需求主体的感受和参与调节供求关系的能动程度，突破文化供求量价均衡关系中关于静态平衡与动态平衡的简单分类，把文化供求均衡分为自发性均衡和自觉性均衡。前者在市场内部依靠价格自发调节，实现数量上的相对均衡；后者由供求双方综合运用调节手段，实现内在均衡，满足学生的真正需求。

第十一章

大学文化的动力系统

本章从文化动力学的视角，界定文化力的概念、特点，总结了传递理论、整合形态以及对组织成员的具体影响，从大学成员的情感角度，引导出大学文化内驱模型中的第三组变量定义：组织文化与个人文化的感动性契合和被动性契合。

系统（system）是一个相互关联和相互依赖的组成部分，共同构成的一个统一整体。这个概念来自物理科学并被用于组织。威立（Willey）主张："文化是由彼此关联、彼此互相依赖的习惯性反应方式所组成的系统。"[1] 著名社会学家帕森斯的高足、加州大学柏克利分校的罗伯特·贝拉1955年在哈佛大学完成的博士论文《德川宗教——现代日本的文化渊源》，接受了马克斯·韦伯的社会学理论，借用了帕森斯有关"类型变量"、"行为维度"的社会分析方法，结合历史研究方法与社会学理论方法，把社会系统分成四个维度：一是经济系统，与之相适应的价值是经济价值，相对应的维度是"适应"；二是政治系统，与之相适应的价值是政治价值，相对应的维度是"达到目标"；三是文化系统，与之相适应的价值为文化价值，相对应的维度为"潜在性"；四是整合系统，与之相适应的分别是整合价值，相对应的维度是"整合维度"[2]。由此可见，文化系统是社会系统中的一个重要组成系统。什么是文化系统？帕森斯定义为"是由那些引导行为者做出选择并限定行为者之间交往方式的那些价值观、行为规范和象征符号所组成的……（文化系统）不是与人格系统或社会系统相似的经验性系统，因为它表现出是由这些系统中特殊抽象出的因素组合。"[3]

---

① 转引自吴鼎福、诸文尉：《教育生态学》，南京：江苏教育出版社，2000年10月第1版，第47页。

② 陈来：《传统与现代——人文主义的视野》，北京：北京大学出版社2006年4月第209页。

③ 转引自 Bershady Harold. Ideology and Social Knowledge. Oxford：BasilBlackwell，1973：103.

文化是一个包含多层次、多方面内容的统一的体系，或者说是许多要素形成的有一定结构的系统。其各方面是内在连续的，时常处于组织建构之中，系统内的每一个因素的转变，都有可能导致整个结构的重组。这就假定有一种发生作用的动因或力量，这种力量的构成不是一个单一的平面，而是一个立体的结构，是一个组织的核心能力，是组织主要的价值创造动力。所谓组织核心能力（core competencies）是一个组织与众不同的能力和资源①，是组织在一定时期内保持持续运行和竞争优势的动态平衡系统，主要包含三个要素：技术力、管理力、文化力。三者处于不同层面，不可或缺、有机结合、动态平衡。其中，文化力是组织成员自愿的、共享共生的，形成了习惯的合力，是制度任务约束合力的内核，居于核心地位，是组织核心能力的重要组成部分，决定着组织核心能力的强弱和时效。

第一节　文化力的界定与大学文化力的影响

一、文化力的概念

马克思在《经济学手稿（1957～1958 年）》中明确地使用了"物质生产力"和"精神生产力"这对概念。"物质生产力"主要是指人类在适应、改造、调控自然过程中表现出来的能动的物质力量，而"精神生产力"则是指人类创造的精神产品、精神价值的实际能力②。文化力属于精神能力的范畴。杜维明教授说："在一个复杂的现代社会，除了科技能力以外，还必须有文化能力。"③

文化力的概念最初是对社会语言学家的沟通能力概念的延伸，意味着掌握语言的基本规则，以及与其用法有关的习惯和态度④。经过延伸与发展，一个文化主体（个体或者集体）的文化力主要包含三个基本内容：一是关于合法文化资本储备的知识，二是掌握与文化资本的消费和使用相关的知识技能和社会技能，三是有效地利用这些知识和技能以获取有利巩固、提高社会地位的能力。著名化学、物理学者俄斯特发尔特，以接触作用的研究，曾获得诺贝尔奖

---

①　C. K. Prahalad and G. Hamel, "The Core Competence of the Corporation," Harvard Business Review, May-June 1990, pp. 79 ～ 91.

②　转引自叶险明：《关于"知识经济"的历史观译释问题》，《哲学研究》2003 年第 9 期。

③　杜维明：《人文学和高等教育》，《清华大学教育研究》，2003 年第 4 期第 5 页。

④　A. D. Edwards, *Language in Culture and Class*, London, Heinemann, 1976, Chapter 1.

金。他同时又是一位著名的哲学家，从物理视角研究文化，于 1909 年出版了一本《文化学的能力基础》（Energetische Grundlagen der Kulturwissenschaft），认为文化演进的原理，是本于能力的定律，所以能力是文化学的唯一基础。从能力的观点看，文化演进史，就是工具与机器演进史。人的心力是高尚的能力，受感于外，生动于内，然后传递其动力于肢体，产生动力而工作。所谓工具的创造，机器的发明，体力与物力的转变，都是从这里产生的。所以说，人类文化的全部，是人类能力的结果。卡弗（T. N. Carver）在《人类能力的经济》（The Economy of Human Energy）一书里，以能力解释文化，认为文化就是能力转变的累积或结果，文化的进步就是善于利用能力而已[①]。

文化是变革的一种杠杆，可以发挥调节、控制等管理职能，体现工具性价值[②]。不管是从历时态的角度看，还是从共时态的角度看，社会发展与进步都离不开文化动力。这种文化动力主要包括内部动力和外部动力。内部动力来自文化内部各种子文化或者亚文化之间的相互作用，外部动力来自作为整体的某一社会的文化与其他社会文化之间的相互作用[③]。文化系统内的文化力是指不同种类的文化在协同经济发展、生产力提高、社会进步中转化而来的力量。多数学者把这个文化力划分为精神文化力、传统文化力、知识文化力、人才文化力、制度文化力、行为文化力以及文艺文化力、信息文化力等等[④]。管理过程中的文化力，是指文化在管理过程中的影响力，包括激励之力、引导之力、熏陶之力、约束之力等等。

二、文化力的特点

组织文化是社会因素变化和发展的结果[⑤]，是组织成员共有、共享的相对统一、持续存在的价值观、信念以及行为规范（包括习惯、传统和政策等）。

① 陈序经：《文化学概观》，中国人民大学出版社 2005 年 2 月第 1 版，第 104~106 页。

② Ouchi, W. G., 1981, *Theory Z*, Addison-Wesley, Reading, MA.; Deal, T. E. and Kennedy, A. A., 1982, *Organization Cultures: The Rites and Rituals of Organization Life*, Addison-Wesley, Reading, MA.; Pascale, R. T. and Athos, A. G., 1982, *The Art of Japanese Management*, Penguin, Harmondsworth; Peters, T. J. and Waterman, R. H., 1982, *In Search of Excellence: Lessons from America's Best Run Companies*, Harper & Row, New York; Smircich, L., 1983, 'Concepts of culture and organization analysis', *Administrative Science Quarterly*, Vol. 28, No. 3, pp. 339~358.

③ 袁江洋、董亚峥、高洁：《让创新成为我们的文化传统——创新文化建设问题研究》，《中国软科学》，2008 年第 8 期，第 66~74 页。

④ 黄海峰：《关于跨国文化管理的思考》，北京：《中国企业报》，2005 年 10 月 26 日第 8 版。

⑤ Fombrun, C. J., 1984, 'Organization culture and competitive strategy', in C. J., Fombrun, N. M., Tichy and M. A., Devanna (eds), *Strategic Human Resource Management*, Wiley, New York.

它存在于组织战略和组织结构中①，体现了"组织做事的方式"，是组织的软实力。所谓软实力，美国哈佛大学教授约瑟夫·奈提出两种定义方法：一是从行为角度定义，指通过吸引而非强迫或收买的手段达到自己意愿的能力；二是从资源角度定义，指所拥有的可影响结构的能力和资源。从管理功能的角度看，软实力与硬实力都是通过控制他者的行为来实现自己的目的，因此两者只是实现方式上的差异，而非本质上的差异。强迫（大棒）——收买（胡萝卜）——价值观吸引，反映了人类自我控制利益实现方式社会化的文明进程②。

文化管理是通过一种软性的合力来达到管理的目的，其力量来自于内在的约束。正如法国著名社会学家埃米尔·杜尔干（Emile Durkheim）所说，文化是人身外的东西——它存在于个体之外，而又对个人施加着强大的强制力量。人类学家梅尔福特·E·斯皮罗教授，探索人性与文化的关系，研究认为心理和文化的作用力和结构是解释人类行为不可缺少的部分。但是，人并不老感到文化强制的力量，这是因为人们通常总是与文化所要求的行为和思想模式保持一致。然而，当个体真的试图反抗文化强制时，它的力量就会明显地体现出来③。管理过程中，文化力的特点主要体现在以下四个方面：第一，从力的作用方式来看，它更多是隐性的、散在的，是一种熏陶影响，潜移默化，不是约束捆绑，而是本体自我的自觉感受。它没有行政力量的强制性、外显性、集中性。第二，从作用力的对象看，它主要是指管理学意义上的观念人。文化管理可以把非观念人感化成观念人。第三，从作用力的效果来看，它具有相对性，同质同量的文化力，因受力对象的接受程度不同，作用效果也不同。文化管理实施的时间越长，文化力的作用也更大。第四，从作用力的方向来看，文化力是复杂多向的，管理主体与管理客体之间、管理客体相互之间，都存在彼此相互、相等的作用力。而行政强力则具有单向性的特点，它不是相互指向，只是管理主体指向管理客体，要求管理客体被动的执行④。

---

① Scholz, C., 1987, 'Organization culture and strategy - the problem of strategy fit', *Long range Planning*, Vol. 20, NO. 4, pp. 78～87.

② 双华斌：《软实力的中国版本——访中国社会科学院文化研究中心贾旭东研究员》，《中国教育报》2008年7月2日第12版.

③ ［美］C. 恩伯，M. 恩伯：《文化的变异》，辽宁人民出版社1988年版，第37页.

④ 鲁宏飞、沈艳华、魏馨等主编：《学校文化建设与管理研究》，上海：华东师范大学出版社，2007年7月第1版，第156～159页.

三、大学文化力对组织行为的影响

米勒利尔（F. Müller Lyer）在《社会进化史》中说"文化的原动力，显然在人的自身"①，组织成员是实现管理目标的关键因素，文化力作用的实现都是通过对组织成员的行为实施影响而实现的，进而提升组织能力的。Denison DR 和 Arbor AA 研究认为，文化对组织能力的提升主要有四个方面的作用：一是加强组织成员的投入度；二是建立组织成员间的一致性；三是提高组织成员的适应性；四是培养组织成员的使命感②。人类学家本列特研究认为，相对于组织行为而言，文化具备六个基本机能：一是有利于社会成员生理活动的维持；二是为社会增殖新成员；三是将新成员培养成将来能为社会作出贡献的人；四是生活必需品的生产与分配；五是集团内或集团间秩序的维持；六是明确"人生意义"，具有生存动机和积极从事生存所必须的活动。

大学成员加入大学组织，是以获取文化成员资格（归属与共享）为基本前提的，这是一个组织文化序参量役使个体心理的过程。从接受役使的主体来看，这一过程分为三个阶段：一是认同（包括文化与角色模式），二是动机（对结果的期待），三是内化（包括信仰和价值观念）③。这一过程中，大学文化对大学生的影响力主要表现为：

（一）提高大学成员的投入度

文化不是静止的人类行为的档案记录，不只是对社会的记录、再现。一个组织文化的各种符号体系无时不在引导着组织成员对现实的理解和相互交流，动态、生成性地形塑着社会生活，外显地或潜隐地指导、支配着物质生产与精神生产的价值取向和行为模式④。詹姆斯·帕克（James Barker）突破组织文化的职能观和象征符号观，提出组织文化是一个组织的处事方式，文化代表一种体系，这种体系用来产生组织成员的的意图，形成工作活动，鼓励组织成员选择有利于适应和维持组织运转方式的行动⑤。组织成员高度的投入和参与，使个体产生归属感和责任心，并由此促使个体在自我支配的环境中更加主动地学习和提升能力，以满足组织对个体的期望。任何一个组织目标的设置都会受

---

① 转引自梁漱溟：《中国文化之要义》，上海人民出版社 2005 年版，第 34 页。

② Denison DR，Arbor AA. Organizational Culture and Organizational Effectiveness［J］. Academy of Management Proceedings，1989，pp. 168～172.

③ 王丽娟：《企业文化变革的自组织分析框架》，《管理世界》，2006 年第 6 期第 155～156 页。

④ 姜义华等 1987，参见童庆炳《文化评论》1995 年第 24 页。

⑤ Barker，J. R，1999，*The Discipline of Teamwork*，Sage Publications，London.

到文化的限制，大学组织目标的选择与确立也无法回避文化的影响。从历时性角度看，大学文化不是一朝一夕铸就的，而是大学在长期的办学历史中积淀而成的。文化积淀是整个人类积淀的重要组成部分之一，没有人类文化的积淀，就没有人类精神的生成。所谓积淀，是指"人的社会实践历史在人的心理深层所形成的一种定型的功能结构"①。因此说，大学文化是学校成员进行价值判断、价值取向和价值认同的自然结果，形成一种独特而又易变的习惯秩序。各所大学不同的相对连贯的文化目标与文本，以及它们相对个体成员的存在，是大学组织和成员个体的行为依据，有助于引导其成员在多元化的文化背景中选择正确的价值观念，树立正确的人生观、价值观，包括价值取向导向、行为目标导向和规章制度导向。

（二）建立大学成员间的一致性

大学文化核心体系作为"强势文化"，对于凝聚和提高组织能力有着积极的影响，建立在内部价值体系基础上的、隐含的治理机制是在一种经过成员深入交流而形成的有效信仰框架下工作的，所以组织成员之间的一致性对组织能力的建立和提高具有积极的影响。大学文化可以通过建立一种行为准则、价值观念和道德规范，发挥超越制度之上的一种无形的文化力量，实现对大学成员的自觉管理，凝聚大学成员的归属感、积极性和创造性，引导成员为大学组织和社会发展而努力②。大学文化管理作为一种有效的控制工具，其核心是精神管理，通过大学文化的培育、管理文化模式的推进，使大学成员形成共同的价值观和行为规范，使大学成员"热爱组织以及组织目标"。以大学集体目标为主流导向的大学文化核心体系主要体现在使命、愿景和价值观（即生存意义、生存目标和生存准则）三个重要方面。愿景是组织肩负使命而趋向未来的图景。共同的愿景是组织中成员所共同持有的对组织未来的希望的景象。愿景有三个基本要求：大家愿意看到的（期望的）、大家愿意为之努力的（主动的）、通过努力可以一步步接近和实现的③。大学文化主要通过两条路径建立大学成员间的共同愿景：一是提供大学组织行为的目的、意义以及一系列非经济的理由来解释为组织目标奋斗是正确而重要的，促使组织集体及其成员对发展方向和目的形成共同认识；二是为组织及其成员提供明确的方向和目标以说明行动

① 刘敏中：《文化学学·文化学及文化观念》，哈尔滨：黑龙江人民出版社，2000年第16页。
② 谭昆智：《组织文化管理》，北京：北京大学出版社2008年第58～59页。
③ 孙兵：《持续成功企业文化管理实战路径》，《管理学文摘卡》，2006年第5期第42～44页。

的正确过程①，通过学校的行为准则而进行的控制，寻求改变大学成员的情感或者思维方式、信仰、价值观。

（三）提高大学成员的适应性

文化通常包含集体性的行为反应，这些反应已经被证明适应于某个特定的社会组织。当面对新的情况时，组织首先尝试已有的习惯性、集体性反应，如果没有达到预期效果，放弃旧的反应、产生新反应的能力就成为适应过程的主要部分。组织成员的适应性因素会对组织能力产生三个方面的影响：一是对外部环境的感知和反应能力；二是对内部成员的反应能力；三是对内部成员和外部对象的反应，要求组织具备能够对带来组织适应性的一系列行为和过程进行重构的能力。露丝·本尼迪克从文化人类学的角度指出："个体生活历史首先是适应由他的社区代代相传下来的生活模式和标准。从他出生之时起，他生于其中的风俗就在塑造着他的经验和行为。到他能说话时，他就成了自己文化的小小的创造物，而当他长大成人并能参与这种文化的活动时，其文化的习惯就是他的习惯，其文化的信仰就是他的信仰，其文化的不可能就是他的不可能。"② 大学文化环境是大学成员建立的一个自造环境，反过来又让大学机体再适应于这一环境。这一新的自造环境遵循着大学自己的定数，其中存在着文化进程、文化结构以及一致行为的效率的法则。文化进程的法则不如自然法则或生命有机体法则那样刻板，但在人工制品、技能、思想和行为规则之间的关系中可以发现这些法则③。因此，大学文化不可避免地成为一个强加于大学成员的新强制因素的根源，成为限制大学成员行为变异的一个主要因素。

（四）激发大学成员的创造力

大学在文化变迁中处于独特的地位，它们不仅传递着系统化的知识、观念，而且在创造文化的职能上也显得日益突出，发挥着其他机构无法替代的作用。威恩伯格（Weinberg, C.）从五个方面分析了这一特性。一是学生的年龄较大，社会允许他们（学生）对事情和问题进行讲论、评判；二是教育机构的类型和资源控制之间的关系是第二个重要因素，在高等教育阶段，学校与社区、家长之间的关系日渐松散，无论是教育者还是受教育者都具有较大的自由；三是接受高等教育是自愿的，而不是强制的；四是大学中倡导学术上的自

---

① 谢冰：《文化影响企业国际化战略的理论框架研究》，《科技管理研究》，2008 年第 1 期第 16 ~ 17 页。

② 露丝·本尼迪克著，何锡章等译：《文化模式》，华夏出版社 1987 年 9 月第 1 版，第 2 页。

③ 庄锡昌等：《多维视野中的文化理论》，浙江人民出版社 1987 年版，第 109 ~ 110 页。

由，这对于公开讨论、自由争鸣来说，至关重要；五是高等学校教学中提供的材料，提倡的是探究（inquiry）、生产性（productivity），与中小学提倡的稳定、传统、一致性有所不同，这也是易形成变革和变迁的主要原因①。综合这五个方面的特征，大学文化相对于其它组织文化而言，在文化创新与发展上有着独特的作用，更有利于激发组织成员的创造动机。

第二节　大学文化力的传递与整合

大学文化管理能力的建立及其作用的发挥并不是自发生成和自动实现的，需要一定的机制来促进和协调文化能力在管理层次之间以及管理过程之中的传递。通过建立一套畅通、互动、共享的一种组织路径，让大学文化能力在管理中有意识或无意识地转化为组织能力，是实现大学文化自觉管理而必须解决的问题。

一、大学文化力的移入路径

文化力移入，也被称之谓"文化力渗入"，是指两个以上不联系的群体及其文化中的个体发生持续不断的互动而导致的变化，是一种文化对另一种文化的同化统合作用力。大学文化力移入，主要指社会文化力如何影响大学组织行为和如何作用于大学成员。相对于外界的社会文化和其他区域文化而言，大学文化是在在外部环境的影响之下，为了适应其他文化力而造成的紧张气氛中形成的派别、观念模式和行为准则，大学成员的很多行为在一定程度上也是社会文化通过渗入大学组织作用于组织成员的结果。

（一）社会文化移入大学组织的主要因素

如图 11 - 1 所示，A、B、C、D、E 为系统中互动的主要群体性要素，→表示主要的影响方向和文化传递，－－→表示跨文化关系。一个组织系统（B）主要受到五个方面的社会文化因素的作用：一是教师培训机构（A），二是种族群体或者阶级聚集体（C），三是大众传播（D），四是立法机构（E），五是国家政体的作用。美国教育人类学家 B. J. 西格尔研究认为，要实现教材内容（A）正确地传递，使学生接受（B），必然受到下列因素作用：一是在每一种亚文化中各种文化价值的一致性程度；二是群体成员对这些价值的认可

---

① Weinberg, C., Social Change, in Kneller, G. F. (ed)., Foundations of Education, 1971, pp. 91 ~ 92.

程度；三是能否在几种亚文化的参与者之间建立起适当的跨文化角色的运行关系；四是对自身角色的认识和要传递内容的理解。沃纳的研究也表明，除去教师个体间知识水平、教学质量和品德方面的重大差异，教师也必须做到：一是对学校系统所制定的价值的理解要具有极高的一致性；二是在领悟自己的角色的方法和内化自己的训练经验的方法上要有广泛的一致性。只有这样才能实现目标，否则会走向反面。①

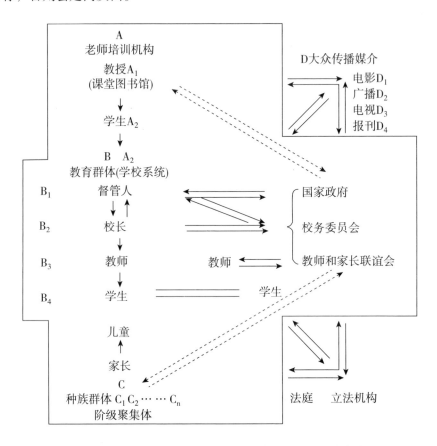

图 11 - 1　文化移入因素影响学校系统中文化材料的传递

资料来源：冯增俊，《教育人类学》，南京：江苏教育出版社 2001 年 2 月第 1 版，第 337 页。

---

① 冯增俊：《教育人类学》，南京：江苏教育出版社 2001 年 2 月第 1 版，第 336～338 页。

（二）大学文化移入的渠道

如图 11－2 所示，每条渠道均划分了必须传递的文化内容所必经的部门，→表示外界刺激和社会文化力量的方向，小写字母表示渠道内的部分。整个文化移入过程，大学文化和大学成员相对于外界文化而言，往往表现为一种被动的文化适应。大学文化传递路径主要有以下几项特征：

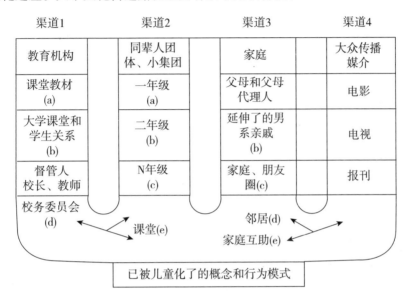

图 11－2　显性外来文化传递渠道

资料来源：转引自冯增俊，《教育人类学》，南京：江苏教育出版社 2001 年 2 月第 1 版，第336～339 页。

第一，任何文化在传递到达学生，为学生接受的过程中，都必须受到层层整合，或被扩大，或被删改，或被浓缩甚至取消，极少部分能够仍然保持原本的意义。

第二，学生接受新知识，受自身的传统习惯、能力水平、角色关系、文化价值观及认知理解方式制约，接受知识的多寡、深刻或肤浅、整合水平，主要是与上述诸方面的一致程度相关。

第三，哪种路径有效，关键取决于文化价值观，认为正规教育价值高的家庭比认为无足轻重的家庭，对课堂学习寄予更高的期望，前者对学生的学业成绩要求更高，更注重采用图 11－2 中的渠道 1 和渠道 3 的传递路径，最大限度地利用课堂和家庭提供的一切因素，发挥文化的作用。

第四，在几种渠道冲突时，学生必然会选择一种被人需要的、有希望的、能降低焦虑的、可获得报酬的东西。教育人类学认为，这往往是代沟现象的产物。课堂教学与家庭、社会要求都不一致，而学生可能更多地倾向于遵从同辈人团体的价值取向。

第五，在现代社会的急剧变化中，教育机构如何整合、融会几个重要传递渠道的功能，使之形成一股有力的互动流，是非常重要的。研究证明，学校本身对文化传递的解释，或被阻塞，或被划分、被扩大地发挥着关键作用[①]。

大学不仅受传统影响，其人员来源、经费、生源都来自社会，是一种必定要与社会其它各系统相适应，并寻找相互影响的组织，任何时候都无法脱离社会系统的联系，这就决定了大学文化作为一种区域性组织文化在本质上会被渗入，而且任何一所大学都不是仅仅接受一种文化渗入，而且也不是一种简单的传送器，大学总是对多种文化的渗入进行整合，从而形成与各种文化相联系而又有不同的特点的文化。对此，美国卡耐基教学促进基金会主席波耶（Ernest Boyer）综合分析美国大学校园一些演变中的趋势[②]后，提出大学教育将继续走向多元化（diversity）演变，更为多姿多彩。事实上，在这演变过程之中，隐微可见协调（coordination）与整合（integration）的大势亦在静默之中[③]。古德来德（Goodlad, J. I.）从微观生态学的角度，研究提出大学是一个文化生态系统的概念，强调从管理的角度入手，统筹各种生态因子，以建立一个健康的生态系统（healthy ecosystem）。[④]

二、文化力传递的理论与模型

中外学者主要是从心理学的角度，以个体接受者为主要研究对象，探讨和设计文化力传递的路径和过程。主要有以下四种理论：

（一）文化心理学理论

从文化心理学的角度看，文化是个体在利用和重构外在因素的过程中与社会碰撞、协商的结果。一方面，组织中的个体积极主动地建构文化，消化吸收

---

① 冯增俊：《教育人类学》，南京：江苏教育出版社2001年2月第1版，第340页。

② Boyer E L. Campus Climate in the 1980s and 1990s：Decades of Apathy and Renewal. In：Levine A, ed. Higher Learning in America, 1980~2000. Baltimore：John Hopkins Univ. Press, 1993. 322~343.

③ 郭为藩：《转变中的大学：传统、议题与前景》，北京：北京大学出版社，2006年7月第1版，第149~150页。

④ Goodlad, J. I. （ed.），The Ecology of School Renewal：Eighty-sixth Yearbook of the National Society for the Study of Education, Part I, 1987.

文化的影响；另一方面，文化不能离开个体而发挥作用，文化力的发挥必须以价值主体（个人）的逻辑选择权为前提①。

依据波依斯奇（Boesch，E. E.）的建构观理论，发生在一定文化场域的行动，是这一文化场域内相应层次或系统中的目标和手段。这一层次或系统中的目标与手段是由文化环境及其与之相伴随的社会、物质与观念的内容来形塑，并必然被个人所建构。个人的建构过程实际上是通过其行动来同化、内化和转化文化②。文化通过个体发挥作用的重要途径就是通过引领意识形成，从而对个体产生驱动力，其一般轨迹或过程为：

外力的迫使和人的内在优化愿望→人的文化活动（对象化关系或用符号来表示的对象之间和人与对象之间的关系）→文化（符号）的产生与演变（尤其是工具的生产和使用）→人的活动方式尤其是生活方式（包括物质生活方式与精神生活方式）和行为的改变→人的心理（也有生理）的变化或演进③。

（二）完形心理学理论

完形心理学理论从物理的"场"的视角，提出：人不仅有物理的"场"，也有心理的"场"，这两个"场"相互作用，便形成了"心理——物理场"。因此，知觉也是一个"场"，一个完形。物理现象有动力结构，人的意识经验里也有相似的动力结构，精神与物质对象有着同形同构的关系，人在这种"场"的反应中，获得整体性的心灵的顿悟和美感。有学者结合完形心理学和皮亚杰的发生认识论，设计了个体欣赏文艺活动中的心理组织模式：

$$S→(A)/T→R$$

其中，S 代表艺术美的信息系统，（A）代表心理组织功能，包括对刺激的同化和顺化两种机能；T 代表欣赏者的心理文化结构，包括审美心理结构、智力结构和伦理结构等；R 代表美感效应，即魅力的形成，外虚线框代表审美环境（社会环境和具体欣赏情境）。这个公式说明，艺术魅力的发生，就是欣赏者的心理文化结构对艺术作品美的信息和审美"场"的信息进行复杂的心

---

① 李炳全：《文化心理学》，上海：上海教育出版社，2007 年 2 月第 1 版，第 110～111 页。

② Boesch, E. E., （1990），*Symbolic Action Theory and Cultural Psychology*. Berlin：Springer Verlag. p. 279.

③ 李炳全：《文化心理学》，上海：上海教育出版社，2007 年 2 月第 1 版，第 97 页。

理组织过程之后所产生的美感效应①。

（三）群体动力理论

群体动力理论与完形心理学理论同样借用物理学中"磁场"的概念，提出一种文化动力理论，其创始人是德国心理学家勒温（Lewin）。该理论把人的过去和现在形成的内在需求看成是内在的心理力场，把外界环境因素看成是外在的心理力场。人的心理和行为取决于内在需要和周围环境相互作用影响的结果。当人的需要未得到满足时，会产生内部力场的张力，而周围环境因素起到导火索的作用。据此提出了著名的行为公式：

$$B = f(P \cdot E)$$

其中 B 是个体行为（方向和强度），P 是个性特征，E 是环境，f 是函数。人的行为是个性特征与环境相互作用的函数关系或结果。

勒温最初用"场"的理论来研究个体行为，后来又把"场"的理论扩大到群体行为的研究，提出"群体动力"的概念。"群体动力"就是指群体活动的方向和对其影响的各种因素，因为群体活动的方向同样取决于内在的心理力场与外在的心理力场的相互作用。②

（四）驱动模型理论

从驱动的形式与过程来看，文化力在管理中的驱动模式主要有：

第一，线性驱动模式。文化驱动是一个不断从"现在态"经由"过渡态"进而达到"未来态"的过程。三种状态在时间上是继起的，在空间上是并存的。普华永道变革整合小组研究认为，文化线性驱动遵循"文化的塑造力量→文化的特征→行为、决策→业绩"的内在逻辑③路径进行。

第二，互动兼收模式。这是一种内部改变与外部作用相结合的一种模式。内部改变涉及人们的价值观、追求和行为，外部作用包括和谐、战略、实践和体系等。内、外部文化力作用过程是"正反馈回路的促进环"和"负反馈回路的抑制环"耦合作用的过程④。

第三，螺旋上升模式。理查德·巴雷特把文化驱动的动态过程描述为一个螺旋上升的过程，包括五个阶段，即"无意识（A1）→意识（B1）→学习新行

① 朱希祥：《当代文化的哲学阐释》，上海：华东师范大学出版社，2006 年 1 月第一版，第 98～99 页。

② 刘毅：《管理心理学》，成都：四川大学出版社 2008 年第 9 页。

③ 普华永道变革整合小组：《管理悖论》，经济日报出版社，2003 年版。

④ 王丽娟：《企业文化变革的自组织分析框架》，《管理世界》，2006 年第 6 期第 155～156 页。

为（C1）→实践新行为（D1）→价值变化（E1）→无意识（A2）→意识（B2）→学习新行为（C2）→实践新行为（D2）→价值变化（E2）→……"①

其中线性驱动模式与螺旋上升模式坚持和遵循了文化力的循环理论。所谓循环，是指一类动态系统，它有一个输入端和一个输出端，在这两者之间是由多个中介体构成的因果循环，这些中介体之间是一种依次的生成关系。其中，最为关键的是，这个过程的末项（结果）恰恰要生成下一个过程的首项（原因）。如此这般，系统才得以构成封闭的功能耦合网，系统的整体性、稳定性才有存在的基础和前提。② 依据这种理论，"随着一代又一代的轮转，随着新的观念、新的结合、新的技术深入社会成员的头脑，文化的变化永远不会停止"③，文化力的传递也永远不会停止。根据霍尔和他在开放大学（Open University）的同事们建立的"文化循环"理论，从文化消费的角度文化的作用过程可以分为生产、分配、消费、再生产、再分配、再消费……的过程（见图10-1），从力的作用路径来看，文化力的作用过程可以分为生产、再现和接受三个阶段④。

第三节　大学集体目标与个体行为目标的契合

社会文化力移入大学组织，是为了促进社会价值取向与大学取向的契合；大学组织文化力传递给大学成员，是为了促进大学成员和大学集体的目标契合。个人与组织的目标契合，反映了个人与组织之间的相容性和一致性⑤。

一、文化、目标契合理论

迪尔凯姆和帕森斯认为，文化是一个控制个体以使其符合社会利益的系统，文化的运作就是将个人维系在一起，并使一个社会得以整合⑥。组织文化如何将组织成员维系到一起，整合到一起，关键要看组织目标与成员目标的契

① 理查德·巴雷特著，公茂虹等译：《解放企业的心灵》，新华出版社，2005 年。

② 王丽娟：《企业文化变革的自组织分析框架》，《管理世界》，2006 年第 6 期第 155 ~ 156。

③ Herskovits, M. J., The Processes of Cultural Change, in Linton, R. (ed.)., *The Science of the World Crisis*, 1945, p. 143.

④ Jim McGuigan (1992), *Cultural Populism*, London：Routledge.

⑤ Kristof A L. Person-organization fit：An integrative review of its conceptualizations, measurement and implications [J]. Personnel Psychology, 1996, 49：1 ~ 49.

⑥ Parsons, Talcott, 1951, *The Social Systems*, New York and London：Free Press and Collier Macmillan, pp. 205 ~ 206.

合程度。

不同的文化，制定政策的模式不同，对市场、国家和个人作为社会组织引擎的合法地位的认识也不同。一些组织所陈述的目标很大程度上是由组织的利益相关者"想听到什么"决定的，通常与其实际的做法大相径庭①，影响了组织成员的价值认同。因此，有学者提出，组织成员的行为和行动才是对目标的最好定义，组织管理者必须仔细地观察组织成员正在做什么。只有得到组织成员认可的文化，才是有价值的文化。这就是常说的文化认同问题。所谓，"文化认同"是联合国教科文组织提出的话语。1982 年，教科文组织在墨西哥市组织举办一个"文化政策世界会议"。会议报告清楚地展示了两个对立的文化认同问题：一是主张民族国家文化之认同，一是否认民族国家文化之认同。史拉纳（Fernando Solana）在会议的开幕词里说："在我们的议程里，至为根本的目的就是尊重所有人的文化认同。②"由此可见，教科文组织高举"所有人"（all people）之名举办文化认同的辩论。提出：文化属于人类——人类主体。文化是全体共有而不是专属于一人、一地或一国的。由于人所处的社会地位和生活环境不一样，人们对待文化的立场也就不同。"文化认同"这一话语的建构，起始是"人"，而不是"民族国家"。这是一种多元文化观念，主张各种文化和平共存的权利，相互尊重彼此的文化，包括弱势少数族群的文化。

一个区域的文化与区域的界线很难完全吻合配套、两者并不重叠。在某个意义上，可以说区域文化，但与此同时在这些区域之内、甚至是跨越区域的疆界，可能都存在着种种文化认同的问题。文化认同，不仅需要文化主体具有相应的文化心理，而且需要社会的客观性需求。当前，对传统文化不仅仅需要感情上的认同，而且需要经过深入思考，在理性批判审查之后，重新确认传统文化的价值。

两个拥有相同制度的企业，如果其企业文化不同，这两个企业可以具有完全不同的市场表现。如果一个企业的员工在主动地按照制度工作的同时，从心底里认同公司的理念，主动地考虑公司的价值，而另一个企业的员工只是被迫

---

① See, for instance, C. K. Warriner, "The Problem of Organization Purpose," *Sociological Quarterly*, Spring 1965, pp. 139~146; and J. Pfeffer, *Organizational Design* (Arlington Heights, IL: AHM Publishing, 1978), pp. 5~12.

② Unesco, 1982, *Final Report of World Conference on Cultural Policies*, Mexico City and Paris: Unesco, p. 179.

地按照制度的规定工作，并不考虑公司的整体利益，那么，这两个企业员工的工作质量和效果将大不相同，这两个企业的经营效果也大不一样。由此可见，让员工充分认同组织目标是组织提高管理效率的一个不可缺少的手段①。大学同样如此，大学集体目标与大学生个体目标的契合程度，决定着大学管理成效和大学人才培养成果。

二、大学集体目标与学生个体目标的契合结果

中外学者关于组织目标与个体目标所开展的研究内容主要包括两个方面：

一是个人与组织在价值观上的契合程度。O'Reilly 把个人与组织的契合度明确定义为个人与组织在价值观上的契合程度②。如图 11 - 3 所示，Chatman 在以价值观为主要内容的个人与组织契合度结构方面建立了个人与组织互动作用的理论模型，较好地反映了个人与组织两方面的交互影响③。还有多数研究成果都倾向于有积极作用，认为个人与组织契合度越高，员工的组织承诺、工作满意度、组织信任也越高④，如个人与组织契合度的增加，会提高包括公民行为、自述团队、道德行为在内的社会道德行为⑤，但也有一些研究认为高水平的契合度具有一些负面的影响（dark side of good fit）⑥，会影响组织的适应能力和创新能力⑦。

———————————

① 邹樵、丁冬：《企业文化制度建设的依据与原则》，《管理世界》，2007 年第 4 期第 164 ~ 165 页。

② O'Reilly C，Chatman J，Caldwell D. People and organizational culture：A Profile comparison approach to assessing person-organization fit［J］. Academy of Management Journal，1991，34：487 ~ 516.

③ Chatman J. Improving interactional organizational research：A model of person-organization fit［J］. Academy of Management Review，1989，14：333 ~ 349

④ 魏钧、张德：《中国传统文化影响下的个人与组织契合度研究》，《管理科学学报》2006 年第 6 期第 87 ~ 96 页。

⑤ Posner B Z. Person-environment values congruence：No support for individual differences as a moderating influence［J］. Human Relations，1992，45：351 ~ 361；O'Reilly C，Chatman J. Organization commitment and psychological attachment：The effects of compliance，identification and internalization on prosocial behavior［J］. Journal of Applied Psychology，1986，71：492 ~ 499.

⑥ 魏钧、张德：《中国传统文化影响下的个人与组织契合度研究》，《管理科学学报》2006 年第 6 期第 87 ~ 96 页。

⑦ Schneider B. The people make the place［J］. Personnel Psychology，1987，40：437 ~ 453；Walsh W B. Person-environment congruence：A response to the Moos perspective［J］. Journal of Vocational Behavior，1987，31：347 ~ 352.

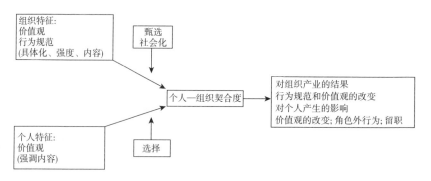

图 11 - 3　个人与组织契合度模型

资料来源：魏钧、张德，《中国传统文化影响下的个人与组织契合度研究》，《管理科学学报》2006 年第 6 期第 87 ~ 96 页。

20 世纪 80 年代以来，国内外学者开始关注和研究我国传统文化对本土个人与组织契合度的影响。Hofstede 和 Bond 在研究探索亚洲地区 20 世纪 80 年代经济快速成长时发现，在原先提出的四个"国家文化构念"的基础上，提出了第五个构念——儒家思想特质（Confucian dynamism）。社会心理学家 Bond 与同事为了研究中国文化的价值观体系，编制了《华人价值观量表》，得出整合（integration）、儒家工作动力（Confucian work dynamism）、仁心（humanp-heartedness）、道德教化（moral discipline）四个主要因素。这些研究表明，中国传统文化对本土组织和个人的价值观具有很强的影响力。清华大学经济管理学院张德教授和北京科技大学经济管理学院魏钧博士立足中国传统文化影响下的价值观测量，用间接测量方式测量个人与组织的契合度，揭示了传统文化影响下的契合度与结果变量关系。[1]

二是从微观行为学的角度，研究组织集体目标与个人行为目标的契合。社会集体目标作为社会集体发出道德话语的目标，超出个体性，具有集体的整体性。而对于组织成员的个体行为目标而言，对文化进行策略性解释发出行动的社会行为者是具体的个体，其行为也具有自身的目标。这样可以发现，社会集体目标与个体目标是存在差异的[2]。例如，理查德·鲍尔（Richard Ball）曾从个人主义与集体主义相互关系的角度，分析人们为实现集体的目标而限制个人

---

[1]　魏钧、张德：《中国传统文化影响下的个人与组织契合度研究》，《管理科学学报》2006 年第 6 期第 87 ~ 96 期。

[2]　蒋廉雄、卢泰宏：《管理公平：转型社会中的文化"偏向效应"及其发生机制》，《管理世界》2007 年第 4 期第 46 ~ 59 页。

目标的程度，研究表明：第一，文化特征的一个重要层面是个人赖以辨识的集体的大小；第二，适当的社会制度能替代集体规范，并能促进较大群体的集体认同感①。我国学者蒋廉雄、卢泰宏等人发展了文化社会学关于文化的多层次结构的概念，构建了"社会集体目标关联"和"个体目标关联"的理论框架，通过历史文献的实证分析，发现转型社会中的中国文化对公共管理公平的影响存在"偏向效应"。②

三、大学集体目标与学生个体目标的契合结果

个人与组织两方面在目标契合过程中是交互影响、交互作用的③，其结果在方向上可能一致，也可能不一致。组织目标与个体目标的关系在一致性状况上可能出现四种情况：①所有个体目标与组织目标的期望相一致；②所有个体目标与组织目标不一致；③个体目标与组织目标有时一致，有时不一致；④部分个体目标与组织目标一致，部分个体目标与组织目标不一致。导致这四种情形在不同时候不同情境中出现的原因，关键是组织文化的导向，是倾向于组织需要还是个体需求，即是一种倾向于与组织目标相关联的文化，还是倾向于与个体目标相关联的文化。

与组织目标相关联的文化，是指某个文化概念在制度结构层次上被一致性认同为鼓励性的组织期望，但与个体目标无关，此时个体可能会遵循组织期望而行动，即按照工具箱的观点，文化没有起到策略解释作用或者类似于"主题相关"的分析，此时文化因为与组织成员"解释相关"而非"动机相关"。这种文化背景下，组织与个体两者在目标的一致性上有两种结果：一是结果①，所有个体根据组织的期望而行动，个体目标与组织目标一致；二是结果③和④，即个体目标与组织目标有时一致，有时不一致，或部分一致，部分不一致。其原因在于，某个文化概念虽在制度结构层次上被认同为一致性的倡导或抑制期望，但由于与个人目标或动机无关联，即可能不是每个人行动中"所想要"的。在这个情境（此时或此部分）中个体的目标可能与组织目标一致，在另一个情境（彼时或彼部分）中个体目标可能与组织目标不一致。两者目

① 薛晓源、曹荣湘：《全球化与文化资本》，北京：社会科学文献出版社 2005 年 4 月第 225 ~ 227 页。

② 蒋廉雄、卢泰宏：《管理公平：转型社会中的文化"偏向效应"及其发生机制》，《管理世界》2007 年第 4 期第 46 ~ 59 页。

③ Chatman J. Improving interactional organizational research: A model of person-organization fit [J]. Academy of Management Review, 1989, 14: 333 ~ 349.

标一致发生的概率取决于具有随机性质的情境的出现以及管理者对当时情境的关注及其解释的可能性，其中组织的鼓励性是重要的激发解释可能性的线索。

与个体目标关联的文化，是指某个文化概念在制度结构层次上虽被一致性地认同为约束性的社会集体期待，但与所有个体实现其行为目标关联，即按照工具箱的观点可以起到策略解释作用或者类似于"主题相关"的分析，此时文化因为与个体的"动机相关"而被解释。个体与组织在目标的一致性上会产生两种结果，一是结果②，所有个体根据自己意向而行动，个体目标与组织期望目标不一致。二是产生结构③和④，个体目标与组织目标有时一致，有时不一致；部分一致，部分不一致，但发生的原因在于组织目标对个体目标的约束程度①。

四、大学生个人行为目标与大学集体目标的契合路径

大学集体目标，一方面以最高的普适性形式统一着大学成员的个体行为目标，另一方面又超越于既定的社会现实，指示着大学的未来期待。文化协调配合的契合核心是管理者根据个别组织成员和当事人的文化模式，创造性地形成组织的方针和办法的过程②，使组织个体理解、认同组织的价值观、目标和管理形式，使群体和谐并具有生产力③。大学新成员带着不同的动机、经历和价值观进入大学这一组织，这些自然的个体差异倾向于使他们的行为各式各样，千姿百态。一般情况下，大学成员的个人行为目标与大学集体目标的契合过程是一个由低到高、拾阶而上、循序渐进的过程，如表 11-1 所示，主要表现为六个阶段的契合目标：

第一，顺应（adjustment）。这是大学文化契合的第一个目标，也是一个低层次目标。即大学成员个体找到自己不适应文化环境的原因，改变已有的不良习惯，以便顺应得更好，减少个体与环境的不协调。这种契合更多地属于一种顺从性的契合。

第二，因应（或应对）（coping）。这是大学文化契合的第二个目标，即大学成员个体提高自己应付文化环境的本领。因应与顺应有两点明显的区别：一

① 蒋廉雄、卢泰宏：《管理公平：转型社会中的文化"偏向效应"及其发生机制》，《管理世界》2007 年第 4 期第 46~59 页。

② Adler, N. J. Cross-cultural management research: The ostrich abd the trend Acadamy of Management Review, 1983 (8): 229.

③ Schein, E. H.. Organizational culture and Leadership. San Francisco: Jossey-Bass, 1991: 992.

是顺应往往以消极被动的态度来适应文化环境的要求并对付情境性的不适应，而因应则指个体在遭遇不适应时能主动采取一些较为积极的应对手段。二是顺应既有有意识的活动又有潜意识的作用，而因应（包括行动与思想）则是有目的的意识行为，而非潜意识的防御作用。

第三，更新（renewal）或称自我更新（self renewal）。这是大学文化契合的第三个目标，即大学成员个体认识到自我的某些部分是过时的或被压抑的，进而修正自我概念，使自我行为更具有现实针对性，更能接纳自己和他人，更好地发挥个体的独特力量，减少自我疏离的破坏性影响。

第四，成长（growth）。这是大学文化契合的第四个目标，即大学成员个体识别和消除已经形成的文化抵抗模式，使个体在文化环境中的人际关系得到改善，在现实生活中变得丰富，实现以前被压抑的潜能。个体只有排除文化抵抗才能在个人和人际能力中、在丰富多彩的生活中、在发展以前被压抑的潜能中得到本真的成长。

第五，解放（emancipation）或存在的解放（existential emancipation）。这是大学文化契合的第五个目标，是指大学成员个体树立迎接新文化模式的新视野，放弃旧的生活方式，融入个人认同的新结构和建立认同感的世界之中的生存方式，进入一种真实的新的存在方式，开始全新的生活。

第六，超越（transcendence）。这是大学文化契合的第六个目标，即大学成员个体超越旧文化模式，从更具包容性的范畴看待一切，进入一个全新的文化空间，在完全开放的意识中存在和发展①。

表11-1 六个大学文化契合目标的比较分析

项目	顺应	因应	更新	成长	解放	超越
心理领域	意识	意识和潜意识	前意识	前意识和潜意识	潜意识	内观
注意焦点	内容	内容	内容多于过程	过程多于内容	过程	内部探索
对现象的假定	自我—世界概念的一致	自我—世界概念的一致	相同，但自我稍有变化	自我—世界概念的重构	不固定的自我—世界概念	超然

① Bugental, J. F. T. (1965). *The search for authenticity*: *An existential-ana-lytic approach to psycho-therapy*. New York: Holt, Rinehart & Winston.

续表

项目	顺应	因应	更新	成长	解放	超越
目标	改变行为以适应文化环境的要求	发展与文化环境互动的本领	取消不起作用的自我知觉	生活的重组与新生	从自我支配中获得自由，流动地存在	对终极觉知的开放
危机	无	无	创伤性的宣泄	不完全	几乎总有	新生
时期与承诺	短期最小投入	中期中等投入	中期中等投入	长期重要投入	长期重要投入	长期重要投入
意义	微小	对更好生活有帮助	重要的生活变化	生活变化丰富	生活前景彻底改变	生活前景彻底改变

（参考 Bugental，J. F. T. （1978）. *Psychotherapy and process*：*The fundamentals of an existential-humanistic approach*. Reading，Mass.：Addison-Wesley. ）

五、大学集体目标与个体行为目标的契合模式

个体在选择和接纳组织文化和集体目标时，有时是主动的，有时是被动的。不同的组织性质和个体特征往往决定不同的契合方式，例如，拥有普遍而且绝对处于主导地位的文化组织，如军事单位，一般都是层层控制且以权力为导向，具有高度契合的文化，所有成员一旦进入组织就必须认同并拥有与组织相同的文化价值观与规范。相反，按照职能结构或者把结构分为不同单位的组织的文化契合度比较低，其成员在选择和接纳组织文化价值观和目标时，往往有较大的自主权和选择空间。

大学集体目标，一方面以最高的普适性形式统一着大学成员的个体目标，另一方面又超越于既定的社会现实，指示着大学的未来期待。集体目标与个体目标契合的核心是管理者根据个别组织成员和当事人的文化模式，创造性地形成组织的方针和办法的过程，使组织成员理解、认同组织的价值观和管理形式，使群体和谐并具有生产力①。个体在选择和接纳组织文化和集体目标时，有时是主动的，有时是被动的。根据大学生选择和接受大学文化的主动性程度不同，可以将大学集体目标与个体目标的契合模式分为感动性契合和被动性契合两种类型。

① Schein，E. H.. Organizational culture and Leadership［J］. San Francisco：Jossey-Bass，1991：992.

感动性契合，主要是指大学生对大学组织集体目标的自觉认同，主动愿意为大学组织目标的实现而出力。这是一种肯定性的心理倾向，它体现了大学生对大学组织具有较高的感情依赖程度、认同程度和投入程度。它是个体对一个实体的情感，包含了价值目标认同、个体自豪感以及为了组织的利益自愿为组织做出牺牲与贡献等成分。这是一种理想的目标契合模式，是大学生在崇尚追求精神境界、向往理想人格的大学文化影响下，重视个人的成长，追求理想的实现，迫切希望组织提供个人成长和施展个人才能的条件和机会，同时深刻认识到个体目标与组织集体目标是紧密联系，不能分离的。当个体目标与组织集体目标不相一致时，会自觉调整个体目标，接近组织目标，直至与组织目标相吻合。感动性契合是对组织的一种正向态度①，体现了组织成员对组织目标、规范及价值观的高度认同，实现了个体从自身感情上对群体的忠诚，忠诚于组织的目标和价值，忠诚于他的相关目标和价值的角色。

被动性契合主要指大学生事实上并不信赖和乐于接受大学组织的集体目标和价值观，但是为了不失去自己通过多年的学习努力而在大学组织中取得的角色位置或减少学校对自己的处罚，最终获得学校的文凭，不得不表面、虚假认同大学组织的集体目标。这种认同带有浓厚的交易色彩，大学生被动认同大学的组织目标和价值观，更多的是为了让自己投入的精力和财力换回相应的文化资本，获得教育文凭或其他具有一定保证性价值的资历认证，以备将来进入社会之后换取相应的社会资本、物质资本或经济资本。

感动性契合与被动性契合的区别如表 11-2 所示。

表 11-2　感动性契合与被动性契合的特征比较

特征	感动性契合	被动性契合
出发点不同	认同	交易
行为的持久性	持久	短暂
行为的自愿性	自愿	制约
行为的公开性	公开	隐蔽

资料来源：参考雷巧玲，《文化驱动力——基于企业文化的心理授权对知识型员工组织承诺影响的实证研究》，北京：经济管理出版社 2008 年，第 54 页。

① Alpander, G. G. Relationship between commitment to hospital goals and job [J]. Health Care Management Review, 1990, 15 (4): pp. 51~62.

第四节　本章小结

文化是由彼此关联、互相依赖的习惯性反应方式所组成的系统。文化动力系统是基于文化内部的不断冲突、整合而形成的。大学文化力可以促进大学成员提高投入度，增强一致性和适应性，激发创造力。传统意义上的文化力传递与整合理论主要有文化心理学理论、完形心理学理论、群体动力理论和驱动模型理论。由于价值取向不同，文化整合主要可以分为矩型、凸型、凹型三种形态。不管哪一种形态的冲突，其焦点以及整合后的终结点都是个体目标与组织目标的契合。根据个体在认同组织目标的不同动因，可以将个体与组织的目标契合分为感动性契合和被动性契合。前者是主动、自觉、乐意的，后者是被动、伪装的。

第十二章

大学文化内驱模型的路径假设

本章分析了文化内驱模型中六个变量要素之间的逻辑关系，通过德尔菲（Delphi）法，归纳提出以目标契合为向度的 12 条路径假设。

大学文化内驱模型中的"一横"部分（见图 3 - 11）包括大学文化的综合特征、供求关系、动力系统三个方面的六个变量要素，即大学文化性格方面的独立性文化与顺从性文化，文化供求关系当中的自觉性均衡与自发性均衡，目标契合模式当中的感动性契合与被动性契合。本章以个体目标和组织目标的契合为向度，分析其相互间的逻辑关系，提出相应的假设。

第一节 变量要素之间的逻辑关系

一、大学文化内驱模型要素

大学文化内驱模型的要素主要包括三个方面六项要素，即大学文化性格方面的独立性文化与顺从性文化，文化供求关系当中的自觉性均衡与自发性均衡，目标契合模式当中的感动性契合与被动性契合。由于第三、四、五章已经分别引导出相关的概念，并给出了相应的内涵和外延的界定，因而这里只作简单的总结性介绍。

（一）文化性格特征：独立性文化与顺从性文化

大学文化依据不同的主流导向，呈现出独立性和顺从性两种不同的性格特征。独立性大学文化，是以人本为导向，也就是以学生的发展需求为导向，尊重个性，崇尚真理、公平和信任，重视学生的健康成长和可持续发展，自觉为学生提供不断学习与可持续发展的机会及支持，而营造的一种自由、快乐、有创造力、催人奋进的大学文化。顺从性大学文化，主要以工作任务目标为导向，与政府、教育主管部门的权力关系紧密，注重政府、教育主管部门指令性任务的落实情况，具有高度的组织性和系统性，权力分配的等级性与信息传递的程序性强。

（二）文化供求关系：自发性均衡与自觉性均衡

大学文化供求关系由于调节的价值取向及其手段不同，所呈现出的均衡状态也不同。所谓自发性均衡，是在市场内部运行中自发形成的，遵循市场规律，以供求关系为导向，通过价格自发调节文化商品的供求矛盾，达到供求双方的基本平衡和相对平衡。这种平衡并不意味着一定能够满足需求主体的真正需求。所谓自觉性均衡，则是以学生需求为导向，由政府、教育主管部门、学校、学生以及市场等调节主体有针对性地综合运用运用市场、行政、法律、舆论等手段，自觉而有序地调节文化商品以及无形的文化资源的供求关系，满足学生成长需要，促进学生可持续发展。

（三）目标契合模式：感动性契合与被动性契合

大学生个体行为目标与大学组织集体目标的契合情况，由于接纳主体的主动性、认同程度和投入程度不同，而表现出感动性契合和被动性契合两种模式。感动性契合，主要是指大学生对大学组织及其目标自觉认同，对大学组织形成了较高的感情依赖程度、认同程度和投入程度，愿意为大学组织目标的实现出力。被动性契合主要指大学生不信赖、不乐于接受学校的组织目标和价值观，但是为了不失去自己通过多年的学习努力而在大学组织中取得了角色位置和减少学校对学生个体的处罚，最终获得学校的文凭，不得不在表面虚假认同大学组织的集体目标。

大学文化性格特征、文化供求关系与动力系统内形成的目标契合状态，实质上是基于文化组织结构的一种同构关系，是大学文化内部各要素之间以及要素之间的各种联系形式和关系所体现的力的运动样式：文化组织结构深层次地影响甚至从根本上决定着一个区域的文化特征，静态性特征体现为文化的性格特征，动态性特征体现为文化的供给关系，终结性特征体现为经过动力系统作用而形成的个体目标与集体目标的契合状态。静态性特征、动态性特征和终结性特征之间又是相互影响、相互作用的，三者之间影响关系的变化又在相当程度上影响着文化组织结构的变迁。

二、文化性格与求求均衡之间的关系

一个组织文化的性格特征是该组织成员在组织内部运行和社会实践活动中

逐渐形成和发展的，给组织的一切活动着上了一种特有的色调①，其中包括组织内部的文化供求活动。组织成员作为置身于一定社会场域中的行动者，其习性都是从文化中获得的，是培养和教育的结果②，或者说是文化熏陶和影响的结果，其组织特有的文化性格，深深地铭刻在组织成员包括消费方式在内的生活方式之中。从消费心理学的角度看，文化消费是消费主体为了满足精神生活的需要而进行的一种社会生活方式，消费主体的消费观念、消费心理、兴趣或爱好会直接决定文化消费结构的形成和变化，尤其是人们消费的侧重点会随着消费者心理的变化而有所变化。不管是组织还是组织成员，都受组织自身文化性格特征的影响而选择不同的消费方式，形成不同的消费个性，进而影响文化供求关系。

三、文化性格与目标契合之间的关系

克莱德·克鲁克洪（Clyd Kluckhohn）教授认为"文化是历史上所创造的生存式样的系统，既包含显型式样又包含隐型式样；它具有为整个群体共享的倾向，或是在一定时期中为群体的特定部分所共享"③。由此可见，文化是历史地凝结成的稳定的生存方式，这种生存方式是特定时代、特定区域中占主导地位的生存模式，通常可以表现为自发的文化模式或自觉的文化精神④，像血脉一样，熔铸在总体性文化的各个层面中，以及人的内在规定性之中，自发地影响或自觉地引导着人对生存目的和生存方式的选择。文化是大概念和出发点，在社会结构和社会关系中通过提供行动指向的终极目的和价值来塑造行动，从而发挥主导作用。大学文化的主流导向、性格特征、开放程度对大学生的目标选择有着深远的影响。大学生在文化选择和文化消费的过程中，会自觉或不自觉地依据自己所在学校的文化性格特征的导向性影响，结合自己的立场、观点、情趣，运用逻辑思维对文化内容加以评判和选择，进而影响其个体目标与大学集体目标之间的契合过程和程度。不同性格特征的文化环境中，大学生个体目标与组织集体目标的契合模式也不一样。

四、供求均衡与目标契合之间的关系

组织对个体进行文化供给的过程实际上是组织能力作用于个体的过程，旨

---

① 石中英：《教育学的文化性格》，太原：山西教育出版社 2005 年第 187～188 页。

② David Swartz, Culture and Power, Chicago：University of Chicago Press, 1997；p. 132.

③ 克莱德·克鲁克洪著，高佳等译：《文化与个人》，杭州：浙江人民出版社，1986 年。

④ 衣俊卿：《回归大学的文化本质 凸现大学的文化功能——关于大学本质和功能的文化哲学思考》，《中国高等教育》2007 年第 2 期第 21～24 年。

在产生组织成员的意图，鼓励组织成员选择有利于组织运转方式的行动①，加强组织成员的投入度，建立组织成员间的一致性②和组织成员与组织之间的一致性。一般的消费活动，都是为了满足自身生活需要而与外在进行的一种物质交换的过程，而文化消费的内容主要是精神的，精神内容的核心是价值观，价值观在组织和个体身上最直接、最集中的外在体现就是目标追求。由此可见，大学文化供求活动的本质是大学组织文化与个体文化的交流与交换，这种交流与交换的外在体现与终极成果集中指向大学组织的集体目标和大学生的个体目标以及两者的契合状态。因此说，大学集体目标与大学生个体目标的契合是依赖于大学文化供求均衡来实现的，目标契合状态实际上是个体与集体之间通过文化供求与交流而形成的一种相对持久的关系。

第二节　运用德尔菲法归纳出的路径关系

通过文化性格特征、供求均衡状态和目标契合模式三组要素之间关系的归纳分析，从理论上论证了三者之间的逻辑关系。为了尽可能准确地分析三者之间的深层次关系以及相应要素之间的影响路径，本章运用德尔菲（Delphi）法，通过深度访谈和反馈征询，归纳总结出三者之间的关系，作为大学文化内驱模型中路径假设的基础。

一、德尔菲法的步骤

德尔菲法本质上是一种反馈匿名函询法。20 世纪 50 年代末，美国为了预测遭受原子弹轰炸后可能出现的结果而组织学者发明了德尔菲法。1964 年，美国兰德（RAND）公司的赫尔默（Helmet）和戈登（Gordon）首次将德尔菲法用于技术预测中，随后逐渐应用于美国以外的其他国家和科技以外的其他领域，包括军事评价、人口预测、医疗保健测量、经营和需求分析、教育评价以及国家中、长期规划等等。20 世纪 80 年代以来，我国学者开始采用德尔菲法进行预测、分析、评估和规划工作。

德尔菲法的使用是一个利用函询形式，匿名进行思想讨论交流的过程。如图 12 - 1 所示，首先，就所要解决的问题，征求被调查者的意见，进行整理、

---

①　Barker, J. R, 1999, The Discipline of Teamwork, Sage Publications, London.

②　Denison DR, Arbor AA. Organizational Culture and Organizational Effectiveness ［J］. Academy of Management Proceedings, 1989, pp. 168～172.

归纳、统计，再匿名反馈给各专家，再次征求意见，再集中，再反馈，直至得到稳定的结论。这一过程中，组织者不仅向被调查者提出问题，还向被调查者提供信息。

$$\boxed{征求意见} \rightarrow \boxed{归纳/统计} \rightarrow \boxed{反馈/询征} \rightarrow \boxed{归纳/统计} \rightarrow \cdots\cdots \text{(若干轮后)} \rightarrow \boxed{得出结论}$$

图 12 – 1　反馈征询示意图

具体步骤为：

第一轮，组织者以一张只列出问题，不带任何框框的开放性调查表，征求被调查者意见，然后进行汇总整理，归并同类观念，用准确术语提出一个意见汇总的一览表，形成第二张调查表。

第二轮，组织者将第一轮汇总的意见一览表反馈给被调查者，再次征求意见。汇总被调查者对一览表中意见的认可或者否定情况，按照从少到多进行排序，确定其中的中位数和上、下两个四分点。例如，被调查者对某一问题的答案是

$$X_1,\ X_2,\ X_3,\ \cdots,\ X_n$$

当 $n = 2k + 1$，$median = Xk + 1$，k 为整数；

当 $n = 2k$ 时，

$$median = \frac{Xk + Xk + 1}{2}$$

上、下四分点的奇偶原则，均按上面的方法处理。这样形成第三张调查表。

第三轮，被调查者对第三张表中上、下四分点外的对立意见进行评价，给出自己新的意见。如果更改意见，请说出理由。组织者重新汇总收集到的意见，并统计中位数和上、下四分点，形成第四张调查表。

……

最后，组织者用表格、直观图或文字叙述等形式表述趋向稳定的结论性意见。

相对于其他征询方法，德尔菲法有三个优点：一是匿名函询可以消除权威或个人影响甚至左右整体结论的可能性。二是多次有控制的反馈，可以让调查对象深思熟虑，形成趋向成熟的意见。三是在统计、反馈回答结果时，报告一个中位数和两个四分点，其中一半落在两个四分点之内，一半落在两个四分点之外。这样可以反映所有的观点，避免只反映多数人观点的缺陷。

二、变量要素之间的影响关系

本书以大学生个体目标与大学集体目标契合为向度，以大学文化的两种不同性格特征、两类不同的供求均衡状态、两种不同的目标契合模式三者之间内在联系为主题，通过反馈函询，征求了 15 位高校中、高层管理者，15 位教学、科研、教辅和后勤工作人员，15 位学生的意见。征询的主要内容为：一是两种不同性格的大学文化对两种供求均衡状态的影响作用；二是两种不同性格的大学文化对大学生个体目标与大学组织目标之间两种不同契合模式的影响作用；三是文化供求均衡的两种不同状态对大学生个体目标与大学组织目标两种不同契合模式的影响作用。上述每一项征询内容都存在四组影响关系，经过反复函询，每组影响关系存在五种不同意见：明显的正向作用、正向作用、没有影响、负向作用、明显的负向作用。

通过德尔菲法的多轮反馈函询，最后得到相对稳定的结论是，导向不同的独立性大学文化和顺从性大学文化对两种不同类型的供求均衡状态分别存在正向与负向的差异化影响，两种不同性格的文化特征、两种不同类型的供求均衡状态对大学生个体目标与大学集体目标的契合模式同样分别存在正向与负向的差异化影响。具体意见如图 12 - 2 所示，带有 " + "、" - " 的 " → " 分别表示前一要素对后一要素的正向作用（有利影响）或负向作用（不利影响）。本章下一节将依据这一结果，提出路径假设，并进行相关的理论分析。

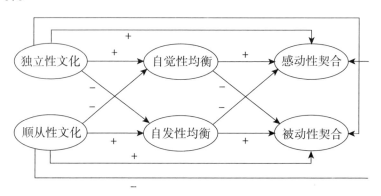

图 12 - 2　大学文化的内驱路径

第三节　大学文化内驱模型的路径假设

组织文化在组织中具有多重功能①，对成员的生活质量（quality of life）、组织承诺、工作满意度（job satisfaction）、群体行为（group behaviour）、工作动机（work motivation）、工作训练（work training）等都有不同程度的影响②。大学文化内部各要素相互影响和作用的关系是多向、多重、错综复杂的。本书设计的大学文化内驱模型，以和谐为向度，即以大学生个体目标与大学集体目标的契合为取向，以文化性格特征的独立性文化和顺从性文化，文化供求关系的自觉性均衡和自发性均衡作为四个内驱源，提出大学文化性格特征对文化供求均衡，大学文化性格对大学目标契合，大学文化供求均衡对大学目标契合三对 12 组路径假设，通过实证检验，寻求促进大学和谐的优势路径。

一、大学文化性格特征与文化供求均衡之间的路径假设

大学生文化消费，是大学生在特定环境下带有个性倾向的一种行为。根据组织文化能够引导和塑造组织成员的态度和行为的理论，可以推断：导向不同而呈现出不同性格的大学文化会对大学生的文化选择与文化消费产生作用，影响大学文化供求关系的均衡状态。

（一）独立性大学文化对文化供求均衡的影响

从组织成员的属性来看，大学生属于知识型成员，自身掌握一定的专业知识和技能，具备较强的学习知识和创新知识的能力，能够在组织中接受、传播、共享、运用和创造知识和文化③。这类组织成员在文化消费过程中有较强的自主意识和自觉意识，往往不是随意地被市场和供给主体所左右。

独立性大学文化是基于尊重和培养大学生个性而形成的一种文化，其特点就是创造一个能够激发学生积极性，发掘学生潜力，培养学生才能的文化环境。这一文化环境中，大学生不仅仅是文化消费者，同时还是文化供求关系运动的参与者和调节者，在文化选择和供求调节上有着较大的自主权和选择空

---

① Robbins，S. P. Organizational Behavior：controversies and application （9th ed）［M］. Tsinghai University，2001.

② Erez，M. Interpersonal communication systems in originations end their relations to cultural values，productivity，and innovation［J］. Applied Psychology，1992，（41）：pp. 43～64.

③ 雷巧玲：《文化驱动力——基于企业文化的心理授权对知识型员工组织承诺影响的实证研究》，北京：经济管理出版社 2008 年。

间，能够能动性地参与文化产品的生产、分配和享用过程，参与相关的管理和决策，与供给主体相互支持和协调。因此，这一文化环境比较适合于大学生作为知识型组织成员的特征需要，也有利于大学生文化供求关系趋向自觉性均衡。具体表现为以下两个方面：

一是独立性大学文化有利于增强学生的信息感知和自我调节意识。以学生为导向的独立性大学文化的组织结构是扁平化的。扁平化的组织结构减少管理层次，精简职能机构，信息源众多而且分布在组织的多个层面和区域，实现多向传递，信息传递链短，沟通效率高。这样既有利于大学组织对文化供求变化作出迅速反应，提高供给能力，同时又能够扩大学生的信息享用权，便于学生及时了解学校的战略及愿景，增强大学生作为文化消费主体对文化供求关系运动过程的感知，让学生广泛、迅及了解供求关系中所出现的一些问题，更加客观、清晰地感知自身在供求关系中的影响力，有利于学生对文化供求矛盾作出理智的自我调节和自我决策。

二是独立性大学文化注重培养学生的个性和能力，提高学生的自我调节能力。相对于顺从性大学文化而言，独立性大学文化更加重视学生个体的成长和个性的发展，注重为学生提供更多的学习和发展机会，有利于大学生自身人力资本的不断积累与提升。这样，一方面培养了大学生的社会适应能力和终身就业能力，另一方面也通过提供学习和发展机会，拓宽学生的知识面，提高他们的技能，进一步提高他们的文化消费能力和对文化供求矛盾的自我调节能力。

随着自主能力的不断提升，大学生在文化供求关系运动中所发挥的作用也越来越大，进而越来越有利于大学文化供求的自觉性均衡。由于大学生作为消费主体，根据供求矛盾对自己的消费需求、消费时机和消费方式作出理智的调整之后，必然会引起文化供求关系的运动变化，进而促进其趋向自觉性均衡。相反，随着大学生这一消费主体地位的突现和自我调节能力的提升，相对削弱了价格自发调节的空间和能力。因此，从独立性大学文化和自发性供求均衡的内涵界定来看，前者对后者的影响是负向作用的。

根据以上分析，在独立性大学文化和文化供求均衡关系方面提出以下两个假设

假设 1：独立性大学文化对自觉性供求均衡产生正向作用；

假设 2：独立性大学文化对自发性供求均衡产生负向作用。

（二）顺从性大学文化对文化供求均衡的影响

从组织结构和管理模式来看，顺从性大学文化强调严密的组织和具体的工作制度，一般实行层级制管理模式。文化供给主体的主要职能是负责文化产品生产与提供的计划、组织、经营和监督。这种文化环境下，不管是政府，还是大学，作为一个整体性的文化供给体系，会更多地考虑文化供给的政治因素和成本因素，进而更多地利用价格进行简单而机械的调节，应用权力因素的影响让学生适应组织目标的要求，以达到表面的、相对的平衡。因此说，顺从性大学文化对自发性供求均衡的影响和作用是正向的。

在以任务为导向的顺从性特征的大学文化环境中，大学组织过分强调层级制约往往会导致大学成员产生被动的情绪和行为①。顺从性文化的大学在组织管理过程中强调规范，信息沟通程式化，信息传递链长，输送环节繁杂，往往会导致信息交流的不畅，甚至导致信息失真。因此，一些呈现顺从性文化特征的高校在内部运行过程中经常发生信息中梗阻现象。严厉、僵化的氛围、沟通不畅及相关信息的缺乏对文化消费活动和供求关系调节产生消极影响。顺从性大学文化环境中，供给主体往往不考虑或很少考虑大学生作为消费主体的个性化需求及其在文化供求关系中的主体能动作用，因此大学生在文化供求关系变化过程中的参与程度低，基本上是被动服从，提供什么就选择什么、消费什么，自主权很小。大学生在这样的文化环境中被动消费，得不到作出良好选择所必须的信息，消费的不确定性和选择的盲目性就会增加，同样，大学生作为消费主体在供求关系运动过程中的需求满足度和文化享用体会也很难及时、迅及、真实地反馈到供给主体。与之相关的文化供求关系的不确定因素增多，变化的趋势难以把握，甚至导致市场信息失真，进而增强供给双方调节文化供求关系的难度，不利于自觉性供求均衡关系的形成。因此说，顺从性大学文化对文化供求的自觉性均衡的影响是负向作用。

综上所述，提出以下两点假设：

假设3：顺从性大学文化对自觉性供求均衡产生负向作用；

假设4：顺从性大学文化对自发性供求均衡产生正向作用。

二、大学文化性格特征与大学目标契合之间的路径假设

Harris 和 Mossholder（1996）指出所有人力资源管理的因素都源于组织文

---

① Conger, J. A., Kanungo, R. N. The empowerment process: Integrating theory and practice [J]. Academy of Management Review, 1998, 13 (3): pp. 471～482.

化标准①，所以组织文化的标准和导向会影响人力资源的各种因素，其中包括组织成员的态度。从这个意义上讲，大学文化的标准和导向同样影响着大学生对所在学校的态度，影响大学生对价值观、信念等无形文化资源的选择与接纳，进而影响大学生个体目标与大学集体目标的契合模式与契合程度。

（一）独立性大学文化对目标契合的影响

根据亚当·斯密在《国富论》中的交换学说和 Homans（1958）提出的社会交换理论，如果组织成员认为目前的组织能够关心他们并满足他们的需要，他们就会提高对组织的认同度，更加愿意为实现组织目标而努力工作，用对组织的感情承诺来回报组织对他们的关心爱护与支持②。社会交换理论的核心思想是把社会行为看成是一种交换，在交换的过程中，所有的有机体都有寻求快乐、奖赏、报酬，减少代价和痛苦的本能。将这一理论延伸到个体与团体的关系上，可以认为个体被某一团体所吸引，是因为发觉该团体较其他团体更加关心他，给他更多的报酬，更有利于他的发展。这一理论为研究基于以学生需求为导向的独立性大学文化对大学生个体目标与大学集体目标契合的影响，提供了很好的理论依据。

独立性大学文化以大学生为本位，主要体现在组织支持、公平、信任、亲情管理和提供学习与发展机会等方面。所谓组织支持，是指组织对成员的关心程度和成员贡献的认可程度。许多学者从组织承诺的角度研究认为，组织支持能增强组织成员对组织的承诺③④⑤⑥。DeCotiis 和 Summers 认为如果组织体谅组织成员，组织成员则会提高对组织目标的认可程度和对组织的承诺程度⑦。

① Harris, S. G., Mossholder, K. W. The affective implications of perceived congruence with culture dimensions during organizational transformation ［J］. Journal of Management, 1996, 22: pp. 572～547.

② Eisenberger, R., Huntington, R., Sava, D. Perceived organizational support ［J］. Journal of Applied Psychology, 1986, 71: pp. 500～507.

③ Meyer, J. P., Allen, N. J. Commitment in the workplace: Theory, research and application ［M］. Thousand Oaks, CA: SAGE Publications, 1997.

④ Mottaz, C. J. Determinants of organizational commitment ［J］. Human Relations, 1988, 41: pp. 467～482.

⑤ Eisenberger, R., Fasolo, P., Davis-La Mastro, V. Perceived organizational support and Employee Diligence, Commitment, and Innovation ［J］. Journal of Applied Psychology, 1990, 75: pp. 51～59.

⑥ Eisenberger, R., Cummings, J., Armeli, S., Lynch, P. Perceived organizational support, discretionary treatment, and job satisfaction ［J］. Journal of Applied Psychology, 1997, 82（5）: pp. 812～820.

⑦ DeCotiis, T., Summers, T. A path analysis of a model of the antecedents and consequences of organizational commitment ［J］. Human Relations, 1987, 40: pp. 445～470.

公平的表现形式多种多样，其中分配公平、程序公平和结果公平（鉴定性评价公平），与组织关系密切，能够促进组织成员对组织目标的认同①，尤其是程序公平的影响更大②。信任，是独立性大学文化的一个重要的内涵要求和标志性特征，也是社会交换理论中一个关键的因素，对组织成员与组织之间的目标契合和组织承诺有着重要影响③④。基于信任的交换，双方会互相以认同和承诺的方式，表示出他们在交换关系中的可信赖性。亲情管理既是文化管理的重要特征，又是重要手段。很多管理学者认为，硬性的科学管理方式可以也应该被更加温柔的方式所取代，因为这种温柔的方式促进组织成员对组织价值观和组织目标的认同，同时又可以促进组织对组织成员的信仰、情感的更为人性化的理解，进而通过满足组织成员自我目标推进组织目标的实现。获得学习和发展的机会，实现自身人力资本的持续积累，是大学生加入大学组织的主要动机。有学者从组织承诺的角度研究证明，超凡魅力的、激发智力的、充分考虑个性的文化引导、组织行为与组织成员的承诺成正相关[154]。综合上述观念，从社会交换理论和组织承诺的角度看，以学生成长和发展为导向的独立性大学文化的诸多因素可以从不同的角度满足大学生的文化需求，并使学生为实现组织目标贡献力量的同时实现自己的目标，所以说，独立性大学文化能够促进大学生对所在大学组织的认同，提高大学生对所在大学的组织目标和组织活动的投入程度。相对而言，独立性大学文化削弱了大学生对大学组织目标的被动性认同。因此，提出如下两个假设：

假设5：独立性大学文化对感动性目标契合产生正向作用；

假设6：独立性大学文化对被动性目标契合产生负向作用。

（二）顺从性大学文化对目标契合的影响

顺从性大学文化以层级制的组织结构为基础，以指令性工作计划和任务为

---

① Witt, A. L. Reactions to work assignment as predictors of organizational commitment: The moderating effect of occupational identification [J]. Journal of Business Research, 1993, 26: pp. 17~30.

② Sweeney, P. D., McFarlin, D. B. Workers' evaluations of the "ends" and the "means": An examination of four models of distributive and procedural justice [J]. Organizational Behavior and Human Decision Processes, 1993, 55 (1): pp. 23~40.

③ Podsakoff, P. M., MacKenzie, S. B., Bommer, W. H. Transformational Leadership Behaviors and Substitutes For Leadership as Determinants of Employee Satisfaction, Commitment, Trust, and Organizational Citizenship Behaviors [J]. Journal of Management, 1996, 22: pp. 259~298.

④ Johns, J. A Concept Analysis of Trust [J]. Journal of Advanced Nursing, 1996, 24: pp. 76~83.

导向，强调按计划完成任务，实现目标，等级感、权力感强，学生听命于学校管理者，做被要求做的事，学校形成了一种严格按规章制度及程序完成教学工作，开展人才培养工作的文化环境。顺从性大学文化对大学生个体目标与集体行为目标契合的影响主要体现在以下两个方面：

一从大学文化的导向性来看，顺从性大学文化往往以政府和教育主管部门的指令为导向，严格按照计划完成任务，为学生提供了一套应对社会需求而设计的实用性、可以量化的指标和程式化的实施过程，大学生作为学习主体的主观能性低。顺从性文化环境中的大学组织由于过于注重标准和应用，而忽视了学生个性的培养和发展，难以满足学生个性发展的需求，必然影响学生认可学校组织目标的自愿性和自觉程度。

二是从组织结构的适应性来看，大学相对于政府、军队、宗教团体以及一些企业而言，是较为松散的。正是这种相对松散的空间，为学生的个性化发展提供了良好的氛围。如果在这种已经习惯了相对松散的组织中构建一种高度理想化、缺乏人文和亲情的层级制结构，可以克服大学人才培养工作中的随意性，但是学生始终处于严格的监督管理之中，只有执行权，没有选择权，缺少个人创造的空间。这与大学生自由成长、自主发展、自觉成才的要求相悖。对此，Nystrom 研究认为，层级制的管理方法通常导致组织成员的消极行为[1]，并有专家研究发现组织中的层级制环境有碍于成员对组织的认同与承诺[2]，组织的层级制特征越明显，组织成员对组织的承诺越低[3]。

综上所述，顺从性大学文化难以适应和满足大学生个性自由和可持续发展的需求，大学生也就难以对这种文化氛围中的大学目标产生自觉认同，而更多的是被动认同。因此，提出以下两点假设：

假设 7：顺从性大学文化对感动性目标契合产生负向作用；

假设 8：顺从性大学文化对被动性目标契合产生正向作用。

三、大学文化供求均衡模式与大学目标契合之间的关系假设

大学生个体目标与大学集体目标的契合程度，实际上是大学生对所在大学

① Nystrom, P. C. Organizational cultures, strategies, and commitment in health care organizations [J]. Health Care Management Review, 1993, 18 (1): pp. 43~49.

② Odom, R. Y. Boxx, W. R., Dunn, M. G. Organizational culture, commitment, satisfaction, and cohesion [J]. Public Productivity & Management Review, 1990, 14 (2): pp. 157~179.

③ Brewer, A. Managing for employee Commitment [M]. Sydney: Longman, 1993.

组织的一种态度，其中包含了对组织目标的认可度和实现目标的投入度。它除了受大学文化性格特征的影响外，还直接受大学生文化供求关系运动变化的影响。

（一）自觉性供求均衡对目标契合的影响

大学文化自觉性供求均衡对大学生个体目标与大学组织集体目标的契合的影响主要表现在两方面：

一是文化自觉性均衡状态对目标契合的影响。大学生文化供求的自觉性均衡所追求的不仅仅是文化供求数量的基本平衡，更重要的是适应和满足学生成长、发展需求。这一追求，与大学生加入大学组织的目标追求是相一致的。根据感动性契合的概念界定，显而易见，自觉性供求均衡有利于大学生个体目标与大学集体目标的感动性契合，而不利于两者之间的被动性契合。

二是文化自觉性均衡的调节过程对目标契合的影响。关于影响组织成员对组织的认同和承诺的前因变量，许多学者进行了相关探索，形成了一些不同理论，主要有：认知失调理论（cognitive dissonance theory）认为组织成员会努力在态度、认知和行为之间求得一致；归因理论（Attribution Theory），认为寻求理解是人类行为的基本动因，一个人后继的选择和行为受其感知到的先前结果的影响①。这些理论的共识是，环境、认知因素与个人的行为是高度相关的，其中认知因素对行为起着关键作用。有学者把个体在特定环境中对自己能够成功地完成工作的能力知觉及其判断称之谓自我效能感，它是社会认知理论的重要组成部分②。Bandura 和 Schunk 研究发现，个体参与社会活动和管理过程，增强其自我效能感，能够提高个体对活动的选择性和坚持性；影响个体活动时的情绪和态度，提高对组织的满意度和投入度，敢于正视困难；促进其主动学习新技能和新知识，并敢于尝试，及时巩固和强化新知识③④。从社会参与、认知与个体行为关系的角度可以看出，大学生作为供求关系中的主体之一，参与供求矛盾的调节，超前感知供求关系的变化趋势，有利于大学生依据对文化

① Weiner, B. An attribution theory of motivation and emotion［M］. New York：Springer-Verlag, 1986.

② Bandura, A. Social Foundations of Thought and Action［M］. Englewood Cliffs, NJ：Prentice-Hall, 1986.

③ Bandura, A.，，D. H. Schunk. Cultivating competence, self-efficacy, and intrinsic interest through proximal self-motivation［J］. Journal of Personality and Social Psychology, 1981, 41（3）：pp. 586～598.

④ Schunk, D. H. Modeling and attribution effects on children's achievement：A self-efficacy analysis［J］. Journal of Educational Psychology, 1981, 73（1）：pp. 93～105.

供求关系的认知情况，调整文化消费态度、消费内容和消费行为，使自己对组织的态度与组织要求相一致。

综合上述两点，可以看出，在供求关系自觉均衡的大学文化中，由于组织目标与个体目标的一致性，大学生能够感知文化供给关系的变化过程，提高自我效能感，因此，大学文化供求关系的自觉性均衡有利于促进大学生个体目标与大学集体目标的感动性契合。大学生在自觉性均衡的文化供给过程中，会乐于认同组织目标，以极大的热情投入组织活动，在实现组织目标的过程中展示自我才能，促进自我成长，实现自我目标，他们对所从事的活动完全是内在需要、兴趣所致，而非迫于无奈，所以带来被动性契合程度的下降。因此，提出两点假设：

假设9：自觉性供求均衡对感动性目标契合产生正向作用；

假设10：自觉性供求均衡对被动性目标契合产生负向作用。

（二）自发性供求均衡对目标契合的影响

大学文化供求关系的自发性均衡，是指文化商品供求过程中依据市场内部规律，通过价格自发调节而实现的一种相对平衡。从其均衡状态和结果来看，所追求的仅仅是文化商品在供求数量上的一种平衡，而大学生所需要的不仅仅是文化商品，还有其他无形的文化资源；不仅仅是量上的一种满足，更多的是价值、信念等一系列内在的精神需求。由此可见，自发性均衡不利于大学生对大学组织产生认同，也就不利于大学生个体目标与大学集体目标的感动性契合。恰恰相反，增强了大学生认同大学组织目标的被动性，从理论上讲有利于大学生个体目标与大学集体目标的被动性契合。

文化需求弹性理论证明在影响文化需求变化的各种因素中，任何一种因素的变化都会引起文化需求量变化，但是自发性均衡调节措施的大量注意力关注的是"文化需求弹性"中的价格弹性系数，即文化需求量变动的百分比与价格变动的百分比之间的比率，其公式是：

$$E_p = \frac{需求量变动的百分比}{价格变动的百分比} = \frac{\Delta Q}{Q} \div \frac{\Delta P}{P} = \frac{\Delta Q}{Q} \times \frac{\Delta P}{P}$$

式中，P 为文化商品的价格，ΔP 为文化商品价格的变化程度，Q 为文化需求量，ΔQ 为文化需求量的变化程度，E_p 为文化需求的价格弹性系数[1]。相

---

[1] 胡惠林、李康化：《文化经济学》，太原：书海出版社2006年。

对应的调节方式主要是通过文化商品价格的变动来引起需求量的逆运动。价格调高了，学生因消费能力没有发生变化，对文化商品的需求量会被动减少；价格调低了，学生可能会增加文化消费需求量。因此说，在以价格为调节杠杆的自发性均衡关系中，学生在文化消费和文化享用过程中需求什么，需要多少，往往不是自主确立，而是被动选择的。

从调节过程来看，供求关系自发调节变化的过程相对于消费主体而言是封闭的。大学生作为供求双方中的一个重要主体，所能感知的往往只能是调整后的结果性状态，而不知道调节和变化的具体过程。这种信息不对称的环境和过程，削弱了大学生在文化供求关系中的自我效能感和选择能力，大学生参与的程度低，选择的余地小、机会少，增添了大学生文化消费的被动因素，增强大学生认同大学组织目标的被动感，降低了大学生在其个体目标与大学集体目标契合过程中的主动性程度和自觉性程度。

综上所述，提出以下两点假设：

假设11：自发性供求均衡对感动性目标契合产生负向作用；
假设12：自发性供求均衡对被动性目标契合产生正向作用。

四、优势路径的假设

如果上述12条路径的假设成立，那么可以从中筛选出，从大学文化的价值导向，到文化供求关系运动的调控方法和变化过程，再到大学生认同学校组织目标三个联结点之间的有效路径和优势路径，进而构建大学和谐文化，促进大学生顺利完成人格社会化过程，实现可持续发展。

如图12-2所示，12条路径中能够链接文化性格特征、供求关系和目标契合三个联结点，并具有正向影响的有效路径有两条：一是顺从性文化→自发性均衡→被动性契合，二是独立性文化→自觉性均衡→感动性契合。根据本章的理论分析与和谐向度的要求，第二条是大学文化内驱模型的优势路径。

第四节　本章小结

大学文化基于主流导向而形成的性格特征给文化供求活动着上了一种特有的色调，直接或通过影响供求关系的变化而深层次地影响着大学生认同大学组织目标的自觉程度。

本章通过理论分析和德尔菲法的反馈征询，在文化性格特征、供求均衡状态和目标契合模式三个联结点之间，提出了 12 条朝向大学生个体目标与组织目标相互契合的路径假设（见表 12-1）。如果这 12 条路径假设成立，可以筛选出 2 条有效路径，即"顺从性文化→自发性均衡→被动性契合"和"独立性文化→自觉性均衡→感动性契合"，其中第二条为优势路径。

表 12-1　基本假设列表

编号	假设内容
假设 1	独立性大学文化对自觉性供求均衡产生正向作用
假设 2	独立性大学文化对自发性供求均衡产生负向作用
假设 3	顺从性大学文化对自觉性供求均衡产生负向作用
假设 4	顺从性大学文化对自发性供求均衡产生正向作用
假设 5	独立性大学文化对感动性目标契合产生正向作用
假设 6	独立性大学文化对被动性目标契合产生负向作用
假设 7	顺从性大学文化对感动性目标契合产生负向作用
假设 8	顺从性大学文化对被动性目标契合产生正向作用
假设 9	自觉性供求均衡对感动性目标契合产生正向作用
假设 10	自觉性供求均衡对被动性目标契合产生负向作用
假设 11	自发性供求均衡对感动性目标契合产生负向作用
假设 12	自发性供求均衡对被动性目标契合产生正向作用

第十三章

大学文化内驱模型的数据测量

本章设计了变量要素的测量指标和问卷，进行了数据收集和样本检验，依据数据统计结果描述了文化特征，分析信度和效度。

文化是一个复杂的聚合体，影响文化生成和运动的因素很多，各类因素又具有动态演化及互动关联性，这就增加了文化测量的复杂性和不稳定性。本书以整体论和系统论为指导制订评价方案，按照测量规范和评价流程进行实证分析，提高评价结果的信度和效度。其流程主要分为四个阶段：一是在理论分析各种变量要素的基础上，建立因素的指标体系。本书第三章已经完成了前一项任务，本章重点完成指标设计任务。二是通过访谈和问卷调查等合适、可行的渠道，获取尽可能准确、有效的信息。三是评价信息的统计、分析和数据处理。本章在通过预调研进一步完善问卷的基础上，完成信息收集和统计处理工作。四是运用结构方程模型进行实证性验证，分析测量结果。本书第六章将完成这项研究任务。

第一节 测量方法的选择与指标设计的思路

一、测量的方法选择

文化测量在方法的选择上主要表现为三个方面：

一是定性测量与定量测量的选择。文化的测量从方法上可以分为定性与定量测量两种①。以 Schein 为代表的学者，主张通过访谈、现场观察等方法进行

---

① 雷巧玲：《文化驱动力——基于企业文化的心理授权对知识型员工组织承诺影响的实证研究》，北京：经济管理出版社 2008 年。

定性测量①。以 Quinn 为代表的学者，主张通过量表和问卷进行定量测量②。也有学者认为可以针对不同的变量要素采取不同的测量方法③，还有学者则把两种方法结合起来进行研究④。本书在大学文化内驱模型的研究中主要采用定量测量方法。

二是类型测量与特征测量的选择。就定量测量而言，可以分为类型测量（Typing Survey）和特征测量（Profiling Survey）两类⑤。类型测量是指使用标准化工具来判断组织文化的一系列类型，每种类型通常会详细地描述行为方式和价值观，通过这类测量，可以判断特定组织文化属于何种类型。特征测量是通过测评组织成员信念和价值观的优劣势来描述组织文化的特征，这类测量通常要凭借不同维度上的得分来勾勒出组织文化的总体特征⑥。大学文化内驱模型研究关注的是不同导向的大学文化，属于类型测量研究，但并不是简单意义上的类型测量研究，而是基于特征分析的类型测量研究。

三是直接测量与间接测量的选择。所谓直接测量（direct measurement）是指直接询问受试者对组织集体目标的认可程度和自身文化需求的满足程度。间接测量（indirect measurement）是以评分方式，分别测出个人与组织的特性，选择契合指标，反映个人与组织的契合程度和个人文化需求的满足程度。间接测量方法逐渐成为研究个人目标与组织目标契合度的主流方法⑦⑧。鉴于文化研究的复杂性和特殊性，本书采取直接测量与间接测量相结合的方法，主要通

① Schein, E. H. The Corporate Culture Survival Guide: Sense and Nonsense about Culture Change [M]. San Francisco: Jossey 2 Bass Publishers, 1999.

② Quinn, R. E. and Spreitzer, G. M. The psychometrics of the competing values culture instrument and an analysis of the impact of organizational culture on quality of life [J]. Research in Organizational Change and Development, 1991, 5: pp. 115 ~ 142.

③ Rousseau, Denise M. Quantitative Assessment of Organizational Culture: The Case for Multiple Measures [J]. Frontiers in Industrial and Organizational Psychology, 1990, (3): pp. 153 ~ 192.

④ Hofstede, G., Neuijen, B., Daval, O. and Sanders, G. Measuring organizational cultures: a qualititative and quantitative study across twenty cases [J]. Administrative Science Quarterly, 1990, 35 (2): pp. 286 ~ 316.

⑤ 曾昊、马力、王南：《企业文化测量研究述评》，中国地质大学学报 2005 年第 4 期。

⑥ 雷巧玲：《文化驱动力——基于企业文化的心理授权对知识型员工组织承诺影响的实证研究》，北京：经济管理出版社 2008 年。

⑦ Cable D, Judge T. Person-organization fit, job choice decisions, and organizational entry [J]. Organizational Behavior and Human Decision Performance, 1996, 67: 294 ~ 311.

⑧ Vandenberghe C. Organizational culture, person-culture fit, and turnover: A replication in the health care industry [J]. Journal of Organizational Behavior, 1999, 20: 175 ~ 184.

过问卷调查的方式来收集受试者对测量问卷的项目内容的态度，再运用相应的评分方式，测量不同要素之间的相关系数。

二、测量指标设计的思路

设计变量要素的测量指标是实证研究的基础，直接决定统计分析结果的可靠性和有效性，本书对每个指标设计的原意和问题陈述方式都谨小慎微，反复推敲。由于对大学文化性格、供求均衡状态和目标契合模式三者的评价没有现成的评价指标体系，本书主要依据以下四个思路，通过学习、借鉴国内外其他组织文化的测量指标，结合大学文化实际，设计六个变量要素的度量指标：

第一，通过文献检索查找在企业文化等其他组织文化测量中已有的并被证明具有普适性的度量指标，在问题的陈述方式上结合大学文化实际作相应的调整，以使指标内容更加符合大学文化实际。其中，大学文化性格的测量指标主要借鉴企业文化中员工导向和任务导向的度量指标，大学生个体目标与大学集体目标契合模式的测量指标主要借鉴心理授权类型和组织承诺的度量指标。

第二，本书的大部分量表参考了国外20世纪90年代开始使用、目前已被证明具有普遍适用性的同类英文文献量表，考虑到跨年代、跨文化的差异，进行严格的双向翻译，确保量表翻译的准确性，同时联系国内大学组织情景作了一些陈述方式上的调整。作者首先翻译了国外的量表，然后和几位管理学、社会学的博士生一起逐字逐句地考证句意，作相应调整；其次，借鉴国内其他学者在同一量表或相近内容的中文翻译，比较分析，择优修订；再次，请一位英语能力较强的管理学教师对调整后的结果进行仔细的修订；然后，作者汇总修改结果，编成问卷，邀请原先几位博士生一同对问卷进行逐句讨论；最后，请一位外语系教师把问卷译回英文，和原始的英文量表进行比较。由于个别题项翻译为中文后难以理解，本书在不改变原意的基础上，根据中文的语法和语言习惯作了一些陈述方式上的调整。

第三，由于本书对文化供求均衡关系作了新的分类，缺少具有普适性的量表可以借鉴。于是在2008年10月至12月，按照图12-1所示的方法与步骤，借鉴德尔菲（Delphi）法，通过访谈和函询，反复征求15位高校中高层管理者，15位教学、科研、教辅和后勤工作人员，15位学生的意见。与中高层管理人员主要探讨他们在决策过程中把学生摆在什么位置上，是如何征求学生意见的；与教学、科研、后勤、教辅人员探讨他们在工作中是否尊重学生的选择，如何尽可能地满足学生的文化需求；与学生主要探讨他们在文化选择上的主动程度和文化消费后的体会。在此基础上，参照国内外相关研究，归纳设计大学文化供求均衡关系的测量指标。

第四，不管是经过双向翻译的度量指标，还是借鉴企业文化等其他组织文化的、并被证明具有普适性的度量指标，或者是经过访谈、参照国内外相关研究而归纳设计的度量指标，都必须通过预调研来检测问题的可理解性和指标的可靠性。根据预调研的结果，对问卷进行最后的修订与完善。因此，本书第二节中所设计的变量要素的测量指标均为拟使用的指标，其中带"＊"的为预调研后未保留的指标，带"⊕"的为预调研后作了修订的指标，具体原因在预调研的工作总结中阐述。所有测量指标以预调研后修订的问卷（见附件1）为准。

对于所有变量的测量指标，本书采取Likert5分评价标准。评价标准依次为：1－完全不同意，2－不太同意，3－无所谓，4－基本同意，5－完全同意。具体的测量方法见问卷。

第二节　大学文化内驱模型的测量指标设计

一、大学文化性格的测量

本书关注的是不同导向的大学文化，以关心内部——关注外部为维度，即以关注学生内在需求——关注学校外界指令要求为维度，将大学文化分为独立性文化和顺从性文化两大类，并进行了相关的界定。本书依据国内外在企业等其他组织文化在员工导向和任务导向方面已经被证明具有普适性的测量指标，设计独立性大学文化和顺从性大学文化的测量指标和具体问题。

（一）独立性大学文化的度量

大学独立性文化以满足大学生健康成长和可持续发展为指导思想，强调对学生的关心和尊重，其导向是大学生成长和发展的需求。独立性文化体现在企业等其他组织中，其导向是满足员工的需求，主要特征表现为关心员工。Hofstede认为不同组织的文化差异可以通过描述组织习惯做法的六个维度体现出来，这六个维度是：过程导向与结果导向；员工导向与工作导向；职业文化与地域文化；开放系统与封闭系统；宽松控制与严格控制；规范型与务实型[①]。

---

① Hofstede, G., Neuijen, B., Daval, O. and Sanders, G. Measuring organizational cultures: a qualititative and quantitative study across twenty cases [J]. Administrative Science Quarterly, 1990, 35 (2): pp. 286~316.

van der Post 提出对组织文化中的人力资源导向与员工参与的度量①。雷巧玲提出用公平、信任、支持、对信息的分享、对资源的分享、为员工提供不断学习与发展的机会等六个维度对知识型员工导向的企业文化进行测量②。

综合包括企业文化在内的其他组织文化的员工导向理论，主要参照 Balkin 和 Gomez-Mejia③、Spreitzer④、Geller⑤、Brian⑥ 等人的研究成果，从公平、环境开放、文化选择的自主权、信息和资源的分享权、学校能为个人不断学习与发展提供机会等五个维度对独立性大学文化进行测量，拟使用以下七个题项进行数据收集：①"学校对我很公平、很重视"；②"我觉得学校的观念符合社会现实"；③"学校信任我的品德和文化选择能力"；④"我具有决定自己发展目标的权力"；⑤"我能获得学习和发展所需要的信息和资源"；⑥"学校鼓励并创造条件支持我愉快学习"；⑦"学校为我提供了很好的提升机会"。各个题项的来源详见表 13 – 1。

表 13 – 1　独立性大学文化量表及其资料来源

变量维度	量化指标	资料来源
公平	学校对我很公平、很重视	Balkin 和 Gomez-Mejia（1989）
环境开放	我觉得学校的观念符合社会现实	
文化选择权	学校信任我的品德和文化选择能力	Geller（1999）
	我具有决定自己发展目标的权力	
信息和资源的分享权	我能获得学习和发展所需要的信息和资源	Spreitzer（1995）
支持	学校鼓励并创造条件支持我愉快学习	Brian（2003）
	*学校为我提供了很好的提升机会	

注：带"*"的为预调研后未保留的指标。

（二）顺从性大学文化的度量

---

① van der Post, W. Z., de Coning, T. J. An Instrument to Measure Organizational Culture［J］. South African Journal of Business Management, 1997, 28（4）: pp. 147～168.

② 雷巧玲：《文化驱动力——基于企业文化的心理授权对知识型员工组织承诺影响的实证研究》，北京：经济管理出版社2008年。

③ Balkin, Gomez-Mejia. Effectiveness of Individual and Aggregate Compensation Strategies［J］. Industrial Relations, 1989, 28（3）: pp. 431～445.

④ Spreitzer, G. M. An empirical test of a comprehensive model of intrapersonal empowerment in the workplace［J］. American Journal of Community Psychology. 1995, 23（5）: pp. 601～630.

⑤ Geller, E. S. Interpersonal trust［J］. Professional Safety. 1999, 44（4）: pp. 16～19.

⑥ Brian, D. J. Under standing the Antecedents of Effective Knowledge Management: The Importance of a Knowledge-Centered Culture［J］. Decision Sciences, 2003, 34（2）: pp. 351～385.

顺从性大学文化的主导思想是如何完成政府、主管部门布置的任务。这种任务往往是硬性规定的，也就是指令性的。以任务为导向的顺从性大学文化严格按计划开展、推进工作，并责成学生按照要求完成学习计划和任务。对于以任务为导向的组织文化的测量，Hofstede（1990）提出决策由高层做出、组织只对员工所做的工作感兴趣两个维度①；van der Post（1997）提出了任务结构及绩效导向的度量标准，主要强调"组织目标的实现"、"目标是硬性的"及"严格要求按规则及流程做事"②。雷巧玲（2008）在这几位学者研究的基础上以知识型员工为对象，提出以任务为导向的企业文化的三个测量维度：集中决策、规范行为、强调目标③。综合上述几位学者对任务导向的度量和顺从性大学文化的界定，本书将顺从性大学文化的特征界定为以任务为导向，强调师生等级，严格按规章制度及流程办事，学生听命于学校而做被要求做的事，拟提出四个测量维度：集中决策、强调指令、规范行为、重视终结评价，使用以下七个题项进行数据收集：①"决策权和话语权集中在学校管理者和施教者"；②"学校所定的指令是硬性的"；③"学生所做的每一件事都与学校的指令紧密相关"；④"学生必须遵守学校所有的规章制度"；⑤"学生必须按照统一要求和流程完成学习任务"；⑥"学校的测试内容与学校目标紧密相关"；⑦"学校重视学生书面终结测试而轻视社会综合评价"。各个题项的来源详见表13-2。

表13-2　顺从性大学文化量表及其资料来源

变量维度	量化指标	资料来源
集中决策	决策权和话语权集中在学校管理者和施教者	Hofstede，1990
强调指令	学校所定的指令是硬性的	Van der Post，1997
	学生所做的每一件事都与学校的指令紧密相关	
规范行为	学生必须遵守学校所有的规章制度	
	学生必须按照统一要求和流程完成学习任务	
重视终结评价	⊕学校的测试内容与学校目标紧密相关	
	⊕学校重视学生书面终结测试而轻视社会综合评价	

注：带"⊕"的为预调研后作了修订的指标。

①　Hofstede, G., Neuijen, B., Daval, O. and Sanders, G. Measuring organizational cultures: a qualititative and quantitative study across twenty cases [J]. Administrative Science Quarterly, 1990, 35 (2): pp. 286～316.

②　van der Post, W. Z., de Coning, T. J. An Instrument to Measure Organizational Culture [J]. South African Journal of Business Management, 1997, 28 (4): pp. 147～168.

③　雷巧玲：《文化驱动力——基于企业文化的心理授权对知识型员工组织承诺影响的实证研究》，北京：经济管理出版社2008年。

二、大学文化供求均衡模式的测量

从经济学的角度，对商品供求均衡状态的分析主要测量需求量和供给能力。大学文化内驱模型依据供求关系调节的导向、手段和所达到的状态三个维度，把大学生文化供求均衡状态分为自发性均衡和自觉性均衡两种类型。因此，本书通过对作为消费主体的大学生和大学教育管理主体（15 位高校中高层管理者，15 位教学、科研、教辅和后勤工作人员，15 位学生）进行了深度访谈和反复函询（方法如图 12 - 1 所示），借鉴社会学和组织行为学的一些测量方法，拟定了供求均衡状态的测量指标体系。

（一）自发性供求均衡的测量

大学文化供求关系的自发性均衡是在市场内部运行中，依据市场规律，而自发形成的一种相对平衡。它以供求关系为导向，通过价格调节文化商品的供求矛盾，达到供求双方在量上的基本平衡。这种平衡状态下，一些消费主体往往因为自身的消费能力有限，而不能满足自身的实际需求和持续需求。因此，这种类型的文化供求均衡状态表现出的特点主要有：文化商品的价格波动较为频繁，而且原因不公开，消费主体作为供求双方中的重要一方对供给信息的知情权有限，在消费过程中有较强的被动适应感。根据这一现象特征和访谈结果的统计分析，借鉴 Hofstede（1990）在企业文化方面的测量指标[1]，以消费主体为调查对象，从信息知情权、消费被动性两个维度设计六个题项进行数据收集，详见表 13 - 3。

表 13 - 3　自发性供求均衡量表及其资料来源

变量维度	量化指标	资料来源
信息知情权	经常得到指令，但不知道为什么要实施这种指令	Hofstede, 1990
	文化消费的价格一般由供给方确定，很少征求我的意见	
	相同或相近内容的文化消费没有可供选择的几种价格	
消费被动性	我往往因为文化消费而感到囊中羞涩	作者通过访谈归纳总结
	经常因为文化消费的价格原因降低自己的需求	
	经常为已经发生的文化消费而后悔但又无奈	

① Hofstede, G., Neuijen, B., Daval, O. and Sanders, G. Measuring organizational cultures: a qualititative and quantitative study across twenty cases ［J］. Administrative Science Quarterly, 1990, 35 (2): pp. 286 ~ 316.

251

（二）自觉性供求均衡的测量

通过访谈分析，从学生作为消费主体的权力和体验来看，大学文化供求关系的自觉性均衡主要有以下几个特征：一是学生的价值选择和个性文化消费得到较好的尊重和满足；二是学生了解学校组织目标和文化建设、供给的过程，并有相应的建议权和参与权；三是学校供给的文化内容和消费形式是多样的，学生有较大的选择空间和自主权；四是学生在文化消费过程之中和文化享用之后的感觉良好。综合这些特征，参照 Geller（1999）[①]、Spreitzer（1995）[②] 的相关测量指标体系，拟从参与度、选择权和满足感三个维度测量文化供求的自觉性均衡，具体而言，一是学生作为消费主体在学校文化生产、供给过程中的参与度，二是学生对学校所提供的文化消费内容的选择权力，三是学生在文化消费和文化享用之后的满足感。如表 13 - 4 所示，依据这三个维度，设计了六个题项进行数据收集。

表 13 - 4　自觉性供求均衡量表及其资料来源

变量维度	量化指标	资料来源
参与度	学校的文化供给信息是公开的	Geller（1999）
	有权力和机会对学校的发展目标等内容提出建议	
选择权	学校和老师尊重我的选择和个性化消费	Spreitzer（1995）
	我可以在多样化的文化消费形式（如看电影、上网、去歌舞厅等）中选择自己喜欢的	
满足感	对于文化消费觉得物有所值	作者通过访谈归纳总结
	在学校文化环境中有舒适感	

三、大学生个体目标与大学集体目标契合状态的测量指标

对个体与组织在价值观和组织目标上的契合测量有两种类型：一是关于契合度的测量；二是关于契合类型的测量。大学生个体目标与大学集体目标的契合最终集中体现在大学生对大学的组织承诺（organizational commitment）上。因此，本书借鉴组织承诺的测量维度，对大学生个体目标与大学集体目标的契合进行相应的类型测量。

---

① Geller, E. S. Interpersonal trust［J］. Professional Safety. 1999, 44（4）: pp. 16 ~ 19.

② Spreitzer, G. M. An empirical test of a comprehensive model of intrapersonal empowerment in the workplace［J］. American Journal of Community Psychology. 1995, 23（5）: pp. 601 ~ 630.

组织承诺是由单边投入（side-bet）产生的维持活动一致性的倾向，是一种甘愿全身参与组织活动的感情，反映个体与组织间的心理默契，表现为一种与某一特定组织的目标与价值观相认同的心理状态，隐含了员工对于是否继续留在该组织的决定。归纳而言，组织承诺是指组织成员对于特定组织及其目标的认同，愿意为组织的利益出力，并希望保持该组织成员的身份资格的一种状态。影响组织承诺的主要因素有文化价值因素、管理因素和个体因素。其中，文化是影响组织承诺的前因变量，组织文化中个体目标与组织目标的契合是组织承诺的基础和前提，决定着组织承诺的类型。

关于组织承诺的类型测量，Meyer 和 Allen 最早于 1984 年提出了感情承诺和继续承诺的两维测度模型①，1990 年这两位学者和 Gelatly 一起在此基础上提出了三维测量模式，成为目前最广为接受的组织承诺模式②。该模型认为，员工的组织承诺主要包含感情承诺、继续承诺和规范承诺三种：感情承诺（affective commitment）是指员工对组织具有较高甚至是很高的感情依赖程度、认同程度和投入程度。这种承诺强度主要受到成员所感受到的来自组织的关心和支持程度的影响。继续承诺（continuance commitment）是指员工为了不失去在组织内已有的位置和多年投入所换来的待遇而不得不继续留在组织内的一种承诺。这种承诺与个人的经济物质实利直接挂钩，具有浓厚的交易色彩。规范承诺（normative commitment），是指员工由于受到长期社会影响而形成了一定的社会责任感，因而选择继续留在组织内的承诺。本书借鉴组织承诺的类型测量，从以大学生作为选择和接纳文化的主体的角度，从感动——被动两个维度对大学生个体目标和大学集体目标的感动性契合和被动性契合进行类型测量。

关于组织承诺测量的题项设计，Allen 和 Meyer（1990，1991）开发的三维测度模型中每个维度用 8 个题项，总计 24 个题项来测量③④。后来，Meyer，

① Meyer, J. P., Allen, N. J. Testing the "side-bet theory" of organizational commitment: Some methodological considerations [J]. Journal of Applied Psychology, 1984, 69: pp. 372~378.

② Meyer, J. P., Allen, N. J., Gelatly, I. R. Affective and Continuance To Organization: Evaluation of Measures and Analysis of Concurrent and Time-Lagged Relation [J]. Journal of Applied Psychology, 1990, 75: pp. 710~720.

③ Allen, N. J., Meyer, J. P. The measurement and antecedents of affective, continuance and normative commitment to the organization [J]. Journal of Occupational & Organizational Psychology, 1990, 63 (1): pp. 18~38.

④ Meyer, J. P., Allen, N. J. A Three Component Conceptualization of Organization Commitment [J]. Human Resource Management Review, 1991, 1: pp. 61~98.

Allen 和 Smith 将每个维度的题项减少为 6 项，总计 18 个题项来测量①②。这一改变主要对规范承诺产生影响，而对感情承诺及继续承诺的影响不大。本书借鉴这一量表，设计了对大学生个体目标和大学集体目标的感动性契合与被动性契合进行测量的题项。

（一）感动性契合的测量

感动性契合是指大学生对大学集体目标的自觉认同和投入，将个体目标与大学集体目标紧密地联系在一起，把为实现组织目标作出的努力和实现程度作为自我追求的重要内容和自我评价的重要标准。本书借鉴 Meyer，Allen 和 Smith（1993，1997）的研究成果，参照雷巧玲（2008）对相关量表的翻译，从认同、投入、自豪感三个维度，即大学生对大学目标的认可程度、大学生投入大学目标实践活动的程度以及为实现大学目标所感到的自豪程度，测量大学生个体目标与大学集体目标的感动性契合。测量的题项有以下六个：①"我对学校有很强的归属感"；②"我感觉学校的目标就是我的目标"；③"实现学校目标对我来说有重要的个人价值"；④"我乐意参与学校组织的工作和活动"；⑤"我会为学校的目标和计划而调整自我目标和计划"；⑥"我为学校实现集体目标而感到很骄傲"。各个题项的来源详见表 13 - 5。

表 13 - 5　大学生个体目标与集体目标感动性契合量表及其资料来源

变量维度	量化指标	资料来源
认同	我对学校有很强的归属感	Meyer，Allen 和 Smith（1993，1997）
	我感觉学校的目标就是我的目标	
	实现学校目标对我来说有重要的个人价值	
投入	我乐意参与学校组织的工作和活动	
	我会为学校的目标和计划而调整自我目标和计划	
自豪感	我为学校实现集体目标而感到很骄傲	

---

① Meyer，J. P.，Allen，N. J.，Smith，C. A. Commitment to organizations and occupations：Extension and test of a three-component conceptualization ［J］. Journal of Applied Psychology，1993，78（4）：pp. 538～551.

② Meyer，J. P.，Allen，N. J. Commitment in the workplace：Theory，research and application ［M］. Thousand Oaks，CA：SAGE Publications，1997.

（二）被动性契合的测量

被动性契合主要指大学生为了不失去自己通过多年的学习努力，在大学组织中取得的角色位置或者减少学校对学生个体的处罚，而被动地认同大学的组织目标和价值观。这种契合模式下，大学生往往基于功利性或他利性的考虑而被动认可学校目标。功利性的考虑主要是为了获取学校文凭，他利性的考虑主要是为了不让父母及其他亲友失望，而不是完全考虑个人的爱好和发展需要。如表 13-6 所示，本书拟从大学生感知到的被动感和所知觉到的违背大学目标所要承担的压力、损失、另选学习机会的缺少四个维度，借鉴 Allen（1990）和 Meyer（1997）在继续承诺方面的测量指标，参照雷巧玲（2008）等人对相关国外量表的翻译，设计以下六个题项：①"我认可学校目标，与其说是愿意，不如说是不得不这样"；②"我在学校组织的活动中找不到自己追求的，参与其中意义不大"；③"违背学校的目标，会受到学校处罚甚至失去文凭"；④"因不想让家人过多担忧和责怪而不远离学校目标"；⑤"为获得大学学习机会我付出了很多努力，虽然生活得不舒适，但也不想轻易失去"；⑥"离开学校很难找到新的学习机会"。

表 13-6　大学生个体目标与集体目标被动性契合量表及其资料来源

变量维度	量化指标	资料来源
被动感	我认可学校目标，与其说是愿意，不如说是不得不这样	Allen 和 Meyer（1990，1997）
	我在学校组织的活动中找不到自己追求的，参与其中意义不大	
压力	违背学校的目标，会受到学校处罚甚至失去文凭	
	因不想让家人过多担忧和责怪而不远离学校目标	
损失	为获得大学学习机会我付出了很多努力，虽然生活得不舒适，但也不想轻易失去	
机会缺乏	离开学校很难找到新的学习机会	

第三节　问卷修订与数据收集

一、预调研与问卷修订

本书在设计了拟使用的变量要素测量指标的基础上，初步设计了问卷内容。为了保证问卷设计的质量和实证研究的有效推进，在全面抽样调查之前，进行了预调研工作。预调研的主要目的是检测问卷结构的完整性以及拟测量指标陈述方式的可理解性，根据反馈结果和预调研中出现的实际问题，并听取调查对象对问题内容和叙述方式的意见，最后，对问卷作了进一步完善。

2009年1月，从驻江苏省镇江市区的五所高校（江苏大学、江苏科技大学、镇江高等专科学校、江苏农林职业技术学院、金山学院）中选了20名本科生、20名大专生和10名研究生作为调查对象，进行预调研。将设计的初始问卷（如表7-1至表7-6所述六个变量的38个测量指标）对这50名被调查者进行测试，结果显示，量表具有较好的信度和效度。经过探索性因子分析，其中35个测量指标的因子得分达到了可用标准；1个指标（独立性大学文化的拟测量指标"学校为我提供了很好的提升机会"），因为主要来源于企业文化的相关量表，不符合大学实情，其因子得分未达到可用标准，予以删除；其中顺从性大学文化的最后两个拟测量指标（"学校的测试内容与学校目标紧密相关"、"学校重视学生书面终结测试而轻视社会综合评价"）内容相近，影响被调查对象对问题的理解和判断，将其合并修改为"学校重视对学生进行与学校目标直接相关的书面测试"。另外，根据预调研中的实际情况和结果，对1-2、2-3、3-1、3-2、4-4、6-1、6-2、6-5八个题项，在不改变原意和叙述方式的原则下，对语言作了适当的简洁处理；对1-4、2-6两个题项对个别用词作了调整。最终，如表13-7所示，形成大学文化内驱模型中6个变量的36个测量指标作为显变量来测量数据、检验假设、验证模型。

表13-7　大学文化内驱模型测量指标

变量		量表
大学文化性格特征	独立性文化	1-1 学校对我很公平、重视 1-2 学校的观念符合社会现实 1-3 学校信任我的品德和文化选择能力 1-4 我具有确定自己发展目标的权力 1-5 我能获得学习和发展所需要的信息和资源 1-6 学校鼓励并创造条件支持我愉快学习
	顺从性文化	2-1 决策权、话语权集中在学校管理者和施教者 2-2 学校定的指令是硬性的 2-3 学生做的每件事都与学校的指令紧密相关 2-4 学生必须遵守学校所有的规章制度 2-5 学生必须按照统一要求和流程完成学习任务 2-6 学校重视对学生进行与学校目标直接相关的书面测试

续表

变量		量表
文化供求均衡状态	自发性均衡	3－1 不知道为什么实施得到的指令 3－2 文化消费的价格很少征求我的意见 3－3 相同或相近内容的文化消费没有可供选择的几种价格 3－4 往往因为文化消费而感到囊中羞涩 3－5 经常因为文化消费的价格原因降低自己的要求 3－6 经常为已经发生的文化消费后悔但又无奈
	自觉性均衡	4－1 学校的文化供给信息是公开的 4－2 有权力和机会对学校的发展目标等内容提出建议 4－3 学校和老师尊重我的选择和个性化消费 4－4 我可以在多样化的文化消费形式中选择自己喜欢的 4－5 对于文化消费觉得物有所值 4－6 在学校文化环境中有舒适感
目标契合模式	感动性契合	5－1 我对学校有很强的归属感 5－2 我感觉学校的目标就是我的目标 5－3 实现学校目标对我来说有重要的个人价值 5－4 我乐意参与学校组织的工作和活动 5－5 我会为学校的目标和计划而调整自我目标和计划 5－6 我为学校实现集体目标而感到很骄傲
	被动性契合	6－1 我是不得不才认可学校目标 6－2 在学校组织活动中找不到自己追求，参与其中意义不大 6－3 违背学校目标，会受到处罚甚至失去文凭 6－4 因不想让家人过多担忧和责怪而不远离学校目标 6－5 为获得大学机会付出很多，虽然生活不舒适，但不想失去 6－6 离开学校很难找到新的学习机会

二、样本与数据收集

本书所使用的数据来自于2009年5～6月份对江苏省122所普通高校（其中44所本科院校、78所高职院校）① 的分层抽样调查。

调查前，邀请了江苏大学和镇江高等专科学校管理学和统计学专业的部分同学参与成立了调查组，对调查组成员进行了相应的培训，告知了问卷发放和

---

① http://www.ec.js.edu.cn/newsfiles/68/2007～10/6321.shtml，2009～6～10，省教育厅发展规划处提供，截止2009年4月.

回收的时间和办法。要求调查工作人员告知被调查者，本次调查是一项学术性研究，实行不记名调查，个人的相关信息会得到严格保密，以便提高问卷的回答质量。

2009 年 5 月份，调查组成员开始对江苏省内 100 余所高校进行分层抽样（Stratified Sampling）的问卷调查。具体步骤为：一是确认与界定研究的母群体；二是决定所需样本的大小；三是确认变量与各子群体（层次），以确保取样的代表性；四是依据实际研究情形，把母群体的所有成员划分成数个层次；五是使用随机方式从每个子群体中按照一定的比例选取适当的个体[1]。由于本书的调查对象是大学生，从学校类型上对本科院校、高职高专院校，从学生层次上对研究生、本科生和专科生，进行了分类抽样调查。大学文化是长期积淀而成的，由于江苏省内的一部分高职院校是近几年从中等职业学校刚刚升格而成的，其文化特征还带有较浓的中等学校文化的色彩，不能很好地代表大学文化，预调研的统计结果显示这部分学校的数据结果不太理想，因此本书在进行分层抽样调查时，以本科院校和具有较长办学历史的专科院校为主，以提高调查质量。

具体的问卷调查工作流程为：在被调查高校的帮助下，由经过培训的调查小组成员把装有问卷的专用信封逐一发放到调查对象的手中，现场对学生可能存在的问题进行解答。学生回答完问卷以后，自己将问卷放入专用信封中封好后回收。

整体上看，调查共发放问卷 500 份，回收问卷 413 份，除去一些缺省数据较多的问卷和明显有偏差的问卷，最终的有效问卷为 403 份，有效回收率为 80.6%。进入数据分析的样本：性别方面，男生 154 人，占 38.21%，女生 249 人，占 61.79%；层次方面，研究生 20 人，占 4.96%，本科生 332 人，占 82.63%，专科生 51 人，占 12.41%；学校所在区域方面，苏南地区占 64.8%，苏北地区占 35.2%；生源地，城市占 47.1%，农村占 52.9%。调查样本的结构与研究假设的结构基本一致，可以认为该调查样本具有代表性，调查活动得到了比较满意的结果。

① Gay, L. R. Educational Research Competencies for Analysis and Application ［M］. New York: Macmillan, 1992.

第四节　样本检验

在实证分析之前，首先要通过对调查获得的数据本身进行 T 检验，从而观测每一个问题是否具有鉴别度，也就是说每一个问题是否都能鉴别出不同被访问者的反映程度。具体的分析方法是：首先，求出量表（问卷）中所有问题的总分；其次，将总分按照从高到低的顺序进行排列，找出顺序中上下各27%处之分数（按照分数的大小降序排列，高处27%处的样本总分为133分，低处27%处的样本总分为117分）；再次，依据以上两个临界分数将观测值在量表的总分分成高低两组，即 Group1（高分组）和 Group2（低分组）；最后，以 t-test 检验两组样本在每一个题项中的差异，结果见表13-8、表13-9。

表13-8　组别 T 检验统计量表

题项	组别	样本数	均值	标准差	均值标准误差
1-1	1	109	3.7339	.78931	.07560
	2	109	2.3761	1.24565	.11931
1-2	1	109	4.0550	.55835	.05348
	2	109	2.5321	1.19077	.11406
1-3	1	109	4.0092	.60085	.05755
	2	109	2.8532	1.20051	.11499
1-4	1	109	4.2477	.66883	.06406
	2	109	3.2110	1.30578	.12507
1-5	1	109	4.2202	.65769	.06299
	2	109	2.8807	1.16845	.11192
1-6	1	109	4.0275	.61552	.05896
	2	109	2.7890	1.08075	.10352
2-1	1	109	4.1743	.62129	.05951
	2	109	3.0550	1.21590	.11646
2-2	1	109	4.1376	.71321	.06831
	2	109	2.9083	1.19056	.11403
2-3	1	109	4.0459	.75013	.07185
	2	109	2.6881	1.19177	.11415

续表

题项	组别	样本数	均值	标准差	均值标准误差
2－4	1	109	4.2661	.75329	.07215
	2	109	2.8624	1.30148	.12466
2－5	1	109	4.1651	.72666	.06960
	2	109	2.7339	1.30272	.12478
2－6	1	109	4.0183	.68016	.06515
	2	109	2.6881	1.37233	.13145
3－1	1	109	3.8624	.83298	.07978
	2	109	3.1927	1.34355	.12869
3－2	1	109	3.9908	.83328	.07981
	2	109	3.1743	1.28268	.12286
3－3	1	109	3.8440	.87321	.08364
	2	109	3.2477	1.16393	.11148
3－4	1	109	3.8349	.86617	.08296
	2	109	2.8532	1.15330	.11047
3－5	1	109	3.9817	.89216	.08545
	2	109	2.9725	1.27264	.12190
3－6	1	109	3.9450	.77978	.07469
	2	109	3.1560	1.23359	.11816
4－1	1	109	4.0734	.67641	.06479
	2	109	2.8532	1.41961	.13597
4－2	1	109	4.0183	.65237	.06249
	2	109	2.7156	1.36145	.13040
4－3	1	109	4.1009	.65185	.06244
	2	109	2.9266	1.37239	.13145
4－4	1	109	4.0642	.74877	.07172
	2	109	3.0734	1.31731	.12618
4－5	1	109	4.0550	.66437	.06364
	2	109	2.8440	1.40221	.13431

题项	组别	样本数	均值	标准差	均值标准误差
4－6	1	109	4.0550	.62115	.05950
	2	109	2.6239	1.39966	.13406
5－1	1	109	4.0367	.59202	.05671
	2	109	2.6697	1.21758	.11662
5－2	1	109	4.0550	.59059	.05657
	2	109	2.3945	1.01852	.09756
5－3	1	109	4.1560	.64081	.06138
	2	109	2.7431	1.08358	.10379
5－4	1	109	4.3303	.62443	.05981
	2	109	3.2477	1.17186	.11224
5－5	1	109	4.0459	.64385	.06167
	2	109	2.8991	1.04478	.10007
5－6	1	109	4.2752	.57529	.05510
	2	109	3.3394	1.21121	.11601
6－1	1	109	4.0275	.64490	.06177
	2	109	3.5138	1.43769	.13771
6－2	1	109	3.8807	.70349	.06738
	2	109	3.3670	1.41853	.13587
6－3	1	109	4.2018	.75498	.07231
	2	109	3.4037	1.34108	.12845
6－4	1	109	4.2018	.63508	.06083
	2	109	3.5505	1.19013	.11399
6－5	1	109	4.2752	.63642	.06096
	2	109	3.4495	1.39766	.13387
6－6	1	109	4.0734	.75408	.07223
	2	109	3.3119	1.25976	.12066

注：每一题项所对应的问题见表13－7。

表 13 – 9　独立样本检验值

题项		Levene 检验		均值 T 检验					95% 置信区间	
		F	Sig.	t 值	Df	Sig.	均值差	标准差	下限	上限
1 – 1	假定变异系数相等	46.080	.000	9.613	216	.000	1.35780	.14125	1.07940	1.63620
	假定变异系数不相等			9.613	182.686	.000	1.35780	.14125	1.07911	1.63648
1 – 2	假定变异系数相等	145.884	.000	12.090	216	.000	1.52294	.12597	1.27465	1.77123
	假定变异系数不相等			12.090	153.301	.000	1.52294	.12597	1.27407	1.77180
1 – 3	假定变异系数相等	90.325	.000	8.990	216	.000	1.15596	.12859	.90252	1.40941
	假定变异系数不相等			8.990	158.913	.000	1.15596	.12859	.90201	1.40992
1 – 4	假定变异系数相等	79.917	.000	7.377	216	.000	1.03670	.14052	.75973	1.31367
	假定变异系数不相等			7.377	161.019	.000	1.03670	.14052	.75919	1.31420
1 – 5	假定变异系数相等	61.338	.000	10.430	216	.000	1.33945	.12843	1.08632	1.59258
	假定变异系数不相等			10.430	170.191	.000	1.33945	.12843	1.08593	1.59297
1 – 6	假定变异系数相等	74.400	.000	10.397	216	.000	1.23853	.11913	1.00373	1.47334
	假定变异系数不相等			10.397	171.393	.000	1.23853	.11913	1.00338	1.47368
2 – 1	假定变异系数相等	63.039	.000	8.558	216	.000	1.11927	.13079	.86149	1.37704
	假定变异系数不相等			8.558	160.796	.000	1.11927	.13079	.86099	1.37754
2 – 2	假定变异系数相等	33.164	.000	9.248	216	.000	1.22936	.13293	.96735	1.49137
	假定变异系数不相等			9.248	176.671	.000	1.22936	.13293	.96702	1.49169
2 – 3	假定变异系数相等	46.856	.000	10.067	216	.000	1.35780	.13488	1.09195	1.62365
	假定变异系数不相等			10.067	181.964	.000	1.35780	.13488	1.09167	1.62393
2 – 4	假定变异系数相等	46.372	.000	9.745	216	.000	1.40367	.14403	1.11978	1.68756
	假定变异系数不相等			9.745	173.060	.000	1.40367	.14403	1.11938	1.68796
2 – 5	假定变异系数相等	87.315	.000	10.017	216	.000	1.43119	.14288	1.14958	1.71280
	假定变异系数不相等			10.017	169.275	.000	1.43119	.14288	1.14914	1.71324
2 – 6	假定变异系数相等	96.613	.000	9.068	216	.000	1.33028	.14670	1.04112	1.61943
	假定变异系数不相等			9.068	158.040	.000	1.33028	.14670	1.04052	1.62003
3 – 1	假定变异系数相等	40.847	.000	4.423	216	.000	.66972	.15141	.37129	.96816
	假定变异系数不相等			4.423	180.338	.000	.66972	.15141	.37095	.96850

题项		Levene 检验		均值 T 检验						
		F	Sig.	t 值	Df	Sig.	均值差	标准差	95% 置信区间	
									下限	上限
3-2	假定变异系数相等	48.426	.000	5.573	216	.000	.81651	.14651	.52775	1.10528
	假定变异系数不相等			5.573	185.378	.000	.81651	.14651	.52748	1.10555
3-3	假定变异系数相等	24.095	.000	4.279	216	.000	.59633	.13937	.32163	.87103
	假定变异系数不相等			4.279	200.325	.000	.59633	.13937	.32151	.87115
3-4	假定变异系数相等	23.969	.000	7.106	216	.000	.98165	.13815	.70935	1.25395
	假定变异系数不相等			7.106	200.429	.000	.98165	.13815	.70923	1.25407
3-5	假定变异系数相等	28.535	.000	6.779	216	.000	1.00917	.14887	.71576	1.30259
	假定变异系数不相等			6.779	193.502	.000	1.00917	.14887	.71557	1.30278
3-6	假定变异系数相等	60.127	.000	5.644	216	.000	.78899	.13978	.51348	1.06451
	假定变异系数不相等			5.644	182.426	.000	.78899	.13978	.51319	1.06479
4-1	假定变异系数相等	103.327	.000	8.101	216	.000	1.22018	.15062	.92331	1.51706
	假定变异系数不相等			8.101	154.634	.000	1.22018	.15062	.92265	1.51772
4-2	假定变异系数相等	113.563	.000	9.009	216	.000	1.30275	.14460	1.01774	1.58776
	假定变异系数不相等			9.009	155.111	.000	1.30275	.14460	1.01711	1.58839
4-3	假定变异系数相等	74.675	.000	8.069	216	.000	1.17431	.14553	.88748	1.46114
	假定变异系数不相等			8.069	154.370	.000	1.17431	.14553	.88683	1.46179
4-4	假定变异系数相等	29.945	.000	6.827	216	.000	.99083	.14513	.70477	1.27689
	假定变异系数不相等			6.827	171.190	.000	.99083	.14513	.70434	1.27731
4-5	假定变异系数相等	97.322	.000	8.148	216	.000	1.21101	.14862	.91808	1.50394
	假定变异系数不相等			8.148	154.163	.000	1.21101	.14862	.91741	1.50460
4-6	假定变异系数相等	128.389	.000	9.758	216	.000	1.43119	.14667	1.14210	1.72028
	假定变异系数不相等			9.758	148.952	.000	1.43119	.14667	1.14137	1.72102
5-1	假定变异系数相等	79.112	.000	10.541	216	.000	1.36697	.12968	1.11138	1.62257
	假定变异系数不相等			10.541	156.363	.000	1.36697	.12968	1.11083	1.62312
5-2	假定变异系数相等	54.411	.000	14.725	216	.000	1.66055	.11277	1.43828	1.88282
	假定变异系数不相等			14.725	173.249	.000	1.66055	.11277	1.43797	1.88313

续表

题项		Levene 检验		均值 T 检验					95% 置信区间	
		F	Sig.	t 值	Df	Sig.	均值差	标准差	下限	上限
5-3	假定变异系数相等	31.236	.000	11.717	216	.000	1.41284	.12058	1.17518	1.65051
	假定变异系数不相等			11.717	175.309	.000	1.41284	.12058	1.17487	1.65082
5-4	假定变异系数相等	33.163	.000	8.512	216	.000	1.08257	.12718	.83189	1.33325
	假定变异系数不相等			8.512	164.753	.000	1.08257	.12718	.83145	1.33369
5-5	假定变异系数相等	22.002	.000	9.756	216	.000	1.14679	.11755	.91510	1.37848
	假定变异系数不相等			9.756	179.690	.000	1.14679	.11755	.91484	1.37874
5-6	假定变异系数相等	65.766	.000	7.286	216	.000	.93578	.12843	.68263	1.18892
	假定变异系数不相等			7.286	154.368	.000	.93578	.12843	.68206	1.18950
6-1	假定变异系数相等	96.355	.000	3.404	216	.001	.51376	.15092	.21629	.81124
	假定变异系数不相等			3.404	149.772	.001	.51376	.15092	.21554	.81198
6-2	假定变异系数相等	80.424	.000	3.388	216	.001	.51376	.15166	.21484	.81269
	假定变异系数不相等			3.388	158.094	.001	.51376	.15166	.21422	.81331
6-3	假定变异系数相等	39.587	.000	5.415	216	.000	.79817	.14741	.50762	1.08871
	假定变异系数不相等			5.415	170.208	.000	.79817	.14741	.50718	1.08915
6-4	假定变异系数相等	47.501	.000	5.041	216	.000	.65138	.12921	.39670	.90605
	假定变异系数不相等			5.041	164.894	.000	.65138	.12921	.39626	.90649
6-5	假定变异系数相等	75.543	.000	5.613	216	.000	.82569	.14710	.53576	1.11562
	假定变异系数不相等			5.613	150.940	.000	.82569	.14710	.53505	1.11632
6-6	假定变异系数相等	36.978	.000	5.415	216	.000	.76147	.14063	.48429	1.03865
	假定变异系数不相等			5.415	176.589	.000	.76147	.14063	.48394	1.03900

注：①每一题项所对应的问题见表 13-7；②t-Sig. <0.05 表明在 95% 的置信度下显著。

在表 13-8 中，第 2 列为组别，即 Group1 和 Group2，后面各列中对应于 Group 的数字表示在各自的大约 109 个样本（由于总体有效样本为 403 个，其中 27% 约为 109）中相应指标分值，表 13-8 的结果为下一步的检验奠定了良好的基础。表 13-9 反映了每一题项的鉴别度，表中先看每个题项组别群体变异系数相等的"F值"检验，如果显著（Sig. <0.05），表示两个组别群体变异系数不相等，此时看"假定变异系数不相等"所列之 t 值，如果 t 值显著

（Sig. ＜0.05），则该题项具有鉴别度；如果"F值"不显著（Sig. ＞0.05），表示两个组别群体变异系数相等（同质），此时看"假定变异系数相等"之 t 值，如果 t 值显著（Sig. ＜0.05），则该题项具有鉴别度。检验结果表明，本次研究中所使用的每一个题项都具有良好的鉴别度，即可以使用这些题项获得的数据进行下一步的因子分析。

第五节 数据特征描述

本部分主要根据数据结果，分析各变量要素包含的指标的样本分布状况以及因素中各变量的特征，以支持后续部分的深入研究。

一、大学文化性格的特征分布

表 13 – 10 表明，样本高校能够较好地尊重和满足学生的需求，形成了比较倾向于独立性特征的大学文化，但是其中六个方面仍然存在一些明显差异。学生最为认可的观点是学生具有确定自己发展目标的权力，而且能够获得学习和发展所需的信息和资源，接下来依次为学校信任学生的品德和文化选择能力、鼓励并创造条件支持学生愉快学习。相对而言，样本学校对学生的公平性和重视程度不够，而且观念也不太符合社会现实。其中，对学生的公平性不够，是我国各层次教育存在的共性问题，主要原因来自两个方面：一是社会、学校、家庭对学生个性成长的重视不够；二是当代大学生的期望值偏高。学校的观念不太符合社会现实的原因有：一是我国高校是体制改革的最后一个堡垒，滞后于其他领域；二是大学教学内容（含教材）滞后于现代科学技术进步和社会事业发展的水平。

表 13 – 10　独立性大学文化的特征分布

学校对我很公平、重视			学校的观念符合社会现实			学校信任我的品德和文化选择能力		
评分	样本数	百分比	评分	样本数	百分比	评分	样本数	百分比
1	47	11.7	1	35	8.7	1	21	5.2
2	85	21.1	2	74	18.4	2	48	11.9
3	56	13.9	3	38	9.4	3	60	14.9
4	195	48.4	4	225	55.8	4	216	53.6
5	20	5.0	5	31	7.7	5	58	14.4
总计	403	100.0	总计	403	100.0	总计	403	100.0

续表

我具有确定自己发展目标的权力			我能获得学习和发展所需要信息和资源			学校鼓励并创造条件支持我愉快学习		
评分	样本数	百分比	评分	样本数	百分比	评分	样本数	百分比
1	18	4.5	1	18	4.5	1	24	6.0
2	35	8.7	2	43	10.7	2	53	13.2
3	35	8.7	3	49	12.2	3	63	15.6
4	196	48.6	4	206	51.1	4	213	52.9
5	119	29.5	5	87	21.6	5	50	12.4
总计	403	100.0	总计	403	100.0	总计	403	100.0

表 13 - 11 表明，在顺从性大学文化中，样本学校强调学生必须按照统一要求和流程完成学习任务，决策权、话语权集中在学校管理者和施教者，强调学生对学校所有规章制度的遵守，并且重视对学生进行一些与学校目标直接相关的书面测试，并以此作为评价学生的重要依据。这是由于高校长期以来的官僚体制和传统的教育质量观的影响而导致的结果。相对而言不太强调学生做的每件事都与学校的指令紧密相关，学校指令也未必是硬性的。从以上看出，样本学校目前虽然强调学生必须按照统一要求和流程完成学习任务，但是对学生的指令和规章要求有一定的柔性。从另一方面体现了我国高校在贯彻教育法规、政策的过程中，能够较好地以人为本，注重人文关怀和亲情管理，为学生提供良好的成长空间。

表 13 - 11　顺从性大学文化的特征分布

决策权、话语权集中在学校管理者和施教者			学校定的指令是硬性的			学生做的每件事都与学校的指令紧密相关		
评分	样本数	百分比	评分	样本数	百分比	评分	样本数	百分比
1	23	5.7	1	25	6.2	1	28	6.9
2	53	13.2	2	60	14.9	2	68	16.9
3	52	12.9	3	72	17.9	3	83	20.6
4	192	47.6	4	175	43.4	4	173	42.9
5	83	20.6	5	71	17.6	5	51	12.7
总计	403	100.0	总计	403	100.0	总计	403	100.0

学生必须遵守学校所有的规章制度			学生必须按照统一要求和流程完成学习任务			学校重视学生的书面测试而轻视社会综合评价		
评分	样本数	百分比	评分	样本数	百分比	评分	样本数	百分比
1	26	6.5	1	35	8.7	1	35	8.7
2	37	9.2	2	44	10.9	2	55	13.6
3	71	17.6	3	46	11.4	3	66	16.4
4	174	43.2	4	211	52.4	4	177	43.9
5	95	23.6	5	67	16.6	5	70	17.4
总计	403	100.0	总计	403	100.0	总计	403	100.0

二、文化供求均衡的特征分布

表 13 - 12 表明，样本高校文化供求均衡中的自发性特征比较明显。比较文化供、求双方的权限而言，文化消费者的选择空间小、自主性较低，消费主体认为文化消费的价格很少征求自己的意见，并且时常不知道为什么要实施所得到的指令，相同或相近内容的文化消费在品种和价格上没有可供选择的余地。在消费选择上，58.4% 的人经常为已经发生的文化消费后悔而又无奈，53.1% 的学生因为文化消费的价格原因降低自己要求，相对而言，往往因为文化消费而感到囊中羞涩的人却相对较少。这一矛盾现象，说明大学生由于处于较高的文化需求状态，文化消费意识较高，尽管他们意识到文化消费的选择性很小，但是对文化消费的需求量还相对很大。另一方面，因为大学生作为一个以求知为主要目的和任务的、特殊的知识型群体，不管是家庭的教育优先投入，还是国家各级政府的奖、助学金政策，都为大学生文化消费提供了一定的支撑，所以并不因为文化消费而感到囊中羞涩。

表 13 - 12　自发性均衡的特征分布

不知道为什么实施得到的指令			文化消费的价格很少征求我的意见			相同或相近内容的文化消费没有可供选择的几种价格		
评分	样本数	百分比	评分	样本数	百分比	评分	样本数	百分比
1	18	4.5	1	18	4.5	1	14	3.5
2	56	13.9	2	62	15.4	2	62	15.4
3	74	18.4	3	58	14.4	3	79	19.6
4	145	36.0	4	157	39.0	4	177	43.9
5	110	27.3	5	108	26.8	5	71	17.6
总计	403	100.0	总计	403	100.0	总计	403	100.0

续表

往往因为文化消费而感到囊中羞涩			经常因为文化消费的价格原因降低自己的要求			经常为已经发生的文化消费而后悔但又无奈		
评分	样本数	百分比	评分	样本数	百分比	评分	样本数	百分比
1	27	6.7	1	23	5.7	1	14	3.5
2	79	19.6	2	82	20.3	2	83	20.6
3	84	20.8	3	80	19.9	3	71	17.6
4	170	42.2	4	144	35.7	4	155	38.5
5	43	10.7	5	74	18.4	5	80	19.9
总计	403	100.0	总计	403	100.0	总计	403	100.0

表 13-13 表明，相对于文化供求均衡的自发性均衡而言，自觉性均衡的特征相对要弱一些。在自觉性均衡中，学生对文化消费的外部影响感知水平较高，但对内部认同感知水平较低，充分体现了当前高校文化供给方面存在的薄弱环节和缺陷。学生较认同的观点依次为：学校的文化供给信息是公开的，学校和老师尊重学生的消费选择，可以在多样化的文化消费形式中选择自己喜欢的，对于文化消费觉得物有所值。尽管 56.4% 的大学生认为自己有权力和机会对学校的发展目标等提出建议，但是他们最不认同的观点为在学校文化环境中有舒适感。这说明在大学文化供求关系的运动变化中要进一步提高学生自主性。这也是导致自觉性供求均衡与感动性目标契合相关系数不够理想的重要原因之一。

表 13-13　自觉性均衡的特征分布

学校的文化供给信息是公开的			有权力和机会对学校的发展目标等内容提出建议			学校和老师尊重我的选择和个性化消费		
评分	样本数	百分比	评分	样本数	百分比	评分	样本数	百分比
1	45	11.2	1	48	11.9	1	36	8.9
2	49	12.2	2	59	14.6	2	52	12.9
3	69	17.1	3	69	17.1	3	77	19.1
4	161	40.0	4	161	40.0	4	152	37.7
5	79	19.6	5	66	16.4	5	86	21.3
总计	403	100.0	总计	403	100.0	总计	403	100.0

续表

我可以在多样化的文化消费形式中选择自己喜欢的			对于文化消费觉得物有所值			在学校文化环境中有舒适感		
评分	样本数	百分比	评分	样本数	百分比	评分	样本数	百分比
1	33	8.2	1	43	10.7	1	60	14.9
2	26	6.5	2	56	13.9	2	41	10.2
3	111	27.5	3	74	18.4	3	77	19.1
4	133	33.0	4	150	37.2	4	154	38.2
5	100	24.8	5	80	19.9	5	71	17.6
总计	403	100.0	总计	403	100.0	总计	403	100.0

三、目标契合模式的特征分布

表 13 - 14 表明，样本高校的大学生个体目标与大学集体目标之间开始呈现出感动性契合的一些特征。其中，大学生最为认同的观点是为学校实现集体目标而感到骄傲；其次分别为乐意参与学校组织的工作和活动，对学校有很强的归属感；再次分别为会为学校的目标和计划而调整自我目标和计划，实现学校目标对自己来说有重要的个人价值，感觉学校目标就是我的目标。相对而言，大学生对学校目标的认同感并非很强。这一矛盾现象，说明在大学文化多元化环境下，大学生个体的目标选择趋向多样化和个性化。

表 13 - 14 感动性契合的特征分布

我对学校有很强的归属感			我感觉学校的目标就是我的目标			实现学校目标对我来说有重要的个人价值		
评分	样本数	百分比	评分	样本数	百分比	评分	样本数	百分比
1	26	6.5	1	27	6.7	1	19	4.7
2	40	9.9	2	61	15.1	2	44	10.9
3	98	24.3	3	104	25.8	3	112	27.8
4	162	40.2	4	162	40.2	4	155	38.5
5	77	19.1	5	49	12.2	5	73	18.1
总计	403	100.0	总计	403	100.0	总计	403	100.0

续表

我乐意参与学校组织的工作和活动			我会为学校的目标和计划而调整自我目标和计划			我为学校实现集体目标而感到很骄傲		
评分	样本数	百分比	评分	样本数	百分比	评分	样本数	百分比
1	12	3.0	1	12	3.0	1	8	2.0
2	23	5.7	2	46	11.4	2	28	6.9
3	77	19.1	3	113	28.0	3	66	16.4
4	162	40.2	4	161	40.0	4	167	41.4
5	129	32.0	5	71	17.6	5	134	33.3
总计	403	100.0	总计	403	100.0	总计	403	100.0

表 13-15 表明，大学生个体目标与集体行为目标的被动性契合特征相对于感动性契合特征而言，更为明显一些，尤其是大学生作为大学组织成员对学校组织目标的认同度不高。抽样调查的学生最认同的观点是为获得大学机会付出了很多不会因生活不舒适而失去；其次分别是不得不认可学校目标，怕家人担忧和责怪而不远离学校目标，违背学校目标会受到处罚甚至失去文凭；再次是离开学校很难找到新的学习机会，参与学校组织活动意义不大。总体而言，学生的被动性契合特征比较明显。

表 13-15　被动性契合的特征分布

我是不得不才认可学校目标			在学校组织活动中找不到己自追求，参与其中意义不大			违背学校目标，会受到处罚甚至失去文凭		
评分	样本数	百分比	评分	样本数	百分比	评分	样本数	百分比
1	34	8.4	1	43	10.7	1	41	10.2
2	38	9.4	2	53	13.2	2	38	9.4
3	76	18.9	3	78	19.4	3	74	18.4
4	168	41.7	4	145	36.0	4	136	33.7
5	87	21.6	5	84	20.8	5	114	28.3
总计	403	100.0	总计	403	100.0	总计	403	100.0

续表

因不想让家人过多担忧和责怪而不远离学校目标			为获得大学机会付出很多，虽然生活不舒适，但不想失去			离开学校很难找到新的学习机会		
评分	样本数	百分比	评分	样本数	百分比	评分	样本数	百分比
1	23	5.7	1	32	7.9	1	29	7.2
2	45	11.2	2	42	10.4	2	39	9.7
3	80	19.9	3	57	14.1	3	100	24.8
4	158	39.2	4	151	37.5	4	137	34.0
5	97	24.1	5	121	30.0	5	98	24.3
总计	403	100.0	总计	403	100.0	总计	403	100.0

第六节　信度与效度分析

信度是指测量数据和结论的可靠性程度，也就是说测量工具能否稳定地测量到它要测量的事项的程度。统计学上常用 Cronbach's a 系数表示。一般认为，a 值越高代表信度越佳，通常 a 值大于 0.7 是可以接受的。本书中分量表的 a 值均大于 0.864，总量表的 a 值为 0.852，表明本书所选取的变量的信度令人满意。

效度是指测量数据和结论的正确性程度，即测量工具在多大程度上反映了所要测量的要素的真实含义。测量效度要求对因子载荷值进行分析，载荷值越高，表明包含该指标的信息量越多。在社会科学的研究中，载荷值大于 0.4 就被认为是有效的①。测量结果显示，本书各量表中的变量因素及相应指标的因子载荷值均达到了有效性标准。因此，可以使用以上变量要素作进一步的结果方程分析。

对各因素的测量指标进行确定性因子分析结果见表 13 - 16。

---

① Ford, J. C., McCallum, R. G., Tait. M. The application of exploratory factor analysis in applied psychology: A critical review and analysis ［J］. Personnel psychology, 1986, 39: pp. 291 ~ 314.

表 13 – 16　测量指标的可靠性和载荷检验

因素	测量指标	a 值	载荷值
独立性文化	学校对我很公平、重视	.893	.770
	学校的观念符合社会现实		.747
	学校信任我的品德和文化选择能力		.804
	我具有确定自己发展目标的权力		.732
	我能获得学习和发展所需要信息和资源		.799
	学校鼓励并创造条件支持我愉快学习		.733
顺从性文化	决策权、话语权集中在学校管理者和施教者	.873	.707
	学校定的指令是硬性的		.742
	学生做的每件事都与学校的指令紧密相关		.761
	学生必须遵守学校所有的规章制度		.710
	学生必须按照统一要求和流程完成学习任务		.768
	学校重视对学生进行与学校目标直接相关的书面测试		.699
自发性均衡	不知道为什么实施得到的指令	.864	.639
	文化消费的价格很少征求我的意见		.676
	相同或相近内容的文化消费没有可供选择的几种价格		.673
	往往因为文化消费而感到囊中羞涩		.762
	经常因为文化消费的价格原因降低自己的要求		.764
	经常为已经发生的文化消费后悔但又无奈		.789
自觉性均衡	学校的文化供给信息是公开的	.941	.863
	有权力和机会对学校的发展目标等内容提出建议		.870
	学校和老师尊重我的选择和个性化消费		.846
	我可以在多样化的文化消费形式中选择自己喜欢的		.821
	对于文化消费觉得物有所值		.871
	在学校文化环境中有舒适感		.841

续表

因素	测量指标	a 值	载荷值
感动性契合	我对学校有很强的归属感	.898	.766
	我感觉学校的目标就是我的目标		.843
	实现学校目标对我来说有重要的个人价值		.821
	我乐意参与学校组织的工作和活动		.741
	我会为学校的目标和计划而调整自我目标和计划		.727
	我为学校实现集体目标而感到很骄傲		.702
被动性契合	我是不得不才认可学校目标	.930	.852
	在学校组织活动中找不到自己追求，参与其中意义不大		.858
	违背学校目标，会受到处罚甚至失去文凭		.848
	因不想让家人过多担忧和责怪而不远离学校目标		.824
	为获得大学机会付出很多，虽然生活不舒适，但不想失去		.862
	离开学校很难找到新的学习机会		.756

第七节　本章小结

本章借鉴国内外相关量表，通过双向翻译、德尔菲法和预调研，采用 Likert5 分评价标准，设计了变量要素的测量指标和问卷。对江苏省 122 所普通高校进行了分层抽样调查，运用定量方法进行基于特征分析的类型测量研究。检验结果显示，各变量要素的测量题项均具有良好的鉴别度，信度和效度达到了有效标准。

样本高校关于变量要素的测量数据分布状况显示：当前高校强调人才培养工作的统一要求和规范流程，在执行过程中能够较好地尊重和满足学生的个性需求；在供求关系的运动变化中，依据价格因素进行自发调节的特征较为明显，大学生的主体能动性有待于进一步增强；大学生个体目标与大学集体目标之间相互契合的被动性较强，可喜的是开始呈现感动性契合的一些特征。

第十四章

大学文化内驱模型的实证检验

本章运用结构方程模型（Amos7.0 软件包）检验了大学文化内驱模型中12 条路径的相关系数和拟合结果，得出假设检验结果，进行了相关讨论。

大学文化内驱模型的整个因素系统存在一个层次关系，大学文化性格特征影响文化供求关系的变化和均衡状态，进而影响大学生个体目标与集体目标的契合模式，某一层次的因素可能受上面一个或两个层次的因素的同时影响，又同时对其他因素产生影响。由此可见，本书关注的是一个结构性问题，所以使用结构方程模型来验证提出的路径假设，解决相关问题。

第一节　模型的验证方法

结构方程模型（Structure Equation Modeling，SEM）是一个建立、估计和检验因果关系模型的方法。它弥补了传统统计方法的一些不足，不仅可对某个领域中各种因素之间的关系进行研究，而且可对潜变量之间的相关关系，甚至因果关系进行研究。相对于传统统计检验方法而言，具有五个方面的优点：一是可以同时处理多个因变量，是多元数据分析的重要工具；二是容许自变和依变量含有测量误差，更加符合心理学的客观实际，使研究结果更加精确；三是容许潜变量由多个观察指标构成，并可同时估计因子结构和因子关系，估计指标变量的信度及效度；四是采用比传统方法具有更大弹性的测量模型；五是可以构划出潜变量之间的关系，并估计整个模型是否与数据拟合①。在统计思路上通过观测外在表现推测潜在概念，既能研究变量间直接影响，也能研究变量间的间接影响和总效应，表达中介变量的作用。

---

① 侯杰泰、温忠麟、成子娟：《结构方程模型及其应用》，北京：教育科学出版社，2004 年。

结构方程模型需要具备五个假设条件：一是合理的样本量，二是连续的正态内生变量，三是模型识别，四是完整的数据或者对不完整数据的适当处理，五是模型的说明和因果关系的理论基础。

应用结构方程模型进行统计分析的主要步骤有：第一步，模型设定。根据理论或以往研究成果来设定假设的初始理论模型。这是结构方程模型的一个重要假设条件。第二步，模型识别。确定所研究的模型是否能够求出参数估计的唯一解，排除由于模型被错误地设定而参数不能识别，求不出唯一的估计值，导致模型无解的情况发生。第三步，模型估计。通过最大似然法、广义最小二乘法估计模型参数。第四步，模型评价。在获得参数估计值的基础上，评价模型与数据之间是否拟合，并与替代模型的拟合指标进行比较。第五步，模型修正。如果模型与数据不能很好地拟合，则对模型进行修正和再次设定。通过删除、增加或修改模型的参数，可以增加模型的拟合程度①。

目前，结构方程模型已有 LISREL、Amos、EQS、Mplus 等多种处理软件，其中 Amos 软件包既可以实现协方差的技术处理，又可以做到一般线性模型和通常的因素分析，而且 Amos 软件包便于操作、非常精确，尤其是其路径图使得研究者清楚地理解 SEM 的原理，有利于更直观而深刻地理解 SEM，可以更好地避免测量误差的影响，更好地分析要素间的潜在关系。因此本书借助于Amos（7.0）软件包，通过结构方程模型来分析不同因素之间的关系，力求更好地揭示这些关系的本质，为理论研究和管理实践提供支持，进而实现本书的预期目标。运用 Amos 进行路径分析的程序为：一是建立路径模型图，二是开启数据文件，三是设定观察变量，四是设定误差变量的名称，五是设定文字报表要呈现的统计量，六是将路径模型图存盘与计算估计值，七是浏览模型的结果。

目前，结构方程模型在国外管理学研究领域中运用较为普遍，国内也逐步有了一些应用，但在我国高校文化研究中尚不多见。本书在界定变量定义，构建理论模型，设计测量指标，收集分析数据的基础上，根据结构方程模型的要求和 Amos（7.0）应用步骤，设计了大学文化内驱路径的 Amos 应用模型（见图 14 - 1），进而进行相关性分析，验证模型拟合结果。

---

① Bellen, K. A. Structural equations with latent variables ［M］. New York：Wiley, 1989.

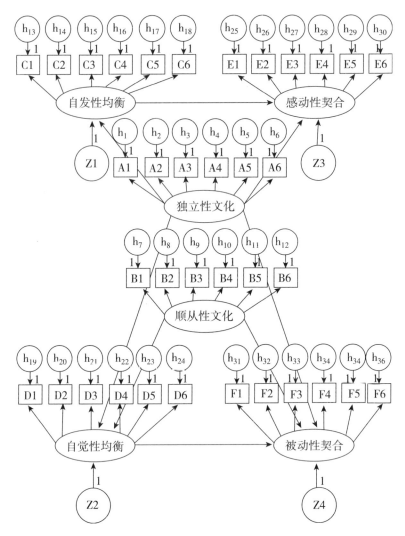

图 14 - 1　大学文化内驱路径的 Amos 应用模型

第二节　相关性分析

本书研究中设计的所有变量的均值、标准差以及相关系数见表 14 - 1。

表 14 - 1 相关系数表

变量	均值	标准差	1 - 1	1 - 2	1 - 3	1 - 4	1 - 5	1 - 6
1 - 1	3. 14	1. 159	1	0. 658 **	0. 663 **	0. 497 **	0. 556 **	0. 548 **
1 - 2	3. 35	1. 129	0. 658 **	1	0. 598 **	0. 534 **	0. 545 **	0. 537 **
1 - 3	3. 6	1. 04	0. 663 **	0. 598 **	1	0. 602 **	0. 626 **	0. 555 **
1 - 4	3. 9	1. 06	0. 497 **	0. 534 **	0. 602 **	1	0. 660 **	0. 530 **
1 - 5	3. 75	1. 051	0. 556 **	0. 545 **	0. 626 **	0. 660 **	1	0. 650 **
1 - 6	3. 53	1. 059	0. 548 **	0. 537 **	0. 555 **	0. 530 **	0. 650 **	1
2 - 1	3. 64	1. 118	0. 075	0. 150 **	0. 044	0. 113 *	0. 101 *	0. 102 *
2 - 2	3. 51	1. 129	0. 139 **	0. 259 **	0. 099 *	0. 136 **	0. 177 **	0. 156 **
2 - 3	3. 37	1. 116	0. 215 **	0. 260 **	0. 164 **	0. 139 **	0. 208 **	0. 163 **
2 - 4	3. 68	1. 123	0. 265 **	0. 370 **	0. 306 **	0. 318 **	0. 328 **	0. 335 **
2 - 5	3. 57	1. 149	0. 207 **	0. 334 **	0. 165 **	0. 214 **	0. 267 **	0. 244 **
2 - 6	3. 48	1. 181	0. 082	0. 171 **	0. 089	0. 137 **	0. 113 *	0. 155 **
3 - 1	3. 68	1. 146	- 0. 064	- 0. 038	0. 011	0. 133 **	0. 139 **	0. 058
3 - 2	3. 68	1. 154	- 0. 108 *	0. 041	0. 016	0. 137 **	0. 139 **	0. 135 **
3 - 3	3. 57	1. 057	- 0. 052	0. 056	- 0. 01	0. 079	0. 101 *	0. 095
3 - 4	3. 31	1. 106	0. 006	0. 005	- 0. 054	0. 009	0. 032	0. 033
3 - 5	3. 41	1. 167	0. 004	0. 015	- 0. 065	0. 017	0. 042	- 0. 017
3 - 6	3. 51	1. 127	- 0. 063	- 0. 038	- 0. 139 **	- 0. 01	- 0. 007	- 0. 036
4 - 1	3. 45	1. 247	0. 253 **	0. 246 **	0. 241 **	0. 192 **	0. 305 **	0. 317 **
4 - 2	3. 34	1. 251	0. 257 **	0. 245 **	0. 251 **	0. 193 **	0. 293 **	0. 271 **
4 - 3	3. 5	1. 214	0. 294 **	0. 303 **	0. 301 **	0. 276 **	0. 358 **	0. 245 **
4 - 4	3. 6	1. 166	0. 273 **	0. 281 **	0. 249 **	0. 183 **	0. 306 **	0. 220 **
4 - 5	3. 42	1. 25	0. 302 **	0. 258 **	0. 282 **	0. 255 **	0. 344 **	0. 293 **
4 - 6	3. 34	1. 295	0. 352 **	0. 337 **	0. 323 **	0. 300 **	0. 379 **	0. 372 **
5 - 1	3. 56	1. 103	0. 422 **	0. 368 **	0. 335 **	0. 277 **	0. 383 **	0. 303 **
5 - 2	3. 36	1. 087	0. 393 **	0. 336 **	0. 337 **	0. 277 **	0. 324 **	0. 287 **
5 - 3	3. 54	1. 056	0. 337 **	0. 249 **	0. 275 **	0. 233 **	0. 306 **	0. 256 **
5 - 4	3. 93	1. 002	0. 223 **	0. 250 **	0. 248 **	0. 260 **	0. 298 **	0. 229 **
5 - 5	3. 58	1. 003	0. 198 **	0. 168 **	0. 196 **	0. 145 **	0. 205 **	0. 165 **
5 - 6	3. 97	0. 977	0. 166 **	0. 235 **	0. 250 **	0. 228 **	0. 305 **	0. 212 **
6 - 1	3. 59	1. 172	- 0. 148 **	- 0. 159 **	- 0. 148 **	- 0. 137 **	- 0. 196 **	- 0. 169 **
6 - 2	3. 43	1. 253	- 0. 130 **	- 0. 112 *	- 0. 154 **	- 0. 215 **	- 0. 236 **	- 0. 219 **
6 - 3	3. 61	1. 268	- 0. 139 **	- 0. 086	- 0. 107 *	- 0. 109 *	- 0. 135 **	- 0. 153 **
6 - 4	3. 65	1. 131	- 0. 152 **	- 0. 138 **	- 0. 164 **	- 0. 156 **	- 0. 165 **	- 0. 125 *
6 - 5	3. 71	1. 222	- 0. 121 *	- 0. 036	- 0. 081	- 0. 049	- 0. 121 *	- 0. 094
6 - 6	3. 59	1. 165	- 0. 031	0. 036	- 0. 051	- 0. 015	- 0. 116 *	- 0. 049

变量	2 – 1	2 – 2	2 – 3	2 – 4	2 – 5	2 – 6
1 – 1	0.075	0.139 **	0.215 **	0.265 **	0.207 **	0.082
1 – 2	0.150 **	0.259 **	0.260 **	0.370 **	0.334 **	0.171 **
1 – 3	0.044	0.099 *	0.164 **	0.306 **	0.165 **	0.089
1 – 4	0.113 *	0.136 **	0.139 **	0.318 **	0.214 **	0.137 **
1 – 5	0.101 *	0.177 **	0.208 **	0.328 **	0.267 **	0.113 *
1 – 6	0.102 *	0.156 **	0.163 **	0.335 **	0.244 **	0.155 **
2 – 1	1	0.652 **	0.488 **	0.474 **	0.485 **	0.510 **
2 – 2	0.652 **	1	0.569 **	0.498 **	0.513 **	0.480 **
2 – 3	0.488 **	0.569 **	1	0.538 **	0.622 **	0.527 **
2 – 4	0.474 **	0.498 **	0.538 **	1	. 652 **	. 488 **
2 – 5	0.485 **	0.513 **	0.622 **	. 652 **	1	. 569 **
2 – 6	0.510 **	0.480 **	0.527 **	. 488 **	. 569 **	1
3 – 1	0.189 **	0.144 **	0.056	0.088	0.097	0.169 **
3 – 2	0.122 *	0.112 *	0.054	0.087	0.063	0.184 **
3 – 3	0.223 **	0.199 **	0.076	0.100 *	0.098 *	0.147 **
3 – 4	0.179 **	0.181 **	0.191 **	0.074	0.152 **	0.130 **
3 – 5	0.159 **	0.202 **	0.158 **	0.008	0.08	0.095
3 – 6	0.170 **	0.137 **	0.147 **	– 0.024	0.046	0.119 *
4 – 1	0.045	0.061	0.106 *	0.139 **	0.113 *	0.014
4 – 2	0.059	0.065	0.159 **	0.147 **	0.147 **	0.037
4 – 3	0.028	0.015	0.059	0.085	0.081	– 0.006
4 – 4	0.141 **	0.087	0.101 *	0.174 **	0.150 **	0.049
4 – 5	0.045	0.052	0.129 **	0.167 **	0.128 *	– 0.012
4 – 6	0.019	0.071	0.169 **	0.236 **	0.167 **	0.037
5 – 1	0.024	0.064	0.127 *	0.213 **	0.195 **	0.086
5 – 2	0.004	0.064	0.178 **	0.224 **	0.179 **	0.081
5 – 3	0.062	0.08	0.179 **	0.249 **	0.225 **	0.047
5 – 4	0.045	0.001	0.029	0.180 **	0.106 *	0.062
5 – 5	0.065	0.062	0.122 *	0.225 **	0.135 **	0.067
5 – 6	0.102 *	0.052	0.079	0.254 **	0.119 *	0.064
6 – 1	0.08	0.095	0.013	– 0.025	0	0.156 **
6 – 2	0.038	0.071	0.069	– 0.058	– 0.025	0.175 **
6 – 3	0.113 *	0.171 **	0.128 *	0.052	0.043	0.162 **
6 – 4	0.093	0.074	0.073	– 0.016	0.016	0.148 **
6 – 5	0.032	0.088	0.048	0.011	0.015	0.166 **
6 – 6	0.039	0.094	0.053	0.025	0.046	0.196 **

续表

变量	3 - 1	3 - 2	3 - 3	3 - 4	3 - 5	3 - 6
1 - 1	- 0. 064	- 0. 108 *	- 0. 052	0. 006	0. 004	- 0. 063
1 - 2	- 0. 038	0. 041	0. 056	0. 005	0. 015	- 0. 038
1 - 3	0. 011	0. 016	- 0. 01	- 0. 054	- 0. 065	- 0. 139 **
1 - 4	0. 133 **	0. 137 **	0. 079	0. 009	0. 017	- 0. 01
1 - 5	0. 139 **	0. 139 **	0. 101 *	0. 032	0. 042	- 0. 007
1 - 6	0. 058	0. 135 **	0. 095	0. 033	- 0. 017	- 0. 036
2 - 1	0. 189 **	0. 122 *	0. 223 **	0. 179 **	0. 159 **	0. 170 **
2 - 2	0. 144 **	0. 112 *	0. 199 **	0. 181 **	0. 202 **	0. 137 **
2 - 3	0. 056	0. 054	0. 076	0. 191 **	0. 158 **	0. 147 **
2 - 4	0. 088	0. 087	0. 100 *	0. 074	0. 008	- 0. 024
2 - 5	0. 097	0. 063	0. 098 *	0. 152 **	0. 08	0. 046
2 - 6	0. 169 **	0. 184 **	0. 147 **	0. 130 **	0. 095	0. 119 *
3 - 1	1	0. 609 **	0. 499 **	0. 443 **	0. 435 **	0. 441 **
3 - 2	0. 609 **	1	0. 575 **	0. 482 **	0. 429 **	0. 474 **
3 - 3	0. 499 **	0. 575 **	1	0. 471 **	0. 435 **	0. 529 **
3 - 4	0. 443 **	0. 482 **	0. 471 **	1	0. 636 **	0. 608 **
3 - 5	0. 435 **	0. 429 **	0. 435 **	0. 636 **	1	0. 668 **
3 - 6	0. 441 **	0. 474 **	0. 529 **	0. 608 **	0. 668 **	1
4 - 1	- 0. 033	- 0. 022	- 0. 018	- 0. 033	- 0. 022	- 0. 018
4 - 2	0. 013	0. 003	- 0. 072	0. 013	0. 003	- 0. 072
4 - 3	0. 001	0. 026	- 0. 017	0. 001	0. 026	- 0. 017
4 - 4	- 0. 021	- 0. 045	- 0. 006	- 0. 021	- 0. 045	- 0. 006
4 - 5	- 0. 031	- 0. 07	- 0. 057	- 0. 031	- 0. 07	- 0. 057
4 - 6	- 0. 043	0. 023	- 0. 012	- 0. 043	0. 023	- 0. 012
5 - 1	0. 036	0. 024	- 0. 013	0. 056	0. 116 *	0. 043
5 - 2	0. 03	0. 042	- 0. 068	0. 088	0. 106 *	0. 07
5 - 3	0. 065	0. 083	- 0. 046	0. 083	0. 103 *	0. 046
5 - 4	0. 133 **	0. 111 *	0. 075	0. 079	0. 151 **	0. 06
5 - 5	0. 109 *	0. 123 *	0	0. 139 **	0. 209 **	0. 108 *
5 - 6	0. 131 **	0. 157 **	0. 077	0. 052	0. 122 **	0. 036
6 - 1	0. 063	0. 107 *	0. 078	0. 117 *	0. 113 *	0. 157 **
6 - 2	0. 009	0. 071	0. 074	0. 120 *	0. 131 **	0. 164 **
6 - 3	0. 029	0. 065	0. 079	0. 100 *	0. 126 **	0. 111 *
6 - 4	- 0. 023	0. 017	0. 047	0. 092	0. 105 *	0. 097
6 - 5	0. 042	0. 09	0. 073	0. 091	0. 107 *	0. 115 *
6 - 6	- 0. 039	0. 031	0. 014	0. 077	0. 097	0. 082

变量	4 - 1	4 - 2	4 - 3	4 - 4	4 - 5	4 - 6
1 - 1	0. 253 **	0. 257 **	0. 294 **	0. 273 **	0. 302 **	0. 352 **
1 - 2	0. 246 **	0. 245 **	0. 303 **	0. 281 **	0. 258 **	0. 337 **
1 - 3	0. 241 **	0. 251 **	0. 301 **	0. 249 **	0. 282 **	0. 323 **
1 - 4	0. 192 **	0. 193 **	0. 276 **	0. 183 **	0. 255 **	0. 300 **
1 - 5	0. 305 **	0. 293 **	0. 358 **	0. 306 **	0. 344 **	0. 379 **
1 - 6	0. 317 **	0. 271 **	0. 245 **	0. 220 **	0. 293 **	0. 372 **
2 - 1	0. 045	0. 059	0. 028	0. 141 **	0. 045	0. 019
2 - 2	0. 061	0. 065	0. 015	0. 087	0. 052	0. 071
2 - 3	0. 106 *	0. 159 **	0. 059	0. 101 *	0. 129 **	0. 169 **
2 - 4	0. 139 **	0. 147 **	0. 085	0. 174 **	0. 167 **	0. 236 **
2 - 5	0. 113 *	0. 147 **	0. 081	0. 150 **	0. 128 *	0. 167 **
2 - 6	0. 014	0. 037	- 0. 006	0. 049	- 0. 012	0. 037
3 - 1	- 0. 033	0. 013	0. 001	- 0. 021	- 0. 031	- 0. 043
3 - 2	- 0. 022	0. 003	0. 026	- 0. 045	- 0. 07	0. 023
3 - 3	- 0. 018	- 0. 072	- 0. 017	- 0. 006	- 0. 057	- 0. 012
3 - 4	- 0. 033	0. 013	0. 001	- 0. 021	- 0. 031	- 0. 043
3 - 5	- 0. 022	0. 003	0. 026	- 0. 045	- 0. 07	0. 023
3 - 6	- 0. 018	- 0. 072	- 0. 017	- 0. 006	- 0. 057	- 0. 012
4 - 1	1	0. 775 **	0. 717 **	0. 715 **	0. 740 **	0. 728 **
4 - 2	0. 775 **	1	0. 756 **	0. 690 **	0. 757 **	0. 714 **
4 - 3	0. 717 **	0. 756 **	1	0. 723 **	0. 721 **	0. 699 **
4 - 4	0. 715 **	0. 690 **	0. 723 **	1	0. 726 **	0. 674 **
4 - 5	0. 740 **	0. 757 **	0. 721 **	0. 726 **	1	0. 759 **
4 - 6	0. 728 **	0. 714 **	0. 699 **	0. 674 **	0. 759 **	1
5 - 1	0. 365 **	0. 325 **	0. 321 **	0. 288 **	0. 355 **	0. 376 **
5 - 2	0. 265 **	0. 284 **	0. 260 **	0. 189 **	0. 316 **	0. 326 **
5 - 3	0. 201 **	0. 264 **	0. 216 **	0. 141 **	0. 260 **	0. 232 **
5 - 4	0. 214 **	0. 207 **	0. 255 **	0. 187 **	0. 249 **	0. 217 **
5 - 5	0. 155 **	0. 205 **	0. 176 **	0. 138 **	0. 194 **	0. 213 **
5 - 6	0. 184 **	0. 194 **	0. 220 **	0. 193 **	0. 200 **	0. 212 **
6 - 1	- 0. 435 **	- 0. 431 **	- 0. 409 **	- 0. 454 **	- 0. 425 **	- 0. 415 **
6 - 2	- 0. 418 **	- 0. 407 **	- 0. 429 **	- 0. 414 **	- 0. 430 **	- 0. 444 **
6 - 3	- 0. 352 **	- 0. 387 **	- 0. 365 **	- 0. 377 **	- 0. 356 **	- 0. 353 **
6 - 4	- 0. 336 **	- 0. 319 **	- 0. 333 **	- 0. 353 **	- 0. 316 **	- 0. 346 **
6 - 5	- 0. 374 **	- 0. 384 **	- 0. 390 **	- 0. 415 **	- 0. 371 **	- 0. 390 **
6 - 6	- 0. 350 **	- 0. 368 **	- 0. 324 **	- 0. 355 **	- 0. 330 **	- 0. 282 **

变量	5－1	5－2	5－3	5－4	5－5	5－6
1－1	0.422**	0.393**	0.337**	0.223**	0.198**	0.166**
1－2	0.368**	0.336**	0.249**	0.250**	0.168**	0.235**
1－3	0.335**	0.337**	0.275**	0.248**	0.196**	0.250**
1－4	0.277**	0.277**	0.233**	0.260**	0.145**	0.228**
1－5	0.383**	0.324**	0.306**	0.298**	0.205**	0.305**
1－6	0.303**	0.287**	0.256**	0.229**	0.165**	0.212**
2－1	0.024	0.004	0.062	0.045	0.065	0.102*
2－2	0.064	0.064	0.08	0.001	0.062	0.052
2－3	0.127*	0.178**	0.179**	0.029	0.122*	0.079
2－4	0.213**	0.224**	0.249**	0.180**	0.225**	0.254**
2－5	0.195**	0.179**	0.225**	0.106*	0.135**	0.119*
2－6	0.086	0.081	0.047	0.062	0.067	0.064
3－1	0.036	0.03	0.065	0.133**	0.109*	0.131**
3－2	0.024	0.042	0.083	0.111*	0.123*	0.157**
3－3	－0.013	－0.068	－0.046	0.075	0	0.077
3－4	0.056	0.088	0.083	0.079	0.139**	0.052
3－5	0.116*	0.106*	0.103*	0.151**	0.209**	0.122*
3－6	0.043	0.07	0.046	0.06	0.108*	0.036
4－1	0.365**	0.265**	0.201**	0.214**	0.155**	0.184**
4－2	0.325**	0.284**	0.264**	0.207**	0.205**	0.194**
4－3	0.321**	0.260**	0.216**	0.255**	0.176**	0.220**
4－4	0.288**	0.189**	0.141**	0.187**	0.138**	0.193**
4－5	0.355**	0.316**	0.260**	0.249**	0.194**	0.200**
4－6	0.376**	0.326**	0.232**	0.217**	0.213**	0.212**
5－1	1	0.714**	0.592**	0.557**	0.475**	0.542**
5－2	0.714**	1	0.733**	0.575**	0.621**	0.490**
5－3	0.592**	0.733**	1	0.586**	0.631**	0.571**
5－4	0.557**	0.575**	0.586**	1	0.570**	0.681**
5－5	0.475**	0.621**	0.631**	0.570**	1	0.571**
5－6	0.542**	0.490**	0.571**	0.681**	0.571**	1
6－1	－0.177**	－0.049	－0.063	－0.054	－0.009	－0.08
6－2	－0.199**	－0.032	－0.091	－0.107*	－0.027	－0.136**
6－3	－0.166**	0.029	－0.01	－0.072	0.016	－0.09
6－4	－0.190**	－0.024	－0.031	－0.074	－0.03	－0.165**
6－5	－0.123*	0.013	0.008	0.019	－0.02	－0.055
6－6	－0.087	0.065	－0.023	－0.012	0.003	－0.052

续表

变量	6 - 1	6 - 2	6 - 3	6 - 4	6 - 5	6 - 6
1 - 1	- 0.148 **	- 0.130 **	- 0.139 **	- 0.152 **	- 0.121 *	- 0.031
1 - 2	- 0.159 **	- 0.112 *	- 0.086	- 0.138 **	- 0.036	0.036
1 - 3	- 0.148 **	- 0.154 **	- 0.107 *	- 0.164 **	- 0.081	- 0.051
1 - 4	- 0.137 **	- 0.215 **	- 0.109 *	- 0.156 **	- 0.049	- 0.015
1 - 5	- 0.196 **	- 0.236 **	- 0.135 **	- 0.165 **	- 0.121 *	- 0.116 *
1 - 6	- 0.169 **	- 0.219 **	- 0.153 **	- 0.125 *	- 0.094	- 0.049
2 - 1	0.08	0.038	0.113 *	0.093	0.032	0.039
2 - 2	0.095	0.071	0.171 **	0.074	0.088	0.094
2 - 3	0.013	0.069	0.128 *	0.073	0.048	0.053
2 - 4	- 0.025	- 0.058	0.052	- 0.016	0.011	0.025
2 - 5	0	- 0.025	0.043	0.016	0.015	0.046
2 - 6	0.156 **	0.175 **	0.162 **	0.148 **	0.166 **	0.196 **
3 - 1	0.063	0.009	0.029	- 0.023	0.042	- 0.039
3 - 2	0.107 *	0.071	0.065	0.017	0.09	0.031
3 - 3	0.078	0.074	0.079	0.047	0.073	0.014
3 - 4	0.117 *	0.120 *	0.100 *	0.092	0.091	0.077
3 - 5	0.113 *	0.131 **	0.126 *	0.105 *	0.107 *	0.097
3 - 6	0.157 **	0.164 **	0.111 *	0.097	0.115 *	0.082
4 - 1	- 0.435 **	- 0.418 **	- 0.352 **	- 0.336 **	- 0.374 **	- 0.350 **
4 - 2	- 0.431 **	- 0.407 **	- 0.387 **	- 0.319 **	- 0.384 **	- 0.368 **
4 - 3	- 0.409 **	- 0.429 **	- 0.365 **	- 0.333 **	- 0.390 **	- 0.324 **
4 - 4	- 0.454 **	- 0.414 **	- 0.377 **	- 0.353 **	- 0.415 **	- 0.355 **
4 - 5	- 0.425 **	- 0.430 **	- 0.356 **	- 0.316 **	- 0.371 **	- 0.330 **
4 - 6	- 0.415 **	- 0.444 **	- 0.353 **	- 0.346 **	- 0.390 **	- 0.282 **
5 - 1	- 0.177 **	- 0.199 **	- 0.166 **	- 0.190 **	- 0.123 *	- 0.087
5 - 2	- 0.049	- 0.032	0.029	- 0.024	0.013	0.065
5 - 3	- 0.063	- 0.091	- 0.01	- 0.031	0.008	- 0.023
5 - 4	- 0.054	- 0.107 *	- 0.072	- 0.074	0.019	- 0.012
5 - 5	- 0.009	- 0.027	0.016	- 0.03	- 0.02	0.003
5 - 6	- 0.08	- 0.136 *	- 0.09	- 0.165 **	- 0.055	- 0.052
6 - 1	1	0.765 **	0.705 **	0.663 **	0.736 **	0.608 **
6 - 2	0.765 **	1	0.737 **	0.708 **	0.699 **	0.602 **
6 - 3	0.705 **	0.737 **	1	0.710 **	0.716 **	0.633 **
6 - 4	0.663 **	0.708 **	0.710 **	1	0.720 **	0.640 **
6 - 5	0.736 **	0.699 **	0.716 **	0.720 **	1	0.705 **
6 - 6	0.608 **	0.602 **	0.633 **	0.640 **	0.705 **	1

注：①** 表示在99%的置信度下显著；* 表示在95%的置信度下显著。②表中变量编号的所示内容见表13 - 7。

第三节　模型拟合结果

结构方程模型的有效性是通过一系列拟合指数的水平来判断的，通常使用的参数包括绝对拟合指数、相对拟合指数、信息标准指数三大类，不同参数从不同角度反映了模型的拟合状况。

绝对拟合指数（absolute fit indices）是将理论模型和饱和模型比较得到的一个统计量①。饱和模型是指各变量间均容许相关，是最复杂的模型，其自由度为零，但能百分之百反映数据的关系。常用的这类指数，有卡方测试、P值、GFI（goodness-of-fit index）、AGFI（adjusted goodness-of-fit index）及 RM-SEA。绝对拟合指数（P）表示的是，在适当的分布假设和具备正确的分类模型的情况下，现有样本发生大的差异的可能性。检验方法正好与传统的统计检验方法相反，一般希望得到不显著的值，在得到 P 值不显著的情况下接受所定义的模型。拟合优度指数（GFI）通常是介于 0~1 之间，1 表示完全拟合。一般大于 0.9 时表示观测数据能很好地拟合所定义的模型，接近 0.9 时表示观测数据能够较好地拟合所定义的模型。经过调整的拟合优度指数（AGFI）的最大值是 1，表示的是完美拟合。但不像 GFI，其最小值不一定是 0。一般大于 0.8 时表明拟合可以接受，0.85 以上表示方程拟合很好②。近似均方根误差（RMSEA）低于 0.05 表示拟合非常好③。

相对拟合指数（comparative fit index）是通过将理论模型和基准模型比较得到的统计量，通常是用虚拟模型作为基准模型④。通过比较来检验所考察模型的整体拟合程度。这类指数，常用的有 NFI（Normed Fit Index）、IFI（Incremental Fit Index）、TLI（Tucker Lewis index）、CFI（Comparative Fit Index）。标准拟合指数（NFI）值的范围介于 0~1 之间，越接近于 1 越好，一般大于 0.9 时表示拟合满意。IFI 值、TLI 值、CFI 值的范围也都介于 0~1 之间，越

①　侯杰泰、温忠麟、成子娟：《结构方程模型及其应用》，北京：教育科学出版社，2004 年。

②　杨廷忠、阮哈建、李甫中：《结构方程模型方法在流行病学研究中的应用》，《中华流行病学杂志》，2005 年第 26（4）期第 297~300 页。

③　Steiger, J. H. Structure model evaluation and modification: An interval estimation approach ［J］. Multivariate Behavioral Research. 1990, 25: pp. 173~180.

④　侯杰泰、温忠麟、成子娟：《结构方程模型及其应用》，北京：教育科学出版社，2004 年。

接近于 1 越好，一般大于 0.9 时表示拟合满意①。

信息标准指数（information criteria index）常用于不同模型的比较，主要指数有三个：AIC（Akaike Information Criterion）、CAIC（Consistent Akaike Information Criterion）及 ECVI（Expected Cross-Validation Index）。这些指标越小说明模型越简洁并且拟合很好，但是至于小到什么程度却并没有明确标准。可以在选择模型时应用这些指标，先估计每个模型，将它们按照其中一个指标进行比较，然后选择其中值最小的模型。

本书的模型验证结果见表 14-2。从整体上可以看出，本书设计、构建的理论模型同实际数据拟合的情况比较好，说明整体结构模型比较准确地反映了实际情况。

表 14-2　模型整体拟合结果

拟合指数	指标值	理想标准判断值
绝对拟合指数		
X^2 value	1467.821	越小越好
C-min/df	2.522	<2.6 并接近于 2，拟合良好
GFI	0.817	>0.8，拟合良好
AGFI	0.790	>0.7 并接近 0.8，拟合良好
RMSEA	0.062	值在 0.05 - 0.08 间，拟合良好
相对拟合指数		
NFI	0.854	>0.8 并接近于 1，拟合良好
IFI	0.907	>0.9 并接近于 1，拟合很好
TLI	0.898	>0.8 并接近于 1，拟合良好
CFI	0.906	>0.9 并接近于 1，拟合很好
信息标准指数		
AIC	1635.821	值较小，拟合较好
CAIC	2055.732	值较小，拟合较好
ECVI	4.069	值较小，拟合较好

① Bentler, P. M. Comparative fit indexes in structural models ［J］. Psychological Bulletin. 1990, 107: pp. 238～246.

模型拟合结果解释：从表 14-2 可以看出，本研究模型的拟合结果中一部分指标值达到了"很好"、"非常好"的标准判断值，大部分指标值接近"很好"、"非常好"的标准判断值，达到良好状态。虽然没有完全达到结构方程拟合的最理想标准，但是考虑到理论模型设定的复杂程度以及问卷调查自身的误差局限性，可以认为本模型拟合结果判断良好。

第四节　结果讨论

各假设的验证情况见表 14-3。本书所提出的 12 个假设，有 9 个验证结果与假设方向相同，其中 7 个假设得到了显著支持；有 3 个验证结果与假设方向相反，其中 1 个反向验证得到显著支持；共计有 8 个假设通过了验证，而且显著性较好。

表 14-3　假设验证情况

假设	路径假设			路径系数	P 值	验证结果	置信度	结论
H1	独立性文化	+ →	自觉性均衡	0.514	0.000	同向	显著	支持
H2	独立性文化	- →	自发性均衡	-0.051	0.260	同向	不显著	不支持
H3	顺从性文化	- →	自觉性均衡	0.026	0.706	反向	不显著	不支持
H4	顺从性文化	+ →	自发性均衡	0.226	0.000	同向	显著	支持
H5	独立性文化	+ →	感动性契合	0.348	0.000	同向	显著	支持
H6	独立性文化	- →	被动性契合	-0.009	0.876	同向	不显著	不支持
H7	顺从性文化	- →	感动性契合	0.042	0.447	反向	不显著	不支持
H8	顺从性文化	+ →	被动性契合	0.210	0.000	同向	显著	支持
H9	自觉性均衡	+ →	感动性契合	0.161	0.000	同向	显著	支持
H10	自觉性均衡	- →	被动性契合	-0.509	0.000	同向	显著	支持
H11	自发性均衡	+ →	感动性契合	0.145	0.017	反向	显著	支持
H12	自发性均衡	+ →	被动性契合	0.136	0.042	同向	显著	支持

注："+ →"表示正向作用，"- →"表示负向作用；P < 0.01 说明假设所描述的因素之间的关系在 99% 的置信度下显著；P < 0.05 说明假设所描述的因素之间的关系在 95% 的置信度下显著。置信度不显著，则表示两个因素之间的关联不大，不支持相关的路径假设。

在由于置信度不显著而未通过验证的假设中，独立性大学文化与自发性供求均衡（H1）、与被动性契合（H6）之间的关系同假设方向是一致的，只不过不显著而已；顺从性大学文化与自觉性均衡（H3）、与感动性契合（H7）之间的关系同假设的方向不一致。由于这四组路径关系均不影响对大学文化内驱模型中优势路径的选择，所以本书在尊重实证性研究结果的基础上，仅究其原因作一些理论性地探讨和说明，并根据实证研究的结构对有效路径作相应的调整。

（1）独立性大学文化有利于大学文化供求关系的自觉性均衡。本书理论分析提出独立性文化对自觉性供求均衡产生正向作用。模型验证的结果和理论分析中的假设相一致，支持该假设，表明独立性大学文化与自觉性均衡之间的关系呈现出显著的同向变化趋势，即大学文化中的独立性特征越明显，越有利于大学文化供求的自觉性均衡。

（2）独立性大学文化与大学文化供求关系的自发性均衡之间呈现出不显著的负向关系。本书提出独立性大学文化不利于大学文化供求关系自发性均衡的假设。模型验证的结果与理论假设的关系的方向是一致的，但是 P 值远远高于 0.05，可见两者之间仅仅呈现出不显著的负向关系。从理论上讲，自发性均衡作为均衡的一种相对状态，虽然以价格为单一的调节手段实现量上的一种相对平衡，其目的仍然是满足学生需求（量的需求是学生的基本需求），这与独立性文化的导向并非绝对矛盾。独立性文化要最大限度地满足学生的个性需求和可持续发展需求，首先要实现数量上的满足，就不可能从根本上排斥自发性均衡这一基础性、原本性的文化供求关系的调节手段和状态。因此，实证研究结果证明两者之间呈现不显著的负向关系，符合两者的内在逻辑关系。同时，由于这一负向关系不显著，可以排除"独立性文化→自发性均衡→感动性契合"和"独立性文化→自发性均衡→被动性契合"这两条路径作为有效路径和优势路径的可能性。

（3）顺从性大学文化与大学文化供求关系的自觉性均衡之间呈现出不显著的正向关系。本书提出顺从性大学文化不利于大学文化自觉性供求均衡的理论假设。模型验证的结果不支持该假设，恰恰相反，证明顺从性大学文化与自觉性均衡之间呈现出不显著的正向关系。这一实证结果说明一个事实：理性的政府和教育主管部门不仅会考虑文化供给的政治因素和成本因素，而且也会考虑和尊重学生个性化的文化需求和学生在文化供求关系中的主体能动作用。这就促使顺从性文化与自觉性均衡之间形成了一种不显著的正向关系。由于这一关系的 P 值超高 0.7，置信度偏低，可以排除"顺从性文化→自觉性均衡→感动性契合"和"顺从性文化→自觉性均衡→被动性契合"这两条路径作为有效路径和优势路径的可能性。

（4）顺从性大学文化有利于大学文化供求关系的自发性均衡。模型验证的结果和理论分析中的观念相一致，支持理论假设，而且置信度显著。这一结果表明顺从性大学文化与自发性均衡之间的关系呈现出同向变化趋势，即大学文化的顺从性特征越明显，越有利于形成自发性均衡的文化供求关系。

（5）独立性大学文化有利于感动性目标契合。模型验证的结果证明独立性大学文化水平与感动性契合之间的关系呈现出显著的同向变化趋势，这和理论分析中的观念一致，支持原理论假设，表明大学文化的独立性特征越明显，越有利于大学生个体目标与大学集体目标之间的感动性契合，促进大学生个体对大学组织目标的自觉认同。

（6）独立性大学文化与被动性目标契合之间呈现出不显著的负向关系。本书理论分析部分提出独立性大学文化不利于大学生个体目标与大学集体目标被动性契合的假设。模型验证的结果证明，独立性大学文化与自发性均衡之间呈现出负向关系，但是由于 P 值超过 0.8，关系不显著。这一结果说明：原有理论假设从逻辑关系上是正确的，但是得不到显著支持。"独立性文化与被动性契合之间的关系"以及下一组假设中"顺从性文化与感动性契合之间的关系"都呈现不显著的主要原因，是因为两者之间在内涵要素的界定上相距甚远，而又缺少供求均衡模式的有效联结，影响了测量结果。独立性文化强调以学生为本位，而被动性契合是指大学生个体对大学集体目标的不得不认同；顺从性文化强调以任务为导向，而感动性契合是指大学生个体基于自身成长和发展需求而自觉地认同大学集体目标。由此可见，这两组关系中的测量要素在内涵界定上相差较远，增加了相关系数的测量难度，致使测量结果的置信度不显著。如果在两者之间加上供求均衡模式的联结，其测量结果的置信度将会提高。这一点在"独立性文化→自觉性均衡→被动性契合"、"顺从性文化→自发性均衡→感动性契合"两组路径中的相关系数的测量结果上得到了证明。

（7）顺从性大学文化与感动性目标契合之间呈现出不显著的正向关系。本书理论分析部分提出顺从性大学文化不利于大学生个体目标与大学集体目标感动性契合的假设。模型验证的结果不支持该假设，恰恰相反，证明顺从性大学文化与大学生个体目标和大学集体目标的感动性契合之间呈现出不显著的正向关系。这一正向关系，说明两个事实：一是在传统的管理体制和文化环境之中，大学生作为文化接受主体已经习惯了认同顺从性文化提供的价值取向和生活方式，久而久之增强了认同的自觉性。二是要客观分析事实上的顺从性文化与理论上的顺从性文化在内涵上的差异，政府和教育主管部门已经日渐倾向于对学生主体的尊重和重视，改变了顺从性文化的事实内涵，社会和政府的主流价值导向也逐渐被学生认可和接受。

由于本书想寻求的路径是联接文化性格、供求均衡和契合状态三大要素的完整路径，因此，顺从性文化与感动性契合之间的关系，如同独立性文化与被动性契合之间的关系一样，并不影响优势路径的选择。

（8）顺从性大学文化有利于大学生个体目标与大学集体目标的被动性契合。模型验证的结果显著支持原理论假设，即顺从性大学文化水平与大学生个体、大学集体之间的被动性目标契合呈现同向变化趋势，这和理论分析中的观念相一致，说明大学文化的顺从性特征越明显，就越有利于大学生个体目标与大学集体目标之间的被动性契合。

（9）大学文化供求关系的自觉性均衡有利于大学生个体目标与大学集体目标的感动性契合。模型验证的结果和理论分析的观念相一致，支持原理论假设，表明大学文化供求关系的自觉性均衡与大学生个体目标和大学集体目标的感动性契合之间的关系呈现出显著的同向变化趋势，即大学文化供求关系的自觉性均衡水平越高，越有利于大学生个体目标与大学集体目标的感动性契合。

（10）大学文化供求关系的自觉性均衡不利于大学生个体目标与大学集体目标的被动性契合。模型验证的结果和理论分析的观念相一致，支持原理论假设。这一结果表明，大学文化供求关系的自觉性均衡与大学生个体和大学集体之间的被动性目标契合呈现出负向变化趋势，即大学文化供求关系的自觉性均衡水平越高，越不利于大学生个体目标与大学集体目标的被动性契合。这一显著的负向关系，排除了"独立性文化→自觉性均衡→被动性契合"和"顺从性文化→自觉性均衡→被动性契合"两条路径作为有效路径的可能性，进一步缩小了有效路径的选择范围。

（11）大学文化供求关系的自发性均衡与感动性目标契合之间呈现显著的正向关系。本书理论分析部分提出了自发性供求均衡不利于大学生个体目标与大学集体目标的感动性契合的假设。模型验证的结果推翻该假设，证明大学文化供求关系的自发性均衡与大学生个体目标和大学集体目标的感动性契合之间的关系呈现出同向变化趋势。

如何认识和解释这一实证结果？首先，从大学生这一文化消费主体而言，可能长期地生活在自发性均衡的文化供求关系中，习惯和默认了这种供求关系。其次，均衡状态是契合的基础。自发性均衡作为一种均衡状态，不管它运用什么调节手段达到均衡状态，但只要达到均衡状态，就会对目标契合产生促进作用。尤其是有效的自发性均衡同样能够促进大学生个体对大学集体目标的认同。样本高校这一实证研究结果的置信度显著，证明当前政府、教育主管部门和高校在大学文化建设和供求过程中的调节取向和调节行为是符合大学生个性特征与个性需求的。

这一实证结果在原有理论假设的基础上，增添了一条实现感动性目标契合的路径，即"顺从性文化→自发性均衡→感动性契合"，扩大了大学文化内驱模型的有效路径的选择范围。这条路径的产生，好比我国传统文化背景中的父母包办婚姻和现代的自由恋爱婚姻的关系一样，并不是每一个包办的婚姻都是失败的，也不是每一个自由恋爱的婚姻都是幸福的。在特定的环境下，理智的父母包办正确的婚姻能跟自由恋爱一样带来婚后幸福。所以说，这一路径的生成，说明在大学文化建设和供给过程中，不能一概否定传统的供给方式和调节手段，而应该客观分析，科学评价，分清利弊，合理运用。

（12）大学文化供求关系的自发性均衡有利于大学生个体目标与大学集体目标的被动性契合。本书理论分析部分假设自发性供求均衡对被动性目标契合产生正向作用。模型验证的结果和理论分析中的观念相一致，支持该假设。这一结果表明，大学文化供求关系的自发性均衡与大学生个体目标和大学集体目标之间的被动性契合呈现出显著的正向变化趋势，表明大学文化供求关系的自发性均衡水平越高，越有利于大学生个体目标与大学集体目标的被动性契合。

第五节　本章小结

本章构建了大学文化内驱模型的 Amos 应用模型，依据结构方程模型的统计要求和 Amos（7.0）软件包的应用步骤，检验了相关系数和模型拟合状态。结果显示，大部分相关系数在99%和95%的置信度下显著，各项拟合值达到或临近"很好"的标准判断值，可以判断本模型拟合结果良好。根据实际的相关系数和 P 值，模型中的8个假设通过了验证，有4个不影响优势路径选择的假设因为置信度不显著而未通过验证，本章作了相应的讨论。

第十五章

优势路径的实施方略及其案例研究

本章根据内驱模型 12 条路径的标准估计参数和路径系数，筛选出有效、优势路径，概括大学文化的总体特征与趋势，提出优势路径的实施方略，通过某高校管理案例分析验证研究结果。

第一节 大学文化内驱模型中的优势路径

根据结构方程模型（Amos7.0 软件）对大学文化内驱模型的验证情况，各假设的标准估计参数及变量要素之间的路径系数，可以描绘为图 15 - 1 所示。

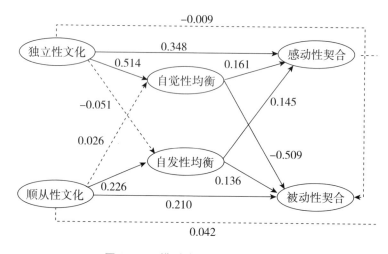

图 15 - 1 模型验证结果及路径系数

注：图中→表示作用方向，系数 <0 表示负向作用，系数 >0 表示正向，实线表示置信度显著，虚线表示置信度不显著。

根据 12 条路径假设的验证结果，对照图 15 - 1，依据下列三个步骤筛选和谐向度下大学文化内驱模型中具有相对优势的有效路径，即优势路径：

第一步，根据理论假设中的完整路径必须联结"大学文化性格"、"供求均衡关系"和"目标契合模式"三大要素的要求，可以首先排除"独立性文化→感动性契合"、"顺从性文化→被动性契合"、"独立性文化→被动性契合"、"顺从性文化→感动性契合"四条路径。其中"独立性文化→感动性契合"、"顺从性文化→被动性契合"两条路径的关系呈现显著的正向关系，即前者特征越明显，越有利于形成相应的目标契合模式，但是由于缺少供求均衡模式的联结，所构建的路径不完整，因此排除作为优势路径的可能性。但是，它们之间的路径系数可以分别作为证明相应路径的相对优势的支撑理由。后两条路径，即"独立性文化→被动性契合"、"顺从性文化→感动性契合"的实证结果证明路径关系不显著，也就是说实证系数不支持两者之间存在明显的影响关系。因此，排除作为优势路径存在的可能性。

第二步，根据验证结果的置信度和路径系数，筛选出大学文化内驱模型中的有效路径。通过第一步排除4条路径外，共计有8条路径具有"大学文化性格"、"供求均衡关系"和"目标契合模式"三个联结点。8条路径具体为：①独立性文化→自觉性均衡→感动性契合；②独立性文化→自觉性均衡→被动性契合；③独立性文化→自发性均衡→感动性契合；④独立性文化→自发性均衡→被动性契合；⑤顺从性文化→自觉性均衡→感动性契合；⑥顺从性文化→自觉性均衡→被动性契合；⑦顺从性文化→自发性均衡→感动性契合；⑧顺从性文化→自发性均衡→被动性契合。

由于"独立性文化→自发性均衡"、"顺从性文化→自觉性均衡"两组路径系数的置信度不显著，可以排除③、④、⑤、⑥作为有效路径的可能性。

由于"自觉性均衡→被动性契合"之间存在显著的负向关系，可以排除②作为有效路径的可能性。

综上所述，大学文化内驱模型中有3条有效路径，分别为：①独立性文化→自觉性均衡→感动性契合；⑦顺从性文化→自发性均衡→感动性契合；⑧顺从性文化→自发性均衡→被动性契合。

结构方程模型的验证结果比原先的理论假设增添了一条有效路径，即⑦顺从性文化→自发性均衡→感动性契合。这是本书研究的一个意外收获，说明当前政府和教育主管部门主导样本高校文化的方向是正确、有效的。

第三步，根据路径形成的目标契合模式和路径系数，在3条有效路径中选出其中的优势路径。

①⑦⑧三条有效路径中，①⑦两条路径朝向"感动性契合"，即趋向于和谐向度，与本书理论假设中所要寻求的优势路径的方向相一致。比较①路径和⑦路径的系数，①路径中正向作用关系的系数均大于⑦路径中的相应系数，具体为 0.514 > 0.226，0.161 > 0.145，由此可以得出和谐向度下大学文化内驱模型的优势路径为①，即独立性文化→自觉性均衡→感动性契合。

这一结论与本书理论分析中所假设的优势路径相一致。

第二节　当前我国大学文化的总体特征与变迁趋势

综合样本高校文化的数据特征分析、模型验证结果和最终筛选出的有效、优势路径，可以看出当前我国大学文化呈现出以下四个方面的总体特征和变迁趋势：

一、顺从性文化的正确性导向

实证研究证明，我国高校顺从性文化的导向性作用并不像想象的那样与学生健康成长背道而驰，恰恰相反，其正确性导向功能越来越强。以顺从性文化为起点的所有路径系数均 >0，表明其作用都是正向的，说明当前我国政府和教育主管部门主导样本高校文化走向的主流文化取向是正确、有效的，并被大部分学生所接受和认可。尤其是"顺从性文化→自发性均衡→感动性契合"之间的路径系数呈现显著的正向关系，而且"自发性均衡→感动性契合"的路径系数高于"自发性均衡→被动性契合"的路径系数，有力地说明当前我国高校所确立的文化导向和相应的文化供给体系，越来越有效地引导大学生更加自觉地认同组织目标，促进大学生加快完成个体人格的社会化进程，成为社会所期待和需求的"社会人"。因此说，当前我国以政府和教育主管部门的任务为导向的高校主流文化在促进大学生认同组织目标方面的作用是有效的。

从文化性格特征的测量分析也可以同样证明这一特征。例如，独立性大学文化测量中有 59.6% 的调查对象认为"学校对我很公平、重视"（见表 13-10），而在顺从性大学文化中有 68.2% 的调查对象认为"决策权、话语权集中在学校管理者和施教者"，61% 的调查对象认为"学校定的指令是硬性的"（见表 13-11），这一组前后看似矛盾的测量数据说明高校现有管理体制确实具有"顺从性"的特征倾向，也就是说高校在政府和教育主管部门设置的任务导向下运行，但是这种任务导向并不排斥"以学生为本"这一思想。通俗而言，学校是集中了管理的话语权和标准的制定权，但是在制定标准和实施管理的过程中是重视和尊重学生的。

综上所述，顺从性文化的正确性导向越来越强的重要原因，是因为顺从性大学文化的事实性内涵发生了改变，即导向大学行为的社会任务的内容发生了改变，政府和教育主管部门为大学设置的任务内容，更多地贴近大学生的个性需求，回归大学的本职功能。

二、大学主流文化的包容性特征

主流文化是社会要求和期待大学及其成员所具有的，包括信念、价值观、态度以及行为方式等在内的文化。它体现着社会对大学在文化方面的正式要求，通常以正式文件的形式明确规定下来。相反，非主流文化是大学文化中社会要求和期待之外的文化，主要包括两种：一种是虽然没有社会的根据，但并不与社会期待发生冲突的文化；另一种是与社会要求和期待相违背的文化，又称之谓"反主流文化"①。顺从性文化更多地表示主流文化，传统观念认为大学主流文化更多地站在主体位置上以一种审视的态度排斥非主流文化②。大学文化内驱模型的实证研究证明，当前大学一方面不断加强主流文化建设，另一方面不断扩大主流文化的包容性；一方面统一管理要求，规范管理行为，另一方面随着制度的健全和完善，学生被允许在越来越大的空间范围内自由选择、自主发展。

大学主流文化的包容性特征在文化性格特征和文化均衡状态的相关题项的测量中得到了证明：在顺从性大学文化测量中，有68.2%的调查对象认为"决策权、话语权集中在学校管理者和施教者"（见表13－11），关于同样的问题在自觉性均衡的特征测量中又有56.4%的调查对象认为"有权力和机会对学校的发展目标等内容提出建议"（见表13－13），比较这两组数据可以看出，学校在集中决策权、话语权的同时，学生发表意见的机会也越来越多。由此可见，当前大学的管理权限更多地集中于宏观层面的规范与引导，而在微观层面上学生的活动空间、自主权力也越来越大。学校除了向学生提出社会的期待和要求，同时注重听取学生的意见和建议，尊重学生的个性选择。由此可见，大学文化的包容性越来越大。

---

① 丁钢：《大学：文化与内涵》，合肥工业大学出版社，2005年。
② 丁钢：《当前我国高校非主流文化的变迁与对策》，人大复印资料《高等教育》2003年第2期第59~64页。

三、学生选择文化的自主性和理性不断增强

大学生作为知识型组织成员，从事复杂性、创造性的脑力劳动，学习和发展一般没有固定的模式、规定的程序和确定的方法，学业收获本身也难以量化评价，他们更倾向于自主安排自己的学习内容、学习时间和学习方式，而不愿意受规章制度的制约和管理者、教育者的监督。他们更希望通过自我引导、自我管理、自我监督、自我约束，来完成自己的学习任务。实证研究证明，目前大学组织比较宽容，为学生自由选择价值取向和文化消费内容创造了越来越好的环境和条件，大学生文化选择和文化消费的自主性越来越强，理性程度也越来越高。综合比较表13－14与13－15相关指标的测量结果，就可看出，大学生的目标选择日渐趋向理智。例如，虽然对学校目标的认可程度不高，认为参与学校组织的活动的个人意义不大，但是并不意味着学生不尊重学校的集体目标，相反，会为学校能够实现集体目标而感到自豪，同时也比较乐于参与学校组织的一些活动。由此可见，大学生作为大学文化的享用主体，能够越来越正确地处理组织目标与个体目标之间的关系，在两者存在差异的时候，能够求同存异，尊重客体，和谐共存。

四、大学文化的多元化特征

大学主流文化的包容性和大学生选择文化的自主性的扩大，决定了大学文化会呈现出多元化特征。从大学文化性格特征分析和大学文化内驱模型中三条有效路径并存，可以看出大学文化的多元化特征日渐明显。

比较表13－10与表13－11可以看出，在大学文化性格特征的测量与分析中，样本高校对于独立性文化和顺从性文化的相关因素所包含的指标的样本分布，没有"一边倒"倾向，表现大学文化在价值取向上呈现出多元化趋势。独立性大学文化、顺从性大学文化两个类型相对应的一些变量要素的测量结果有相吻合的，也有相矛盾的，相同的样本高校和抽查对象对相同问题有不同的测量结果，说明大学生的价值取向及其思维角度是多维的，对同一问题的认识和观念也是多元的，表明了大学文化的多元化特征。

大学文化内驱模型中有三条有效的内驱路径可以说明，大学文化不仅在取向上存在多元化特征，在文化供求关系的运动形态上也是多样的。不管是独立性文化，还是顺从性文化，通过相应的调节手段，实现文化供给关系的均衡，都能不同程度地促进大学生个体目标与大学集体目标的契合。即使是顺从性大学文化，通过自发性的均衡调节方法，同样既可以实现被动性目标契合，也可

以促进感动性目标契合。由此可见，大学文化内驱模型中实现目标契合的有效途径是多元化的。

综上所述，大学文化在文化性格特征、供求均衡关系和最终的目标契合模式上都不是单一的，而是多元并存的，最终构成了大学文化的多元化特征。

第三节　基于大学文化内驱模型中优势路径的管理对策

根据大学文化呈现出来的总体特征和趋势，依据大学文化内驱模型中的优势路径，要确立以下四个方面的思路与策略，加强大学文化自觉管理，促进大学生更加自觉、自愿地认同大学组织目标，构建和谐文化，促进学生可持续发展。

一、确立公平包容的文化态度

文化态度是一所大学精神成熟程度的标尺之一，是影响大学文化管理水平和绩效的基础和前提。文化的本质特点是多样性，文化的魅力取决于多样性，文化的可持续发展也取决于多样性。承认新生文化，接受文化的多样性，对本体文化以外的多元文化采取尊重、包容、鉴赏、吸纳的态度，这本身就是一种优秀的文化表现。大学文化内驱模型的实证研究表明：大学文化具有包容性、多元性等特征。这些特征决定了大学管理的复杂程度和运行难度，决定了大学管理要充分尊重文化的多样性，做到既保持各种文化的相对独立性，使其自由发展，又使各种文化都有利于共同的价值目标和理想的实现[①]。因此，高校文化管理过程中，不管是规划如何建设文化，还是思考如何运用文化进行管理，都要确立公平包容的文化态度，形成"以我为主、广泛吸纳"的文化建设策略和"尊重差异、多元互补"的文化发展状态。实现这一目标的前提是大学本体主流文化的充分自觉：一是大学本体文化建设，要实现充分的文化自觉和有效的文化传承，并在文化传承的基础上积极创新；二是自觉弘扬先进文化，发挥对社会的辐射、引导作用以及对社会流俗的批判作用，进而实现社会文化和大学文化的互动，从源头上净化非主流文化。在当前新的时空背景下，我国大学的文化自觉应当在全球化的进程中，在前现代、现代、后现代的历史与文化格局中，在中国传统文化、马克思主义、西方现代文化的综合创新中来考虑和把握自身的文化选择、文化建设与文化管理，有选择地建设和运用，以我为

---

① 高宝立：《现代大学需要什么样的文化自觉》，《中国教育报》2007年9月29日第3版。

主，趋利避害，广泛吸纳，综合提升，构建更为理想、更为和谐的大学文化环境。

二、坚持以人为本的文化导向

马克思根据社会历史发展与人的内在联系，立足于人的全面发展和人类解放这个维度，认为"建立在个人全面发展和他们共同的社会生产能力成为他们的社会财富这一基础上的自由个性"是人类社会发展的最高阶段①。以人为本，把人作为发展的目的和关键力量，以促进人的全面发展为最高价值追求，坚持和发展了马克思主义关于人类终将走向"每个人的自由而全面的发展"的思想，是对历史唯物主义关于人的发展的学说的拓展和深化②。"以人为本"强调，社会生产力及经济文化的发展水平是逐步提高的，人的全面发展程度也是逐步提高的。它不是一个突变过程，而是一个从量变到质变的逐渐积累过程。以人为本，是实现人的全面发展的必然要求，是把马克思主义关于人的全面发展的教育思想付诸教育实践的理论前提。大学文化建设的最高目标是帮助或促进大学生形成科学的世界观、人生观和价值观。因此，大学组织文化战略的选择和实施，应该把以人为本作为原则，贯穿战略实施的始终。比较图15-1"模型验证结果及路径系数"中上、下两个"三角形"有效路径，即"独立性文化、自觉性均衡、感动性契合"之间的"三角形"路径和"顺从性文化、自发性均衡、被动性契合"之间的"三角形"路径，可以看出，以学生为导向的独立性文化为出发点的正向路径系数均高于以任务为导向的顺从性文化为出发点的路径系数。这一结果以及最终筛选出的优势路径表明，大学文化的独立性特征越明显，也就是说越以学生发展需求为导向，就越有利于大学文化的自觉性均衡，也越利于大学生个体目标与大学集体目标的感动性契合，进而有利于个体在与组织的和谐相处中健康、持续发展。因此，大学要确立以人为本的指导思想，以学生发展需求为导向，依据大学文化内驱模型的优势路径，选择和设计更为有效、更具优势的战略，充分发挥大学文化引导人、塑造人、发展人的潜力和作用。

三、构建开放有序的供求体系

由于政府、教育主管部门等严密的政治组织较之于松散性结合的大学组织而言总是处于强势，因此，这些公共组织往往过多地获取了公权力而挤占了大

---

① 马克思恩格斯全集，第1版第46卷上册［M］．北京：人民出版社第104页。

② 张磊：《论"以人为本"对全面发展教育思想的丰富和发展》，《中国高等教育》2009年第3、4期合刊第13~16页。

学组织的权力。而大学组织相对于大学生个体而言同样处于强势，挤占学生个体应有的权力。由此可见，传统的管理体制中大学组织更多地服从于政府和教育主管部门，大学生更多地服从于大学组织。这种权力上的非均衡导致了文化供求关系运动变化过程中的信息不对称。大学文化内驱模型的实证研究表明，文化供求双方共同参与供求关系变化的调节活动，要比政府、教育主管部门、学校以供给主体单方面运用价格调节更为有效，更有利于促进文化供求关系的实质性均衡。因此，要实现自觉性供求均衡，首先，政府、教育主管部门要在权力上给高校"松绑"；其次，学校要在权力上给学生"松绑"。新公共管理理论主张，政府和组织集体应当"有所为，有所不为"，自觉划定权力边界，破除本位主义，实行授权、分权，从传统的等级制管控机制过渡到管理双方参与的协作运行机制，重塑政府与高校、高校与学生之间的权力关系，逐步还权于高校，还空间于学生，在大学文化供求双方之间构建公开、有序的供求体系，增强双方在供求过程中调节供求关系的主动性和有效性，促进供求关系的自觉性均衡，推进高校自主管理和学生自觉成长[①]。

四、促进双向互动的目标契合

客观上，大学文化供求过程，就是大学组织文化与大学生个体文化的冲突、协调、契合过程。如图 15-2 所示，现时段的组织文化是过去时段个体文化的一种凝炼与提升，进而再去影响个体文化或非正式团体的文化，经过新的碰撞与融合，形成组织的新文化现象。这一过程中，组织文化与个体文化之间是双向互动、循环往复的。

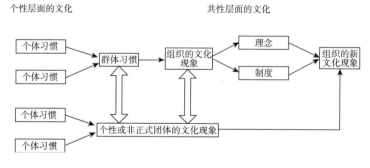

图 15-2　组织文化与个体文化契合的理想路径

随着大学教育进入了一个横向的市场竞争体系，大学开始从研究与教学转

---

① 谢凌凌、张琼：《我国高校趋权性及规权初探》，《江苏高校》2009 年第 3 期第 20～22 页。

向管理与经营，越来越按照企业或公司的管理模式运作，校长变成了体制的管理者，原先一些人文式的调控方法变成了一系列操作指标和量化计算。如图15－3所示，大学传统的文化管理方式，强调集体目标对个体目标的单向引导，主流文化对非主流文化的单向控制，并强势排斥个体目标、个体文化中与组织目标、组织文化不相符合甚至相冲突的内容。要想让这一融合过程更为和谐、快捷、有效，就必须尊重和重视个体，改变传统的组织单向控制个体的格局，让个体发挥主观能动性，通过个体目标与组织目标的互动作用，促进大学生更自觉、更乐意地认同大学组织目标，实现两个目标的感动性契合。这正是文化自觉管理的意义所在。在大学文化内驱模型的实证研究中，"自觉性均衡→感动性契合"的正向路径系数高于"自发性均衡→感动性契合"和"自发性均衡→被动性契合"两条路径的正向系数，证明双向互动的契合模式要比单向控制的契合路径更具优势、更为有效。正如比尔·雷丁斯所提出的，学校（老师）和学生都不要认为自己是主体，而是保持"他者"与己共存的意识，包纳"他者"，用"他者"不断质疑"自我"，将"大学"建设成为一个新的共同体。但是，这个共同体不能一味强调以"共识"为凝聚力，而是以彼此承认的差异为基础，成为一个"各执己见的共同体"①，这样才能使大学更具魅力和生命力。

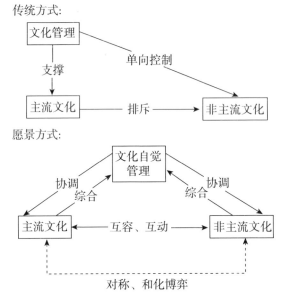

图 15－3　大学集体目标与个体目标在文化管理中的"博弈"

①　比尔·雷丁斯：《废墟中的大学》，北京大学出版社 2008 年 10 月。

第四节　实施优势路径的案例研究

大学管理历史悠久，它不仅深受传统的经验管理、科学管理等管理理论与模式的影响，而且也受着文化管理思想的影响。尤其是，大学作为一个传承、弘扬和创造文化的重要阵营，更具有实施文化管理的良好基础和优势条件。吴剑平、李功强、张德等学者研究认为，大学管理在模式更替上同样遵循着"经验管理→科学管理→文化管理"的递进轨迹。如表 3 - 2 "甲大学的管理模式演进过程"所示，21 世纪初以来，我国高校开始探索和实践文化管理，通过加强以学生需求为导向的文化建设，提升文化的学校管理和人才培养工作中的执行力和影响力，提高学校管理水平和办学质量。目前，一些高校正从科学管理向文化管理的转型，文化力正逐渐成为大学管理的核心动力。本节以江苏乙大学 2003 年至 2009 年的文化管理为例，分析和验证大学文化内驱模型中优势路径的比较优势。

一、乙大学的基本情况

乙大学是经教育部正式批准成立的一所普通专科高校（即当前高等教育类型中的高职高专院校）。学校坐落在著名历史文化名城——某省辖市，具有近百年的办学历史。该校 1992 年 3 月，经教育部（原国家教委）批准，由该城市的原有三所地方高校合并组建而成，依托地方办学，以全日制普通高等教育为主体，兼及远程教育、教师培养培训与岗位技能培训。经过近 20 年的建设，形成了颇具规模和一定文化底蕴的中心校区。2001 年 5 月，乙大学合并了距离中心校区 5 公里的江苏省某经济学校。2003 年 3 月，乙大学合并了位于该省辖市下属一县级市、相距 50 公里的江苏省某师范学校。2005 年，乙大学置换距离中心校区 5 公里的原江苏省某经济学校校区，所得资金用于中心校区的硬件建设。目前，乙大学有中心校区（以下简称 A 校区）和 50 公里外的原江苏省某师范学校校区（以下简称 B 校区）。

乙大学 1992 年合并组建初期，虽然有一些制度和规章，但是合并前的原三所高校的专业门类、人员结构、管理方式不相一致，学校管理难以规范化、精细化，往往停留于粗线条的管理，随意性很强，学校高、中层管理人员主要凭借经验进行管理。21 世纪初，教育部开展高职高专人才培养工作水平评估工作。乙大学开始建立健全教育教学体系，严格按照包括实践实习在内的规范的培养环节，统一的人才培养模式和标准，开展人才培养工作，学校迅速进入科学管理的阶段，向着管理现代化迈进。2006年，乙大学迎接教育部人才培养工作水平评估工作进入尾声的时候，学校高、中层管理人员深刻认识到，人才素质始终是学校工作的终极追求，是学生成人、成才、成功的坚实起点。其后，乙大学提出"素质为魂、能力为本、厚德强能、全面发展"的职业素质教育理念，加强大学文化与大学精神建设，制定了《乙大学文化建设方案》，打造优雅和谐的人文校园、数字校园、园林校园，以加强人文素质教育为抓手，引导学生塑造良好的人格，积极探索大学文化自觉管理之路，培养高素质、强技能、善创新的高等职业技术适应性、应用型人才。

二、乙大学实施文化优势路径的基本方略

乙大学为加大文化建设的力度，创建校本文化特色，使学校文化在学校管理和育人工作中发挥更大作用，制定并实施以下方略：

一是确立以人为本的文化建设思想。学校坚持"素质为魂、能力为本、厚德强能、全面发展"的职业素质教育理念，始终把"提高学生的就业竞争力和可持续发展力"作为学校安身立命之本，紧紧围绕"育人"这一根本任务，积极有效地探索在新形势下的学校文化建设的方法途径，创造性地开展具有校本特色的文化建设活动，挖掘校本文化的传统内涵，创新办学理念，提升文化品位，塑造乙大学精神，优化育人环境，努力将深厚的文化底蕴、丰富的人文精神融入现代大学文化，把学校建设成文明、民主、科学、和谐，充满活力，体现时代特点，具有校本特色的"人文校园"、"园林校园"。

二是设立学校文化建设的常设机构和开放性意见吸纳机制。成立学校文化建设领导小组，制定阶段性实施计划，定期研究问题，协调解决学校文化建设中的矛盾，指导工作。根据学校文化建设的内容设立若干个工作小组，具体负责各自的学校文化建设内容的实施。面向广大师生员工，广泛征集学校文化建设思路、方案和具体措施，开展给大楼命名、给道路定义、为树木挂牌活动，广泛征集评选学校路名和各公寓楼楼名。

三是从办学理念入手，加强形象文化、制度文化、环境文化、学术氛围和网络文化建设。根据学校办学特点和未来发展方向，凝炼出既反映时代特点又体现乙大学特色的办学理念，借助于校训、校歌、校旗、校徽等有形的载体，使办学理念高度凝练，更为具体，广泛、快捷传播。从学校标志、标准字、办公用品、校园景观、建筑物及其整体色彩等方面，对学校形象进行个性化塑造，增强学校文化的震撼力。坚持以人为本，结合学校发展的目标，完善学校管理制度。从生态性、人文性、艺术性的角度，使校园环境建设做到绿化、净

化、美化、优化，使人与自然，景观与情感，科技与文化交融统一，建成具有深厚文化底蕴的园林式校园。积极构建"崇尚创新，探求真理"的学术气氛，建立既有网络文化特征又能体现学校功能的校园数字化教育体系。

四是加强文化硬件建设，丰富文化活动形式。大力加强包括思想理论与文化素质课程，宣传媒体、学生社团在内的各类文化阵地的建设。对图书馆、教学楼等建筑物内的大厅楼道进行设计和布置，在教学区和生活区的中心地带设置美观实用的宣传栏、阅报栏、信息布告栏、招贴海报栏。组织形式多样，内容健康，格调高雅，具有乙大学特色的文化活动，培育并形成乙大学品牌文化活动项目，浓郁学校文化氛围。

三、乙大学实施文化优势路径的效果评价

本书应用组织文化力的评价体系，通过调查、统计得到乙大学 2009 年 9 月 A 校区、B 校区的文化力的综合评价结果，对照 2005 年 12 月作者主持完成江苏省教育厅 2003 年度高校哲学社会科学研究指导项目《中国大学文化与现代人本主义》（项目批准号 03SJD880006）的结题报告中对乙大学 A 校区的文化力测量结果，检验乙大学实施文化优势路径的实际成效。

大学文化结构包括价值观（信念）、制度层面、行为层面和物质层面四个层面，组织文化力的测量一般指向前三个层面。目前，得到广泛认可的组织文化力测量方法是根据前三个层面，划分出第二级评价指标，得出组织文化力评价的因素集 $U = \{U1, U2, U3\}$。在此基础上，根据相关、全面、可行的原则，进一步对大学文化力进行细化，得出第三级评价指标，$Ui = \{Ui1, Ui2, Ui3, Ui4, Ui5\}$，其中 $i = 1, 2, 3$。具体评价指标及其含义如表 9 - 1 所示。该评价体系在组织文化力的测量上已被江苏省教育厅 2003 年度高校哲学社会科学研究项目《中国大学文化与现代人本主义》（03SJD880006）、上海市教育委员会 2006 年度人文社会科学重点研究项目（06ZS71）《我国企业文化力的评价与发展对策》、江苏省"六大人才高峰"第四批资助项目《和谐社会向度下江苏高校文化自觉路径与绩效评价研究》（07～A～028）等研究成果所证明，具有普适性。

根据大学文化力的评价指标体系，按照 Likert5 的标准，把大学文化力的最高水平的评价值设定为 5 分，平均水平的评价值设定为 3 分，最低水平设定为 1 分，设计问卷，在 A 校区、B 校区分别随机抽样调查 50 位同学，结合运用格栅获取法与模糊 Borda 数分析法得出的大学文化力评价体系的各级评价指标权重，最终得到所调查的文化力的评价结果（如表 15 - 1、15 - 2 所示）。

表 15 - 1 　A 校区 2005 年 12 月与 2009 年 9 月文化力的测量评价得分比较

符号	指标	A 校区平均分	
		2009 年 9 月	2005 年 12 月
U1	精神文化力	0.71	0.63
U11	办学方针与宗旨	0.26	0.17
U12	人才质量观	0.22	0.20
U13	校训/校风的影响力	0.03	0.05
U14	学校凝聚力	0.06	0.03
U15	学校师生道德要求与水平	0.14	0.18
U2	制度行为力	1.28	1.02
U21	学校管理结构的合理程度	0.26	0.20
U22	管理标准与操作规范程度	0.19	0.19
U23	沟通渠道与满意度	0.11	0.08
U24	激励机制与效果	0.40	0.34
U25	机会与评价公平	0.32	0.21
U3	行为文化力	1.9	1.87
U31	教师的知识经验	0.69	0.68
U32	教师行为规范	0.47	0.31
U33	学生行为规范	0.36	0.43
U34	学习能力	0.27	0.32
U35	创新能力	0.11	0.13
总分		3.89	3.52

资料来源：2009 年数据来自江苏省"六大人才高峰"第四批资助项目《和谐社会向度下江苏高校文化自觉路径与绩效评价研究》（07～A～028）结题报告，2009 年 10 月江苏省人事厅组织鉴定；2005 年数据来自江苏省教育厅 2003 年度高校哲学社会科学研究项目《中国大学文化与现代人本主义》（项目批准号 03SJD880006），2005 年 12 月江苏省教育厅组织鉴定。

表 15 – 2 A 校区与 B 校区文化力的测量评价得分比较

符号	指标	平均分	
		A 校区	B 校区
U1	精神文化力	0.71	0.66
U11	办学方针与宗旨	0.26	0.19
U12	人才质量观	0.22	0.24
U13	校训/校风的影响力	0.03	0.01
U14	学校凝聚力	0.06	0.04
U15	学校师生道德要求与水平	0.14	0.18
U2	制度行为力	1.28	1.05
U21	学校管理结构的合理程度	0.26	0.21
U22	管理标准与操作规范程度	0.19	0.23
U23	沟通渠道与满意度	0.11	0.17
U24	激励机制与效果	0.40	0.31
U25	机会与评价公平	0.32	0.13
U3	行为文化力	1.9	1.74
U31	教师的知识经验	0.69	0.71
U32	教师行为规范	0.47	0.52
U33	学生行为规范	0.36	0.32
U34	学习能力	0.27	0.16
U35	创新能力	0.11	0.03
总分		3.89	3.45

　　资料来源：江苏省"六大人才高峰"第四批资助项目《和谐社会向度下江苏高校文化自觉路径与绩效评价研究》（07～A～028）结题报告，2009 年 10 月江苏省人事厅组织鉴定。

　　比较表 15 – 1 中 A 校区两个不同年度的测量评价得分结果，可以看出，乙大学在实施文化优势路径方略之后，文化力得到了一定程度的提高。这一结果，与结构方程模型所验证的结果是相一致的。同一所学校，不同校区在同一时间段的文化力存在差异（如表 15 – 2），究其原因，有两个方面：一是因为 B 校区原来是一所中等示范学校，其大学文化底蕴及其影响力不及 A 校区，正是因为这一点，B 校区在教师道德水平、知识、素质等方面（U15、U31、U32）的测量评价结果又略高于 A 校区；二是因为 B 校区远离 A 校区、远离直辖市，加之近两年面临资源重组的可能，学校文化建设投入力度不足，影响其文化力的提升。

第五节　本章小结

根据结构方程模型统计验证的标准估计参数和路径系数，大学文化内驱模型中有 3 条有效路径可以促进大学生个体目标与集体目标相互契合，分别为：第一条为"独立性文化→自觉性均衡→感动性契合"；第二条为"顺从性文化→自发性均衡→感动性契合"；第三条为"顺从性文化→自发性均衡→被动性契合"。其中，第一条是大学文化内驱模型的优势路径，第二条是超出理论假设的一个意外发现。

根据这一验证结果，结合第十三章中大学文化的数据特征分析，表明我国大学文化呈现出四大总体特征和趋势：一是顺从性文化的正确性导向，二是主流文化的包容性特征，三是学生选择文化的自主性和理性增强，四是大学文化整体呈现多元化特征。

依据大学文化内驱模型中的优势路径，大学文化建设与管理要确立公平、包容的文化态度，坚持以人为本的文化导向，构建开放的供求体系，促进大学生个体与大学组织之间双向互动，更加自觉地尊重、认同对方的价值选择和追求目标，促进大学生个体、大学组织、大学文化和谐且可持续发展。在此基础上，通过乙大学实施文化驱动的优势路径的案例研究，进一步验证研究结果。

第四篇
大学文化自觉管理的基本方略

　　大学文化自觉管理的内驱模型和优势路径显示，以学生为本的独立性大学文化和民主、开放的自觉性供给体系更有利于大学生个体目标与大学集体目标的感动性契合，也就是更有利于大学生更加主动、自愿地认同学校组织目标，并为之努力奋斗。我国人本理念的历史沿革和西方大学人本理念的变迁，表明现代人本向度是大学管理和办学的终极追求。现代人本向度下，大学管理需要的是一种具有团体感、同情心、互相关爱的公开、无边界、平等的文化氛围，这样才能最大限度地培养和开发每个人的潜能，促进其可持续发展。如何构建有利于大学实现这一目标的文化氛围？本篇基于现代人本向度和大学文化管理的战略思考，对大学文化变迁的应对措施、大学生犯罪的文化探究和法律文化建设、职业院校的文化管理与文化消费、校企合作中的文化取向和远程教育中的文化建设等问题，进行了微观层面的探索性研究，提出了相应的针对性措施。

第十六章

大学文化自觉管理的战略思考

本章分析了文化与战略的关系，从战略管理的角度，界定了文化战略和文化自觉战略的内涵，创造性地提出大学文化自觉战略的模糊特征。

从中外词源上看，战略（strategy）一词在中国最早见于西晋马彪的《战略》一书，它在中国古代用于描述指导战争全局的计划和策略。在英文中"strategy"一词源于希腊文"strategos"，其意思是"在战争中实行的一套克敌制胜的策略"。由此可见，最初的战略概念多限于军事领域。德国军事理论家克劳塞维茨在《战争论》中给战略下了一个经典的定义："战略是为了达到战争目的而对战斗的运用"；"战略必须为整个军事行动规定一个适合战争的目标"。后来，开始从狭义的军事战略到广义的战略——大战略（Grand Strategy），它是美、英等国提出的国家层面的以军事为主，综合了政治外交等因素的国家发展战略。随着研究发展中国家经济发展问题的发展经济学的兴起，20世纪60年代出现了发展战略的概念和用语，战略开始进入工商业的管理领域，战略概念的含义有了拓展，扩展后的战略术语，主要是相对策略而言的，宏观上指代有关领域重大的、带全局性或决定全局的谋划，微观层面上又成为"手段"或"方法"的代名词。弗雷德·R. 戴维在《战略管理》一书中，把战略定义为实现长期目标的方法，亨利·明茨伯格认为："战略是一种模式，即长期行动的一致性。"[①] 迈克尔·波特在《什么是战略》一文中，把"战略"解释为三种意义：一是"创造一种独特、有利的定位"，二是"制造竞争中的取舍效应，其实质是选择何者不可为"，三是"创造各企业活动的整合"。战略被计划、组织、实施和控制，实现管理的所有基本职能，就是战略管理。

---

① 转引自田丰、肖海鹏、夏辉：《文化竞争力研究》，北京：中国社会科学出版社 2007 年第 111～112 页。

战备管理（strategic management）是一组管理决策和行动，它决定了组织的长期绩效①。

随着我国高等教育告别"计划年代"走向"规划年代"，大学战略管理不断兴起。高洪源在《学校战略管理》一书中系统地揭示了学校战略管理的内涵、模式、规划和实施以及学校领导与战略管理之间的关系。由于大学相对于其它层次的学校而言有较大的自主权，目前我国学校战略管理的实践，更多地集中在大学层面，而大学战略管理又更多地体现为建设性的战略管理。

第一节　组织文化与组织战略的关系

文化作为影响战略选择与执行的重要元素，最先在企业管理实践与研究中得到重视和认可。有学者提出，文化作为企业可持续竞争优势的重要来源，是企业国际化战略成败的关键因素②。波士顿顾问公司的奠基人亨德森认为："任何想长期生存的竞争者，都必须通过差异化而形成压倒所有其他竞争者的独特优势。勉力维持这种差异化，正是企业长期战略的精髓所在。"③ 那些最能够识别和协调文化差异、并充分利用文化来实现经营目标的企业才有可能获得显著的竞争优势。

组织文化既可能促进，也可能阻碍战略的实施。第一，文化因素影响管理者对某种战略的偏好，对于不冒险的文化，管理者很可能偏好防卫型战略，更多的是被动地应对环境的变化，而不是试图预测环境的变化。相反，在高度崇尚创新的文化中，管理者可能偏好于新技术和新产品的开发。第二，文化的构成对战略的实施起着主要的影响作用。强势文化或者弱势文化对战略具有不同的影响。在强势文化下，几乎所有的成员都能够清楚地理解组织的使命是什么，这种清晰性使管理者向新成员传递组织的核心能力和优势变得相对容易。例如，清华大学"厚德载物"的文化精髓广为人知，有很多学生报考之前就熟记在心，这种强势文化使新成员在很短时间内就能接受，相对于那些具有弱

① T. L. Wheelen and J. D. Hunger, *Strategic Managernent and Business Policy*, 7th ed. （Upper Saddle River, NJ: 2000), p. 3.

② Detert 和 Schroeder, 2000） （Detert JR, Schroeder RG, Mauriel JJ. A Framework For Linking Cuture and Improvement Initiatives in Organizations ［J］, Academy of Management Review, 2000, 25（4）pp. 850～863.

③ 转引自谢羽婷、易贵明：《企业文化在企业战略创新中的作用》，《科技管理研究》，2008 年第 3 期第 13～15 页。

势文化的大学而言，这个过程要短得多，无形之中也就提高了管理效益。当然，强势文化也具有负面效应，它改变起来更困难。一种强势文化可能会成为接受任何变革的严重障碍，具有强势文化的组织可能会受累于它的成功，这就要求在管理进行主动遗忘管理①。

大量的实证研究证明：文化与战略相适应的组织，其绩效往往高于文化与战略缺乏适应性的组织②。所谓与战略相适应的文化，就是一种支持组织战略的文化。一个强有势的组织文化如果能与组织的战略相符，共同的价值观就能把组织与成员紧密地联系在一起，提高组织运作效率，增强核心竞争力。有学者把战略与文化的关系巧妙地归纳为"有效战略 + 优秀文化 = 卓越生产力"，认为只有将有效的战略和优秀的文化结合起来才能形成卓越的生产力③。

战略是组织的一种发展规划，是对事物长期发展的一种谋划，是组织"硬管理"的基础。文化是嵌入组织战略和战略管理的灵魂，指导战略的制定，调动组织成员，保障战略的实施，是组织"软管理"的核心。战略与文化是密不可分的协同系统。从战略主体的历史性角度看，任何一个战略目标的选择和确定，都是一定文化生态条件下形成的文化模式的结果。战略主体的战略目标选择，实质上就是关于生存方式的选择，是文化的选择。从这个意义上讲，文化模式既是战略的前提和基础，又是战略的样式和结果。不同的文化特质决定了不同战略的文化特质。美国战略学家柯林斯在《大战略》中强调精神力量在大战略中的作用时特别分析道：美国人的个人主动性和创造性，德国人的纪律性和严格精神，英国人的通情达理等，对一个民族在国际政治舞台上实现它的战略目标，具有永恒性而且往往是起决定性的影响④。

面对全球经济一体化和快速的技术进步，任何一个组织面临的外部环境都很难在较长的时间内保持稳定，这种外部的动荡性增加了信息的不确定性，从而增加组织的决策难度。传统的战略管理理论基本上是建立在环境稳定性的假设之上的，例如，Tan 和 Lischert（1994）利用横截面数据的实证研究结果反

---

① 陈春花、金智慧：《知识管理中的主动遗忘管理》，《科学学与科学技术管理》（津）2006 年第 4 期第 104～108 页。

② J. P. Kotter and J. L. Heskett, *Corporate Culture and Performance*, (New York: Free Press, 1992

③ 谢世婷、易贵明：《企业文化在企业战略创新中的作用》，《科技管理研究》，2008 年第 3 期第 13～15 页。

④ 李成勋：《经济发展战略学》，北京出版社，1999 年版第 58 页。

映了组织战略与组织环境的静态匹配关系①。当前，针对组织文化与组织战略的关系，主要存在着三个方面的理论②：

一是强调组织文化对组织战略的选择作用。持这一理论观念的主要包括：种群生态学派（population ecology）、制度学派（institutional theory）、权变理论（contingency theory）、演进理论（evolutionary theroy）、生命周期/间断均衡理论（life cycle/punctuated equilibrium）。这些理论观念在组织文化与组织战略关系上，认为组织文化起着主导作用，因此组织战略更多地应关注如何适应环境的发展与变化。例如，Abrahamson 和 Fombrum 强调在相同环境下所产生的"宏观文化"对组织将来的影响是不容忽视的，它极易产生一种群体思维定式，致使组织采取相识的战略决策③。

二是强调组织战略对组织文化的影响力。持这一理论观念的主要包括：战略选择理论（strategic choice）、企业行为理论（behavioral theory of the firm）和资源基础理论（resource-based theory）。这些理论观念认为，在组织文化与组织战略的选择适应过程中，组织不总是被动地采取适应性反应，而是在相当程度上可以通过主观的战略行为来抵御外界的变化，并且影响组织文化，进而改变所处组织文化以求得更有利的地位。Child 于 1972 年最早提出组织能够影响环境这一观念，在其经典论述中，Child 认为组织有机会和能力去重新塑造环境以满足其自身的目标。该理论强调组织管理者的主动性和自发性，以及对组织环境的再造能力④，认为组织战略对组织文化具有很大的影响。

三是强调组织文化与组织战略协同演进（coevolution）。组织文化与组织战略之间不是单向地决定关系，不能简单地认为一方决定一方，而应根据时间

① Tan, J. and Lischert, R. J., 1994, "Environment-strategy Relationship and its Performance Implication: An Empirical Study of the Chinese Electronic Industry", *Strategic Management Journal*, 15 (1), pp. 1 ~ 20.

② 何铮、谭劲松、陆圆圆：《组织环境与组织战略关系的文献综述及最新研究动态》，《管理世界》，2006 年第 11 期第 144 ~ 151 页。

③ Abrahamson, E. and Fombrum, C., 1994, "Macrocultures: Determinants and Consequences", *Academy of Management Review*, 19, pp. 728 ~ 755.

④ Miles, R. E. & Snow, C. C. 1978, "Organizational Strategy, Structure and Process", McGraw-Hill, New York; Miles, R. E. & Snow, C. C. 1994. Fit, Failure, and the Hall of Fame: How Companies Succeed or Fail. Free Press, New York; Thompson, J. D., 1967, "Organizations in Action: Social Science Bases of Administrative Theory" McGraw-Hill, New York.

条件具体分析，二者之间应该存在双向复杂的协调演进关系①只有将文化与战略两者最大化的匹配才能发挥管理的最大效果。一方面，战略推进，文化要先行；另一方面，文化理念的梳理与整合不能没有方向与标杆，这个方向与标杆就是战略。

针对组织战略与组织文化的关系，Milet 和 Snow 在 1978 年出版的《组织战略、结构和方法》一书中把组织战略分为进攻型（prospector）战略、防守型（defender）战略和分析型（analyzer）战略三种类型。进攻型战略是一种着眼未来，期望利用先动优势抢占市场的战略，试图通过战略导向来主动寻求和创造一个能够有利于组织发展的外部环境，具有前瞻性和探索性特点，是改变环境的重要推动力。防守性战略强调对特定环境的应对性适应，将外部环境视为给定的外生变量，组织关键是对外部环境变化进行跟踪和识别，通过积累性学习，不断改进自身，适应形势。分析型战略坚持有效性原则，强调组织领导者对环境进行正确的估计并采取相应的措施，要求组织在对外部环境和内部资源进行分析评估的基础上，在不同环境条件下对战略进行调整和组合，然后决定采取何种战略来获取自身的竞争优势②。

从战略与文化的关联性角度，可以将大学文化分为三种不同的形态：一是战略支持型文化。即大学的文化导向与战略目标相吻合，大学成员的价值观、行为准则与组织的战略目标相和谐，促进大学较快的发展。二是战略制约型文化。即大学文化与大学战略相抵触，成为大学战略实施或战略转变的羁绊乃至发展的桎梏。尤其是当大学施行新的战略时，大学文化往往会成为新战略实施的制约因素。从这层意义上讲，变革的关键在于能否改变大学的传统文化，塑造出崭新的与战略相适应的催人奋进的大学文化。三是战略非相关性文化。即大学文化对大学战略无明显影响，究其原因是文化处于自然秩序的状态，没有

① Kauffman, S. A., 1993, "The Origins of Order: Self-Organization and Selection in Evolution", New York: Oxford University Press; Mckelvey, B., 1999, "Avoiding Complexity Catastrophe in Coevolutionary Pockets: Strategies for Rugged Landscapes", *Organization Science*, 10 (3), pp. 294 ~ 321; Levin A. Y. and Volberda, H. W., 1999, "Prolegomena on Coevolution: A Framework for Research on Strategy and New Organizational Forms", *Organization Science*, 10 (5), pp. 519 ~ 534.

② Miles, R. E. & Snow, C. C. 1978, "Organizational Strategy, Structure and Process", McGraw-Hill, New York; Tan, J. and Lischert, R. J., 1994, "Environment-strategy Relationship and its Performance Implication: An Empirical Study of the Chinese Electronic Industry", *Strategic Management Journal*, 15 (1), pp. 1 ~ 20.

能够成为主流力量，不能发挥主导作用。①

第二节　文化战略与文化自觉战略

一、文化战略

文化战略包含两个方面的意义：一是关于文化的战略，即关于文化本身的战略，又称文化发展战略，就是战略主体关于文化本身发展的一种长远的整体性谋划、要求和政策安排。二是关于文化应用的战略，即战略主体把文化作为实现战略目的的手段。前者与文化发展战略相叠合；后者则与政治战略、经济战略并列，成为战略系统的三大支柱，为组织战略服务。文化不仅是识别战略的工具，更重要的是用以实现战略主体的战略意图的工具。文化战略正在国家大战略中越来越被重视，逐渐成为国家大战略体系中的骨干战略②。美国克林顿政府就曾经毫不掩饰地表白，美国的"政治和经济由于美国文化对世界的吸引力而得到补充，这是一种新的可以利用的'软力量'，在国外促进民主与人权不仅是一种道义上迫切需要履行的义务，而且是一种支持美国国家安全战略的可靠战略方式"③，直截了当地把文化作为实现美国国家战略的工具。

管理战略系统，是交织着各种文化因素的有机的系统。文化战略就是管理战略中的一种。荷兰哲学家 C. A. 冯·皮尔森在 1970 年发表的《文化战略——对我们的思想和生活方式今天正在发生的变化所持的一种观念》中从科学的层面上提出"文化战略"这一概念，将其作为人用以克服与自然环境的紧张关系的一种生存和发展对策。他认为，人类要在与自然的紧张关系中对抗比自己更强大的、灵活性的战略，以人类自己的创造性的发明对自然环境实施反作用，赢得生存、自由和发展。文化战略就是人类在逆境中运用智慧以求取生存和发展的战略④。冯·皮尔森认为，"比起以往任何时候来，今日的文化更是一种人的战略，所以，我们务必不要把当代文化的模式主要看做是描述性的，而要看做是识别各种战略的一个工具"，"当代文化被设想为发展过程中的一个战略"。他不仅从文化哲学的层面上揭示了作为生存战略的文化战略

① 白万纲：《集团管控之文化管控》，北京：中国发展出版社，2008 年第 68 页。

② 白万纲：《集团管控之文化管控》，北京：中国发展出版社，2008 年第 3 页。

③ 花建：《软权利之争：全球化视野中的文化潮流》，上海社会科学出版社，2001 年版，第 231 页。

④ 胡惠林、李康化：《文化经济学》，太原：书海出版社，2006 年 7 月第 1 版，第 27 页。

在克服人与自然界的紧张关系中的全部作用和终极意义，而且由此出发，特别深刻地提示了文化战略作为工具理性在今天，在克服人与人、人与社会进而国家与国家间紧张关系中的全部价值和意义。

管理中的文化战略与文化行为是有区别的，两者的差异如同城市构成活动中一种是从规划学上，另一种是从建筑学上的不同考虑。文化行为主要是一种制作活动，虽然带有或者包含有一定的战略意义，但这是一种过后理解所赋予的性质，并不具有战略的高度意义。文化战略首先的出发点是对文化命运的思考，是基于对自身诸种困境，当然也包括功能性困境的强烈意识，并为力图摆脱此种困境而提出的。黄卓越在《重建当代情境——关于当代文化战略若干问题的思考》一文说，"文化战略这一概念充分备有了施行者群体的主体、主动性向，即由文化本位出发的一种独立而前倾的介入，不是冷漠旁观与卑谦顺世，或者依附于事实之上的一种从适皆宜的陶醉，不是'给予'性的，而是'要求'性的，不是沿着固有性路线来调节自身，而是以超出性来制衡固有性，不是单纯描述与释义的，而是批评与建设的，是在旧模式解体及分立的原素不知所向之后所作的非单纯回归性的、而是立足于创拓的重建。"①

文化是使战略顺利实现的特殊的理念、行动和作风体系②。一般来讲，文化因素在战略实施中的作用可以通过两种方式来实现：有时象一只"无形的手"，作为观念形态的东西存在于人的意识之中，从组织的产品和服务上体现出来；有时象"有形的手"，作为物质形态的东西，以商标或广告等形式被社会公众、组织成员和消费者所感知。正如迈克尔·茨威尔所说："基于能力的组织文化是鼓励、激励和培养成员为达到组织的目的、实现组织的目标、根据组织的价值协同工作的组织体系"③。

文化因素在战略实施中的作用路径可以分为三个层面：首先，组织文化中所拥有的价值观念，将为管理战略的各种行动提供选择的标准；其次，组织文化所拥有的管理理念，将为组织实施管理战略提供思路和框架；第三，这些文化因素所构成的组织文化，成为实施管理战略的内在动力和保障机制。

二、文化自觉战略

支撑人类现代文明的两大主导精神，即技术理性和人本精神，极大地改变

---

① 童庆炳、王宁、桑思奋：《文化评论——中国当代文化战略》，北京：中华工商联合出版社1995年12月第1~22页。

② 白万纲：《集团管控之文化管控》，北京：中国发展出版社，2008年，第24页。

③ 转引自刘光明：《企业文化世界名著解读》，广东经济出版社，2003年，第3页。

了人的生存方式，理性主义文化模式把人从自在自发的生存状态提升到自由自觉和创造性的生存状态①。在科学技术高度发达的今天，虽然科学的和理性的文化要素常常是作为自觉的精神或规则而约束着人的活动和社会的运行，但是，这些自觉的文化精神更多时候是转化为带有自在性质的科学常识、科学惯例而介入人的生活和社会运动②。以自在自发的经验性和人情化为特征的中国传统文化模式在现代市场经济的文化逻辑的推动下，将会转变为一种自由自觉的理性化和人本化的文化模式。

文化自觉战略，就是要将文化信息的分析与利用贯穿于战略管理循环，为管理的每一个关键步骤提供战略性文化信息，以利于组织竞争优势的形成和核心竞争力的创造。相对文化战略而言，文化自觉管理战略更多基于自身功能性因素的思考，其目的可能是为文化的，也可能是为非文化的。为文化的，就是为了防止因为缺乏远见的急功近利的文化建设策略而造成的文化迷失，导致组织文化面临内在的危机。为非文化的，是指超出一切文化行为和普通意义的文化战略之上的一种更为理性的把握，即对未来的文化行为（包括文化如何作用于管理系统与过程）作整体性、系统性、可持续性的策略思考与规划，使文化能够在一定空间聚合并付诸于战略的行动，引向一种新的导向性的文化构体、文化秩序、文化权力、文化指令，成为管理系统中的一种制衡力量。

第三节　大学文化自觉战略的选择态度与整体特征

一、大学文化自觉战略中的内部关系

管理一所大学涉及政治、文化、人际关系等因素。大学文化不仅是一种氛围与环境，而且是一种行为模式，它体现和标识了大学组织的共有价值观，并为大学内部成员的行为方式提出了一系列的假设③。大学人才培养的价值观是大学文化与大学发展战略共同的核心内容。大学文化作为大学中无处不在的持久起作用的因素，是大学发展战略的力量之源，既可以为学校发展战略的实施提供了精神动力和智力支持，对学校战略创新起先导作用，也可能对学校战略

---

① 衣俊卿：《文化哲学十五讲》，北京：北京大学出版社，2004 年 10 月第 1 版，第 85 页。
② 衣俊卿：《文化哲学十五讲》，北京：北京大学出版社，2004 年 10 月第 1 版，第 96 页。
③ 理查德 L. 达夫特（Richard L. Daft）、多萝西·马西克（Dorothy Marcic）著，高增安、马永红等译，《管理学原理（原书第 4 版）》（*Understanding Management*），北京：机械工业出版社 2005 年 1 月第 36 页。

创新起阻碍作用，可以说是一把名符其实的双刃剑。

一方面，大学文化通过以学校价值观为核心的文化意识观念，引导、约束大学成员，把学校师生员工凝聚在一起，最大限度地激发大学成员的积极性和创造性。大学发展战略也是围绕着大学价值观、办学理念、质量和效益最大化的核心要素所规范的总体办学思想和思路。从这个层面上讲，大学文化和大学发展战略都是引导和规范员工把个人价值观与组织的价值观统一起来，使组织的战略目标成为组织成员的共识，从而产生实现组织目标的强大动力。

另一方面，大学文化中的价值观、行为准则一旦形成，对大学成员而言，就成为一种自然而然的习惯，任何与之相违背的东西，大学成员都会自觉或不自觉地加以抵制。例如，当某所大学形成一种求稳怕变的文化时，这种文化便会变成一种强大的习惯势力，成为学校战略创新的阻力。同时，战略在实践中的不断调整和完善，又极大地丰富和发展了大学文化的内容，当战略发生变化时，原有的大学文化很有可能不能适应学校发展的需要，反而成为实施新战略的障碍力量。这就需要学校重新建设相应的文化，以满足学校战略的新要求，为学校的可持续发展提供无限的精神动力。

因此，大学文化自觉地支持和引领大学战略，是联接评价文化和运用文化进行管理的一个核心纽带。大学文化自觉作用于大学战略的途径主要包括两种：一是通过文化管理影响大学管理的战略选择。通过影响核心竞争力的形成和提升，进而决定大学管理战略的选择；二是通过文化渗透管理战略全过程，影响战略实施。

二、大学文化自觉战略中的态度选择

文化态度是一所大学精神成熟性的标尺之一，是影响大学文化自觉管理水平和绩效的基础和前提。传统的文化态度主要有两类：第一是文化相对主义，坚持文化是多元的，只有种类（路向）的不同，没有高低的不同。文化相对主义有利于文化的多元化与个性化，有利于文化的平等交流，但往往容易成为文化保守主义，甚至守旧、封闭的理由。第二是文化进化主义，认为文化是一元的，而不是多元的，没有种类的差别只有高低的不同。文化进化主义注意到人类文化的整体性，注意到全球化的普遍价值和普遍伦理，但往往容易成为文化帝国主义、文化殖民主义、文化霸权主义的借口。这两种文化态度都具有一定的片面性。

大学文化的包容性、多元性、创新性、引领性，决定了大学管理的复杂程度和运行难度，决定了大学管理要充分尊重大学文化的多样性，做到既保持各种文化的相对独立性，使其自由发展，又使各种文化都有利于共同的价值目标和理想的实现①。多元文化共生的前提是本体（或本土）文化的充分自觉，大学文化自觉战略应该追求两个目标：一是大学本体文化建设，要有充分的文化自觉和有效的文化传承，并在文化传承的基础上积极创新；二是自觉弘扬先进文化，发挥对社会的辐射、引导作用以及对社会流俗的批判作用，进而实现社会文化和大学文化的互动。在当前新的时空背景下，我国大学文化自觉管理应当在全球化的进程中，在前现代、现代、后现代的历史与文化格局中，在中国传统文化、马克思主义、西方现代文化的综合创新中来考虑和把握自身的文化选择、文化建设与文化管理，有选择进入，趋利避害。

三、战略管理的非理性选择与大学文化自觉战略的模糊特征

战略管理从形成那天起，就一直以理性化的模式出现，从 20 世纪六七十年代设计、计划学派，到 20 世纪 80 年代占主导地位的定位学派，直到 90 年代兴起的核心能力学派，无不都是强调战略管理的理性特征。这些学派认为，战略是对组织自身和环境进行缜密的分析，可靠的预测，再加上合理的逻辑推理而形成的。由于当今的环境不仅高度复杂，而且变化非常大、非常快，根本无法通过精确分析进行事先预测，因此组织在战略管理过程不可能完全做到"理性"。如果一味强调理性模式，就可能过分关注管理效率，形成战略管理的程式化和广泛使用定量分析，进而产生一种战略管理的惰性。这就需要一种新的战略管理模式，即非理性模式。所谓战略管理的非理性模式，是指针对纷繁复杂、高度动荡的环境，进行战略管理时，不是通过数据分析、预测与逻辑推理来进行的，而是领先直觉判断，大胆想象和富于激情等非理性方式来进行的一种战略管理模式。人的经验、直觉、激情等非理性因素，同样是影响和决定战略选择、战略实施的重要因素。对此，不少学者和专家都有相关论述，例如著名学者菲利浦·塞慈尼克所说"战略本身毫无意义，战略只对热情参与的人才有意义"，战略管理专家加里·哈梅尔说"制定新战略的机会不会出现在枯燥的分析和数字计算过程中，它们只能出现于新鲜的经验之中，只有有了这种经验才有可能产生新颖的先见之明。"②

战略管理的非理性特征在文化自觉战略中显得尤为突出。对于文化而言，

---

① 高宝立：《现代大学需要什么样的文化自觉》，《中国教育报》2007 年 9 月 29 日第 3 版。

② 转引自赵先进：《企业战略管理非理性模式的兴起》，《科技管理研究》2008 年第 4 期第 109 ~ 110 页。

"就其本质来说，人类任何群体的文化，都是复杂的、不固定的，难以用科学语言来描述的。要了解文化情景（cultural settings），必须要乐意接受这种不确定性和模糊性"①。大学文化自觉管理的模糊性主要表现为，首先，大学办学目标的不可量化性。正如伯恩鲍姆所说，"衡量企业的标准是金钱，企业的目标就是'赚取利润'"，"在很大程度上，企业组织的目标是明确的，管理是统一的"，而"高等教育组织却没有类似的标准和目标，其原因，一方面是由于高等教育的目标难以取得一致；另一方面是因为与人们的成就相关的目标的实现和实现目标的活动都不能以令人满意的方式记入'资产负债表'。"② 其次，"大学组织作为大学文化的区域主体，在国外似乎是一个"有组织的无政府状态"和"松散联结的"组织，只是其成员暂栖身之地而已，其"目标是模糊的、人员是流动的、技术是不明晰的";③ 大学作为一个特定的文化机构，其文化层次水平较高，也具有某种自由发散，而非集中统一的内在文化张力。大学组织成员分散在各自独立而互不相同的学科领域，似乎相互没有关系地、独立地我行我素，其劳动大多是松散的个体脑力劳动，而且这种劳动与本人的兴趣和爱好、事业心和成就感以及价值取向有关，尤其是教师对自己学科的忠诚超过自己效劳的组织，劳动（教学、学习和研究）的标准是模糊的，有很大的不确定性和弹性，其行为不是刚性和强性的制度所能制约的。第三，大学文化自觉管理的模糊性还表现在其实施过程中的双重性特征，即兼容了结构化工作和非结构化工作的特点。其中结构化工作一般具有清晰的目标，存在很少正确的或者令人满意的解决措施和成果，完成这种工作的方式很少，衡量成功的标准清晰明了；非结构化工作的目标模糊，存在多种正确的解决措施和令人满意的成果，有许多方式可以完成这种工作，衡量成功的标准也是模糊的④。因此，大学文化管理过程具有不确定性和含混性，即使量化一些文化管理的目标，也难以准确把握。

针对文化自觉战略的管理目标、管理对象、管理情境和实施过程都具有一定的模糊性，在战略管理上则要增加非理性方法，抓住起决定作用的关键因

① Aisenberg, N. and Harringtog, M., *Women of Academe: Outsiders in the Sacred Grove*, 1988, p. 92

② 牛维麟：《关于大学组织特点及内在关系的若干思考》，《中国高等教育》2008 年第 11 期，第 13~15 页。

③ Cohen, M. D. & March J. G. (1974). Leadership and Ambiguity: The American College President. New York: McGraw-Hill Book Co. pp. 3.

④ ［英］戴维·布坎南（David Buchanan）、安德杰·赫钦斯盖（Andrzej Huczynski）著，李丽、闫长坡等译：《组织行为学》，北京：经济管理出版社 2005 年 8 月第 1 版，第 739 页。

素，才能实现量化管理。"二八"定律揭示对事物总体结果起决定性影响的只是少量关键要素，而"木桶理论"认为少量的瓶颈因素，才是起决定性作用的。无论是关键因素，还是瓶颈因素，都是目标体系中的较少部分指标，但就足以统揽全局，也就是说可以"牵牛鼻子"。因此，管理过程中的量化指标不在于全面、细致，而在于聚焦、有效。事实上，量化关键指标是为了支持目标实现，模糊非关键性指标也是为了实现目标。大学文化自觉管理的模糊性要求，强化关键因素和终极目标，模糊琐碎指标和部门壁垒，这样更好地牵引大学成员的行为方式，促使成员的工作目标与组织目标相一致，促进成员与组织、成员与成员之间的沟通与融洽，进而整合成员资源以有效实现组织目标。从这个意义上讲，大学文化自觉管理战略的特点是，目标清晰，衡量成功的标准清晰明了，战略的实施过程（管理过程）非格式化，解决方法多样化，阶段性结构非程式化，过程内容丰富。

第四节 本章小结

战略是组织的一种发展规划，是对事物长期发展的一种谋划。组织文化既可能促进，也可能阻碍战略的实施。文化自觉战略，将文化对战略的作用从自发状态提升到自觉状态，将文化信息的分析与利用贯穿于战略管理全过程，为管理的每一个关键步骤提供战略性文化信息，以促进组织竞争优势的形成和核心竞争力的创造。其目的可能是为文化的，也可能是为非文化的。

大学文化自觉战略的管理目标、管理对象、管理情境和实施过程，具有一定的模糊性，难以用科学语言来描述。因此，在制定和实施战略的过程中，要强化关键因素和终极目标，模糊琐碎指标和部门壁垒，有效地促进大学成员认同组织目标，提高管理成效。

第十七章

我国大学文化的变迁与对策

本章从我国传统大学文化的历史变迁入手，分析了现代大学文化及其非主流文化的变迁趋势和应对策略。

第一节　我国现代大学文化的变迁历程

我国关于"大学"概念存在传统意义和现代意义上的两种界定，大学文化也同样存在传统大学文化和现代大学文化两种界定，同时还存在着传统大学文化向现代大学文化的转型争议。有学者认为，中国传统大学文化向现代大学文化转型的起点表现为对西方大学文化的接纳。例如，蔡元培先生说："晚清时期，东方出现了急剧的变化。为了维护其社会生存，不得不对教育进行变革。当时摆在我们面前的问题，是要效仿欧洲的形式，建立自己的大学。"近几年来，米靖、周志刚等学者曾专门研究现代意义上的中国大学文化的百年进程。

回顾近百年来的现代大学文化的形成与发展，可以分为以下四个阶段：

第一阶段，19 世纪 50 年代至"五四"新文化运动，我国大学文化的初步现代化。这一时期，在中外大学文化碰撞与交融的过程中，中国大学文化的发展以吸纳西方大学文化为主要特征，并且从"中体西用"的大学文化观向"学术自由、兼容并包"的大学文化观转型。19 世纪末，真正意义上的中国近代大学以公立大学、教会大学和私立大学三种方式兴起。公立大学中的著名者有 1895 年的"北洋大学堂"，1898 年的京师大学堂和 1902 年的山西大学堂。京师大学堂与北洋大学堂在大学文化上存在着明显差异。京师大学堂由于与时政关系极度紧密，其大学文化一如封建太学，与西方大学体制貌似而神离。北洋大学堂则以"西学体用"为创办原则，以美国著名哈佛、耶鲁大学为蓝图，聘请美国教育家丁家立为总教习，选聘大量外国专家担任师资，积极派遣留学生，充分地吸纳了西方大学的文化。此外，教会大学与私立大学的发展不断打破'中体西用'的文化观，不少私立大学追求中西文化融合，西方大学文化被中国进一步认同。如复旦公学，不仅与教会有深厚渊源，而且在办学中强调英文和国学并重。

民国初期，北京大学的文化转型是中国大学文化现代化的重要标志。蔡元培执掌北京大学后所进行的改革，是中国近现代大学文化发展的重要转折点。北京大学将研究高深学问，追求学理通透，促进文理渗透作为根本的文化诉求，崇尚学术自由和大学自治，营造出一种囊括大典、网罗众家、思想自由、兼容并包的文化氛围。

第二阶段，"五四"新文化运动到新中国成立前，中国现代大学文化的社会性诉求日益增强。这一时期，是中国文化由"破"到"立"的转折时期，也是中国现代大学文化被赋予"创造新社会"使命的时期，由此，大学文化中更多地包含了对"民主"与"自由"的诉求，大学的社会责任意识渐次形成。这一时期，陈独秀、李大钊、鲁迅等一批新文化运动的健将大多在大学任教，使大学成为吸纳和延续新文化的重要阵地。由于新文化运动的蓬勃发展，加快了对西方大学文化的接引，这一时期大学学术自由与自治的文化得到了不断加强，大学文化的内涵不断丰富，突出强调大学的社会责任。例如，南开大学在张伯苓校长主持下，提倡"允公"和"允能"的办学理念，力求通过教育改变当时中国贫、弱、私的局面，这种文化理念在当时极具代表性。

第三阶段，新中国成立到20世纪90年代，中国特色的社会主义大学文化不断形成与发展。新中国的成立，将多种文化背景下的旧中国大学在马克思主义的指导下统一和整合起来。"文革"前，中国大学通过深入、广泛学习前苏联教育模式，使新中国的大学文化在一定意义上被赋予了统一的文化内涵，出现了大学文化趋同现象。改革开放以来，中国大学文化与国家现代化的进程相互呼应，在面向世界、面向未来、面向现代化的方针指引下，不断发展，在文化传承与创造力方面取得了令世人瞩目的成绩①，具有中国特色的社会主义大学文化日趋形成。

第四阶段，20世纪90年代以来，中国特色的社会主义大学文化社会化和普及化。这一时期，我国高等教育尤其是高等职业教育的迅速发展，规模迅速

---

① 米靖、周志刚：《中国大学文化百年进程若干问题初探》，江苏高教，2007年第4期第22～25页。

扩大，大学从"象牙塔"走向社会的轴心位置，对社会的影响面越来越宽，影响力越来越大，大学文化对社会区域文化的影响面和影响力也越来越大，可以看出，大学文化也不再是"象牙塔"式的"大家闺秀"，而是日渐走向社会，贴近生活。这个时期，虽然还普遍存在官僚化气息、官本位思想严重、人文精神疲弱、唯科学的"科学"意识盛行、追求功利、自主意识不强、办学特色不鲜明等衰弱现象，但是在关注知识创新、知识传播、培养人才和服务社会方面正在不断完善与进步，并逐渐成为我国大学文化的主流内容。

大学对社会的影响力越来越大，并不仅是我国高等教育发展的一种独特现象，而是社会经济发展到一定阶段的一种必然现象。美国学者希尔斯研究认为现代工业化社会的特征有：国家和经济生活方面合理的行政管理，文化普及，高生活水平，耗资巨大、涉及面广的教育体制，用以培植科学和学术方面的真理，传播文化遗产的大学体系①等六个方面，其中"传播文化遗产的大学体系"、"用以培植科学和学术方面的真理"、"涉及面广的教育体制"、"文化普及"等四个方面都与大学的功能及其功能的发挥程度紧密相关。

第二节　当前大学文化的变迁趋势及建设方略

大学文化是一个动态的多维的区域性文化和群体性文化，因社会政治、经济、文化的影响，因人们教育观、人才观、质量观的不同而产生一些差异和变化。当前，面对知识经济的发展和信息化浪潮的涌动，面对推进全面素质教育和加快发展创新教育的呼声，大学文化正面临着时代性变迁。传统教育机制下形成的以浓厚学习气愤为主体的传统大学文化，正向以现代社会文化为背景的现代大学文化转移。

一、传统大学文化的局限性及其形成原因

长期以来，受传统教育思想的影响，大学尤其是高职高专院校更多地被定位于相对单一、封闭的职能范围内，被看作是"传道、授业、解惑"的专门场所，学校的物质文化、制度文化、组合文化、行为文化和精神文化等等较多地指向学习的意义、内容和方法，激发学生的学习兴趣，规范学生的学习行为，考核学生的学习成绩，形成了一种局限于学习的特殊土壤和特殊气候。

---

① Shils, E., *The Intellectual*: *Between Tradition and Modernity*, 1961, p. 91.

（一）传统大学文化的局限性

传统大学文化是传统教育价值取向下为适应和满足社会期待，学校自觉、不自觉地形成一种区域文化，其局限性主要表现在：一是重"学习"轻"成长"。学校是教书育人的组织，其一切载体和活动都应该指向学生身心的全面发展。事实上，传统大学文化的载体和活动过于集中，甚至单一地指向学习活动，忽视了学生的思想素质、身体素质、心理素质、审美素质、创新素质的培养。二是重"传承"轻"创新"。知识是使人们在改造世界的实践中所获得的认识和经验的总和，智慧是辨析、发明创造的能力。传统大学文化重视知识的传授，忽视智慧的启迪。教学实践活动中，重视知识技能的传授，忽视实践、创新能力的培养。三是重"规范"轻"个性"。传统大学文化突出制度文化建设，忽视有益的非制度文化建设，期望通过制度文化的建设，形成规矩，强化管理，忽视正面的教育、引导，不利于学生个体的全面发展。

（二）传统校园文化局限性的形成原因

大学文化的局限性的形成有自觉的因素，也有不自觉的因素；有制度的因素，也有非制度因素；有物质的因素，也有意识的因素。从社会学的角度分析，形成传统大学文化局限性的原因主要有三个方面：一为社会的导向性因素。传统大学文化，除了受"万般皆下品，唯有读书高"等封建教育思想和封建人才观的影响，还受教育制度的指挥功能和人才市场的调节功能的影响，尤其是20世纪八九十年代随着"高考热"和社会"追求高学历热"的不断升温。二为学校的趋向性因素。学校是受社会委托，按照一定的目的和计划进行教育活动的组织，势必会迎合政策指令和价值导向。学校组织者期待一种浓厚的学习气氛，并从制度建设、思想教育、环境构建等方面入手，逐步形成以学习为主体内容的传统文化。三为学生认同性因素。教师是教育教学活动的主导，学生是主体，相对于社会教育而言，他们又都是社会教育的客体，教师和学生为了较好地完成教与学的任务，主观意义上会自觉或不自觉地认同社会教育价值导向，认同学校的制度文化，营造浓厚的学习气氛的传统大学文化。

二、现代大学文化建设的思考

（一）现代大学文化的特征

现代大学文化是以现代社会文化为背景，以现代教育观为支撑，以现代教育机制为基础，在现代教育实践活动中日趋形成，适应和推动现代教育发展的大学文化。其核心是现代教育质量观，中间层是现代大学制度性文化（包括制度文化和非制度文化），最外层是现代校园物质文化、师生行为文化等。现代大学文化的特点主要有：

1. 开放、常新型的思维观念。在改革已成为一个全球性发展主题的环境下，人们会自觉或不自觉地消除和改变与现代社会发展不相符合的落后观念，逐步形成开放型、常新型的思维观念。大学作为社会环境的一个子系统，必然会融入和反映社会的时代观念和时代精神。支撑大学文化的思想观念会由传统的单一封闭型向现代开放型、常新型转变。开放型表现为大学文化与社会文化、时代精神之间趋向于全面融合，人们觉得教育思想、人才观念等与社会期待和时代需求相符合。常新型表现为支撑现代大学文化观念，随着时间、空间的变迁，会不断更新，不断完善，一方面适应时代发展的需要，一方面感染影响一个时代。现代大学文化观念有三个主要特点：一是兼容性。大学允许多元化、个性化思想观念的存在，并且逐步整合、构建成为现代大学文化观念的一个重要特征。二是竞争性。社会主义市场经济体制下大学生的竞争意识将成为现代大学文化观念的一个重要特征。三是创新性。随着科技、经济日新月异的飞速变化，创新教育成为21世纪教育发展的主题，现代大学必将日趋形成浓郁的创新氛围，创新教育和创业教育已经成为当前大学教育的一个重要主题和取向。

2. 多维、和谐型的文化内涵。现代大学文化内涵的多维、和谐型主要表现为：现代文化与传统文化相互融合，中西文化相互贯通，物质文化与精神文化相互促进，个体文化与群体文化相互统一等等。现代大学文化内涵的多维、和谐型的最大特征表现为科学精神与人文精神之间的并重、相融和互动。现代教育需要培养学生的全面素质和创造精神，真正的创造精神需要个体具备良好的全面素质。科学精神是一种求真、求是的精神，侧重于解决对客观世界及其规律的认识问题。科学精神是创造精神的基础，人文精神是创造精神的源泉。现代大学文化中，科学精神与人文精神只有相互渗透、相互协调、相互融合、互为一体，才能适应全面推进素质教育的发展需要。

3. 民主、竞争型的组织机制。随着学校内部管理机制改革的不断深入，学校的组织机构将会突破传统的异质性结构、权威性结构和层次性结构，逐步趋向民主型竞争型机制，促进个性发展，推进全面素质教育。民主、竞争型组织机制在大学文化中主要表现为以下两个特点：首先是师生之间的关系有等级性向群属性转变。现代教育观、质量观和人才观会促使个体目标与教师培养目标趋向一致，师生之间由支配、服从型关系逐渐转化为民主、融合型关系，产生共同的群属感。其次是管理机制由多层次结构向多元化结构转变。传统的多层次结构使权利集中、等级森严，依靠规范实现进步。现代多元化结构在合理利用机制（包括机构和制度）的正式权威的基础上，强调非正式组织的非正式权威，强化学生组织机构的自主职能，通过自强竞争实现进步。

4. 网络信息化的文化载体。大学文化载体是反映校园文明程度和教育现代化程度的重要标志，现代大学文化的繁荣需要文化载体的现代化。随着教育现代化工程的不断推进，大学文化设备的更新、文化场所的健全、文化环境的完善为现代校园文化创造了物质基础。现代大学文化的载体主要有以下三个特点：首先是大学文化组织的网络化。现代大学的组织队伍将逐步健全，形成以党组织为核心，学生组织为主体，校内校外相结合的全校性、社区性的组织网络。其次是大学文化载体的现代化。随着科技的迅速发展，现代信息、电子通讯工具已经走进学生的学习和生活，电子阅览室、多媒体教育等现代化设施和通讯设备已经成为校园文化的重要载体。第三是大学管理手段的信息化。计算机不仅被作为一个教学工具，更重要的被作为一个管理工具。随着以校园局域网为主的各类校园信息网络、管理网络的建立，学校教学、管理的自动化、信息话、程度不断提高。

（二）现代大学文化建设的基本方略

现代大学文化有自发的成份，但并不能完全自发形成，而应重在建设。建设现代大学文化是一项复杂的系统工程，要宏观规划，微观着手，分步建设，整体优化。现代大学文化建设在基础建设、常规建设等方面与传统的大学文化建设有一些共性，但不同时期的大学文化建设有不同的侧重。现代大学文化建设应从现代校园文化的体系、内容和功能三个方面入手，加快建设。

首先，要根据现代社会主义文化的新内涵，建立现代大学文化的新概念和新体系。现代大学文化应根据中国特色社会主义文化的本质和特征，建立现代大学文化的新概念和新体系。由于现代社会主义经济、政治的影响，构建现代大学文化的因素错综复杂，这些复杂因素之间是一个纵横交错的主体网状关系。从横向角度看，现代社会文化具有它的各个子系统，如现代科学、道德、教育、艺术等等；从横向角度看，现代社会文化具有深浅的层面，有物质层面（文化的浅层）、制度层面（文化的中层）、心理层面（文化的深层）；从文化活动的载体与客体看，现代文化的主、客体具有兼有性和双重性。由于文化内部因产生于不同因素之间的种种矛盾运动，因此现代大学文化氛围新概念和新体系的建立，还需要有一个不断建设、不断更新、不断优化的过程。

其次，要加强现代大学文化中非主流文化的建设和控制。校园文化中的非主流文化是指社会期待之外的文化。从文化主体来看，有教师非主流文化和学生非主流文化。从文化与社会期待的关系来看，有与社会期待相不存在冲突的非主流文化，也有与社会期待相违背的反主流文化。相对于传统大学文化而言，现代大学文化的一个重要特征就是非正式权威不断强化，非正式权威来自于非正式组织和非主流文化。要想充分发挥校园内非正式权威的有益影响，促进学生个性发展与全面成长，必须加强现代校园文化中非主流文化的建设和控制，建立有利于现代人才培养的良好的非主流文化（本章下一节将具体阐述大学非主流文化的变迁与对策）。

第三，加强现代大学文化对社会文化的能动作用。随着教育事业不断融入社会、融入市场，教育体制将逐渐和社会体制接轨，教育将在更大范围、甚至于全方位地参与全社会的竞争与合作。在这样一个深层次融合、高强度竞争的大背景下，现代大学文化除了要接受影响，积极适应，更重要的是要在批判吸收的基础上，以"我"为主，扬长避短，开拓创新，以现代大学的优质文化和特色文化应对社会文化的变化，发挥学校特有的社会功能，加强大学文化对社会文化的能动作用和导向作用，为建设科学的、大众的、健康的社会文化发挥主动作用，促进现代社会主义精神文明建设。发挥大学文化对社会文化的能动作用，本身也是对大学文化的一种锤炼和提高，是加快现代大学文化建设的一条有效途径。

第三节　大学非主流文化的变迁与对策

在国际形势呈现出多极化的态势下，社会环境的复杂性和多样性大大增加，经济体制和社会结构的变革，多元化利益格局的产生和变化，外来文化的影响，引起了社会文化深层次的变化。大学，作为社会的特殊组成部分，既担负着培养高层次人才和科研的任务，又是社会主义精神文明建设的重要阵地。大学文化，作为社会文化的亚文化，随着社会文化的变迁以及自身的发展变化，发生着一些内在和表层的变迁。目前，在大学文化的研究方面，更多地是侧重于对主流文化的研究。

本节主要从非主流文化的视角，研究其变迁与对策，从充分发挥非主流文化的积极因素和加强改造其消极因素的角度，思考和探索如何积极营造有利于培养主体健康成长的文化环境。所谓非主流文化，指学校文化中社会要求和期待之外的文化。主要包括两种成分：一种是，虽然没有社会的根据，但也并不与社会期待发生冲突的文化，即狭义的"非主流文化"。另一种则是与社会要求和期待相违背的文化，即"反主流文化"。本节所述非主流文化，包括这两种成份。因为社会所要求和期待的标准与内容是不断变化的，同一个社会，在不同的时期，对大学文化的期待也不相同，所以在大学文化中主流成份与非主流文化的区分不是一成不变的。

一、非主流文化的特征及其影响

（一）非主流文化的一般特征

作为大学文化的重要组成部分，非主流文化具有大学文化的社会性、伴生性和现实性。社会性表现为，非主流文化往往因为社会的体制改革，生产力水平、意识形态、价值观念以及社会文化因素的改变，而发生深层次的变化。伴生性表现为，随着时代的发展、社会的变革和外界的冲击，学校成员（主要指学生）的客观需求和主观愿望发生变化，非主流文化会伴生新的内容。现实性表现为，非主流文化伴随外界客观变化产生，进而适应社会某些阶层或群体的要求，与社会现实文化有着广泛的、深层的交融。

非主流文化有别于主流文化的主要个性特征有文化来源的非组织性、功能的非强制性和发展的不平衡性。来源的非组织性表现为，一般情况下，非主流文化不是由学校外部社会预先规定的，也不是来自学校的组织管理机制，而是在学校成员内部自发形成的，是一种"内在的文化"，缺少组织和计划。功能的非强制性表现为，非主流文化对学校部分成员的作用和影响是自发的、内在的，是一种自觉的"功能文化"，不需要强制组织和强制措施。发展的不平衡性表现为，非主流文化的形成和发展是一个由低级到高级、由简单到复杂的过程，是不平衡、不稳定的，其发展一般有三种情况：第一，与社会的要求和期待不相冲突，并被社会所接受或认可，则有可能转变为主流文化；第二，与社会的要求和期待相背，则被社会所遏制和局限；第三，既不与社会的要求和期待相背，也不被社会明确认可，继续自发地发展。

（二）非主流文化的存在与影响

大学文化不可能只是社会期待的翻版，总要或多或少地混杂一些不符合或违背社会期待的成分。因此，大学非主流文化的存在是必然的，是不可避免的。原因有三：其一，社会的期待本身与学校成员的期待总会存在一些差异或矛盾。其二，学校成员，尤其是学生不能完全准确把握社会的要求与期待的标准。其三，学校成员的个性因素，学生处于好奇，更容易接受新生或相异的信息，相对于其他层次的教育而言，这一原因在高校显得较为突出。这也是非主流文化容易受社会文化影响的因素之一。其四，非本土文化的渗入和影响，在经济全球化的当今社会，这是一个想发展、想进步的国家和高校都不能避免的因素。

如果说大学文化是一种环境，那么非主流文化好比自然生态环境，在培养学生知、情、意、行的过程中起到了潜移默化的作用，对学校成员的言行以及学校的教育活动产生深层次的影响。非主流文化的产生是学校成员进行文化选择的结果。在形式上，非主流文化对学校成员的影响和作用是直接的、内在的、自发的；在性质上，非主流文化对学校成员的影响有正面的，也有负面的，这主要取决于非主流文化内容的属性和学校成员的选择。

（三）非主流文化，直接面对社会文化变迁的冲击

通过对大学文化中主流文化与非主流文化的比较分析，不难看出大学非主流文化是外界社会文化影响和冲击学校文化的主要板块。原因有三：第一，大学文化中的非主流成分与外界社会的接触面相对于主流文化而言更为广泛，更为随机。第二，非主流文化的产生带有选择主体较强的主观性，受外界影响而引起变化的可能性较大。第三，高等教育相对于其他层次的教育而言，培养主体有着更大程度的独立性和自主性，思想活跃，容易接受新信息。因此，大学非主流文化是高校变化中最明显、最深刻、最广泛的文化区域。如果说主流文化的变迁，带有一定的组织性和计划性，有一定的可预见性，那么非主流文化的变迁则是多维的、随机的、不可控的，有较大的研究空间。

二、当前大学非主流文化的变迁趋势

非主流文化的变化十分复杂、多变和难控，不管是内容、形式，还是其实质变化，都具有不稳定性、不平衡性和不可控性。除了国际间有组织、有意识的影响渗透，一般变化是自发的，随机的，因时、因地、因人、因势而变。这里主要从宏观角度分析高校非主流文化变迁的总体趋势。

（一）地位由边缘带趋向重心圈

非主流文化在大学文化中的地位和作用一直是次要的、不受重视的。尤其在改革开放以前，我国长期处在计划经济的模式之下，高等教育作为一个特殊领域，在相当长一段时间内仍然是依靠计划经济体制的调控。因此，长期以来，主流文化在高校文化中，占很大比重。非主流文化所占的份额很小，对学校文化的影响和作用也十分有限。随着高校招生就业制度的改革，高校的开放

程度越来越高，开放区域越来越广，非主流文化的信息来源越来越多，在学校文化中所占比重不断加大，由学校文化的边缘逐渐向具有重要影响力的重心圈靠拢和转移，成为影响学生成长的重要因素之一，与学校成员的学习、生活息息相关。

（二）体系由封闭趋向开放

进入信息社会，人与知识、人与社会的关系发生了变化，信息来源的渠道趋向多方面、分散化、超时空，信息接受体趋向个性化、实用化、自主化。高校非主流文化的信息渠道趋向多元化，信息变化由线形刺激扩展到全方位刺激。大学文化面对的是日益膨胀和快速传播的信息，是自由度和灵活度显著增强的文化空间。这种环境下形成的非主流文化体系只能是开放式的大系统。目前，随着我国高等教育的不断开放，大学非主流文化的体系正朝着开放型发展。当然，这种开放型是有度、有控制的开放。因为高等教育是一项本土性的战略性事业，过分的，无控制的放开，将会影响民族的凝聚力和国家的稳定发展。

（三）内容由单元趋向多元

随着我国改革开放和高等教育体制改革的不断深入，加之网络的产生和广泛利用，中国融入经济全球化的步伐不断加快，非主流文化的信息来源和信息渠道发生巨大变化，数量上大幅度增多，所产生和形成的大学非主流文化的形式和内容越来越丰富。目前，大学非主流文化在内容上主要包括创新求异、倾向未来、异国（异域）文化等等，相对于社会主流文化而言，具有较强的先锋性和超前性。

（四）结构由排斥趋向并存

大学文化成分的并存性不仅仅表现为主流文化与非主流文化的并存，而且还表现为主流文化之间的并存。在过去相对封闭的计划经济管理体制下，大学管理者一般只允许主流文化的存在和发展，并通过行政管理、思想教育等手段，遏制那些与主流文化不相一致的非主流文化的存在。即使是非主流文化与主流文化之间，由于性质、形式或内容的不同，往往是相互攻击，相互排斥和遏制。在社会整体开放程度大大提高的新背景下，管理者也往往立足主流文化，以审视的目光和批判的态度正确对待非主流文化，主流文化与非主流文化在排斥中并存。目前，主流文化与非主流文化之间、非主流文化自身之间也日趋形成多元并存的格局。虽然非主流文化之间本身存在着一些差异和分歧，甚至在主要思想和观念方面是相违背、相抵触的，并且存在着排斥和竞争，但它们的排斥和竞争主要不是为了遏制，而是为了发展。因此，总体而言，目前大学文化的结构是一个多元并存的结构。多元并存的格局对非主流文化的影响既有负面的，也有正面的。正面影响就是实现非主流文化自身的优胜劣汰，提升非主流文化的品位，促进非主流文化的良性发展；负面的影响就是增强了非主流文化的不可控制性。

（五）载体由实体趋向虚拟

大学文化中的课桌文化、墙面文化、厕所文化、宿舍文化等等，其内容往往以非主流文化为主，而橱窗文化、宣传板牌文化、黑板报文化等等，往往以主流文化内容为主。它们的载体都是客观实物。20 世纪 80 年代以后，随着互联网、信息高速公路的兴起①，信息载体越来越多地由实物载体变为虚拟载体。所谓虚拟性，指其存在状态是无形的。高校非主流文化在网络上可以通过电子邮件、电子杂志、电子报纸、共享软件、流行音乐以及视影拷贝等等进行传播。虚拟性载体主要有四个特点：一是数字化，所有文化信息都可以进行数字化处理，低成本、易传播、高保真、利于再创造；二是网络化，打破传统时空，把距离和时间缩小成为零，"天涯若比邻"；三是高速化，具有极高的传输速度；四是海量化，具有巨大的存储能力和处理能力，为信息洪流提供必要的快速通道。高校非主流文化载体的虚拟化，是造成非主流文化信息来源剧增，信息内容巨变的直接因素。

（六）管理由控制趋向引导

对于大学非主流文化的管理，应该解放思想，更新观念，从控制理论向引导理论转变。原因有：第一，在信息来源复杂、形式多样、内容繁乱、易变难控的新趋势下，非主流文化的可控性很小，只有通过引导，一方面引导非主流文化的变迁方向，另一方面有意识地引导学校成员树立正确的文化观，明辨是非，选择有积极意义的非主流文化。第二，人类文明的进步有赖于一个多元社会的存在，有赖于不同文化类型的不断碰撞、交流与融合。应该以开放的心态理解、包容各种非主流文化的存在，并予以必要的引导。

三、应对非主流文化变迁的积极策略

（一）解放思想，更新观念，树立应对非主流文化的科学态度

面对非主流文化的变化和影响，作为高校教育工作者要改变以往审视和批

---

① 谢海光：《互联网与思想政治工作概论》，上海：复旦大学出版社，2000 年第 53～111 页。

判非主流文化的视角，以科学的态度和辨证的方法对待非主流文化。

当前，社会文化的结构趋向开放式，内容趋向多元化，功能趋向综合化，区域文化将不可能完全、单一地局限与某一个区域，而是一个以广阔的社会文化为背景，并与之相交融的多元化主体、多样化形式、不同性质影响的亚文化。要从大学生成长发展的实际需求出发，尊重学生的正确需求，努力为学生的健康成长创造条件，是做好工作的关键所在。对于高校学生的文化选择，要彻底改变带有强制性的灌输模式，加强思想沟通和正面引导，以内因优化，促进学生提高文化鉴赏力，从而自觉地选择和接受优秀文化。

（二）坚持先进的文化方向，确立科学的指导思想

大学是社会主义精神文明建设的重要阵地。大学非主流文化的变化反映了世界科技、经济迅速发展对社会文化提出的新的要求。从一定程度上讲，中国特色社会主义精神文明决定了大学应对非主流文化变迁的水平。坚持先进文化的前进方向，建设有中国特色社会主义文化是我党在思想上、精神上、文化上的一面旗帜。在大学非主流文化迅速发展的历史时期，大学要以马列主义、毛泽东思想和邓小平理论为指导，积极发展先进性和广泛性，坚决防止和抵制腐朽文化和种种错误思想观念对青年学生的侵蚀，努力营造符合先进文化前进方向要求的良好文化氛围，使高校成为精神文明建设和发展先进文化的示范区。

（三）弘扬大学精神，加强人文教育，促进高校文化健康发展

1. 弘扬大学的基本精神，建设好学生的精神家园。大学的精神，是大学发展中积淀的创造性的精髓与灵魂，吸取了发展历程中优秀的主流文化成果和非主流文化的优秀成份，既承袭了传统，又随着时代的变化而体现出鲜明的时代特色。当前，我国大学的基本精神主要体现为自由精神、科学精神、民主精神和创新精神[1]。大学的自由精神，主要体现在学术上，包括学术研究的自由、学习的自由，与非主流文化中一般意义上的自由有着质的区别，这里并不意味着不受规范的制约，而是遵循着一定的规律和要求，自由而不逾矩地发展着。大学的民主精神是追求校园民主与社会民主进步的精神，倡导在真理面前、学术面前人人平等，以理智为基石，以法治为基础，充分发展学生的能力与个性。大学的科学精神是人文精神与科学精神相统一的大科学精神，倡导人文与科学相融，道德与智慧同尊，促使大学注重文化的保存、整理、选择、

---

① 肖海涛：《大学何以为"大"》，《江苏高教》，2001 年第 2 期第 21～24 页。

传递和更新，使大学成为时代文明的创造者，使大学文化成为社会的良知和向导所在。大学的创新精神，是大学的精神内涵，是主导大学文化健康发展的中流砥柱，是新时期抵御不健康非主流文化侵占和渗入的内在的有效动力。

2. 进一步加强大学生文化素质教育。文化素质教育是加强素质教育的重要基础。清华大学的一位主管校长曾提出要建设世界一流大学，就应该有一流的人文教育①。可见，文化素质教育具有十分重要的意义。第一，加强大学生文化素质教育，有利于全面贯彻落实党的方针，弥补我国高校人才培养工作中存在的不足，符合我国高等教育改革发展趋势。第二，加强文化素质教育，对于我国高等教育思想和观念的改革，对于增强高校学生对不健康非主流文化的"免疫"功能，有着异乎寻常的作用。第三，加强文化素质教育，有利于引导学生树立正确的意识形态。对于任何一个组织来说，正确的意识形态不仅能够发挥让组织成员认同现行制度结构的功能，起到维护组织稳定的作用，而且还能够作为一种准则帮助组织在现实社会生活中做出正确的价值判断。

（四）创新高校文化工作方法，引导学生正确选择文化内容

1. 在信息教育网络，增强"先发制人"的主动意识。信息网络，是一个开放、竞争的平台，谁抢先抓住时机和阵地，谁就把握教育的主动权。在信息教育的平台上，要树立大教育观念，从"高校——学生"走向"高校——学生——社会"，展开全面的、全方位的、覆盖校园内外的教育活动。具体措施：首先，要主动抢占网络宣传阵地，建立具有中国特色的社会主流文化网上宣传体系，"先发制人"，积极、主动地抵制不健康文化的"侵入"；其次，要主动了解"网"情，高校主管者、高校教师尤其是高校学生管理工作者和"两课"教师要关注网络，在"知情"的基础上，才能采取针对性的对策，以社会主义文化的建设来抵御不正确的非主流文化的灌输和渗透；第三，要加强网上宣传教育的内涵建设，以马克思主义的原理为基础，以中国特色的社会主义理论为重点，以"两课"教学内容为主要内容，充分利用网络平台，扩大社会主义精神文化的教育宣传。

2. 充分发挥正面教育和多方渗透的整体性功能，提高学生的自律能力。

---

① 周远清：《关于高等教育思想观念改革的再思考》，《中国高等教育》，2002 年第 8 期第 3 ~ 5 页。

对西方意识形态、思维方式和生活方式的渗透和影响，高校学生是这类非主流文化的波及中心，学校要以学生为中心，采取有效措施，培养大学生自我发展、自我约束、自觉成才的意识和能力，不仅对大学生的健康成长有利，而且对全社会具有重要的影响和辐射作用。因为，大学是传播、发展知识和先进文化的重要阵地，在社会文化建设中有着十分独特的重要作用。为此，首先，应加强政治教育。引导学生正确看待人生、看待世界，看待人与自然、人与社会，树立正确的价值观。这直接关系到大学生对非主流文化的选择。其次，应加强政治教育。面对外来文化带来的不良冲击和影响，面对敌对势力的政治、宗教、腐朽思想的渗透，要加强对学生的政治教育，进一步增强高校学生的政治敏感性、政治鉴别力和政治责任感。再次，应加强道德教育。以西方不健康的意识形态和价值为主的一些非主流文化是引起我国社会一些领域和一些地方道德失范的主要原因之一。学校要以社会主义道德规范为纲，结合所学专业和就业趋向，加强大学生的职业道德教育。与此同时，还应加强法制教育。加强对大学生的法律知识教育，增强大学生的法制观念和社会责任感，提高大学生自律意识和自控能力，促使大学生更加正确、更加谨慎地选择大学主流文化以外的文化影响，有效控制非主流文化对高校学生的不良影响。

3. 坚持教育引导与自主选择相结合。西方道德教育理论界有人意识到"在我们这个多元化社会里，尽管这种较为古老的直接的灌输方法是无效的，然而，任何道德上放任的企图也没有取得更好的结果"，"道德教育所面临的问题和挑战是要寻找一条中间路线，它既不强迫年轻人接受一套道德规则，也不给他们这样一种印象，即作为决定完全是一件个人主张或想入非非的事情"①。这条"中间路线"应该是管理、引导与自主选择相结合的一条路。对于大学非主流文化的变迁，也应当走这条中间路线。

对非主流文化的管理引导原则，有利于学生系统地掌握正确的文化观、道德观和价值观，明辨是非、善恶。选择自主化原则，优点是尊重学生的主体性和创新性，注重个人需求的满足，有利于个性发展，缺点是忽视学校、教师在学生文化选择中的主导作用，容易使学生陷入文化迷惘。这两种原则具有很强的互动性，坚持管理引导与自主选择有机结合，是更高起点上的正确回归，有利于帮助学生提高认识、分析、判断文化的能力和文化选择能力。坚持管理引

①　徐辉：《大学生道德能力培养的探索》，北京：教育研究，2002年第2期第41～44页。

导与自主选择相结合的原则，要注意以下几点：第一，要正确把握当前社会主义教育期待与当代大学生主观发展需求之间的差异，寻找最佳的结合点和切入点；第二，要以自主选择为主题，以管理引导为手段，注重内化，避免空洞无味的说教；第三，始终以培养提高校成员的文化判断力和文化修养为出发点和落脚点，实事求是，扎实有效地进行管理引导。

（五）积极、充分地挖掘和利用非主流文化中的育人因素

高校文化工作者要解放思想，更新观念，创新工作思路，从不同角度、不同方位，挖掘和利用非主流文化的育人因素。可从以下几个方面入手：第一，充分利用非主流文化中直接的教育意义。有的非主流文化本身就具有直接的教育意义，有的非主流文化中的部分内容具有教育意义，对于非主流文化中直接明了的育人因素，高校教育工作者要十分注重并充分利用。第二，积极挖掘非主流文化中隐含的教育意义。有一些非主流文化或非主流文化中的有些内容表面上给学校教育者和受教育者的直接印象是没有积极的教育意义，需要人们去发现和挖掘。对此，各个高校在实际工作中是"仁者见仁，智者见智"，各有所长。第三，换位思维，精心"改变"，变不利为有利。有些非主流文化内容的直接影响是明显的负面影响，但经过换位思考，变消极为积极，可以产生积极影响和正面教育的意义，在学生成长过程中所产生的作用和影响更为深刻。例如，"逃学"现象是学校和教师十分讨厌的现象，与之相关的文化属于不具备积极意义的非主流文化。但是，美国加州理工学院设立一年一度的"逃学日"，却是学生们大显身手的好机会。毕业班的学生想尽办法封锁自己的宿舍，只留下蛛丝马迹，暗示怎样开门，然后集体逃学。留下来的低年级学生用一天的时间寻求进入毕业班宿舍，分享战利品的方法。这样的非主流文化已经成为目前加州理工学院校园文化不可或缺的一部分，大学生在充分享受到自由带来的无与伦比的乐趣的同时，敢于想他人之未想，做他人之未做。这种精神的不断生成，不断扩大，又反过来刺激学生无穷的想象力，使学生从中获得启发，甚至是创造的灵感。第四，对于非主流文化的不良影响，高校教育工作者要及时、主动并有针对性地引导学生正确认识其危害性，提高学生的自我判断能力，引导学生正确地选择文化内容，自觉地健康成长。

大学非主流文化是高校文化的重要组成部分，在多元化文化并存、突出竞争意识和个性发展的大文化背景下，当前我国大学非主流文化在内涵、形式、作用地位方面发生着宽范畴、深层次的变化，正朝着多元化、多变的方向变迁，对21世纪大学文化的建设有着十分重要的意义，也有利于我国高

层次人才个性品质、知识结构和综合素质的优化和社会主义文化的建设发展。

第四节　多元文化中的大学文化建设策略

人类同处一个星球，有着同样的生理结构和精神潜能，面对越来越趋同的物质生存环境，尤其是大学成员作为全球化信息的敏感性和易接受性的群体，有着越来越"现代"并趋同的物质需要和精神追求。全球多元文化的交流与碰撞，是一把"双刃剑"，既对全球文明的进步有益，同时又将严重地影响着文化的多样性。文化非多样性地发展，是一种残疾地发展。正如法国著名哲学家雅克·德里达走在现代气息十分浓厚的上海街头时说，自己仿佛置身于巴黎和伦敦。这不能理解为褒奖，而只能理解为一种善意的文化警告①。

全球化过程中，不管是大学主流文化，还是非主流文化的变迁，都处于一个多元化的环境之中。大学文化如何确立对世界文化的感知、如何思考自身文化的价值、如何在全球化的文化中再现自己，这是一所大学必须考量的问题。

一、多元文化中本体文化建设的战略措施

（一）要增强本体文化的主体意识

以人类文明为背景的文化，就像人的眼睛一样，都具有世界上独一无二的，以民族、地域、种群、历史等为分界线的本质属性。每个人的眼睛都是不同的；同样，每一种文化也是不同的。② 文化因为民族背景和机构背景的不同而有相当大的差别。传统文化、本土文化更多是一种民族文化（national culture）的体现。所谓民族文化，是一个国家的居民共有的价值观，这些价值观塑造了他们的行为以及他们看待世界的方式。鲁巴特卡恩③等人研究认为，不管是管理者，还是被管理者，都会将他们原有的文化背景和思想意识带入工作

---

① 李平：《人文教师的国际远足》，《中国教育报》2005 年 6 月 2 日第 7 版。

② 米子川：《开明时代的文化盛宴》，申维辰主编：《评价文化——文化资源评估与文化产业评价研究》，太原：山西教育出版社 2004 年 7 月第 1 版第 185 页。

③ Lubatkin, M., Calori, R., Very, P. and Veiga, J., 1998, 'Managing mergers across borders: a two-nation explanation of a nationally bound administrative heritage', *Organizational Science*, Vol. 9, No. 6, pp. 670 ~ 684.

场合。还有研究表明，民族文化对成员的影响要大于组织文化的影响。因此，多元文化背景下，尤其是在与强势文化的交流中，既不能文化自卑，也不能文化自负，要保持本体文化的主体性。如果在文化意识上丧失了主体性，那么利益掠夺就畅行无阻。相反，只要还存在这种文化主体意识，那么，自身的经济利益和文化样式自然就会得到坚定维护。

（二）要提高本体文化的自主能力

文化领域内部秉承相对的自主逻辑，不同阶层中的文化生产者争夺文化正当性，并维护文化生产场相对于社会空间的政治、经济势力的自主权力。不同区域的文化在交流过程中，也不可能是中性地、平等地扩散与交流，强势主体往往会将自己的意识形态强加于弱势主体。巴克（Martin Barker）提出"文化帝国主义"观念，认为帝国主义国家控制他国的过程，是文化先行，由帝国主义国家向他国输出支持帝国主义关系的文化形式，然后完成帝国的支配状态①。文化的全球化是不应回避的，也是不能回避的；而文化的自主权则是不能忘却的，也是不应忘却的。"文化自主性"是一个道德与政治上的原则。所谓文化自主，史密斯（Anthony Smith）提出"就是氏族社群的'代表'能够完全掌握其文化生活的每一个面向，尤其是教育、报界、大众媒介及法庭。"②文化自主是说一个文化应有权利"自我规范"（self-legeislation），并且它不应该受到他律的控制。所谓他律的控制，就是由外而内的操纵或控制某个文化。事实上，文化的自律容易受到他律的侵蚀，这是任何文化生产场中都存在的威胁。因此说，文化自主关键不仅在于要有文化自主的权利，更重要的是要有文化自主的能力。任何一种本体文化在文化交流中，都要反对形形色色的文化中心主义、文化霸权主义，努力保持、创造自己文化的特色，为全球文化生态平衡作出贡献。

（三）要战略性、有理智、有选择地吸纳外来文化

如何吸收外来思想文化中的精华，毛泽东在《新民主主义论》中提出对待一切外国思想文化的根本性原则："中国应该大量吸收外国的进步文化，作为自己文化食粮的原料，这种工作过去还做得不够。这不但是当前的社会主义文化和新民主主义文化，还有外国的古代文化，例如各类资本主义国家启蒙时

① Martin Barker, 1989, Comics, Manchester University Press, p. 292.

② ［英］汤林森（John Tomlinson）著，冯建三译：《文化帝国主义》（原书名：Cultural Imperialism：a Critical Introduction），上海：上海人民出版社 1999 年 1 月第 185 页。

代的文化，凡属我们今天用得着的东西，都应该吸收。但是一切外国的东西，如同我们对于食物一样，必须经过自己的口腔咀嚼和胃肠运动，送进唾液胃液肠液，把它分解为精华和糟粕两部分，然后排泄其糟粕，吸取其精华，才能对我们的身体有益，决不能生吞活剥地毫无批判地吸收。"①

二、多元文化中的大学文化建设思考

文化的本质特点是多样性。文化的魅力取决于多样性，文化的可持续发展也取决于多样性。承认新生文化，接受文化的多样性，对不同国家、不同民族的文化采取尊重、包容、鉴赏、吸纳的态度，这本身就是一种优秀的文化表现。詹姆逊（F. Jameson）提出"文化——民族主义"，认为不是采取排斥和否定的逻辑，而是战略性地吸引外来的文化和技术使之成为本土的东西②。多元化语境中，文化开放体现为不同文化之间的互相影响、互相借鉴、互相补充、互相渗透。关于不同文化之间的相互借鉴，我国历史上是存在争议的。19世纪上半叶张之洞等人提出"中学为体，西学为用"的文化选择模式，但是严复等人认为应该"体用合一"，其理由是若牛之体有负重的用处，马之体有致远的作用，不能以牛为体，以马为用，同理，中学的体用一气呵成，西学的体用自成体系，相安无事则并肩而立，强行合并则同归于尽。虽然存在争议，但是主流思想还是坚持从自我的实际出发，坚持以我为主，为我所用，辩证取舍，择善而从，积极吸收借鉴国外文化发展的有益成果，更好地推动本体文化的发展繁荣。蔡元培在北京大学任校长时，就积极主张吸收外国先进的科学文化，把文化吸纳过程归纳为四点：一要"择善"，二要"消化"，三要"能保我性"，四要"更进之发展"，通俗地讲就是对中西文化要兼收并蓄，择善而从，融会贯通，创造新义。1920 年蔡元培赴欧考察，"北大同仁为之饯行，席间讲话，多半以为蔡先生此行，丁东西洋文化之沟通关系颇大，蔡先生可以将中国文化之优越者介绍给西方去，将西方文化之优越性带回到中国来"③。

有学者认为，文化的发展程度愈为优秀，则所谓自然的环境对于文化的影响的程度也愈为减少。大学要从理论上肩负起引领社会文化潮流朝着合乎人类理性的方向发展的使命。"先有哈佛，后有美利坚合众国"、"没有北大，中国

---

① 《毛泽东选集》第 2 卷，中共中央文献研究室编，人民出版社 1993 年 12 月第 1 版。
② 王逢振：《全球化和民族主义》，《外国文学动态》1998 年第 3 期。
③ 梁漱溟：《自述》，《梁漱溟全集》第 1 卷，山东人民出版社 2005 年 5 月，第 383～392 页。

近现代的历史就要改写",就是典型的例证。为此,大学文化在与社会文化及其它区域文化之间的非生态博弈之中,要保持独立的文化品质,才能引领社会文化发展。大学作为特殊的文化组织,传承文化、创新文化、文化育人和服务社会,是大学的基本职能。从英国纽曼崇尚人文、注重理性的大学理想,到德国洪堡教学与研究相统一的办学思想,再到美国康乃尔大学、威斯康星州立大学提出的为社会服务的创新精神,使大学融入社会,与社会的关系越来越密切①。大学在与社会密切程度不断加深的过程中,要肩负应有的文化使命,必须坚持多样性的统一,充分尊重大学文化丰富多样的特性,做到既要保持各种文化的相对独立性,使各种文化自由发展,又使各种文化有利于共同的价值目标和理想追求。既要坚持核心价值体系的一以贯之,又要珍惜学校文化传统,注重学校历史文化资源的挖掘整理,还要在学校文化中及时融入时代精神,汲取多元文化的智慧②,从而实现向内自省,向外开放,加强与多元文化平等的交往、合作、互利、共享和综合创新的文化自觉,构建多元并存、平等相处、自主发展、心情舒畅、催人奋进的大学文化。因此说,多元文化环境中,大学管理者需要有两方面的根基:一是中国文化的根,教育家必须有中国文化的底蕴,坚持中华优秀文化的精神,如在教育上应该"学为人师,行为师范"、"教学相长",重视人格素养,以自己的道德文章教化学生。二是国际文化的视野,教育家要有开放的心态,吸收世界一切优秀文化成果和先进教育经验,讲民主、讲科学、尊重学生,重视学生的个性发展③。

第五节　本章小结

20世纪50年代以来,我国大学文化开始了朝向现代化发生一些变化,主要表现为开放、常新型的思维观念,多维、和谐型的文化内涵,民主、竞争型的组织机制,网络信息化的文化载体等等;非主流文化的地位由边缘带趋向重心圈,体系由封闭趋向开放,内容由单元趋向多元,结构由排斥趋向并存,载体由实体趋向虚拟,管理由控制趋向引导。多元文化环境中,大学文化要增强

---

① 赵存生:《世界文化走向与大学的使命》,《中国教育报》2007年11月12日第5版。

② 郑树山:《大学管理者肩负引领和谐文化建设重任》,《中国教育报》2007年11月12日第5版。

③ 《教育家离我们并不遥远——访中国教育学会会长顾明远》,《中国教育报》,2007年3月11日,第1~2版。

本体意识，提高自主能力，立足于更加中立的角度，战略性、选择性地吸纳外来文化，利用非主流文化中的积极因素，促进大学文化自身的不断优化，提高大学文化育人的能力和水平。

第十八章

现代大学文化的冲突与整合

　　本章归纳了我国大学文化存在的冲突类型、变迁过程和应对策略，分析了文化整合的理论和形态。

　　威廉斯在《马克思主义与文学》中为了强调文化总是处于变化过程之中这一观念，使用了"文化过程"这个概念，并区分了文化过程的三个特征：主导的（占统治地位的）、残余的和突生的文化。主导的文化代表着在社会发展中的某一时刻拥有最大权力的阶级或集团的利益和价值。残余的文化是指过去形成的经验、意义和价值，在过去通常是作为主导文化而存在的，虽然现在已经不属于主导文化的一部分，但仍然在被体验和实践。残余文化之所以能够继续存在，主要是因为过去的社会或文化制度依然存在。突生文化是指与主导文化相对立的新的意义和价值，它们构成了文化的未来取向。威廉斯认为，突生文化产生于两个来源：第一个来源是一个新阶级的形成。主导文化要保持其地位，就必然即刻采取措施，对新阶级用以表达自己的文化因素进行"吸纳"，这种吸纳实际上就是一种承认，最终表现为对这些新的文化形式的接受。第二个来源是人类实践本身的复杂性。任何主导文化都不可能包容全部人类实践，主导文化要从其他人类实践中进行选择，然后加以边缘化或压制，但是这个过程始终是一个斗争的冲突的过程。尽管主导文化对所有人类实践领域的渗透越来越深入，变换种种手段加强对所有对立的文化因素的限制和吸纳，但是它毕竟不可能将全部人类实践、人类能量以及人的意图"尽收其中"，突生文化与残存文化仍然联手对主导文化形成挑战，或至少造成了问题①。因此说，文化冲突存在于文化过程的始终。

　　文化冲突的结果就是导致文化模式的历史演进或更替，其更替机制主要有

---

　　①　萧俊明：《文化转向的由来》，北京：社会科学文献出版社 2004 年 10 月，第 233 页。

两种类型：一是主导性文化模式的失范问题，即特定文化模式的制约作用和规范作用开始失灵，从文化模式的常规期和稳定期进入它的怀疑期和紊乱期，或称作冲突期和混乱期。这一现象称作文化危机。二是文化模式的剧变期或革命期，即一种新的主导性文化模式取代原有的文化模式的时期。这一现象称作文化转型。所谓文化转型，是指特定时代特定群体所习以为常的赖以生存的主导性文化模式为另一种新的主导性文化模式所取代。文化更替的原因，也就是文化冲突的源头可以划分为两大类：内源性文化冲突和外源性文化冲突。内源性文化冲突是指在没有或基本没有外来的异类文化模式或文化精神介入和影响的情况下，由于文化模式内在的超越性与自在性矛盾的冲突和文化内在的自我完善的合理性要求而导致的文化失范。外源性文化冲突，原有的主导性文化模式往往具有一种超稳定性结构，它即使已经失去了合理性，也还是成功地抑制内在的批判性和怀疑性的新文化因素产生或生长，它最终是靠一种外来的新文化模式或文化精神冲突才能进入文化的怀疑和批判时期，进入非常规期和裂变期①。

第一节　文化冲突的现象及其类型

美国学者戈尔尼克等人在他们所著的《多元社会中的多元文化教育》一书中，总结出的由文化差异导致的教育上的冲突主要有：各族群体间的冲突、民族间的冲突、移民间的冲突、群体内部的冲突、个体与群体间的冲突、不同宗教信仰间的冲突、语言上的冲突、非语言行为上的冲突、社会经济地位间的冲突、性别间的冲突、同辈团体间的冲突、残障儿童与正常儿童之间的冲突、学业成绩优秀学生与落后学生之间的冲突②。G. F. Kneller 研究认为文化冲突主要存在三种形式：一是传统文化与新兴文化的冲突；二是现实文化与理想文化的冲突；三是主流文化与非主流文化的冲突③。我国学者邬大光在《理性看待大学里的不和谐》一文中认为，大学文化的冲突主要表现为精英文化与其它文化的冲突，其中既有大学亚文化与社会主流文化的冲突，也有大学内部精

---

① 衣俊卿：《文化哲学十五讲》，北京：北京大学出版社，2004 年 10 月第 1 版，第 96~97 页。
② Gollnick, D. M. and Chinn, P. C., *Multicultural Education in a Pluralistic Society*, 1983, pp. 21~23.
③ G. F. Kneller, Educational Anthropology: An Introduction. John Wiley & Sons, Inc, 1965, pp 115~130.

英文化与大众文化，还有大学内部制度文化与理念文化的冲突①。郑金洲先生在《教育文化学》一书中分析教育文化冲突的焦点主要集中在：现代文化与传统文化相对，本土文化与外来文化相悖，它们有着各自不同的对立范畴（见图 18 − 1）②。

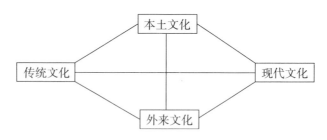

图 18 − 1　文化冲突的焦点

资料来源：郑金洲，《教育文化学》，人民教育出版社，2000 年版，第 373 页。

本章主要从时间维度、空间维度、导向作用和管理职能等四个方面分析文化存在的冲突类型，其中时间维度和空间维度上的冲突是宏观的，导向作用和管理职能上的冲突是微观的。

一、时间维度上，传统文化与现代文化的冲突

传统文化与现代文化的冲突，是所有组织文化内部都存在的一种竞争。所谓传统文化，从狭义上讲就是历史上形成的价值观念、思维方式、审美情趣、伦理规范等精神成果总和，它受特定的文化类型中价值系统的影响，经过长期历史积淀而逐渐形成，成为民族或群体中大多数人所认同的思想和行为方式。不管人们如何认识和改造现存世界，传统文化都是不可割断、舍弃的思想原点，可以说"它是现在的过去，但它又与任何新事物一样，是现在的一部分。"③ 所谓现代文化，从动态上讲，是传统文化与现代化运动相结合的产物，反映了工业化、城市化、民主化、信息化的发展趋势，反映了现代化运动的时代精神，为现代化提供价值辩护、精神动力和智力支持④。现代化既是传统文化必须面对的生态构成，又是传统文化无法回避的"冲突方"，这是历史逻辑的结论。传统文化与现代文化、特别是现代文明之间的反差表现为：传统文化

---

① 邬大光：《理性看待大学里的不和谐》，《中国教育报》2007 年 11 月 12 日第 5 版。
② 郑金洲：《教育文化学》，人民教育出版社，2000 年版，第 373 页。
③ ［美］希尔斯著、傅铿等译：《论传统》，上海人民出版社 2009 年 7 月。
④ 田丰、肖海鹏、夏辉：《文化竞争力研究》，北京：中国社会科学出版社 2007 年第 9 页。

的保守性因素与现代化的开放性、传统文化中的封闭性因素与现代文化的渗透性、传统文化的思维方式上中的后退性因素与现代思维方式的前进性、传统文化中的狭隘性成分与现代化的公共性等等。张岱年先生把我国传统文化与现代文化的冲突概括为四个方面：一是尊官贵长的陈旧传统与民主精神的冲突；二是因循守旧的陈旧传统与革新精神的冲突；三是家庭本位与个性自由的冲突；四是悠闲散漫习惯与重视纪律、效率的冲突①。事实上，文化是人的生活方式的总和，传统与现代的文化竞争和冲突，涵盖了人的认知方式、交往方式、情感活动的各个方面，渗透在经济活动、政治活动、文化活动的各个领域。

梁漱溟先生说"中国文化"就有两层含义：一是指中华民族创造的文化整体，其核心为儒家文化；一是指在中国历史文化中所体现出来的一种精神，一种文化的路向②。其中，"创造的文化整体"、"体现出来的一种精神"都表述了作为一种传统文化的状态，而"一种文化的路向"不仅表述了一种文化状态，还蕴含了一种文化走势，而且是一种基于原有传统的走势。其实"传统"本身就有世代相继之义。"传，传也，以传示后人也"③，"统"，"君子创业垂统，为可继也"④，即一脉相承的系统、统绪。由此可见，传统文化深深地嵌入并根植于历史，以几乎亘古不变的方式代代相传。中国文化的圣人、儒家的圣人孔子就是一个文化传统主义者，他认为他的使命不是发展宗教精神，而是承继文化发展。他提出"述而不作"的原则，即诠释和重新表述传统的精神资源，而不是抛弃既有的宝藏凭空创建未经考验的东西。他相信"温故而知新"，即通过对经典包含的丰富意蕴与哲理的反思和再体会，可以使人汲取精神的动力以应付新的挑战⑤。基于此，中国哲学认为尊重传统本质上是尊重历史、尊重权威、尊重理性、尊重价值、尊重文化的连续性⑥，在传统文化的延续与传承上较多地偏重于传统，正如严复先生所说，中西文化差异的实质在于西之人力今以胜古，中之人好古以忽今。对此，当代哲学家冯友兰先生曾把中国哲学的传统主义，形象地表述为两种：一种是"照着讲"，一种是"接

---

① 张岱年：《中国文化的回顾与前瞻》，《东西方文化研究（创刊号）》1986 年 10 月。
② 转引自陈来：《传统与现代——人文主义的视野》，北京：北京大学出版社 2006 年 4 月第 114 页。
③ 《释名·释典艺》。
④ 《孟子·梁惠王下》
⑤ 陈来：《传统与现代——人文主义的视野》，北京：北京大学出版社 2006 年 4 月第 257 页。
⑥ 陈来：《传统与现代——人文主义的视野》，北京：北京大学出版社 2006 年 4 月。

着讲"①。台湾学者钱穆先生也把中西方文化传递的差异形象地比喻为：中国传统文化是一个运动员所进行的长跑，而西方文化则是多个运动员进行的接力。

20世纪80年代以来，我国文化研究曾出现两次热潮，学术界在这两次文化潮中的态度也截然不同。80年代文化热的主导思潮是文化激进主义，以否定传统为主导，以激进的文化批判为特征，重在启蒙；90年代文化热的主导思潮是文化保守主义，以肯定传统为基调，以学理研究为特色，重在建设②。

对于传统和传统文化，恩格斯说："传统是一种巨大的阻力，是历史的惰性力，但是由于它只是消极的，所以一定要摧毁"③，"在一切意识形态领域，传统都是一种巨大的保守力量"④。显然，恩格斯在这里关注的是传统中的消极因素及其功能。事实上，从内容结构上看，传统文化并不是单一的而是多元的，不仅有消极的一面还有积极的一面，具有的积极因素和积极功能。从存在形态上看，传统文化不仅仅是属于过去的、凝固不变的，而是渊源于过去，汇注于现在，又奔流向未来的生生不已的文化生命。正如黑格尔所说"传统并不是一尊不动的石像，而是生命洋溢的，尤如一道洪流，离开它的源头愈远，它就愈膨胀得愈大。"⑤ 文化的变迁与创新，都是在传统文化的基础上进行的，不可能脱离了传统文化，凭空创造出一种新文化来。新文化可以对旧文化加以扬弃、改造，但无法脱离旧文化的基础。但是，对传统文化的取用不能是简单、机械的，而必须是推陈出新，在某些方面甚至要突破樊篱，创造出全新的东西来。张岱年提出，"在创造社会主义文化的过程中，必须考察、分析、批判继承固有的传统文化遗产，也必须考察、分析、选择、汲取西方的文化成就。拒绝继承历史遗产是狂妄无知的表现；拒绝吸取国外的先进文化成就也是愚昧落后的态度。最重要的还是在前人成就的基础上努力创新。⑥"

综合上述观念，对传统文化不能采取幼稚的破坏原有符号系统和价值观念的方法。重视传统文化，不仅是近代社会转型中的一种文化反映，也同样是面对现代工业社会病症的一种文化呼声。大学重视传统文化主要包含两个方面的

① 冯友兰：《新理学·绪论》，《三松堂全集》第四卷，河南人民出版社，1986年。
② 郭建宁：《当代中国的文化选择》，北京：北京大学出版社2004年8月第1版第123～124页。
③ 《马克思恩格斯选集》第3卷，人民出版社1995年6月第2版，第402页。
④ 《马克思恩格斯选集》第4卷，人民出版社1995年6月第2版，第253页。
⑤ ［德］黑格尔著、贺麟等译：《哲学史讲演录·导言》，商务印书馆1959年12月第1版。
⑥ 《张岱年全集》第6卷，河北人民出版社1995年版，第765页。

含义：一是指在近代社会变迁过程中，反对反传统主义的文化观和对传统文化的全盘地、粗暴地破坏，在吸收新文化的同时注重保持传统的文化精神和价值。另一是指在高等教育市场化进程中，注重守护人文价值、审美品位、文化意义及传统与权威，抗拒媚俗和文化庸俗化的一种立场。

二、空间维度上，本体文化与多元文化的冲突

"多元文化"这一概念，在西方20世纪20年代就已经出现，但它作为一种社会思潮引起人们广泛关注，还是20世纪五六十年代以后的事情。20世纪初的"多元文化"主要指代两种文化现象：一是殖民地和后殖民地社会的文化。在这种社会中，既存在着殖民国家的统治文化（特别是欧洲文化），也存在原居民的种族或民族文化，即两种差异悬殊的文化并存。二是指具有不同社会和文化来源的民族虽共同生存着，但各民族之间以及民族群体之间的文化特性有着较大的差异。

随着美国经济的发展和移民的增加，美国一些学者提出的文化同化主义理论，主张居住在美国的各族移民都放弃原有的文化和习俗，互相交融，如同投入坩埚一样混为一体。20世纪50年代以后，科学技术在世界范围内获得了较大的发展，现代化程度越来越高，已有的传统的东西被遗弃的就越多，一些专家学者认为全球文化间的差异就越小。小说家库尔特·凡尼哥特（Kurt Vonnegut）二战前在芝加哥大学研究人类学，第二次世界大战打断了他的研究。他在一篇小说中说，人类学似乎有两种训导（messages），在战前，他被告知所有人都是不同的；而到战后，他却被告知所有人都是一样的。这篇小说深刻地说明了全球化对人类带来的影响及其变化，反映了全球化趋势下文化同质化趋向和文化身份（Cultural Identity）的认同危机。

事实上，不管是全球文化还是美国文化，都没有朝着文化同化主义理论所期待的方向发展，而是朝着文化多元主义理论所设计的方向变迁。20世纪六七十年代以后，人们发现现代化程度提高，并未促使文化像经济一样出现一体化或者说国际化的趋势；相反，它日趋多样化、复杂化，"多元文化"的内涵也发生了较大变化，由仅关注宏观局面——种族、民族差异，逐渐进展到涵盖微观层面——价值规范等的差异，开始越来越多地与"文化"自身的含义相对应，指代人类群体之间的价值规范、思想观念乃至行为方式上的差异①。

---

① 郑金洲：《多元文化教育》，天津：天津教育出版社，2004年，第1~3页。

英国前首相布莱尔的"精神领袖"、著名社会学家吉登斯先生认为：全球化的本质就是流动的现代性，在这里，流动指的是物质产品、人口、标志、符号以及信息的跨空间和时间的运动。全球化就是时空压缩，使得人类社会成为一个即时互动的社会。全球化过程本质上是一个内在地充满矛盾的过程，它是一个合理的悖论：包含有一体化的趋势，同时又含有分裂化的倾向；既有单一化，又有多样化；既是集中化，又是分散化；既是国际化，又是本土化。在这样经济全球化、信息国际化、人员国际交流日益频繁的大背景下，文化同样出现国际化与民族化的冲突趋势。一方面通过国际交流，各民族的文化互相交融，互相渗透。2005 年 10 月 20 日，联合国教科文组织第 33 届大会在巴黎以绝对压倒性多数通过了《保护和促进文化表现形式多样性公约》。这是 21 世纪初经济全球化趋势与文化意识觉醒之间的一次碰撞。另一方面，每个民族又都企图保持自己民族文化的特色，不被其他文化所融合、所消弭。文化的国际化，不是用某种文化来取代所有文化，而是应该各种文化互相交流，互相学习，使各自的文化更加繁荣和发展。每个民族的文化都有它的优点，也会有其缺点，要在文化交流中吸收其他民族的优秀文化，以丰富自己的文化，使得世界文化丰富多彩。全球化过程中相对来说没有明确的相互关联与互相依赖的目的，但却相对削弱了各自文化的个性。全球化文化进程中，文化要保持其深远持久的生命力，必须加强文化交往，在于不断发现并积极吸收其他文化中符合人性和促进人类共同繁荣的价值观等一切文化精华发展自己，共同关注宽容、和平、友善、尊重、理解、合作等人类繁荣所必须的基本价值观，促进相互依存的多元文化不断趋向合理共存的和谐状态①。

三、导向作用上，主流文化与非主流文化的冲突

表 18－1　主流文化与非主流文化的冲突

非主流文化对主流文化的态度		主流文化自身的属性	
		积极的	消极的
不反对	中立的	①	④
	协同的	②	⑤
反对		③	⑥

如表 18－1 所示，主流文化和非主流文化之间主要存在六种冲突：
①主流文化本身是积极的，而非主流文化保持一种中立的文化态度。有一

---

① 江庆心：《以文化结构解读和谐文化建设》，《中国教育报》2007 年 4 月 19 日第 9 版。

种非主流文化并不是主流文化所认可的，但的确也并不和主流文化产生直接的对抗，它只是选择了传统大学主流文化并不太关心的一个"小角落"发展和表达自己的话题和兴趣。

②主流文化本身是积极的，而非主流文化持一种协同的文化态度。这种非主流文化是对主流文化的一种有益的补充。在这种状况下，积极的制度文化被协同的非制度文化放大了，发挥了更大的积极效力。

③主流文化本身是积极的，但非主流文化却采取了反对的态度。比如，学校希望形成一种热爱学习，刻苦钻研的学生制度文化，而学生中却形成了"及格万岁"、"混文凭"的非主流文化。

④主流文化本身是消极的，而非主流文化却仍保持中立。一些大学在长期的办学过程中，形成了某种不好的风气，如管理上的官僚习气等等，并演化为某种大学成员习以为常的潜在的或是隐形的主流文化，而其成员的非主流文化对此采取完全无涉的态度。这种情况下，原本无害的非主流文化不去与消极的主流文化做任何抗争，结果成为不合理文化的"帮凶"，助长了消极的主流文化，使其消极面扩大。

⑤主流文化是消极的，非主流文化对此采取了协同的态度。这种非主流文化与相对应主流文化的消极面结合起来，推波助澜地增强了它的消极影响。这种非主流文化与主流文化的组合是人们最不希望看到的。

⑥主流文化是消极的，非主流文化对此采取了对立的态度。旧中国的"清华大学"曾经是"留美预备学校"，其当时的主流文化是培养美国化的知识买办。然而，教师和学生却没有认同这种主流文化，反而形成了学习科学，报效祖国的文化。这种非主流文化与消极的主流文化的对立，反而推动了新的优秀的主流文化的形成。①

四、管理职能上，学术文化与行政文化的冲突

大学是一种文化体，是一种多种文化共存、互动所构成的复杂社会组织。大学内部存在着两种重要的治理力量：其一是学术力量，其二是行政力量。如表18－2所示，行政文化与学术文化是两种有着相当大的差别的文化型式②，

---

① 张胤：《制度与非制度的融通：论大学中两种文化的和谐问题》，《江苏高教》，2007年第4期第26~29页。

② Love, P. G. et al. Side by Side: Faculty and Student Affairs Culture, in Kuh, G. D. (ed)., *Cultural Perspectives in Student Affairs Work*, 1993, p. 50.

两者既可能是矛盾的，也可能是统一的①。

表18－2　大学学术文化与行政文化的区别

学术文化	行政文化
创造和传播知识，注重高级需要	为学生提供吃住场所，帮助他们获得工作，既注重基本需要，也注重高级需要
自主胜过合作	合作胜过自主
学院性（自我管理，几乎不存在阶层的划分）	集体协作（接受不同的科层结构）
思考和反省胜过行动	行动胜过思考和反省

　　事实上，大学学术文化与行政文化的冲突由来已久，最早可以上溯到欧洲中世纪后期，从大学专职行政管理人员一出现，就开始出现行政文化。行政文化一方面使大学拥有一个现实的群体，他们填补了大学与社会的鸿沟，使大学成为一个开放的系统；另一方面在大学文化内部产生新的冲突。大学专职行政人员的出现是大学职能丰富化、规模扩大化、性质世俗化的结果②。随着大学的世俗化、社会化，大学行政权力逐渐扩大，在程度不同地侵袭着大学的学术权力。大学行政人员从事的是管理工作，其基本价值是公共责任，主要体现为维护秩序、对上级负责、遵守纪律、注重效率。行政人员"每日的工作与教学和科研根本不同……他们有大量的原因把教师和学生看作是，往好处说，缺乏现实感的人，往坏处说，制造麻烦的人和敌人。"③ 我国的高校是在行政管理主导下运行的，行政文化成为了大学的强势文化，作用无处不在，即使在纯学术领域，其作用也是十分明显的。其冲突主要表现在行政文化对其他文化的强力消解作用上，在行政文化的统摄下，其他文化的生长空间十分有限，作用难以彰显，而各种文化之间的影响主要表现为单向度的行政文化影响其他文化，其他文化很少能够对行政文化发挥影响④。

　　大学行政文化与学术文化的冲突并非是不可调谐的。从美国大学19世纪后期以来行政文化与教师文化、学生文化相互融合的过程来看，一种大学文化

　　① 苏君阳：《论大学治理权力结构的基本类型》，《江苏高教》2007年第4期第1~3页。
　　② 赵普光：《和谐文化视角下的大学学术权力与行政权力整合》，《中国高等教育》2007年第22期。
　　③ Clark，B. R（1983），The Higher education system：Academic organization in cross-national perspective. Berkeley：University of California Press. P. 89.
　　④ 别敦荣：《治理于我国大学管理的意义》，《江苏高教》，2007年第6期。

的成长并不以削弱另一种文化的影响力为条件。一方面，美国大学的行政文化对学校办学长期发挥着一种决定性作用，尤其是在大学战略、公共关系、募集资金等方面，行政力量始终发挥着主导作用。另一方面，随着学校学术水平的不断提高，尤其是 20 世纪中期以来，教师文化的势力不断增强，在学术领域拓展了广阔的作用空间，成为与行政文化相匹配的大学文化，使大学文化建立起了新的平衡关系。

第二节　文化冲突语境中的整合理论与形态

文化内部是一个冲突体，而外部表象则表现为一个复杂整体①，因此说，任何具体的文化表象都是一种有机、自动、自足的功能整体，其所有组成部分只有表现出对整体功能的贡献才能在文化存在上得到认可。

一、西方文化整合理论

在文化人类学界，人们大多把文化作为一个统一的整体来予以把握，无论是美国人类学的创始人博厄斯（Boas，F.），还是英国功能主义人类学家的代表人物马林诺夫斯基（Malinowsk，B.），都不例外。马林诺夫斯基认为，文化是"一个由工具、消费物、在制度上对各种社会集团的认定、观念、技术、信仰、习惯等构成的统一的整体"②，是"由部分自治和部分协调的制度构成的整合体，它依据一系列原则而整合"。③ 美国人类学家克莱德·克鲁克洪（Clyd Kluckhohn）总括文化的整体性说："一种文化都是一种结构，它并不是信念和行动的所有在物质上可能，在功能上有效的模式杂乱无章的搜集，而是一种有相互依存性的系统，并且具有按某种感到合适的方式分隔和排布的形式。"④ 不管是林顿（Linton，R.）所说的"统一的形态"⑤，还是杜威（Dewey，J.）所说的"结晶体"⑥，都说明文化本身是一个"复合的整体"、"统一

---

① Vermeersch, E., An Analysis of Concept of Culture, in Bernardi, B.（ed）, The Concept and Dynamics of Culture, 1977, p.10.

② Malinowsk, B., *A Scientific Theory of Culture and Other Essays*, 1944, p.150.

③ ［英］马林诺夫斯基著，黄剑波等译：《科学的文化理论》，北京：中央民族大学出版社，1999 年第 56 页。

④ ［美］克莱德·克鲁克洪等著，高佳等译：《文化与个人》，杭州：浙江人民出版社，1986 年第 31 页。

⑤ Linton, R., *The Cultural Background of Personality*, 1947, p.21.

⑥ 苏丁：《中西文化文学比较研究论集》，重庆出版社 1988 年版，第 146 页。

的总体"，具有整合性。

文化具有整体性特征，并不意味着所有的文化型式都是彼此均衡的，不同的形式、机构和定向都是"契合"（rearinto）在一起，没有磨擦和不适应的①。如何对待不同文化要素和文化形式，加拿大著名的跨文化组织管理学家南希·爱德勒（Nancy J Adler）提出了三种可能方式：凌越、妥协和融合。所谓凌越（Dominance），是指一种文化要素凌驾于另一种文化要素之上，成为统治要素，扮演着统治者的角色，而另一种文化要素被压制。这种方式的好处是能够在短期内形成一种"统一"的文化，但缺点是不利于博采众长。所谓妥协（Compromise），指不同文化要素间采取妥协与退让的方式，求同存异，以实现和谐与稳定。这种情况多发生在相似的文化要素之间。所谓融合（Synergy），指不同文化要素间在承认、重视彼此差异的基础上相互补充、相互协调，从而形成一种全新的文化，这一全新的文化不仅具有较强的稳定性，而且极具"杂交"优势。②

为了加强管理主体对文化融合的能动作用，文化人类学等学科的研究者提出了文化整合（cultural integration）理论，并用不同的术语来阐述和标示这一问题。美国学者 C. 恩伯和 M. 恩伯从文化所具有的整合性和适应性特征入手，研究指出文化整合是指"构成文化的诸要素或特质不仅仅是习俗的随机拼凑，而是在大多数情况下相互适应或和谐一致的。"③ 有学者认为文化整合与文化变迁密切相关，甚至将文化整合作为文化变迁过程中的最后一个阶段④。也有学者将文化移入包含于文化整合之中，认为文化整合既可以发生在一种文化的各组成部分或者说各种形式之间，也可以发生在两种或多种文化相互接触、变迁之时⑤。在对待外来文化冲击时，它一方面以特有的方式来吸收认同其他文化体的有用营养，建构世界的知识体系，称文化同化；另一方面当这个特定价值取向无法解决新情境时，就会引起文化顺应。

总体而言，文化整合的观念是从文化是一个由各部分组成的系统的角度出

① Gillin, J., The Ways of Men: An Introduction to Anthropology, 1948, pp. 530~531.

② 转引自伦蕊：《从创新文化因素分解看科技文化与人文文化的冲突及融合》，《科技管理研究》，2008 年第 9 期，第 295~297 页。

③ ［美］C. 恩伯、M. 恩伯著、杜杉杉译：《文化的变异：现代文化人类学通论》，辽宁人民出版社 1988 年版，第 47 页。

④ Murdock, G. P., How Culture Changes, in Shapiro, H. L. （ed）., *Man, Culture, and Society*, 1956, p. 259.

⑤ 郑金洲：《多元文化教育》，天津：天津教育出版社，2004 年。

发的，也就是说将文化作为一个系统来看待的，指各种不同的文化要素或文化形式相互适应、协调，从而成为一个有机整体的过程或状态。它不仅仅是一个联结，而是一个创造联结的过程。也就是说，它既是一种文化内部各种特性和特质编排组合成为特定系统的过程，又是异质文化要素之间通过相互接触、交流、吸引、渗透，继而融为一体，形成新的文化特色的管理模式过程①。它不是文化特质的简单相加，而是一种通过不断的同化归纳，不断建构，从某一价值体系转向另一种价值取向的发展过程。

二、我国文化整合理论的演变

在20世纪初东亚知识分子的反思中，和平被看作软弱，宽容被看作无能，和谐被看作征服自然的障碍，传统的道德理想和价值被看作束缚近代化步伐的绊脚石。然而，近一个世纪中人类目睹的遗憾和悲剧可以说都是由于与这些传统价值相背离所产生的。北京大学郭建宁教授提出，多元文化和谐共存形成的文化共同体，绝非一个文化压制另一个文化的文化帝国主义，也非一种声音压制另一种声音的话语霸权，而是要建立文化的普世性关照。不同文化的协和理解，关键是要对不同文化观念的尊重。郭建宁教授认为，21世纪既不是西方文化的世纪，也不是东方文化的世纪，或者儒学的世纪，而是东西方文化取长补短，互补共生，不断扩大共同点的世纪，即"趋近"的世纪。他的观念就是说文化整合已经成为一种必然趋向。这里所说的文化整合主要指不同的文化要素或形式在意义上相互协调，如文化规范、表征与行为之间的协调，不同的文化制度等彼此间在功能上建立起互相依赖的关系。文化整合是一种趋势，但并不定就"趋近"。因为，文化整合同时也是实现文化创新的手段和途径，是文化走向更高层次、更加和谐的多元状态的必经之路。顾明远先生在《中国教育的文化基础》一书中把文化传承演变总结为三种类型：进化、播化和涵化。所谓文化进化，指从文化传承演变的时间角度看，文化的发展是逐步积累、不断发展的，由简单到复杂，由低级到高级。所谓文化播化，是指从文化传承演变的空间角度看，文化是通过人类的交往联系——贸易、战争、迁徙等活动传播和发展起来的。所谓文化涵化，是指一种文化不是孤立地发展的，而是在与外来文化接触中，通过冲突、融合，双方都会有所变化，出现一种交叉

---

① 唐炎钊、陆玮：《国外跨文化管理研究及启示》，《管理现代化》（京），2005年第5期第25～28页。

渗透的局面，最后经过有意识和无意识的选择、调整，产生出一种新的文化①。顾明远先生所说的文化涵化，不仅实现了本土文化与外来文化的融合，而且产生了一种新的文化。这就是文化整合创新所追求的。

所谓文化综合创新，就是立足当前文化所面临的全球化趋势的多元化环境，充分吸收人类文化的优秀成果，不分中西、主次、本末，只要是人类优秀的文化成果，就应该充分吸收，从而使民族文化的优秀成果和世界上其他民族文化的优秀成果充分融合，以形成一种新型品格的文化。

20世纪30年代，张岱年先生就既反对东方文化优越论，又反对全盘西化论，提出了文化综合创造论，这是他后来提出文化创新论的基础。1935年3月，张岱年先生发表了《关于中国本位的文化建设》一文，阐述了综合创造的文化观，即"主张兼综东西两方之长，发扬中国固有的卓越的文化遗产，同时采纳西洋的有价值的精良的贡献，融合为一，而创成一种新的文化，但不要是平庸的调和，而要作一种创造的综合"②。张岱年先生主张创造的综合，是一种辩证的综合。他说："凡创造的综合，都不止综合，而是否定了旧事物后出现的新整体。创造的综合决非半因袭半抄袭而成的混合。③"所谓创造的综合，即不止于合二者之长而已，却要根据两方之长加以新的发展，完全成一个新的事物。

历时半个多世纪，到20世纪八九十年代，张岱年先生进一步论述了综合古今中西文化优秀成果的基础上创造当代中国社会主义新文化的思想，阐发了文化综合创新论。在文化研究热潮的1987年，张岱年先生发表了《综合创新，建立社会主义新文化》，全面阐述了文化综合创新论。文化综合创新论是文化综合创造论的丰富和完善，揭示了中国文化发展的基本线索，体现了人类文化发展的总体趋势。张岱年先生强调，"创新决不是传统文化的'断裂'，而是优良传统的继续和发展。综合中西文化之所长，融会中西优秀文化为一体，这才是真正的创新。④"

我国一些文化研究者继承、总结和发展了张岱年先生的文化综合创新理论。例如，方克立教授接受张岱年先生关于"辩证的综合创造"即文化综合创新论的主张，并运用毛泽东关于"古今中外"和"批判继承"的思想加以

---

① 顾明远：《中国教育的文化基础》，山西教育出版社2004年版，第21~22页。
② 《张岱年文集》第1卷，清华大学出版社1989年版，第280页。
③ 《张岱年文集》第1卷，清华大学出版社1989年版，第277页。
④ 《张岱年文集》第1卷，清华大学出版社1989年版，第492页。

发挥，提出"可以用'古为今用，洋为中用，批判继承，综合创新'四句话简要地表述这种文化观的基本内容，这就是我们对古今中西问题的比较全面的完整的回答"①。刘鄂培教授把文化综合创新的价值概括为三个方面：第一，体现了中国文化发展的基本规律和人类文化发展的基本趋势。第二，超越了近百年以来旧文化观的"体用说"。第三，顺乎人类文化发展的潮流，适用于建设有中国特色社会主义新文化的需要②。张允熠教授把文化综合创新的价值总结为四条：一是综合创新论继承了毛泽东的"古今中外法"，超越了中西、体用二元对立的思维方式。二是综合创新论是一种辩证的批判继承法。三是综合创新论确立了民族主体性原则，继承传统和学习西方都是为了满足主体的需要。四是综合创新的目标在于创造一种新文化，这是一个分析综合、辩证发展的过程③。在现代化语境下，创造文化是复杂而矛盾的，不能仅仅依靠单纯的决定、共同的选择、操控及虚假的意识。建构新的文化，不仅需要新元素的引入和新结构的配置，还需要区域文化与系统中政治文化、经济文化、科技文化的相互作用，发生影响。

三、我国文化整合的历时性形态

文化不是恒定不变的实体，而是时空之内的变易过程和全体。可以说，文化在任何时候都是运动的，是传承演变的。从历时性角度看，文化主要有三种存在形态：一元文化的整合形态、多元文化的并存形态和多元文化的平衡形态。所谓一元文化的整合形态，是指一种意识形态完全整合社会文化的各个方面，使一种主流价值取向成为整个社会统一的价值尺度。所谓多元文化的并存形态，是指一个社会文化由多种意识形态支配，这些意识形态为了争取更加有利的社会位置而互相斗争，进而造成剧烈的社会震荡。在一个社会文化领域内，多种意识形态先后存在，这就是多元文化的平衡形态。

这三种文化形态在中国历史上曾经反复交替出现。春秋战国时期，儒、墨、法等百家争鸣，相互激发，这种多元并存的格局给整个社会带来勃勃生机。秦始皇尊崇法家，焚书坑儒；汉初罢黜百家，独尊儒术，都实施了一元文化整合的战略。汉代以后，佛教传入，道教兴起，与儒家文化一起并行于世，互争短长，不乏杀戮，中国文化转向多元并存的形态。儒释道经过长期的争斗

---

① 方克立：《批判继承 综合创新》，《传统文化与现代化》1995 年第 3 期。

② 刘鄂培主编：《综合创新——张岱年先生学记》，清华大学出版社 2002 年版，第 333 页。

③ 张允熠：《中国文化与马克思主义》，山西教育出版社 1999 年版，第 398 页。

和谐调，在唐宋时期终于消除紧张关系，在社会上各得其所，中国文化进入多元平衡的形态。这一形态一直持续到清末，资本主义文化在社会上逐渐得势，与传统的儒释道发生剧烈的冲突，中国文化又转向多元并存的形态。经过辛亥革命与五四运动，传统文化虽然作为生活文化仍是根深蒂固，然而作为意识形态已是江河日下，中国文化转入社会主义文化与资本主义文化的抗衡阶段。20世纪50年代，中国开始大力推行社会主义运动的一元文化整合，经过对工商业的社会主义改造、人民公社化、"反右"、"社教"和文化大革命的"破四旧"（旧思想、旧文化、旧风俗、旧习惯），中国文化又转化为少有的一元整合形态。并在中国的"文化大革命"期间，走上一元整合形态的极端——文化专制（Cultural Tyranny）①。在文化领域中极少数人把持大权，只有这少数人的文化观点、文化形式存在，对异己者竭力压制、残酷打击。1980年前后，随着改革开放，多种所有制形式并存，对外文化交流扩大，社会进入多元文化的并存形态。如何达到多元文化的平衡形态，文化调适凸现为重要的时代主题。②

第三节　大学文化整合的理论与模式

一、大学文化整合理论

布雷芩卡在《教育知识的哲学》的最后，提到了"教育学文化（pedagogical culture）"和"教育学智慧（pedagogical wisdom）"这两个概念，把这两个概念解释为各种教育知识（理论）在个体的教育者身上的"主要的综合"，这种综合不再是一种"知识"，而是成为一种人格状态、一种教育的理想③。在教育人类学看来，大学本身具有文化整合的工具性。大学是一个聚汇、传递文化以及创新文化的高级文化体，教育目的实现的主要途径就是以不同的文化为主体的学校对人产生不同的整合作用。布迪厄认为，大学是一种制度化工具而

---

① 刘建国：《主义大辞典》，北京：人民出版社，1995年9月第1版，第71页。
② 高丙中：《社会转型时期的文化战略——追求文化整合还是文化平衡》，童庆炳等主编：《文化评论》1995年第58~64页。
③ Wolfgang Brezinka, Philosophy of Education: an Introduction to the Foundations of Science of Education, Philosophy of Education and Practical Pedagogics, translated by J. S. Brice & R. Eshelman, c1992, p246.

远非仅是民主和文化的中立传播者①，其管理过程实际上就是协调行动者在一定场域内分享有价值的支配性文化资源的过程。因此，教育人类学倡导把学校作为文化整合的有力工具，发挥正相倚影响，自觉消除文化污秽，帮助学生顺应社会变化，促进人的健康发展②。

大学文化整合大致包括三个方面的内容：一是大学文化内部不同的文化要素或形式在意义上构成一种逻辑的或美感的协调；二是大学文化规范、表征与行为的协调；三是大学内部不同的文化制度，彼此间在功能上建立起互相依赖的关系③。

二、大学文化冲突情境中的整合措施

从影响组织绩效的角度，可以把大学文化冲突分为"支持组织的目标并提高组织绩效"的功能性冲突和"不支持组织的目标，甚至阻碍组织绩效"的功能失常性冲突④。大学成员作为一个知识精英群体，一般只不是以感性的方式体验文化的危机，作出直觉的反应，而是以自觉的理性反思来揭示和把握大学文化的冲突与变迁的。文化冲突与组织绩效之间的关系，就是大学管理者选择和实施调节措施的一个重要依据。针对大学文化冲突对组织绩效造成的不同影响，如图 18 - 2 所示，可能采取的整合措施主要有：激发冲突、随其自然、减少冲突。

第一，在组织文化冲突偏少，绩效偏低，组织内部呈现"冷漠、迟钝、难以集中力量、缺乏激励、很少变革、改变缓慢、不完整的、很少有新思想"等特征的情况下，往往采取激发冲突的办法，让组织文化内部通过碰撞产生动力，推动组织内部变革。

第二，在组织冲突水平相对比较适宜，组织绩效较高，组织内部呈现"凝聚力较强，富有变化，相互协作，组织目标集中而且具有覆盖力，组织内绝大部分人鼓励并适应创新和变革"等特征时，说明文化冲突的功能是正向的，也是正常的，因此可以采取"随其自然"的方法，让其持续发展。

第三，在组织冲突水平较高，组织绩效偏低，组织内部呈现"比较混乱，

① 转引自张意：《文化与符号权力——布迪厄的文化社会学导论》，北京：中国社会科学出版社 2005 年 7 月第 138 页。

② 冯增俊：《教育人类学》，南京：江苏教育出版社 2001 年 2 月第 1 版，第 57~58 页。

③ 郑金洲：《教育文化学》，人民教育出版社，2000 年版，第 200 页。

④ [英] 戴维·布坎南（David Buchanan）、安德杰·赫钦斯盖（Andrzej Huczynski）著，李丽、闫长坡等译：《组织行为学》，北京：经济管理出版社 2005 年 8 月第 1 版，第 796 页。

具有破坏性，成员注意力不集中，管理机制有官僚化、政治化倾向，成员之间不够合作，敌对心理、防御心理重"等特征，说明过于频繁和强烈的冲突对组织造成了伤害，因此要采取"减少冲突"的措施，降低组织内部因为冲突而产生的损耗，提高组织内部的管理效率和运行效能。

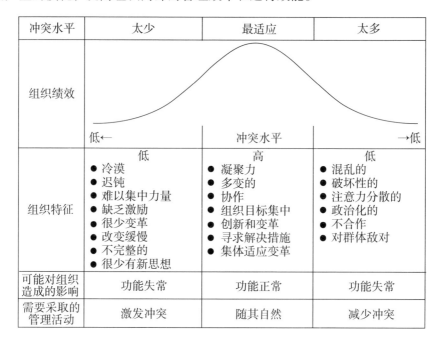

冲突水平	太少	最适应	太多
组织绩效			
	低←　　　　　　　　冲突水平　　　　　　　　→低		
组织特征	低 ● 冷漠 ● 迟钝 ● 难以集中力量 ● 缺乏激励 ● 很少变革 ● 改变缓慢 ● 不完整的 ● 很少有新思想	高 ● 凝聚力 ● 多变的 ● 协作 ● 组织目标集中 ● 创新和变革 ● 寻求解决措施 ● 集体适应变革	低 ● 混乱的 ● 破坏性的 ● 注意力分散的 ● 政治化的 ● 不合作 ● 对群体敌对
可能对组织造成的影响	功能失常	功能正常	功能失常
需要采取的管理活动	激发冲突	随其自然	减少冲突

图 18 - 2　大学文化冲突及其契合措施

资料来源：[英] 戴维·布坎南（David Buchanan）、安德杰·赫钦斯盖（Andrzej Huc-zynski）著，李丽、闫长坡等译：《组织行为学》，北京：经济管理出版社 2005 年 8 月第 1版，第 796 页。

三、大学文化整合形态

如图 18 - 3 所示，大学文化整合的取向主要受三种因素的影响：一是生存适应性，使学生适应环境和自身生存的功能，有很大的实用性和技术性，能使大学组织成员之间在文化上相互吸引、相互同化，具有很大的扩散力。二是群体归属性或认同，指大学生在某种文化因素中表现自己属于某一群体的倾向性、语言、服饰、习俗等都能表现出强烈的文化归属感。三是创造审美性，是指大学生独创的，用以表现个性的评论和活动。大学文化整合的过程中对三者强调重视的程度不同，便会引起重心的转移，形成相应的文化整合形态（见

图 18 – 3）。

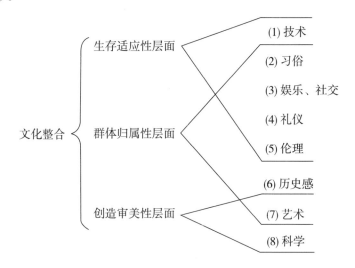

图 18 – 3 影响大学文化整合取向的三个因素

资料来源：冯增俊，《教育人类学》，南京：江苏教育出版社 2001 年 2 月第 1 版，第 251 页。

第一，文化整合的第一形态：矩型整合（见图 18 – 4）。这是一种完美型整合，体现三者平衡，大学文化在反映传统特性，拓展学生个性，传授科学知识等方面得到合理的发展，呈现出和谐的态势。

第二，文化整合的第二形态：凸型整合（见图 18 – 4）。凸型文化整合强调政治因素，注重政治导向，把政治功能放在首位，以历史感、政治教育作为压倒一切的中心任务，突出文化的群体归属性因素，使其他两者受到限制和损害。凸型整合把习俗、娱乐社交、礼仪、伦理中有关生存适应性和创造性因素取消，变成政治性东西。这种文化形态下的高等教育具有很强的封闭性和专制性。

第三，文化整合的第三形态：凹型整合（见图 18 – 4）。这种整合形态，只注重现代科技文明，使生存适应性和创造审美性层面得到较大发展，而忽视了群体归属性层面，在教育中取消习俗、娱乐、礼仪、伦理、艺术中的群体归属因素，容易导致学生去除历史感，失落归属感，失去自我实现的内在含义，失去对个人活动和精神升华的教育动力①。

---

① 冯增俊：《教育人类学》，南京：江苏教育出版社 2001 年第 250～252 页。

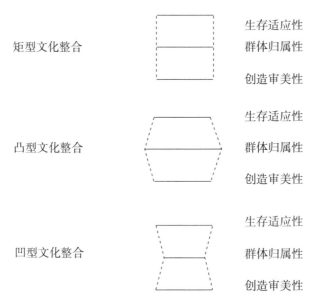

图 18 － 4　大学文化整合的三种形态

资料来源：冯增俊，《教育人类学》，南京：江苏教育出版社 2001 年 2 月第 252 页。

第四节　本章小结

　　文化既是一种整体性表象，也是一个不间断的冲突过程。大学文化主要围绕时间维度、空间维度、导向作用和管理职能等四个焦点发生不同类型的冲突。文化整合就是从文化作为一个由各部分组成的系统的角度出发，将各种不同的文化要素或文化形式相互适应、协调，从而成为一个有机整体。大学文化整合主要依据生存适应性、群体归属性、创造审美性等三个方面的取向，针对文化冲突对组织绩效造成的不同影响，采取激发冲突、随其自然、减少冲突等整合措施，最终形成矩型整合、凸型整合、凹型整合三种不同的整合形态。

第十九章

大学生犯罪的文化探究与法律文化建设

本章分析了大学生犯罪的文化原因和文化预防措施，提出了加强大学法律文化建设的战略构想。

随着教育管理体制改革的不断深入，政府将主要通过规划与立法、拨款与筹款、评估与监督对大学进行管理，管理形式逐步由直接管理变为间接管理，由具体管理变为整体管理，由硬性管理变为软性管理。大学将会更加开放、灵活、主动、高效，凸现大学管理的自主性和主体化。大学管理的主体化对外表现为大学法人身份的认定，对内表现为教职工和大学生以主体身份参与管理。如何实现大学管理的主体化？以人为本和依法治校是大学管理的两大维度。大学文化管理要坚持以人为本，体现人文关怀，努力营造开放、自由、协调、宽松的环境，以保障大学的文化传承和文化创造活动。但是，现代大学管理如果仅仅有人本意识远远不够，还需要有健全的法律保障体系和内部文本制度。如果大学内部没有与人本管理相匹配和吻合的文本制度，整个学校缺少与之相适应的法律文化，社会环境中缺乏对之支持的法制体系，那么人本管理只能是"新瓶装旧酒"。现代大学人本管理的主流趋向是法制化、科学化、程序化、民主化和人文化。人文化是现代大学管理的本质特征和最高境界。法制化是大学管理的外部法律基础和体系，是国家意志行为，是建立在国家一系列法律法规基础之上的一种学校治理行为。科学化、程序化、民主化是大学管理的内部实践取向，科学化管理体现出大学管理的"效率"要求，以避免盲目性；程序化管理体现出大学管理的"法治"要求，以避免"人治"；民主化管理体现出大学管理的"公正"要求。

第一节　文化视野下大学生犯罪的探究与预防

文化，从广义上说，是指人类社会历史发展过程中所创造的物质财富和精神财富的总和；从狭义上说，是指社会的意识形态以及与之相适应的各种制度等。人是文化的产物，包括犯罪行为在内的人类行为都是文化的产物。犯罪原因的文化冲突论，是20世纪美国犯罪学说的一种重要理论，被广泛用于解释犯罪行为。主要由索尔斯坦和塞林提出，其主要观念是"规范冲突导致犯罪"。当某一文化集团的法律规范扩展于另一文化集团领域，或是当某个文化集团的成员迁移到另一个不同文化的区域时，不同文化中各种规范之间的矛盾，在相邻的文化领域的交汇处，引起的激烈冲突可能引发犯罪。这种理论不仅适用于地理上分隔的地区之间的迁移，也适用于同一地区的毗邻区域之间的迁移，而且还适用于同一区域中不同群体之间的迁移①。

一、大学生犯罪，大学文化的晴雨表

我国大学生的思想道德素质状况整体是健康向上的，有理想、守纪律是绝大多数大学生的思想与行为的主流。大学生犯罪是大学文化变迁的一种伴生现象。20世纪80年代初，我国大学生经受了西方思潮，主要是哲学思想和文化方面的冲击。萨特的"存在主义"，尼采、叔本华的"唯意志论"，弗洛伊德的"精神分析法"，这些以"唯我主义"为核心的西方哲学思想和伦理道德观念在大学校园里激起了层层波澜。80年代中末期，经受了资产阶级自由化思潮的冲击，主要是为资产阶级的民主、自由、三权分立等政治制度所困惑，盲目地把西方的"议会民主"等作为参照系，动摇了对社会主义制度的信念。90年代以来，大学生又经受了经济大潮的冲击、利益机制的驱动、物质文化高消费的诱惑，加之社会分配的某些不公及不正之风的影响，其价值观念也发生了变化，趋向功利、实惠、个人眼前利益。上述不同时期的变化和特征，都从一个特定的视角反映着大学文化变迁的轨迹和趋向。当前我国大学生犯罪主要呈现出以下特征：

一是犯罪率上升。20世纪五六十年代，我国青少年犯罪占刑事犯罪的20%~30%，其中大学生犯罪在青少年犯罪中约占1%；"文革"期间，青少年犯罪占60%，大学生犯罪上升为2.5%；从70年代后期开始，青少年犯罪呈现逐年上升之势；90年代，我国青少年犯罪人数在青少年总人数中占比例高达3‰，与五六十年代相比，增长了10倍。近几年来，青少年犯罪占到了

---

① 丁钢：《社区文化：社区矫正的门槛与酵母》，《江苏大学学报（社会科学版）》2006年第2期，第46~49页。

刑事犯罪的80%，大学生犯罪占到了青少年犯罪的17%。①

二是涉案面拓宽，财产型犯罪的比重上升。中华人民共和国刑法分则中规定的犯罪有十类共400多种，而目前大学生犯罪至少已经涉及其中五类数十种之多，其中财产型犯罪的比重最大，中国犯罪学研究会的调查显示，盗窃案约占70%，盗窃案中尤以内盗窃现象最为严重。

三是涉案主体多样化，女性犯罪比重上升。大学生犯罪的涉案主体，不再仅仅局限于学校中平时表现比较差的小群体内，也有一些平时表现很好的，大学生涉案主体还在学历上表现为大专、本科、硕士生、博士生皆有，在经济条件上有好也有差，在性别上表现为女大学生的犯罪比重有所增加。

四是手段的预谋性和智能化程度不断升级。有的大学生罪犯清楚自己行为的性质和可能承担的法律后果，犯罪前悉心研究国内外刑事案件中的作案手段与反侦破技术手段，经过一个准备、策划的过程，对犯罪的方法、手段、时间作精心的考虑和选择，出现利用国际信用卡进行诈骗，利用电子计算机进行盗窃，利用医药或化学药物实施犯罪，利用反侦破技术破坏现场等等。

五是出现暴力性和残忍性个案。暴力犯罪在大学生各类案件中所占比例不高，但也出现引起社会广泛关注的残忍个案，如马加爵杀同学等案件。

二、文化冲突，大学生犯罪的导火线

当前，对大学生犯罪本质原因的观念主要有四种：一是大学生犯罪是大学生对生存的一种过激反应；二是大学生犯罪是客观环境不良刺激的结果；三是大学生犯罪是社会结构、生活环境失衡和失控的消极表现；四是大学生自身的心理特征和社会适应能力。这四种观念都只是停留于一般性的原因分析，忽略了对大学生群体及群体文化与社会整体文化、其它社会亚文化之间的冲突这一根本问题的研究。我国著名犯罪学家严景耀先生指出，犯罪与文化的关系深刻而密切，其密切程度是大多数犯罪学者所估计不到的。文化（包括"规范"）的冲突，是大学生犯罪的本源性因素。

（一）大学生文化的本体性缺陷

任何一个群体共同形成的文化都有其优势和不足，其内在的缺陷往往成为这个群体成员行为的陷阱。成年人文化的缺陷主要是守旧、独尊、固执等，而大学生文化的缺陷主要是容易接受新信息而又不十分稳定，自以为很成熟，实

---

① 赵云芬：《论当代大学生的法制教育》，《中国成人教育》，2004年第12期。

际上不完全成熟。我国在校大学生的年龄多为 18～22 岁，思想活跃，具有鲜明的潮流感，流行性强，容易接受新的信息和新生事物，但是判断能力和自控能力又没有完全成熟，普遍具有争强好胜、思想偏激、容易冲动、易走极端、不容易把握等特征，一般情况下更容易受不良社会环境的影响。大学生文化中的自身缺陷，实际上就是一些大学生犯罪行为的导火线。

（二）大学生文化的外界性冲突

随着国际文化交流的扩大，在现实生活中存在着不同地域性、阶级性和多样性的多元化局面。国际的、异种文化对我国的传统文化和现代化造成了激烈的冲击。如平均主义与差别效率主义，自由与守旧，个人主义与集体主义，农耕社会的伦理观（禁欲勤勉）与产业社会的伦理观（成就效率）、勤劳与享乐等之间出现了矛盾和冲突。在激烈的文化冲击和多元化发展过程中，多种不同的社会规范和价值观念对大学生的判断能力提出了挑战，带来了一些消极影响。例如：冲击了大学生的集体主义观念，使他们过分注重个人目标的追求；权利观念和价值判断的标准混乱，追求极端的民主、自由，导致一些大学生出现无政府主义思潮的倾向；生活观念发生变异，追求生活上的享受和超前消费，促使一些大学生互相进行盲目的物质攀比，当不切实际的消费需要得不到满足时就产生对社会现实的不满。如果在激烈的文化冲击下，不能对大学生进行正确的引导和教育，就会使他们在思想和行为上脱离现行的社会规范和行为准则，甚至背离法律的要求。

（三）大学生文化的结构性冲突

大学生间于学校与社会的交叉性边缘地带，由不成熟走向成熟，由不独立走向独立，在社会工业化、城市化、市场化的影响下，经过内外因的整合，促使大学生自在的行为模式和文化观念的形成。这种行为模式和文化观念一经形成，便自然产生了它在整个社会或大学环境中的位置问题和生存问题。表面上看，一所大学的规范性文化支配大学生的生活和成长，实际上是大学生群体文化，作为大学文化的一种亚文化，影响着整个学校文化。正常的大学文化结构中，相对于社会的法定秩序而言，大学生的越轨行为是必然存在的，并成了大学文化结构的有机组成部分。不管学校的管理状况和文化结构如何，大学生与社会其他成员的冲突都是不可避免。

（四）大学生文化的过程性冲突

文化冲突的过程，实际上是一个文化调适的过程。大学生文化与其它文化之间的不适当调适，是大学生成长过程中时刻面临的问题，也是引发大学生犯罪的燃点。从文化冲突过程的不同阶段和现象来看，大学生主要面临的文化调适问题有以下几种：一是不适。就整体社会文化而言，成年人文化总是处于主导地位，所以整体社会文化的规则和标准是成年人的。大学生文化与成人文化是有区别的，很难完全适应以成人化文化为主导的整体社会文化，他们面临行为和价值的取舍。二是冲突。冲突是不适的进一步延续，在很多方面大学生文化和成年人文化处于一种直接冲突的状态。普遍的不适和局部的冲突，构成了两种文化的主要矛盾，促进大学生的价值取向常常处于一种失范的状态。既有希望又常怀失望；既急需选择又别无选择；既要为适应新环境进行冒险，又要为承受旧传统付出忍耐。这种边际人格的普遍化和局部的冲突所产生的危机，很容易引发违法犯罪行为。三是替代。大学生群体文化发展到一定程度，就会产生一种替代的冲动，想否认整体社会文化确认的权威、模范和理想，想自己拥立一套属于自己的权威、模范和理想，以自己的文化方式来替代成年人的文化方式。在社会文化不允许的情况下，于是通过团伙方式来变相地体验。在团伙文化圈里某些学生可以享受到自我决断的乐趣，享受到领袖权威的乐趣，享受被人崇拜的乐趣，这些都是他们在成年人文化里所享受不到而又很想享受到的。恰当的团伙文化可以促进大学生健康成长，如学校组织的球队、乐队等社团。在替代不当或替代不能实现的时候，就会引发大学生犯罪，例如不健康的"老乡会"等不恰当的团伙文化就会为大学生的团伙犯罪埋下种子。

三、文化干预，大学生犯罪的防火墙

文化干预又称为文化调适，是指通过加强文化建设，采取有效措施实施文化引导与教育，从而干扰或改善危机情景，有效预防犯罪。大学生犯罪处于人的社会化初始阶段，文化对其的预防作用、塑造作用和矫正作用尤为明显。大学生犯罪的文化预防，主要应做好以下几方面的工作：

（一）加强社会文化环境建设，促进文化兼容

在当前社会转型期的急剧变迁中，大学生文化的多元发展和迅速扩张，与以成年人文化为主体的社会整体文化之间的矛盾冲突，成为大学生犯罪的导火线与着火点。实际上很多文化冲突是由于成年人文化不能正确对待大学生文化的价值和形式，或者是由于成年人文化自身的保守、固执而导致的一种不正常的文化调适现象，所以就整个社会文化而言，要自我审视，积极思考如何共同创造整体社会文化和合理共享整体社会文化，为大学教育营造平等开放、兼容并纳、相互促进的文化环境。正确对待大学生文化的价值和形式，并不等于就肯定大学生的所有价值取向；兼容并纳多元文化，并不等于放弃对不良文化的

抵御和净化。所谓不良文化是指与社会主流文化相偏离甚至相对立的一种"亚文化"或"副文化"。它是某一社会文化中的错误、消极部分，通常是由阶级地位、种族背景、居住地区、宗教渊源这类社会环境因素结合构成的，并且一经形成就会成为一定功能的统一体，对个人和某群体产生综合影响，甚至导致犯罪行为的发生。文化因素属于影响犯罪的社会宏观因素，与犯罪关系密切的主要是不良文化及其与主流文化之间的冲突。因此，净化文化环境，抵御不良文化的负面影响，本身也是文化建设的一项重要任务。

（二）加强中国传统文化的教育，增强文化自信

中国传统文化有着悠久的历史和无限的魅力。后现代主义，作为20世纪在世界范围内最具影响力的一场思潮。霍伊教授（David Hoy）对此讲了一段很耐人寻味的话："从中国人的观念看，后现代主义可能被看做是从西方传入中国的最近的思潮。而从西方的观念看，中国则常常被看做是后现代主义的来源。"有一个不争的事实是：几乎所有后现代思想家（不论是建设性的，还是解构性的），从尼采、海德格尔，到德里达、福柯、博德里拉、罗蒂、怀特海、科布、格里芬、霍伊和斯普瑞特奈克都对中国和中国文化有一种天然的亲近①。我们自己更应该亲近这一优秀传统文化，并自觉承担起继承、传播和发展优秀传统文化的责任。我国大学教育，应该重视和加强本土知识即民族文化与民族文明的教育，培养大学生的文化自信和文化选择能力，促进大学生在多元文化环境下理性吸纳有益的文化成份，促进自我健康成长。

（三）加强现代人文素质的教育，倡导人文关怀

目前，大学生人文素质的缺失已经成为一个不争的事实。据华中理工大学调查有近5%的学生很少或根本没有接触中外古典名著；有33.7%的人未回答或回答不完全"中国各朝代名称"；有68.7%的人不知道抗日战争胜利的纪念日是9月3日。湖南大学曾进行过一次人文素质状况调查，对聂耳是哪一国的作曲家，填德、法、俄罗斯、匈牙利等国的人约有9%。有报道称，大学新生中能正确指出油画《格尼卡》为毕加索所作（39.9%），歌剧《胡桃夹子》为柴可夫斯基所作（43.6%）的人未超过半数。处在单一专业课程压力之下的大学生，缺少人文素质的浸润与引导，失落感、无足轻重感慢慢滋生，对未来产生疑惑，精神生活空虚无聊，一些学生只好跟着感觉走，沉醉于享乐性、刺激性的消遣，热衷于武打小说，港台流行音乐，而对经典名著陌生漠然，对

① 王治河：《全球化与后现代性》，桂林：广西师范大学出版社2003年8月，第3页。

世界名曲充耳不闻。教育应该以人为本，关注受教育者心理和人格的完善，注重受教育者的全面发展，重视和加强人文素质教育，培养大学生的现代人文精神，构建充满亲情和人文关怀的文化环境，引导大学生树立正确的人生观和生命价值观，对未来社会和个人的未来发展充满信心。

（四）加强大学法律文化的建设，构建大学生犯罪的牢固防堤

由于大学运行体制和高等教育法制不健全等因素的影响，我国大学法律文化建设存在边缘化、滞后性和工具理性倾向，忽视了现代法律文化工具理性与价值理性的统一。因此，我国大学法律文化要以适应和促进个性的充分自由发展为目的，通过继承、摒弃、吸纳，整合再生，构建一个大学生文化与社会整体文化和谐共生，具有极强规范力和人情味的大学法律文化环境。

第二节　大学法律文化建设的现状与策略

古人曰："以法治人，心悦诚服也。"依法治校是提高大学权力效能的保证。事实上，大学在其发展历程中，也从没拒绝过法治，也不能拒绝法治。1862 年美国政府颁发《莫雷尔法案》（Morrill Act of 1862）。《莫雷尔法案》是美国高等教育发展史上的一个里程碑式的法案。法案规定，联邦政府向各州免费无偿提供土地，促进各州工人阶级的文理和实用教育的发展。它的颁布直接推动了继美国州立大学运动之后兴起的赠地学院运动的开展，促进了新型大学的出现，直接推动了美国大学教育走向世俗化、学术化、现代化和多元化方向。19 世纪初，托马斯·杰斐逊（Thomas Jefferson）设想的理想大学，在大学的管理上，提议设立董事会，负责管理校内事务。要求大学里的"任何事物在任何时候要受到立法机关的控制[1]。"

法规健全、科学及有效的执行不仅是现代大学发展的必备要素之一，而且可以为学校组织机制顺利运行，实现制度化安排、规范化管理、明晰内部治理结构、提高管理效能提供法制平台[2]。当前，我国大学法律文化，作为大学精神文化的一个重要组成部分，面临着继承、吸纳、重建和创新。

---

[1]　R. Hofstadter & W. Smith：American Higher Education，The University of Chicago Press，Lid. London．1967，p. 475.

[2]　张亚伟：《从中加高等教育比较看大学的治理》，《中国教育报》2005 年 10 月 19 日第 5 版。

一、法律文化与大学法律文化

法是反映社会主体在社会经济关系运行过程中形成的需要和利益的权利要求，是社会主体的直接社会权利。法律是国家意志的表现形式，国家意志是掌握国家政权的统治阶段的意志①。法律是一种特殊的社会调整体系，是社会调整体系中特殊的规范。法律文化是内化在法律思想、法律制度、法律设施以及人们的行为模式之中，并通过它们表示出来，又在精神和原则上引导或制约它们发展的一般观念及价值系统。② 法律文化包括有形的法律规范、法律原则及法律技术层次的客观法，法律意识或观念形态的法文化，运转中的法或法律的活动方式（包括法律的组织、设施、运转方式）三个层次。③

大学法律文化既是一个区域性的法律文化，又是特定区域文化（大学精神文化）的一个组成部分。既集中指向高等教育的法律意识、法文化、相关法规及其组织、运行办法，又涵盖和涉及社会层面上的广义的法律文化对高等教育、大学成员和大学文化的影响和直接作用。

大学法律文化的功能主要有以下几种：一是象征功能。法律文化是一种价值符号。大学法律文化直接或间接地反映着大学精神文化的进步状态，既是大学精神文化进步的一部分，又是大学精神文化进步的一种体现和表证。二是选择功能，主要表现为大学成员对行为方式的选择和法律文化相互交流的选择。同质同构的法律文化具有相互接受的功能，异质异构的法律文化具有相互补充和促进的功能。三是解释功能。不同的法律文化对同一行为和事件有不同的看法和解释。例如，中国传统的大学法律文化视大学生结婚为禁止行为，而现代中国的法律把它排除在禁区之外，这是一种基于现代伦理的法律文化观。四是教育功能。大学法律文化的教育功能主要体现在训练规范的法律思维，培养大学成员的现代法律意识和法文化素质，引导其守法。第五是综合功能。法律文化是一种独特的语言体系和环境要素，对大学精神文化结构和管理体制变化有着潜移默化的作用，可以促进大学精神文化创新和教育理念创新，构建更为完美的大学精神文化体系。

二、中国当前大学法律文化的现状及其分析

由于高校运行体制、高校文化对中国传统文化的依赖、高等教育法制的非

① 公丕祥：《法理学》，上海：复旦大学出版社，2002 年第 9 月第 45 页。
② 张中秋：《比较视野中的法律文化》，北京：法律出版社，2003 年第 3 月第 26 页。
③ 周永坤：《法理学》，南京大学出版社，1994 年第 141 ~ 142 期。

健全性等因素，中国当前大学法律文化存在三个方面的倾向：

第一，大学法律文化的边缘化倾向。中国文化，以道德作为实现和支配世界的主要途径和基本力量，凭借道德的自律达到个体与群体的和谐。加之当前大学成员自身的法治意识的薄弱，传统的中国大学精神文化的主要特征，明显地表现为道德的弥漫性和政治的控制性，大学法律文化在大学精神文化中的地位和作用存在趋向边缘化的危险倾向。

第二，大学法律文化的滞后性倾向。法律是社会秩序的稳定器，对快速发展的社会来说，法律具有滞后性。我国大学法律文化的变迁和进步同样表现出补偿性特征，滞后于高等教育改革和社会法制建设。在人类社会从传统转入现代的过程中，在全球法律文化的冲击下，中国法律文化的变迁正在被动地加速，并日趋富有探究意义。

第三，大学法律文化的工具理性倾向。中国传统的大学法律文化推崇制度化的工具理性，忽视了精神原则上的价值理性，把法律和法制作为管制、监控、规范和引导大学成员步入正轨的工具，形成了"应急使用"、空洞说教、"头痛治头，脚疼治脚"等不良的法治现象。现代大学法律文化，应该追求其工具理性与价值理性统一贯通的完美形态。

三、现代人本理念与大学法律文化的耦合与互动

全球化和后现代主义思潮对中国高等教育理念和中国大学精神文化产生了多方位的冲击和深层次的影响。全球化的时代呼唤普适性的价值和全人类共同的公平正义。在全球化和后现代主义的影响下，中国大学教育以人为本的理念核心正由"以尊重个性为核心，以促进个体充分、自由的全面发展为取向"，向"以全球伦理和全球普适性为背景，以可持续发展和生态性平衡的战略思想为基础，强调人与自然、与社会、与他人的和谐相处和受益共生"迁移。现代人本教育理念的这一精神与大学法律文化两者的价值取向有共性的耦合，又有相异性的互动。主要表现为：

共性的耦合主要表现为：首先，"和谐"作为理想化、道德化的利益关系，现实存在的状态是一种自由的秩序，是人本教育理念的终极追求。"和谐"作为一种客观化的交往规范，是社会规范所追求的根本目的，内在于法律的道德理念，是法律规范的直接追求，又是法律的上限道德要求。其次，人本理念下的人文精神，既要重视人的自然生命，更要关注人的精神生命。它要求人不仅仅为活着而活着，而是要有尊严地活着。这一尊严反映到法律上体现为人权，其核心是对人的自由意志的肯定和保护。

相异性的互动体现为：首先，人本理念支撑的大学精神文化对大学法律文化影响的必然性。下如马克思所言："法的关系正像国家的形式一样，既不能从它的本身来理解，也不能从所谓人类精神的一般发展来理解，相反，它们根源于物质的生活关系。"① 其次，现代大学法律文化对大学精神文化的维护与维持。人是一个双重的存在，既是社会的存在，又是个体的存在。因此，人的自由是以必要的制约为前提的。这种必要的制约就是大学法律文化的功能所在。

文化本身是不可复制的，但文化本身却的确是一个互动、整合并逐渐汇成一种成为某群体所认同的主流趋势的过程。大学法律文化和大学精神文化中的其他文化成分，正是通过互动和整合，进而推动大学精神文化的整体性变迁。同样，大学精神文化的核心性和外延性的变迁，必然会带动其内部成分的互动和变迁。

四、中国大学法律文化建设的必要性

中国大学法律文化重建的必要性有中国法律文化重建的大趋势要求，也有作为大学特殊区域的法律文化的个性需要。主要表现为：

第一，秩序与维持的需要。社会存在各种矛盾，具有一种无序化的发展倾向，大学作为社会性的一个区域同样如此。在社会生产力尚不够发达的社会主义初级阶段，市场经济在相当长的时间里还继续存在并高度发展，国家和法律还要长期存在并发挥着重要的调整社会关系、安排人们行为的价值功能。随着中国教育体制改革的不断深入，中国大学教育在某些方面不断推向市场，法律文化的调整和维持功能显得更为重要。人本理念所强调的"和谐"的大学整体秩序不仅是由个人行为追求行为之间的互动达致的，更是由行动者与表现为一般性抽象结构的大学行为规则之间的互动而形成的。

第二，历史与文化的需求。中国传统的法律文化，夏商以来经历了从"礼乐文明"至"礼法文明"再到"法治文明"的三大变迁。② 礼乐文明体现了基于人之为人的德性而蕴含的人文性，是中华民族远离野蛮、奔向文明的伟大创造；礼法文明是先进和文明的象征，是中国文化价值系统的核心。礼法结合是中国法律文化对春秋以来礼乐文明价值系统破裂的重建，法治文明则是形

---

① 《马克思恩格斯全集》第 13 集，人民出版社 1962 年版，第 8 页。
② 梁治平：《寻求自然秩序中的和谐：中国传统法律文化研究》，上海人民出版社，1991 年第 232～305 页。

势使然，是中国近、现代法律文化发展的文明性选择，这种新的替代进程在中国仍未完结。

第三，自由与平等的需求。处于萌芽状态的个人自由，不可能是与社会秩序相对称的独立的一极。人本理念对"自由"的界定和追求以和谐和可持续为前提的，追求的是秩序下的自然。自由和秩序一直被当作法律追求的两个基本价值目标，它们之间存在着一种内在的张力。其间张力的最大有效是大学法律文化的最佳形态。大学主体的平等意味着人格平等、政治平等、学术平等等。现实中平等与不平等是相伴而生的，自由有限度，平等是相对的。现代法治环境下，大学主体的平等性需要法律给予确认和保障，也只有法律能给对确认和保障。

第四，公平与效率的需求。公平和效率互为条件，互为前提。没有效率的公平是低层次的公平。大学运行过程中公平和效率的优先性选择问题，要看当时学校建设发展的主要矛盾。大学组织管理的最高效率的状态应该是不作为或不需作为。大学管理过程中，对主要矛盾的正确性选择和选择后公平或效率的实现，须有规范化、法制化的机制和程序作为保障。

五、中国大学法律文化建设的战略构想

未来的中国大学法律文化，必须以适应和促进个性的充分自由发展，大学各成员间的和谐共处、受益共生，学校整体和成员个体的可持续发展为目的，通过继承、摒弃、吸纳和整合，实现重建和创新。

第一，构建中国大学法律文化自由民主的基础平台。自由和民主给一个群体或民族带来的是一股蓬勃向上的生气和巨大的创造力，给每一个体昭示出一种全新的生活方式，将每一个体心底所潜藏着而被传统习俗和文化所压抑的激情和欲望点燃。社会主义法是建立在社会主义的公有制和人的自由发展的社会结构之上，充分体现了无产阶级和广大人民的共同意志和根本利益。中国大学法律文化要把真正的民主权利和自由扩展到每一个个体，让大学成员的广泛自由和权利在法律上得到确认和保证，并在实质内容上获得切实的保证。

第二，构建中国大学法律文化权利优先的核心取向。中国传统法律文化基于个体对群体的义务优先而发挥的抑制和处罚作用，在精神实质上肯定的群体而不是个体，优先的是义务而不是权利，重视的是抑制和管束而不是宣泄和引导，出现了群体对个体、血缘对事实、身份对契约、官方对民间的替代与否定的危险。历史和生活的事例，明晰地反映了古代中国人对"法"的理解一般都落在"刑"上，中国传统教育理念中有关"棒打出孝子"的陈旧思想，正是这传统法律文化观的一种体现。现代大学法律文化应该坚持权力优先，构建权利和义务双柱支撑的法治制度框架，在法治的实施形式和渠道上，健全相应的安全阀宣泄机制，实现教育优先的管理、引导并存的大学法治模式。

第三，构建中国大学法律文化宽容互动的动态结构。人类不同经验、智慧和理想的呈现，是人类走向更丰富、更平衡、更合理未来的重要条件。"人类生活乃是一个有机体，在它之中所有的成分都是互相包含互相解释的"①。在生活方式及价值观念方面，冲突与交融，是文明之长足进步或者根本转型的唯一动力，可以说少有冲突就少有进步，没有冲突就没有进步②。代表人类主流文化的文明都是在人类各主要群体的冲突和交融中形成的。

第四，构建中国大学法律文化法治特征的组织体系。"法治"不等同于"法制"或巨细无遗的完备法律体系，它真实的运作意义是一个共同体认同的一种精神和与之相适应的动态机制。法治同民主政治、自由、人权本身是一个有机整体，共同构建成一个有人情味的法律文化的基本框架，缺失其中任何一环，其余均不复存在，法律就成为一些人收拾另一些人的工具，而绝不可能实现"法治"。大学的"法治"，决不能仅仅依靠领导的个性品质（包括意志、品格、业务、组织管理能力等）和组织意志的法律条规，只能依靠大家合意而成的规则和规则的规范化运作。

第五，构建中国大学法律文化自由守法的法治氛围。社会主体的守法状态主要经历自在、自为和自由三个阶段③。自在阶段的守法主体表现为他律水平，主体与客体的关系呈现出适应性特征。自为阶段的守法主体表现为自律水平，守法主体与客体的关系表现为认同性特征。自由阶段的守法主体表现为自由的特征，个体德性和普遍的法律要求高度统一，法律的要求成为个体自己独立的价值目标，个体听从自己"内心必然"的支配。自由阶段，守法主体信仰的不是现实的法律条文，而是一种法律精神。黑格尔说："未受教育的人在一切事实中都听从暴力和自然因素的支配，小孩子不具有道德的意志，而且听从父母的摆布，但是，有教养的和能内省的人，希求他本身体现在他所做的一切事情中"④，大学成员是一个相对优秀的群体，属于"有教养的和能内省的人"，应该成为推进实现自由守法阶段的社会主要群体。

---

① ［德］卡西尔著、甘阳译：《人论》，上海译文出版社，1985 年第 226 页。
② 冯亚乐：《平等、自由与中西文明》，北京：法律出版社，2002 年第 9 月。
③ 曹刚：《法律的道德批判》，南昌：江西人民出版社，2001 年第 9 月第 173 ~ 178 页。
④ 黑格尔著、范阳译：《法哲学原理》，商务印书馆，1961 年第 92 页。

第六，构建中国大学法律文化继承创新的发展轨道。现代中国的法律源自清末"变法修律"，移自日本化的西方法律文化，在形式、内容和精神上，与中国的传统法律文化别为两种样式，与以传统文化为主流的中国大学文化有所背离。中国现代法律文化的重建，既要大胆的有选择地吸纳外来法律文化，在跳出自我的过程中找回自我；又要努力从自己的文化传统中寻求和继承推动现代中国法制建设的各种因素，以人为本，注重道德关怀，增强中国大学现代法律文化的人文性。通过继承与创新的耦合，实现传统、现代和全球法律文化的优质资源的整合再生，构建中国大学的绿色生态文明和和谐内存精神。

第三节　本章小结

大学生犯罪是大学文化变迁的一种伴生现象。大学文化的本体性缺陷和外界性、结构性、过程性冲突，是大学生犯罪的深层次"导火线"。在现代大学管理呈现法制化、科学化、程序化、民主化和人文化的主流趋势下，大学要加强文化建设，采取有效措施实施文化引导与教育，从而干扰或改善危机情景，有效预防犯罪。

针对大学法律文化存在边缘化、滞后性和工具理性倾向，大学要从适应秩序与维持的需要、历史与文化的需求、自由与平等的需求、公平与效率的需求角度，加快构建中国大学法律文化自由民主的基础平台、权利优先的核心取向、宽容互动的动态结构、依法法校的组织体系、自由守法的法治氛围和法律文化继承创新的发展轨道。

第二十章

职业院校的人文向度与文化消费

本章从分析职业院校经营管理的法律维度和人文向度入手，通过问卷调查，实证性研究职业院校学生文化消费的现状和对策。

高等职业教育的兴起是工业化发展到一定阶段的必然产物，也是高等教育大众化的要求。20 世纪六七十年代，发达国家的职业教育普遍出现了由中级向高级的上移。我国高等职业教育是党的十一届三中全会后改革开放的产物，始于 1980 年兴办的短期职业大学。1998 年，我国提出高等教育大众化后，在国家政策的支持下，高等职业教育得到了飞速发展。目前，高等职业教育的办学规模已经占有整个普通高等教育的半壁江山，为我国高等教育大众化作出了突出贡献。在高等职业教育飞速发展的情况下，职业院校的文化建设如何及时跟进，支持学校办学和发展，学校管理中又如何体现人文要求，运用文化力量，是当前高等职业教育面临的新课题。本章试从职业院校经营管理的法律维度和人文向度的分析入手，通过问卷调查，实证性研究职业院校学生文化消费的现状和对策。由于我国高等职业教育属于普通高等教育阶段中的"职业教育"，又属于职业教育中的"高等教育"，因此本章研究过程中，既参照了高等教育的相关法律文件，也参考了职业教育方面的相关规定。

第一节　职业院校经营管理的法律维度与人文向度

全球化和知识经济的兴起，促使知识的生产、分配和管理成为信息社会中经济增长与财富增长的关键因素①。20 世纪 80 年代以来，欧洲职业院校的改革基本上是在回应全球化和新公共管理中的经济、效率和效能的要求，出现了

---

① Castells, M. *The Rise of the Network Society.* Oxford: Blackwell, 1996.

"企业化院校"[①] 的趋势。所谓"企业化院校"是指改变原有的管理模式，用市场运作的理念，借鉴企业运作模式，推进院校的部分职能和部分职能部门企业化进程。

知识经济语境下，我国高等职业教育（以下简称"高职教育"）因为新教育消费观的影响引发了对知识传授的意义的重新解释，并因此改变着教育者（生产者）和受教育者（消费者）的行为。高等职业院校（以下简称"职业院校"）自觉或不自觉地加强与市场、企业的联系，市场导向、成本意识和经营理念正日益被职业院校的管理者所重视。一些职业院校和职业培训机构，正在努力促使知识传授与市场经营管理相结合，有的甚至直接以一种企业或商业实体的形象出现，开创了我国职业院校经营性发展的崭新格局。

一、职业院校的市场背景与角色选择

高职教育的发展环境和管理体制的变化迫切需要职业院校在遵循教育规律的同时，树立经营管理理念，学会按市场规律、经济规律办学。首先，高职教育日益紧贴人才市场需求，实现订单式培养，办学体制由计划经济体制逐步向市场经济体制转型，办学环境发生了变化，办学的自主权更大了，来自政府方面的体制保护和政策支持少了，这就需要职业院校在开放的市场环境中理智博弈，以赢得更多的教育资源。其次，职业院校的功能随着社会的演变不断发展和变革，服务对象和范围不断拓展，社会对高职教育的需求趋向多样化，投资热情也不断升温。这为职业院校经营性发展创造了有利的环境与条件。第三，职业院校的产学研一体化的需求更强烈，作用更明显，工学交替已经成为职业院校人才培养的重要模式。在办学规模扩张与政府经费缩减的矛盾性压力之下，职业院校只有积极寻求与产业界合作，通过产学合作、校企合作的方式，才能解决好办学经费的问题，同时更好地推动产业发展[②]，对经济建设和社会事业发展发挥越来越大的作用。第四，就业导向已经成为高职教育发展的主流导向，职业院校要"以服务为宗旨、以就业为导向"的方针，根据市场和社会的变化状况与趋势，有效地预测需求，切实转变教育观念和办学模式，调整专业结构，更新教学内容，改进教学方法，密切与企业、人才和劳务市场的合作，依托社会资源加快建设实训基地，推进实施校企合作、工学结合的人才培养模式，保持和促进自身的可持续发展。

---

① Clark, B. R. *Entrepreneurial Universities*. NY：Elsevier, 1998.

② 戴晓霞：《高等教育的大众化与市场化》，台北：高等教育出版社，2002 年。

市场作为协调机制，为职业院校建设发展带来了更多的选择、多样化的服务、筹措资源的多渠道，同时也扩大了职业教育消费者的选择权限，增强职业院校的自主管理、竞争生存的发展意识，促进职业院校降低管理成本和办学支出，增强职业院校作为教育服务供应者的反应能力①。因此，职业院校经营管理与发展的市场角色是具有双重属性的两个方面：一方面，作为社会制度的市场体系对职业院校的外部影响，在协调机制上对原有计划体制的突破，如增强职业院校办学的成本意识，提高教育消费者的选择能力，通过形成院校竞争达到质量的改善等等。在这一角色下，职业院校要打破传统学校与社会的界限，树立院校与社会互动融合、相互依赖的开放式办学理念，运用经营管理方法，多方向、多层次面向社会全方位开放。另一方面，作为协调机制的市场，其竞争与供求原则在职业院校发展过程中的具体化，促进市场成为职业院校新的资源配置渠道，增加来自民间的筹资②。这一角色下，职业院校必须眼睛向外，把一切可以利用的社会资源，为我所用。既要重视有形资源的经营，又要重视无形资源的经营；既要重视院校自身资源的经营，又要重视院校外部资源的经营；既要善于使用传统手段进行院校经营，又要积极使用现代化手段进行院校经营③。

二、职业院校经营管理的法律维度

改革开放以来，我国逐步从高度集中的计划经济向市场经济体制转型，职业院校的办学体制在逐步适应新的经济体制中发生了一些变化，其中最显著的变化就是办学自主权的扩大和经费渠道的多元化。改革开放 30 年来，我国先后召开了 6 次全国职业教育工作会议，其中"十五"期间就召开了 3 次，2002 年、2005 年，国务院先后颁发了《关于大力推进职业教育改革与发展的决定》和《关于大力发展职业教育的决定》，这些会议和文件既从政策导向上推进了职业教育的规模性发展，也从体制上推进了职业教育的市场化进程。《关于大力发展职业教育的决定》明确提出，职业教育要逐步形成"政府主导、依靠企业、充分发挥行业作用、社会力量积极参与，公办与民办共同发展"的多元办学格局和"在国务院领导下，分级管理、地方为主，政府统筹、

---

① 卢乃桂、陈霜叶：《20 世纪 90 年代以来中国高等教育改革中市场角色的研究》，《教育研究》，2004 年 10 月。

② 卢乃桂、陈霜叶：《20 世纪 90 年代以来中国高等教育改革中市场角色的研究》，《教育研究》，2004 年 10 月。

③ 马敏：《树立大学经营的新理念》，《中国教育报》2005 年 10 月 21 日第 3 版。

社会参与"的管理体制。这为职业教育的多元投资、多元办学和职业院校的经营管理提供了法律依据，打开了政策性口子，但还缺少规范职业院校经营管理和市场介入行为的流程性渠道。这就需要从法理角度，对职业院校保持一种不同于企业等其他社会组织的法律监督，构建能够确认市场在教育领域或其他公共服务领域的合法性的法理基础，对职业院校的经营管理行为做出明确的价值定位，对政府和市场的相互关系以及各自的作用领域做出明确的界定。

教育是非营利性事业，学校是非营利性组织，这是世界各国普遍予以肯定的一个事实。由于市场的驱动机制追求的是私益而不是公益，在这种情况下，如果缺少必要的市场限制，对私益的追逐就会演变成一种无序状态，市场和政府都会有"失灵"的情况。尤其是，我国的市场经济尚未成熟，相当多的规则还缺乏可操作性。教育作为一种公益性事业不能简单地等同于一般的商品，单纯依赖市场提供一种渠道不能平衡社会对教育的供求关系，为了保证教育的公益性质，必须对职业院校经营管理的私益追求和市场介入做出必要的限制，对办学者的行为进行必要的规范，特别是对资本的寻利性应该做出必要的限制并保持有效的法律监督。因此，我国推进职业院校经营管理和发展的同时要加快建设相关的法律保障体系。

三、职业院校经营管理的人文向度

职业院校是非营利性的公共社会服务机构，其经营管理主要是在亲和、理性的社会关系中，以开放的胸怀和理性的态度，不断吸纳、整合、创造和筛选社会的积极性因素和优质资源，通过对其拥有的或可控制的资源进行优化配置、整合，达到提高资源使用效率和运作效益目的等一系列筹划营谋活动。其核心取向是开源节流、盘活资产，实现资产的保值和增值，改善办学条件和环境，更好地服务于学校的教学科研，服务于人才培养。其中，为师生提供更好的服务，是职业院校经营发展的出发点和落脚点。

近几年来，职业院校经营管理中的人本意识得到不断加强，人文关怀的保障体系不断健全。例如，职业教育推行工学结合、校企合作的培养模式，学生在第三学年到企业等用人单位顶岗实习，或者采取更加灵活的工学交替的方式顶岗实习，让学生通过顶岗实习，获取一定的报酬，用于支付学习和生活开支。这样既能够减轻学生求学的经济负担，帮助职业院校学生完成学业，又有利于促进职业教育与生产劳动、社会实践相结合，提高学生的职业道德素质和职业技能，促进学生全面发展。教育部印发的《中等职业学校学生实习管理办法》要求在实习期间建立健全辅导员制度，定期开展团组织活动，加强思想政治教育和职业道德教育，安排好学生的业余生活，组织开展丰富多彩的活动。特别要做到"五个不得"：不得安排一年级学生到企业等单位顶岗实习；不得安排学生从事体力劳动强度过大和有安全隐患的实习劳动；不得安排学生到酒吧、夜总会、歌厅、洗浴中心等营业性娱乐场所实习；不得安排学生每天顶岗实习超过 8 小时；不得通过中介机构代理组织、安排和管理实习工作。这些规定都充分体现了对职业院校学生的人文关怀。职业院校不能因为市场介入，而忘却人文关怀，要采取切实有效的措施，把政策要求落到实处。只有这样才能树立职业院校的良好形象，赢得社会的信任和更多的支持。

四、职业院校助学机制中的市场诉求

相对于普通高校而言，职业院校需要更多的人文关怀。职业院校尤其是中等职业学校的大多数学生来自农村和城市经济困难家庭。据统计，目前中等职业学校在校生中 90% 以上来自农村和城市中低收入家庭，其中贫困家庭学生约占 30%。国务院《关于大力发展职业教育的决定》和 2005 年全国职教工作会议明确提出要建立职业教育贫困家庭学生助学制度，随后中央财政计划"十一五"期间出资 40 亿元，每年出资 8 亿元资助贫困家庭学生。2006 年 5 月，国务院出台了《关于建立健全普通本科高校、高等职业学校和中等职业学校家庭经济困难学生资助政策体系的意见》，同年 6 月，财政部、教育部联合印发了《关于完善中等职业教育贫困家庭学生资助体系的若干意见》和《中等职业教育国家助学金管理暂行办法》两个文件。这一系列意见和办法对依法办学、规范管理的民办中等职业学校，在政策实施上和公办学校一视同仁，是政府对职业院校学生人文关怀的最好体现和有力保障。

职业院校助学政策体系的健全，并不是说终结职业院校的经营管理。恰恰相反，需要更加合理、更加有效的经营管理。《中等职业学校国家助学管理办法》设计的是一个以政府为主导、公共财政为主体、社会各方参与、多元化助学手段并举的助学政策体系，主要包括国家助学制度、优秀学生奖学金制度、以学生参加顶岗实习为核心的半工半读助学制度、学费减免制度、助学贷款或延期支付学费制度、多种形式的社会资助制度。其中除了国家助学制度和学费减免制度外，均与社会、市场直接联系在一起。例如，优秀学生奖学金制度中的专业奖学金和定向奖学金主要由地方政府、相关行业企业安排专项资金设立，半工半读助学制度需要行业、企业的支持，助学贷款制度需要金融机构的支持，多种形式的社会资助制度的形成更是需要金融机构、社会团体、企事业单位以及公民个人的积极参与。这就要求职业院校和教育主管部门加强与社

会、行业、企业的联系和协调。

职业院校经营管理是职业院校发展战略的重要组成部分，人文与法律的协和程度，决定着职业院校的和谐程度。对于政府而言，寻求职业教育投入渠道多样化，并不意味着政府责任的削弱和退化，相反政府要进一步增强责任意识。对于职业院校而言，要进一步增强自主经营管理的自律意识。自律是保障职业院校持续发展的重要手段。职业院校经营管理自律的核心是办学职能自律、办学秩序自律、教育质量自律和学术研究自律，建立院校自律的运行保障机制。对于院校领导者而言，应该做到不仅仅要懂政治、懂教育、懂管理，还要懂市场、懂经营，具备一定的策划和营运能力，更要以人为本，重视人文关怀，善于激活、调动各种积极因素，使学校更加具备竞争能力和造血功能。只有以就业为导向的经营管理和以学生为本位的人文关怀相耦合，发展的路子才会越走越宽，才会走出一条充满活力的中国特色职业教育发展之路。

第二节　高职院校学生文化消费现状分析与应对策略

在经济快速发展、社会加快转型、竞争日趋激烈的时空背景下，高职院校校园内外丰富多彩的文化消费场所把学生引入一个"大千世界"，面对电脑城、歌舞厅、游戏厅，面对报纸、新闻、电影、广告等媒体提供的一系列消费形象和象征，学校如何利用主流文化，引导他们去审美、幻想、消费、享受，是高等职业教育面临的一个重要课题，也是高职院校学生健康成长的一项重要需求。

在世俗化消费观念的影响下，高职院校学生开始放弃传统精英文化用人生的价值、历史的意义、人的终极关怀等深度价值取向构造的理性文化或理想文化空间，越来越贴近衣食住行、饮食男女等原生态的日常生计，自觉或不自觉地接受以"此时此刻"为关切中心、以"吃喝玩"为基本内涵的文化消费内容与模式①。

本节从文化消费的角度，以江苏镇江高职院校为样本，实证性研究当前高职院校学生的文化消费现状，并提出针对性的措施。首先，从高职院校学生文化消费体验的调查入手，获得文化消费现状及其满意度的第一手资料；其次，根据收集和统计到的数据，研究分析高职院校学生文化消费的总体特点；然

---

① 衣俊卿：《文化哲学十五讲》，北京：北京大学出版社 2004 年第 302 页。

后，探究影响大学生消费行为和消费体验的主要因素；最后，从高校教育和管理方面，提出文化建设、文化供给的针对性对策和建议。

一、高职院校学生文化消费现状的测量与分析

江苏镇江三所高职院校分别为：镇江高等专科学校为老牌专科学校，具有近百年的办学历史；江苏农林职业技术学院为中专升格的高职院校，系全国示范性高职院校；金山学院为民办高职院校。这三所高职院校较好地代表了当前我国高职院校的三种办学形式。本节对三所高职院校的学生进行了抽样调查，主要是按照"自发性均衡量表"（见表13－3）和"自觉性供求均衡量表"（见表13－4）中的相关指标和 Likert5 分评价标准进行测量分析。调查结果显示：

高职院校文化供求过程中呈现出较为明显的自发性均衡特征，学生文化消费的选择空间较小，自主性程度偏低。在文化选择上，64.3%的学生经常实施"不知道为什么要实施"的指令，62.6%的人觉得学校所定的文化消费价格没有或很少征求自己的意见，55.8%的学生往往因为价格因素感到囊中羞涩，50.2%的学生因为价格原因降低文化需求，51.9%的人经常为已经发生的文化消费后悔而又无奈。这些数据说明，高职院校学生作为一个以求知为主要任务的知识型群体，文化消费意识较强，需求量较大，但是由于学校供给体系的封闭性和个人可支配经费的有限性，加之存在一些攀比心理、奢侈消费现象，因此一些同学经常因为文化消费而感到囊中羞涩。

高职院校文化供求过程中的自觉性均衡特征较弱，表明学生参与调节文化供求关系的主体性不强，消费满意度不高。具体特征为：只有21.3%的学生认为学校文化供给信息是公开的，29.5%的学生认为自己有权力和机会对学校发展目标等内容提出建议，28.3%的学生认为学校和老师尊重他们的选择和个性消费，28.0%的学生认为自己可以在多样化的文化消费形式中选择自己所喜欢的，27.8%的学生对文化消费觉得物有所值，22.6%的学生在学校有舒适感。上述数据表明，高职院校在文化供给过程中存在着一些缺陷，有待于进一步尊重学生的个性需求，丰富文化消费内容和形式，引导学生参与学校文化建设并共享文化成果。样本数据中，学生选择"无所谓"这一答案的比重较高，3 项超过50%，2 项超过44%，最低 1 项为38.2%，由此可见，高职院校学生对文化选择的判断能力和文化消费的评价能力有待于进一步提高。

二、高职院校学生文化消费现象的归因分析

组织行为学认为，影响组织文化供求现状的内部因素主要有创始人、组织

管理者、工作群体、组织特征等，外部因素主要有政治法律环境、经济环境、民族文化、产业特征等①。本节从学校培养目标、校长、学校传统、制度、管理方式、家庭、自身期望值、外界环境等八个方面，按照"没有影响"、"影响一般"、"影响较大"、"影响很大"四个等级，进行了调查，测量结果如表20－1所示：

表20－1　影响学生文化消费体验结果的因素

资源要素	影响很大	影响较大	两者相加
学校培养目标的影响	33.6	15.6	59.2
校长的影响	11.3	6.1	17.4
学校传统的影响	58.4	16.7	75.1
学校制度的影响	53.1	8.6	61.7
学校管理方式的影响	43.2	16.3	59.5
家庭因素	49.3	8.4	57.7
自控能力、期望值偏高等自身因素	9.4	12.5	21.9
学校外界环境的影响	26.4	3.9	30.3

学生认为影响其文化消费体验的主要因素依次为：学校传统（75.1）、学校制度（61.7）、学校管理方式（59.5）、学校培养目标（59.2）、家庭（57.7）；而外界环境、自身期望值以及校长的影响偏低。这一调查结果一方面表明高职院校在文化积淀、人才定位、管理体制等方面存在不足，另一方面表明高职院校学生对外部影响的感知较为敏感，而自身的内部认知能力偏低。

事实上，大学生文化消费现象取决于各种因素的综合作用，学校的文化环境与导向、学生入学前的家庭背景、所在区域的消费观念、学生自身的状态等等，对学生的文化消费都会产生影响②。根据问卷调查结果和学生自身客观存在的不足，可以将影响高职院校学生文化消费的主要因素归纳为四个方面：

第一，高职院校的文化底蕴。问卷调查显示，75.1%的同学认为学校传统对自己的文化消费影响较大。当前，我国大部分高职院校是由中专校升格而成

---

① 谭昆智：《组织文化管理》，北京：北京大学出版社2008年第98～100页。
② 吴文伶：《基于马斯洛理论对大学生月消费满意度的探讨》，《中国冶金教育》2010年第1期第74～76页。

的，缺少大学文化传承的延续性和文化创造的生命力，缺少大学文化应有的背景、品位、追求和路向。正由于大学文化的缺失、职教文化的稚嫩、办学定位的模糊，导致其在教育价值判断上困惑和摇摆，甚至造成高职院校的"文化滞差"和文化堕距现象。所谓文化滞差，是指精神文化滞后于物质文化的变迁；所谓文化堕距，是指非物质文化与物质文化相互不适应，存在时间上的差距。目前，高职院校的占地面积、校舍建设均已基本适应大学办学需求，但是文化建设和文化引导工作相对滞后，因此出现文化供给内容不丰富，学生文化选择空间小的不良现象。

第二，高职院校的运行机制。问卷调查中的"学校制度"和"管理方式"同属于运行机制的范畴，60%左右的学生认为两者对其文化消费和文化体验的"影响较大或很大"。究其原因，中专校升格而成的高职院校，仍然在中职教育的传统轨道上运行，学生延续了在中职教育中的被动性习惯，缺乏思想的自律、道德的约束、行为的规范和良好的习惯，缺乏作为任务主体的责任意识，缺乏开放环境中应有的良好行为习惯，出现原有文化习惯和大学文化建设的不相适应现象。因此，学生习惯于被动接受，在新的文化环境中，自主性较低。

第三，高职院校的生源特征。高职院校学生属于高考后批次录取学生，与普通本科类院校学生相比在学习习惯、学习能力、学习方法上存在着差距①，难以有效驾驭自己。大部分学生来自农村，对城市生活充满向往。一旦进入大学相对宽松的环境中，被压抑的生命力会一下子得到释放。学校内外的文化冲突导致学生找不着方向，不知道如何享受"自由"。如果缺乏主流文化指导，他们会更加缺乏自控力，在多元文化和文化冲突之间难以做出正确的判断和选择，或者自立目标，或者思想麻木，或者随波逐流，形成"我行我素"的个性化行为方式。因此，高职院校学生文化消费的舒适感偏低。

第四，高职院校的价值取向。学术逻辑是大学机制的主导逻辑，"教授治校"是大学治理结构的根本特征，这些因素决定了大学必然形成以学术价值为文化轴线的组织特征，决定了大学文化建设、供给上的方向和呈现出的总体特征。高职教育"以服务为宗旨、以就业为导向"，从实用主义的立场出发，在忠诚、敬业、贡献、绩效、成本等元素的基础上，构建了务实的人才观，导致学术力量在高职院校治理结构中基本处于"自然状态"，学术力显得相对虚

---

① 张琦、王成云：《高职校园文化建设探索》，《中国职业技术教育》2009 年第 36 期第 73～74 转 78 页。

弱，而职称、职务、课时费等成了占支配地位的催生力和助长剂。教学的核心目标锁定在"技能"这一现实主义的需求上①。因此，学生进入高职院校后，往往觉得自己所在的高职院校缺少大学应有的文化氛围，满意度偏低。

三、高职院校学生文化消费的应对策略

第一，坚持中国特色社会主义的文化导向。大学生是中国特色社会主义现代化建设的重要力量，他们的思想信念、道德水平、文化取向决定着国家的前途。因此，不管是普通本科院校，还是高职院校，在文化建设和文化供给上，首先要确立中国特色社会主义的文化导向，通过思想引导、政治教育和先进文化的熏陶，引导学生树立正确的人生观、价值观，培养学生良好的个人修养，增强学生的科学消费意识，从而确立正确的消费道德观、消费价值观和文化消费观，养成健康文明的文化消费习惯和消费方式，对和谐校园建设和社会事业发展产生积极的促进作用。

第二，理性思考高职院校文化的定位和取向。大学的价值观内核是引领学生"追求梦想和希望"，因此大学必须立足完美主义的立场，在理想、全面、科学、结构、学术等元素的基础上，设计现实，引领发展。高职教育强调以就业为导向，其培养目标和教学活动必须紧贴现实，顺应需求。社会应用型人才需求往往把稀缺性、适用性以及人力资源的使用成本作为主要的人才选择。高职院校作为大学的一部分，要理性地处理好普通高校和高职院校两者之间在理想追求、人才规格等方面的差异，遵循高等教育的普遍规律，凸现高职教育的基本特征，高品质地规划和建设学校文化，务实性地设计和实施教学活动，努力促使高职院校学生在文化体验和技能训练两方面同时、协调进步。

第三，自觉加强文化的积淀与建设。文化只有通过长年累月的积累，才能形成自身的特色和优势，实现文化的延续与发展。文化底蕴深厚的大学正因为其自觉积淀文化资源，才有今天的文化魅力。高职院校在建设发展中，首先要尊重自身的传统与历史，并在对传统文化的保护和发展中享用它；其次要自觉积淀文化资源，在新一轮的建设发展过程中，除了要积累固化的物质资料，更重要的是要注重积累无形的文化资源；三是要科学规划，加大投入，加强文化建设，通过不断积淀和建设，丰富学生的文化消费内容，提高学校文化品位和层次，高质量地满足学生文化消费需求。

---

① 吴扬：《试析高职教育的文化冲突》，《中国职业技术教育》2010 年第 3 期第 29～31 转 51 页。

第四，引导学生提升文化需求层次。高职院校的文化供给有三个层次的目标：一是满足学生文化消费的基本需求，二是引导学生文化消费行为，三是提升学生文化需求层次。作为文化供给主体，高职院校不仅要努力满足学生的文化需求，更重要的是要针对高职院校的学生特点，引导学生正确地选择文化消费内容，提升学生的文化需求层次，引导学生树立科学健康的消费观，提高学生文化消费的层次和品质。因此，高职院校在加强自身文化建设的同时，要重视和加强对在校学生文化消费观念和消费行为的正确引导，根据学生文化消费状况的新变化和出现的新问题，做好学生的文化消费引导工作，倡导适度消费、计划消费和合理消费。根据自己的经济能力，确定合理的消费期望，以智力投资和学习消费等教育型文化消费为主导，生活消费为保障，娱乐以及其他的文化消费为补充，培养良好的消费习惯，提高文化消费品质，促进个体的身心愉悦和可持续发展

大学文化供给系统不是一个独立、封闭系统，大学生文化消费行为和体验也不仅仅与学生群体、学校有关，而且与家庭、社会环境以及大众媒介等因素有着密切的关系。只有全社会行动，学生、学校、家庭多方协调合作，朝着符合学生个性发展需求的方向，加快构建更加民主、和谐、积极向上的文化供给体系，引导学生积极参与文化建设，自觉提高审美，科学享用文化，为自身的全面发展和可持续发展养成良好的文化消费习惯，奠定坚实的文化素养基础。

第三节　本章小结

教育是非营利性事业，职业院校也是非营利性的公共社会服务机构。在以就业为导向的市场性驱动机制下，职业院校用市场运作的理念，树立经营管理理念，学会按市场规律、经济规律办学，借鉴企业运作模式，追求的是公益而不是私益，旨在改善办学条件和环境，更好地服务于学校的教学科研，服务于人才培养。因此，职业院校在经营管理过程中要不断增强人本意识，拓宽、健全人文关怀的实施渠道和保障体系。

目前，职业院校学生文化消费的选择空间小，自主能力弱，满意度低，究其原因主要有高职院校的文化底蕴、运行机制、生源特征和价值取向等因素。因此，职业院校要进一步坚持中国特色社会主义的文化导向，理性思考高职院校文化的定位和取向，自觉加强文化的积淀与建设，引导学生提升文化需求层次，促进学生的文化消费活动更加理性，更加科学，更富成效。

第二十一章

校企合作与远程教育的文化建设

本章分析了校、企文化的差异和现代远程高等教育的文化现状，提出了校企合作中的文化互惠策略和现代远程教育中的文化建设方略。

目前，我国大学文化研究更多地偏重于普通高校的大学精神和校园文化研究，而对大学文化的一些边缘区域和前沿变化研究不够。本章试探性地研究校企合作与现代远程高等教育的文化现象、文化取向，提出针对性的建设措施，进一步完善大学文化研究体系，充实大学文化研究内容。

第一节　校企合作的文化取向与文化吸纳

校企合作是高校发展的必然趋势，是经济发展对教育提出的客观要求，也是高校生存、发展，提高人才培养质量的内在需要。校企合作中，学校文化和企业文化必然会存在一些碰撞和交融。运用企业文化的有益影响，促进学校发展，成为高校尤其是高职院校在校企合作办学中的一种新取向，同时又是校企合作朝着纵深方向不断推进的新抓手。

一、学校文化和企业文化的差异

企业文化和学校文化的内涵有很大差别，甚至还存在一些相抵触的地方。企业讲究实际，以赚取利润为目的的，由于竞争激烈，面临淘汰的危险，对市场敏感，经常根据市场的变化调整计划，强调时效性和办事效率。而学校需要坚实的底气，需要稳固、宁静的治学氛围，容不得浮躁，内部关系也相对比较单纯和稳定。学校文化和企业文化的矛盾可以说是"静"和"动"的矛盾。尤其是研究型大学，主要任务是培养人才，开展原始性创新，与企业的差异十分明显。有专家曾对校企合作表示担忧，认为企业文化会冲击学校文化，最终会影响教育的原始性创新。

比较国际高等教育而言，在高等教育不断强调市场导向和就业导向的过程中，企业文化对学校的影响是必然存在的。例如，澳大利亚 TAFE 学院早已普遍使用了"产品"和面向市场的"服务"概念，不断增强服务意识，提高服务能力。近几年来，我国高等教育逐步实现投资主体多元化，教育面向市场化，学校文化在很多方面开始学习和借鉴企业文化，提出了竞争求得生存的理念、管理增加效益的要求和"酒好也怕巷子深"的推销意识等等。高校毕业生也开始像企业产品工于包装一样，"包装"、"推销"自我。

二、文化交融是校企合作纵深推进的动力

任何一种区域文化（如学校文化、企业文化等），都是这一区域长期积淀下来的传统或形成的一种取向。学校或企业经过几十年、上百年的办学或经营，形成了这所学校或这个企业的传统文化。行为一旦积淀成文化，就可作为运行力存在，不知不觉地影响着群体活动的行为趋向和行为效果。但是，文化的本质不是既成的事物，不是一成不变的，而是流变的过程。这种流变，能够带动其内部成分的互动和变迁①。校企合作中，学校文化作为经过长期积淀的本体文化，对学校的一切成员和实践活动的影响力是深刻而持久的；而企业文化作为一种客体文化，它的渗入（包括它与学校文化的碰撞与交融）促进了学校文化的流变，进而带动学校成员和行为的变迁。

校企合作中学校文化与企业文化发生碰撞和交融是必然的，也是必需的。关键是怎样把两种文化的碰撞力，更好地转变成推进校企合作、促进学校发展和学生成长的持续动力，并让这种动力最大化。从文化视角看，管理就是管理者利用、设计、培植一种文化，形成一种环境，通过这种环境，去规范、协调、激励人的行为，从而实现目标的过程。

三、文化吸纳是校企合作的更高追求

学校与企业的合作，必须建立在双赢的基础上。但是仅仅建立在"经济效益"双赢上的合作，是脆弱的。校企之间深层次的交流与渗透，最终达成文化层面的相互交融和相互依恋，这样的合作才是长久的，有生命力的。

目前，我国主要有三个层次的校企合作：一是浅层次合作，学校按照企业需求确定专业方向，在企业建立实习基地。二是中层次合作，学校为企业提供咨询、培训等服务，建立横向联合体，成立董事会，形成多元投资主体；建立

---

① 冯亚乐：《平等、自由与中西文明》，北京：法律出版社，2002 年第 9 月。

专业指导委员会，根据企业需要，制定、调整和优化专业教学计划。三是深层次合作，学校与企业相互渗透，针对企业的发展需要确定科研方向、进行成果转化，企业主动向学校投资，建立利益共享关系，真正实现"教学—科研—开发"三位一体①。三个不同层次的校企合作，取向各有侧重，也都存在相互间的文化交融与互动。但是，文化互惠在传统的校企合作中，一般只是作为校企合作的一种伴生现象和附带取向。

随着校企合作愈加广泛和深入，校企之间文化的互融、互动、互惠逐渐成为校企合作的新取向。尤其是一些与企业合作已经具有良好基础的高校，开始把文化吸纳作为主导性取向之一，从而带动合作不断朝向纵深方向推进。如浙江宁波职业技术学院等职业院校，开始把宣传企业理念和企业精神作为合作办学的重要内容和取向，不断加强内涵式的合作，提升校企合作的品质和水平。

校企合作办学过程中，企业文化对学校文化的影响主要表现在两个方面：

一是企业文化对学校管理的影响。随着校企合作的不断深入和高校管理理念的更新，企业文化对学校管理的影响愈加广泛、深刻。一些高校尤其是高职院校开始加强与市场的衔接，吸纳企业经营管理的理念，像企业选择经营方向一样选择办学方向，运用企业开拓营销模式的理念改革办学模式，尝试多元化、多渠道的投资运作机制，积极融入区域经济，努力寻求新的发展空间。例如，浙江宁波职业技术学院用企业名称冠名系，聘请企业领导兼任系主任，在系部推行企业化管理模式；在宣传工作方面，打破传统的部门设置模式，成立"新闻策划中心"，定期出"新闻年刊"，像宣传企业一样宣传学校。一些学校还用企业名冠班级名，为学生进入企业开辟绿色通道，通过进入企业冠名班学习或进入其他企业定向实习后实现直接就业②。

二是企业文化对学生成长的影响。校企合作过程中，直接受到企业文化影响的对象是学生，对于学生素质尤其是职业性综合素质的提高起到了很大的促进作用。例如，浙江宁波职业技术学院，在校园内很多地方张贴了体现和反映企业文化的宣传标语，广泛宣传"敬业才能有事业"，"今天不努力学本领，明天将努力找工作"等理念，根据企业对员工的要求，要求学生的发型、衣着和举止，为毕业时实现"零距离"适应企业、适应社会奠定基础。有的学校实施与企业接轨的实习管理制度，要求学生在学校的实训车间统一着企业实

<hr />

① 雷世平：《高职校企合作亟等解决的几个问题》，《中国教育报》，2005年3月10日第3版。

② 过维义：《引入企业经营理念打造全国一流职校》，《中国职业技术教育》，2005年第2期。

习装，开展师生与企业员工同场竞技的一些文体活动，让学生在学校内感受到的是浓厚的企业文化熏陶，接受的是具有企业特色的文化教育，领悟到的是企业的文化内涵和企业的团队精神。

四、文化耦合的追求和理想

学校文化与企业文化的耦合，是校企合作中文化互惠的追求和理想。校企合作中，校企双方要树立开放、温和、宽容、理性的文化观念，构建和谐、互动、耦合、提升的动态结构，才能最大限度并持续不断地发挥文化的推动力。

首先，要树立开放、温和、宽容、理性的文化观念。校企双方要超越区域性的本位需求，积极构建有利于促进双方文化公平表达与多元传播的平台。开放，要求校企双方解放思想，打开门户，自觉、主动接受多元的价值观和文化。温和，要求校企双方以科学的态度，平等地对待对方的文化，没有偏见和偏激地对待双方文化的冲突与交融。宽容，要求校企双方求同存异，客观对待客体文化的一些相对性的缺陷和不足。理性，是校企合作中文化交融和互惠的最高境界，要求校企双方理智地选择并耦合双方文化中的有利元素，实现学校文化与企业文化的互惠和互动。

其次，要构建和谐、互动、整合、提升的动态结构。文化是不可复制的，但是文化本身又是通过互动、整合，逐渐汇成群体所认同的一种主流意识。学校文化和企业文化在相互间的碰撞、互动和整合中，经过吸纳和提升，可以形成一种有别于一般意义上的学校文化和企业文化，更具有生命力和感染力的区域文化。校企合作过程中，要构建开放性、动态性的文化结构，随着校企合作的推进和发展，实现两种文化的不断融合、提升和创新。良好的校企合作过程，应该是学校文化和企业文化和谐、持续的流变过程。在这一过程中，双方共同营造并合理共享双方的文化。

五、学校在文化吸纳中的选择和拓展

学校文化和企业文化既存在差异和冲突，又可以交融和互动。学校在吸纳企业文化过程中，既要加强衔接，又要有所隔离，要在学校文化与企业文化之间建立一个具有过滤作用的屏障或者一个平缓过渡的平台，让企业文化中有利于学校发展和学生成长的文化成份，接近或渗入学校文化，同时有效地隔离企业文化中的不利成份。

首先，文化吸纳中学校要充分考虑双方的文化背景。学校如果不考虑本体文化的特征和对方的文化背景，企图全盘引进企业文化，替代本体文化，从而

规范与企业具有不同文化背景的师生员工的行为，是行不通的。一所民主氛围很浓厚、师生能通过很多渠道参与管理的高校，要采用一个严格的企业化控制系统（包括管理理念和制度文化），其结果注定要挫伤师生员工的积极性，影响办学质量。学校在与企业的合作中，不能仅仅把企业的硬件条件、经济效益和资助能力作为选择合作的前提条件，还要对企业文化进行前馈控制，超前了解所要合作的企业的文化背景和文化特征，选择文化适宜的企业进行合作。

同时，学校还要考虑本体文化的可承受性和可融合性，不能为了适应市场和合作，不顾自我地吸纳企业文化，最终导致本体文化的削弱甚至丧失。江苏省常州大学城，有一所理工科类的本科院校和五所高职院校组成，整个园区注重社会、经济、教育、科技的结合，突出"共享"与"开放"两大特点。在这样一个美丽而且充满现代化气息的大学城，没有宣传企业文化，更多的是在注重和加强学校文化的建设和宣传。作为一所在常州市武进区湖塘镇新建的一个崭新的大学园区，本身的文化积淀是十分有限的，如果急于吸纳和宣传企业文化，结果往往是适得其反。因此，常州大学城正如在其宣传画册的扉页所说的，是"注重内外开放，突出资源共享，凝炼校园文化"。

其次，学校在吸纳企业文化中要注重拓展。校企合作办学中，学校不能原封不动或者死搬硬套地引进企业文化，要对适宜学校发展需求的企业文化进行适当的修缮和拓展，让其更好地为"我"所用。例如，对于我国一些职业院校提出的"以顾客为中心"、"顾客就是上帝"的企业化办学理念的理解问题，应该比较国际上的不同认识，紧紧联系我国高等职业教育的实际，创造性地对学校的"顾客"给以更为全面的界定。企业的"顾客（customer）"可以界定为"接受产品的组织或个人"。20世纪90年代，韩国的高职教育在与企业的紧密合作中，出现了"顾客导向"（Customized Education）的定制培养模式。韩国高职教育的"顾客导向"是指学院将企业作为顾客，除了与企业在人力、物力资源上合作，而且还要按照企业需求改造教育环境①。高校的"顾客"与企业的"顾客"应该有所区别。前者应该是利益"相关方（interested party）"，即"与组织的业绩或成就有利益关系的个人或团体"。也就是说，学生和家长都是学校的顾客，而且是最主要和最重要顾客②。因此，高校尤其是职业院校要树立"教育就是服务"的思想，把学生、家长及社会用人单位作为

---

① 阮艺华：《培养"就业者"的韩国高职教育模式》，《中国职业技术教育》，2005年第6期。
② 韦舟：《谁是职业学校的顾客》，《中国职业技术教育》，2005年第17期。

"消费者"、作为"顾客",把保证和不断改进对学生及其相关消费者的服务成为学校的核心功能,努力维护好自己的顾客群。

校企合作中,不仅仅是企业文化对学校发展产生影响和作用,学校文化同样会对企业发展产生作用。两种文化的交融,既是促进校企融合,加强校企紧密性合作的途径和载体,又是双方在校企合作中的一个受益内容。校企双方都应该加强对客体文化影响的筛选,主动、理智地吸纳客体文化,促进本体文化的良性流变,带动和促进本身的进步和发展。

第二节 现代远程高等教育中的文化理性

现代远程高等教育是伴随着现代科学技术发展和人民群众接受高等教育的愿望不断提高而产生的,基于网络、电视等媒介而形成的一种高等教育模式,是高等教育大众化和普及化的重要途径。目前的办学主体主要包括两大类别:一是学府型主体,主要包括中央、省、市、县广播电视大学和大学院校的远程高等教育学院或继续教育学院等;二是机构性主体,指没有传统意义上的物化校园(不排除有固定的办公场所),主要依靠网络和电视等媒介进行间接或直接培训的教育机构。

教育是一种传承文化,创新知识的载体。现代远程高等教育作为一种特殊的教育形式,同样担负着传承文化、创新知识的使命,应该自觉地加强文化建设,挖掘文化资源,理性、充分地运用和发挥大学文化在现代远程高等教育中的引领力和感染力。

一、现代远程高等教育中的文化缺失与定位

大学文化是教育的物质文化、行为文化、制度文化和精神文化的综合体,是大学教育教学活动的总规则,自觉或者不自觉地影响着教育的发展,在潜移默化中左右着教育的方向,影响着教育的行为。传统的大学文化是以大学校园为基础和载体的一种显文化,而现代远程高等教育突破时空限制,通过网络、电视等媒介把学校的教学资源输送给学习者,相对于基于物化的大学校园的传统教育而言,缺失天然的文化基础和载体[①]。网络环境中,各种外源性文化内容扑面而来,本土的、传统的大学文化的发展脉络被打乱,导致现代远程高等

---

① 赵沁平:《大学需要文化 文化需要大学》,《中国高等教育》2007 年第 9 期第 19~21 页。

教育中的文化呈现出技术化、空壳化、相对化、外在化倾向。

目前，国内外关于远程高等教育的研究，更多地集中于网络技术如何为教育资源的自治与共享（例如通过 HTTP 和 HTML）、学习活动的合作（例如通过各种通信工具）提供基本技术条件以及教学资源进行交换和共享，对于远程高等教育如何构建文化、怎样向学员输送文化、如何自觉发挥文化影响力的研究还比较薄弱。由于现代远程高等教育缺乏文化的物化载体，加之在当前的迅速发展过程中缺乏系统的文化研究和跟进策略，其文化建设相对滞后，教育实践内容和过程缺乏相应的文化意境①，致使传统的大学文化在现代远程高等教育中渐被忽略。同时，多媒体的信息科技改变了教学方式和活动载体，也动摇了传统的校园观念、办学理念和规章制度，致使传统大学蔚为特色的大学文化在远程高等教育活动中日渐式微。甚至有一些学者，对现代远程高等教育能否自觉地构建大学文化和能否理性地向学习者输送大学文化的问题上，持否定态度。

从文化存在的角度来看，大学文化和校园文化是两个不同的概念。它作为一个整体，既有师生共同生活与学习的场所及其物质形态，又有着在历史过程中形成的、影响和制约着师生言行的制度文化，还有师生日常学习、工作、生活中所表现出的习惯和方式等方面的行为文化。因此，传统的文化结构主要包括精神文化（价值观、信念等）、制度文化、物质文化和行为文化四个层面。学府型的现代远程高等教育主体，如中央、省、市广播电视大学一般都有固定的办学地址和校舍，具有传统意义上"物化"的校园文化，但是对远程教育学员影响的路径和程度，不同于全日制在校学生。机构型的现代远程教育机构，虽然没有传统意义上以固化的校园、校舍为载体的"校园文化"，但宽泛意义上的大学文化还是存在的，例如说办学目标与理念、教师通过网络或电视所表现出来的知识水平、教学风格，还是远程教育中相应的制度文化、考试文化、学员文化等等。

从文化追求的角度来看，教学资源的共享与交流，是较低层次的追求，而在更大范畴内实现文化资源的共享与多渠道交流，才是现代远程高等教育的更高追求。这是一种必然趋势。这就跟校企合作一样，一开始也许纯粹是为了利用高校的科研优势促进企业的技术创新，利用企业的设备优势和真实的生产环

---

① 王继华、任建华：《教育新文化：校园文化建设的第二次提升》，《中国教育报》2006 年 6 月 17 日第 3 版。

境促进学生获得实践经验，当合作到一定阶段之后，更多的则是为了吸纳对方的理念、行为、制度等文化层面的内容。

二、现代远程高等教育的文化结构

传统大学文化一般从文化载体的角度划分为六类：一是环境载体，包括校园设计、景观建筑；二是理念载体，主要体现学校的育人取向，具体表现在校训、校歌、校徽、教育理念、育人目标、价值追求等层面；三是活动载体，这是动态的校园文化，包括校庆、纪念日、班（团、队）会、升旗仪式、艺术节、运动会、兴趣小组、科技活动等层面；四是教学载体，通过各课程教学将文化渗透到了教育计划中；五是制度载体，这是学校办学理念在制度文化上的保证，是硬规则，它包括学生守则、文明公约、管理制度、奖惩制度等等；六是行为载体，主要体现在师生的各项具体行为中。

现代远程高等教育中，校园的范围远远超过有形的校区，其文化载体有校园的固化建筑物，但更多的是由看不见的宽频网络系统及其他通讯系统所形成的虚拟校园。从文化结构来看，现代远程高等教育中文化的作用主要来自于制度层面和精神层面。因此，现代远程高等教育的文化可以突破传统的大学文化结构分类方法，从文化功能的角度主要分为三个部分：第一部分为目标文化，主要指现代远程高等教育机构（院校）培训学员的取向文化，主要包括校训、校风和学校具体的人才培养目标等等，其作用在于对学员学习和进步发挥引领功能，引导学员趋向现代远程高等教育机构（院校）所设定的目标健康成长；第二部分为制度文化、活动文化，可包括学员的考勤、考试制度等等，现代远程高等教育的制度文化更多地体现为反映学习成效的考试文化，这种考试文化不是普通意义上的用于测量动态变化的竞争文化，其作用主要在于量化测量学员的阶段性学习成效。其功能既表现为评估和调整学员的认知过程，又表现为以终极性评价的导向作用来影响学员、规范学员，促进学员自觉优化自己的学习方式，提高学习成效和自身素质；第三部分是主体自觉认知文化，主要指教师文化和学员文化，主要包括教师的治学态度、教学风格、能力水平和学员的学习态度、认知能力，其作用在于规范教学行为，适应远程教学需求，强化教师自觉的垂范意识和学员自主的认知意识，感染、促进学员自觉学习、健康成长。

三、现代远程高等教育的文化特点

现代远程高等教育是一种特殊的人才培养模式，其教育实践活动的载体和形式决定了其教育文化的特征。相对于传统的大学文化而言，现代远程高等教育的文化特征主要表现为虚拟性、多元性和凝练性。

（一）虚拟性

传统的大学是师生一起从事教学与研究的生活社区，每日几乎都可碰面，茶余饭后的闲谈中有学术切磋，也有感情交流，更有脑力激荡。从 20 世纪初美国的社区学院发展以来，到如今的"空中大学"不断促进校园的开放，基于现代远程技术的高等教育机构（院校）已经不再是在校园里起居作息的 residential university。现代远程教育的学员虽然有可能每年都要接受短时间的面授教学，但是住在大学宿舍的比例很低、时间很短，学校对学员更没有所谓的"生活辅导"，学员对校园生活的体验很少，也很浮浅。教师与学员更多面对的是计算机终端，师生之间虽然有时见面，但主要还是通过电子邮件、网络聊天室讨论问题，从电子布告栏（BBS）获取校园信息。因此，现代远程高等教育中的教师、学生和管理人员，都是网上虚拟校园的成员，分别构成另一种人格自我认同体（self-identity）。学员的大部分学习时间消磨在网络的"虚拟社区"（virtual community），学习生活跟电子期刊、数据库及网络结下不解之缘，学习报告、论文及平时的参考文献也往往来源于网络查询与浏览①。现代远程高等教育中，由于虚拟空间的流动性很强，学生疏离校园，教师疏离学生，逐渐成为网络教育下的一种新游牧族，导致文化的内容、形式和传播相对传统大学文化而言具有更强的动态性，难以预测，难以把握，难以应对。

（二）多元性

网络本来是人们基于一定的利益与需要（资源共享、互惠合作等），自主、自觉、自愿而互联形成的，具有大众化、平民化、多元化的特点。从网络活动的基本原则看，坚持"大狗叫，小狗也叫"，"尽管我不同意你的观点，但我坚决捍卫你说话的权利"，为普通大众自由表达自我提供了阵地和权利保障。信息化、网络化的教学环境下，学校与学生的关系进一步契约化和法制化，大学教育活动和文化生产进一步非神圣化和平民化，教师与学生两大主体群之间交往进一步平等化。教师的主导角色被模糊化，学员往往被视为大学的顾客（client），教育消费观增强，消费者角色更为明显，学习的实效性要求更为强烈。学员接受现代远程高等教育的目的不仅仅是期待学到一些核心价值

---

① 郭为藩：《转变中的大学：传统、议题与前景》，北京：北京大学出版社，2006 年 7 月第 1 版第 145～151 页。

观、治学方法，获得一张文凭，更多的是希望学到就业或更换工作岗位所需要的专业知识和技术。因此，现代远程高等教育中，大学的公共服务职能得到进一步增强，也就增强了学员与学校、学员与教师之间的平等性，预示着不同于传统大学文化的一种新文化模式的产生，这就是网络环境下，现代远程高等教育的多元性文化。

（三）凝炼性

现代远程高等教育中，能在虚拟的环境和介质中得以广泛传播、产生深刻影响的一些文化内容，不是校长的话语、墙面的标语，也不是具体的文化现象，而是这所大学众多文化内容中高度凝练的内容，传播最广、影响最深的往往是大学文化中已经抽象化、概念化、口诀化的一些内容，具有象征意义，具有抽象性、原则性和高度凝练性。例如，清华大学的文化底蕴很深厚，文化内容很丰富，但其中在远程高等教育网络和过程中具有很强影响力的还是"厚德载物"等高度凝练的内容。因此，现代远程高等教育中的文化内容存在于各种现象之中又高于文化现象的源于各种具体教育实践活动的积淀和发展，是各种教育内容和实践活动相互融合、提炼而成的有机整体。现代远程高等教育中所形成和能够传承的文化，可以解读为该院校或教育机构在长期办学过程中通过积淀、凝练和提升而折射出的、独有的精神追求和特征，一旦以观念形态形成和呈现，便以其典型性向外界传送学校形象及其意义，并在现代远程高等教育校园氛围、网络、师生沟通过程中自然流露。

四、加强现代远程高等教育文化建设的措施

大学文化的建设与发展是相对稳定性的一种自然延伸，是一个群体性累积过程。这一过程中，文化自身的传承和延伸是相当脆弱的。现代远程高等教育建设具有稳定状态、象征意义和辐射能力的文化，必然是长期的、有反复的过程。现代远程高等教育虽然不可能像传统大学可以利用文化长廊、绿树花墙等物化载体发挥文化的功能，但是绝对不能因此而让传统意义上的大学文化在现代远程高等教育中无所作为，让网络文化自生自灭，不加任何管理和引导。现代远程高等教育应该根据大学文化传统和现代远程高等教育的实情，以具有特色的核心教育理念为导向，并将其作为教育价值取向，贯穿到各种具体的教育文化形态之中，通过文化自觉、文化整合、文化建设、文化传播的理性探索和实践，凝练和塑造自身的文化品牌，逐渐建成具有现代远程高等教育特色、适应现代远程高等教育需求的大学文化。

（一）现代远程教育中的文化自觉

文化自觉是指生活在一定文化中的主体对其文化有"自知之明"，了解它的来历、特色和发展趋势，对文化传统的形成和发展、规律和特点、优势和不足以及在多元文化中的地位和作用有全面的把握，从而加强文化转型、文化选择、文化吸纳和文化改造的自主能力，能对外源性文化有深入的了解并能吸取其精华，自觉、主动地适应新环境、新时代的文化需求①。只有宽容地尊重和理解多种文化，才有可能多元文化环境里确立自己的位置。以中国优秀的传统文化为底蕴和特征、以网络为载体的现代远程高等教育，面对网络文化的挑战和冲击，要坚持立足自我、"以我为主"、重在创建的思路，在网络文化语境中反观传统意义上的大学文化，明确新语境中传统大学文化的存在意义，在继承高校优秀文化资源的基础上，通过创造性、创新性的文化建设，把现代远程高等教育物化校园和网络媒介，建设成为传承传统大学优秀文化、传播社会主义先进文化的新途径，成为学员健康精神文化生活的新空间、文化教育服务与终身学习的新平台。基于网络技术的现代远程高等教育中的文化自觉还要特别关注当前的外在环境。现代远程高等教育中的虚拟环境需要有一些共同遵守的行为秩序和文化准则，文化建设对这些秩序和准则不能置若罔闻，而应该精通并掌握之。通过自主的适应，和其他文化一起取长补短，共同建立一个物化校园和网络环境共同认可的基本秩序和一套各种文化能和平共处，各扬所长，联手发展的共处守则。

（二）现代远程教育中的文化建设

远程高等教育中，学员与网络接触时间较长，这就需要现代远程高等教育的校园网不仅要具有最新的知识信息，而且还要有丰富的文化内涵。现代远程高等教育的文化建设应该站在科技、文化的前沿，更新思想观念，转变工作方式，努力学习和掌握现代远程高等教育的基本知识和技能，把握远程网络发展的特点和规律，不断提高运用和驾驭网络的能力，牢牢把握现代远程高等教育网络发展和网络文化建设的主动权。以数字资源建设为载体，以品牌文化的挖掘、凝练和提升为龙头，以基层网点的文化建设为重点，以多种传播方式为手段，以共建共享为目标，加快建设资源丰富、技术先进、传播迅速、覆盖宽泛的数字文化服务体系。首先，现代远程教育院校或机构的文化建设要有媒体意

---

① 戚万学：《当前中国道德教育的文化困惑与文化选择》，《新华文摘》2010 年第 3 期第 112 ~ 114 页。

识，积极运用现代传媒广泛宣传报道大学精神和大学文化，利用网络传播速度快、覆盖范围广、高度的开放性等特点将学校的历史、校训、文化内涵等优秀文化放在网页上，占领现代传媒主阵地和前沿。其次，通过现代传媒举办大学文化征文、大学文化大家谈专栏，开辟师生间的网络、视频对话平台和沟通渠道，促进学员对学校文化产生认同与共鸣，引导学员树立正确的价值观念，选择理性的生活、消费方式。第三，要增强现代远程高等教育中包括网络课程在内的网络文化产品的创作、生产能力，将学校历年来资深专家、杰出校友的报告会录音、录像整理、编辑后放到网上，通过现代传媒宣传学校知名教师、学者的优秀事迹和优秀成果，潜移默化，促进学员自觉学习他们的治学精神、态度、方法以及为人的品格和气度，感受大学的学术氛围、科学精神和人文品格。第四，要不断强化网络文化在现代远程高等教育中教育、管理机制和能力，主动加强与校园局域网以外的其它网络、媒体的沟通、协作，紧紧围绕学校人才培养工作，有计划、有组织、多视角地策划一些宣传报道活动，塑造学校的整体形象和文化品牌①。

（三）现代远程高等教育中的文化整合

文化整合就是"把各种分散的、孤立的、甚至冲突的文化价值内容整合为上一种凝结着整体利益、整体价值理想的力量。这是一种文化实践的合力，是一种全方位的、立体的整合过程。"② 理想而优秀的学校文化产生于对各种文化层次的整合之上。传统大学文化与现代网络文化通过整合，趋向整体和完全，是现代远程高等教育文化的必然趋势与选择。实现文化整合的路径主要有两条：一是在宽松的文化氛围中不自觉地进行；二是在强制的主流文化意识下的自觉进行。整体大于部分之和。现代远程高等教育，通过整合传统大学文化和现代远程高等教育网络文化中的优秀要素，促进各文化内容、文化子系统之间互相涵化、互相调适，形成符合和适应现代远程高等教育的新文化模式，成为更高层次的文化积淀，形成独特的比较性优势，呈现出开阔、开放、吸纳和互惠等明显的时代特征和独特的文化品质。首先，要关注传统大学文化与现代网络文化的整合。现代远程教育要针对远程教育的特征，充分挖掘和利用传统意义上的文化资源，运用现代网络媒介，积极营造有利于学员学习的校园文

---

① 刘东霞：《大学文化与现代传媒互动的基本思路探析》，《文化学刊》2010 年第 2 期第 38 ～ 42 页。

② 王卓君：《文化自觉与高水平大学建设》，《中国高等教育》2010 年第 1 期第 8 ～ 10 页。

化。其次，要关注学校群体文化与学员个体文化的整合。学员主要利用业余时间来校进行学习，个体文化特征与学校文化之产是存在一些差异。学校利用自身群体文化的优势，针对学员个性需要，恰当地为其营造宽松的学习氛围，使学生真正从心理和情感上融入这个学校，校园文化对人的影响是潜移默化的。

（四）现代远程教育中的文化教育

大学文化主要有教师和学生两类主体。现代远程高等教育中的教师与学生的关系是松散性的，在实际工作中经常出现"学生难找到老师，老师也难找到学生"的现象。这一关系特征对于文化传播而言既有不利的一面，也有有利的一面。不利的一面是文化主体的固定性不强，削弱了文化传播的针对性和有效性；有利的一面是松散性的关系中禁锢的东西少，束缚的程度低，有利于多元化的观念和文化内容在师生之间充分涌流与交流。现代远程高等教育这一松散性的师生关系中，学生具有很强的不稳定性，而教师相对比较固定。即使一些规模较小、固定师资数量较少的现代远程高等教育机构，其外聘的兼职教师队伍也是相对稳定的。因此，教师是现代远程高等教育中文化建设中的一个重要载体，是学校和学生之间的重要桥梁，学校要通过充分发挥教师的主导作用开展文化教育活动，以文化引导学员成长。不管是面授，还是通过网络、电视、广播等媒介授课，或者是作业批阅、信函答疑，教师的教育思想、教学境界、职业情操、文化素质、品格修养、教学态度和风格等教师文化都会对学生产生深远的影响。若干年后，学生可能忘记某位教师课堂所讲授的知识，但永不磨灭的是内化在心灵深处的教师文化。因此，现代远程高等教育可以把教师文化作为建设重点，加强规划，加大投入，加快建设，注重积累，以此提升现代远程教育的整体文化水平，扩大文化的影响范围，提高文化影响力。首先，要尽可能邀请学校领导和名师参加开学典礼，给新学员上好入学教育指导课，营造良好的学习氛围，让学员对学校产生一种归属感，而不是觉得自己是"散兵游勇"。其次，要求任课教师在远程教学过程中除了进行专业知识的传播，更要像课堂教学的面授过程中一样以自身形象和言行体现、宣传学校文化，既教书又育人，引导学员的品性修炼，培养学员自觉学习的良好习惯。第三，辅导员、班主任要利用各种联系方式，如电话、QQ、E-mail、飞信等，定时或不定时地宣教学校的人才培养目标和制度等文化内容，提醒和激励学员努力学习，争取能够按时完成学业。

现代远程高等教育中的文化是一首无声的歌、无言的诗。从文化的属性上来审视、解读现代远程高等教育的状态，用文化的定位来体现现代远程高等教育的社会价值，用文化的迁进来解读现代远程高等教育的进步，通过观念吸引、价值认同、人文关怀等跨越时空界限的途径，张扬现代远程教育的文化个性，将文化的作用发挥到远程教育的全过程，提升现代远程高等教育的品质、品牌和服务，使得现代远程高等教育更具有时代发展性和战略性的意义，为之开创一个更为广阔的发展空间和可持续的发展未来。

第三节　本章小结

学校与企业之间深层次的交流与渗透，是文化层面的相互交融和相互依恋。校企合作过程中，要树立开放、温和、宽容、理性的文化观念，构建和谐、互动、整合、提升的动态结构，在充分考虑双方文化背景因素的基础上，吸纳对方文化的优秀成份，并在吸纳的过程中拓展、提升，促进本体文化不断发展。

相对于大学校园的传统文化而言，现代远程高等教育因为缺失天然的文化基础和载体，而呈现虚拟性、多元性和凝练性等特点，其内在结构可以分为目标文化、制度文化与活动文化、主体自觉认知文化三个部分。现代远程高等教育，可以通过文化自觉、文化整合、文化建设、文化教育等措施，凝练和塑造自身的文化品牌，逐渐建成具有现代远程高等教育特色、适应现代远程高等教育需求的大学文化。

第二十二章

结论与展望

本章总结了本书的主要研究内容和主要结论，分析了存在的局限性，提出了大学文化管理效能研究的一些设想。

大学文化有什么特征，朝着什么方向变迁，如何挖掘和发挥文化作为管理工具的应用价值，从文化内部促进大学和谐？本书在文化管理理论和文化自觉理论的基础上提出了文化自觉管理理论；立足于古今、中外的比较视野，分析了大学、大学文化和大学文化管理的现代人本取向；设计了大学文化性格、文化供求均衡、目标契合模式三者之间的关系模型，通过实证性研究，寻求到一条和谐向度下大学文化内驱模型中的最优路径；最后，根据大学教育的现代人本向度、大学文化自觉管理的内驱模型及其优势路径，分析了大学文化管理的战略思考，并从微观角度对大学文化变迁与冲突、大学法律文化、职业院校文化、校企合作和远程教育中的文化建设提出了具有针对性、创造性意义的基本方略。

第一节　本书的研究总结

一、研究内容与方法

（一）理论的提升

本书理论的研究成果主要表现两个方面：

一是自觉管理理论。本书从我国文化管理的传统理论渊源和现代文化管理理论的沿革入手，立足行为科学理论的视角，以我国传统文化作为大学组织文化的宽泛而深远的背景，借鉴管理学的文化管理理论和社会学的文化自觉理论，在交叉融合中根植我国高校文化体系的实际，提出大学文化自觉管理理论。通过经验管理、科学管理和文化管理的比较研究，经过充实和提升，构建了文化自觉管理的理论体系，在管理中心、主要矛盾、控制方式和管理重点方面形成了文化自觉管理的独特内涵。

二是人性假设理论。本书通过对人性假设与管理理论进行对照性研究，评价分析相应的管理措施及其优、缺点。结合我国传统理论中的相关观念，对"观念人"假设的内涵作了进一步充实，并在此基础上提出文化自觉管理的人本向度，提倡把"以人为本"作为贯穿大学管理始终、各个层面的组织文化追求和大学管理的终极取向，从尊重传统特征、适应现实需求、面向未来方向三个维度，统领大学文化管理行为，促进大学生个体自觉认同组织目标。

（二）方法的探索

管理学涉及社会生产的各方面，它以经济学、心理学、政治学、数学为基本依托，并运用社会学、哲学、人类学、历史学、统计学的知识和方法。因此，这门学科越交叉融合，越能发挥其强大的创新能量[235]。本书以江苏高校为样本，以传统文化为背景，注重吸收中国特色的人性管理理论，以管理科学与工程、组织行为学、人类学、社会学、心理学、哲学等方面的理论知识和研究方法为支撑，借鉴了大学文化以外的其他区域文化研究的一些科学方法，把心理学上的性格分类、经济学中的供需规律引入大学文化研究领域，运用理论分析、访谈、反馈征询、问卷调查和统计分析方法中的结构方程模型，研究大学文化自觉管理范式中趋向和谐的内驱路径。

（三）模型构建与路径选择

本书从大学文化的性格特征、供求关系和动力系统三个方面，分别通过大学文化结构—大学文化性格、文化需求规律—文化供求均衡、文化整合形态—目标契合模式，引导出大学生文化内驱模型的变量定义。以大学生认同大学组织目标为向度，设计了独立性文化、顺从性文化、自觉性均衡、自发性均衡、感动性契合、被动性契合六个要素之间的路径，构建了包括理论研究和实证检验在内的大学文化自觉管理的理论模型，提出了12条基本的路径假设，经过实证性研究表明，有8个假设得到了验证结果的显著支持，4个假设的关系不显著。通过剔除不显著关系的路径和有效路径的相关系数的比较，筛选出和谐向度下大学文化内驱模型中的有效路径和优化路径。

（四）研究范围的拓宽

目前大学文化研究主要局限于大学精神和大学校园文化的笼统性、定性研究，本书突破这一局限，在方法上尝试定量研究，在研究内容上从微观角度，针对我国大学文化的冲突和变迁，提出相应的应对策略，并就大学生犯罪的文化原因、大学法律文化建设、职业院校的文化管理与文化消费、校企合作中的文化取向、现代远程教育中的文化思考等问题进行了深入、细致的研究。

二、主要研究结论

根据实证性研究结果，可以得出以下三个结论：

第一，"独立性文化→自觉性均衡→感动性契合"是大学文化内驱模型中的优势路径。由此可见，大学文化自觉管理相对于普通意义上的文化管理而言，能够更加理性地以学生全面发展需求为导向，引导学生自觉地参与供求关系的调节过程，更有利于促进大学生自觉、主动地认同组织目标，有利于大学生个体、大学组织和文化环境三者和谐、可持续发展。

第二，"顺从性文化→自发性均衡→感动性契合"、"顺从性文化→自发性均衡→被动性契合"是大学文化内驱模型中的两条有效路径。由此可见，当前我国政府和教育主管部门在设立大学目标和任务时，能够较好地尊重学生的需求，所主导的主流文化能得到大部分学生的认同，对学生成长具有积极、有效的作用。

第三，在大学文化呈现多元化的总体特征和变化趋向的情景下，大学组织和大学生个体均能较理性地看待两者之间存在的文化差异，大学组织能够自觉地增强主流文化的包容性，大学生个体能够较为理性地选择文化消费的内容和方式，从而促进大学文化的和谐。

三、本书研究的局限性

本书研究达到了预期目标，并且获得了重要的研究结论，意外地发现当前我国高校主流文化具有越来越强的包容性，并被学生认可和接受。但是，大学文化内驱模型中各要素相互间的影响是一个多向的、动态的、复杂的过程，本书所选择的视角和所采用的办法只是在原有基础上有所进步和突破，实际上还存在一些局限性。主要表现为：

第一，大学文化自觉管理系统是一个完整的控制系统（Control Systems），最终应该落实到管理绩效或管理效能的评价上，并通过反馈评价结果，改善新一轮的文化管理行为。本书建立了大学文化内驱模型，找到了优势路径，只是完成了这一系统的阶段性研究任务，尚未涉及评价体系和反馈系统的研究。

第二，大学文化内驱模型是以促进大学生个体认同大学组织目标为向度而构建的一个微观模型，虽然以某大学的文化建设和管理为案例进行研究，并且验证了内驱模型中的理论假设和优势路径。但是，由于研究条件和文章篇幅的限制，案例研究显得相对薄弱。

第三，现代人本向度下的大学文化自觉管理对大学管理水平、办学水平和人才培养质量的作用与成效的评价性研究不够。这也正是尚需继续研究的方向。

第二节　大学文化效能研究的相关思考

文化管理是一个管理系统，也是一个考核、评价系统，同时还应该包含反馈系统。组织文化对组织作用的结果和程度，不仅仅表现为组织绩效，尤其不仅仅表现为组织的经济效益，而表现为一种包括文化能力及其作用后所产生的经济绩效与非经济绩效在内的文化效能。大学文化效能研究可以在组织文化绩效评价理论与方法的基础上，通过选择学校进行不同实验，形成不同案例，比较分析、研究构建大学文化内驱作用的效能评价体系，继而探索相应的反馈系统，促进大学文化内驱模型的不断完善。

一、文化绩效评价的传统维度

罗伯特·贝拉把社会结构分为经济系统、政治系统、文化系统、整合系统四个维度，贝拉研究认为政治价值优先，即"社会结构中达到目标的维度具有特别重要的意义"，"支配社会结构中的其他三个维度的价值被认为是从主导维度的价值中派生出来的"[①]。事实上，不同的学者评价文化的维度不尽相同，评价维度不同，评价结果也不相同。

（一）文化内在的价值评价

因此，马克斯·韦伯把评价文化价值的标准分为功能理性和价值理性两种标准。所谓功能理性的标准，是指以某种社会政治、经济的功效为基点；所谓价值理性的标准，是以伦理、文化价值本身为标尺[②]。在文化的价值序列和价值结构方面，环境动力学对于组织的有效性非常重要。从生活方式、礼节风俗、科学技术、政治制度、人文科学到道德、审美、宗教构成了一个由低向高、由外向内的价值序列或价值结构。文化价值序列中，越是外在的价值越容易随时改变，而越是内在的价值越具有超越时代的意义。在文化演进的过程

---

① 转引自陈来：《传统与现代——人文主义的视野》，北京：北京大学出版社2006年4月第209页。

② 转引自陈来：《传统与现代——人文主义的视野》，北京：北京大学出版社2006年4月第36页。

中，越是外在的价值表现形式，如衣食住行等生活方式、迎送揖让的礼仪习俗乃至政治结构和制度，都可以发生剧烈的改变。

（二）文化与经济的关系

从文化的发展的重心来看，可以分为四个时期，一是宗教的时期，二是政治的时期，三是经济的时期，四是伦理的时期。目前，文化研究和文化效能评价更多地处于经济的时期，即从文化与经济的关系角度进行研究和评价。

从文化本体论意义角度来看，任何形态的文化增长首先是对人类在精神层次上所获得的一种历史整体性提升的过程趋势及所达到的文明高度的描述，而这种增长无论是就自身的物化成果所创造的价值，还是就它通过对人力资源素质的整体提升后转变为生产力（实质上是对生产力主体的结构性革命）所创造的价值，它都是可以给社会带来直接的经济数量的增长①。因此，一些学者在量化评价文化方面往往是从文化与经济的角度去进行研究和探索的。

20 世纪五六十年代，专家、学者开始思考和理性研究文化与经济的关系，严肃地思考文化差异是解释经济不发达的一项因素，构建了具有定义清晰的内外因素的模型。20 世纪 80 年代，日本企业的管理模式让人们注意到了文化差异对企业管理的影响，进而出现了社会文化与组织管理的融合——组织文化或称为企业文化，由此在世界范围内掀起了一股从文化的角度思考经济组织活动的热潮。通过案例研究的比较分析会发现，美国比法国更多地使用角色与市场（作为生产者或消费者）的关系作论据，按其市场表现评价文化价值，也经常立足道德视角来评价文化的优秀程度。

综合分析当时关于文化与经济的关系的研究成果，它们在很大程度上并没有整合到经济分析中，一些经济学家还是忽视文化是经济发展的一项决定因素的主要原因是：第一，文化异质的认识挑战了传统经济学模型都存在的假定，即理性、完全信息与效用最大化。经济现象的文化解释被视为对"经济人"（homo economicus）这类公认观点的一种潜在的反抗。第二，文化变量不易测量，经济学传统并不考虑、也难以测量文化变量。第三，即使可以通过测量工具或是通过认识相似情境下不同行为模式的差异来发现文化的差异，人们也仍然很难找出相关的起因和结果②。

① 胡惠林、李康化：《文化经济学》，太原：书海出版社，2006 年 7 月第 1 版，第 6 页。

② Christopher Clague, *Cultural Capital and Economic Devel-opment: An Introduction*, http://www-rohan. sdsu. edu/faculty/sgs/annals. html.

（三）文化与绩效之间的关系研究

从定性研究的角度看，文化具有正、负因子二元结构，其中的正文化因子显现是激励管理、提升管理水平的机理性原因，负文化因子显现是制约管理的机理性原因。正文化因子与负文化因子的矛盾结构使得这种二元结构既对立又统一，而且在一定条件下可以互相转化。因此，就对组织绩效的影响而言，文化有三种效能：一是正效文化、二是无效文化、三是负效文化。从定量研究的角度看，奥格伯纳（Ogbonna）和哈里斯（Harris）对 20 世纪 80 年代以来有关组织文化对组织绩效的影响的各种研究成果进行了归纳总结，强调文化与组织绩效之间的联系取决于一个组织所拥有的某种文化特征，提出一个组织要取得成功需要形成自己的文化特性（例如，与客户保持紧密联系）[1]。20 世纪末、21 世纪初，汤普森（Thompson）和麦克休（McHugh）使用一种不确定性的研究方法，将信仰和组织的绩效联系起来，并且将任何管理成果的取得都归为强势文化的原因，而没有考虑市场和环境变量[2]。沃金斯（Watkins）和马斯克（Marsick）通过跨越组织和国界的一系列研究显示，学习型组织文化与企业的知识性绩效和财务性绩效相关联[3]。同时，一个来自澳大利亚的研究成果发现，学习型组织文化与企业绩效的平衡计分卡表现有密切的正向关系，前者是后者的先决条件[4]。我国中山大学岭南学院经济系王晓晖教授通过对广东地区国有企业和民营企业样本相比较的实证分析，认为"学习型组织文化，作为学习型组织理论的一个延伸概念，与中国背景下员工的工作满意度、组织归属感，进而与中国企业人力资源健康性和稳定性有密切联系；正是企业人力资源的健康性和稳定性才最终决定着企业的组织绩效"[5]。总而言之，大量的

① Ogbonna, E. and Harris, L. G., 2002, 'Organizational culture: a ten-year, two-phase study of change in the UK food retailing sector', *Journal of Management Studies*, Vol. 39, No. 5, pp. 673 ~ 706.

② Thompson, P. and McHugh, D., 2002, *Work Organization: A Critical Introduction*, Palgrave Basingstoke (third edition).

③ Marsick, V. J., and Watkins, K. E., 2003, "Demonstrating the Value of an Organization's Learning Culture: The Dimensions of the Learning Organization Questionnaire", *Advances in Developing Human Resources*, 5 (2), pp. 132 ~ 151

④ Chen, Z. X., Gurd, B. W. and Thorne, H., 2004, 'Learning Organizations and the Balanced Scorecard: Evidence from Australia', *Proceedings of the Performance Measurement Association Conference*, Edinburgh, Australia.

⑤ 王晓晖：《学习型组织文化的差异与影响研究——基于广东地区国有企业和民营企业样本相比较的实证分析》，《管理世界》，2007 年第 11 期第 76 ~ 86 页。

研究表明，组织成员的态度和绩效之存在正向的关系①

（四）愿景与价值观的评价维度

文化管理的目的和关键，是要清晰地规划愿景和战略，并协调各种不同的战略指标之间的平衡，让成员认同组织的价值取向，使每一个组织行为和个人行为都不偏离组织愿景、使命和价值观，努力达到目标的一致。因此，有学者把愿景和价值观作为文化管理考核的两个重要维度。以愿景为维度，主要考核三个方面的内容，一是要清楚地陈述在一定时间内可以达到的一个或一组目标；二是要把整个组织的愿景分解为各个部门、各个成员的愿景；三是做好短期规划，把理想变为现实。以价值观为维度，主要是指在清楚界定组织的价值取向、实现价值取向的驱动因素的基础上，让价值观回到管理实践过程中去，做好共同价值观向组织行为和个人行为的转化工作，统一成员对于价值的认识，清晰和改善每个人工作的关键价值驱动要素，从而推动价值创造②。

除了上述几种主要的评价维度，还有一些专家作了一些探索和创新。主要有：一是幸福感。在文化交往愈来愈深刻而频繁的当今时代，某种意义上讲，一个文化与多元异质文化和谐共存而促进社会成员幸福的程度，是衡量该文化生命力持久与否的重要指标。二是适应能力与创新能力。戴维·布坎南（David Buchanan）、安德杰·赫钦斯盖（Andrzej Huczynski）等专家认为，组织文化有效性评价的对象是组织文化进行创新的能力以及根据组织的战略方向而迅速调整以适应变革的能力③。三是文化管理的度。广东金融学院工商管理系周建波教授，从量化的角度，把分析组织是否具有管理文化及其具有管理文化的度，界定为四大形态：极弱（隐秘）管理文化（通过隐性管理文化反映与描述度量）、弱管理文化（通过弱管理文化反映与描述度量）、较强（显性）管理文化（通过显性管理文化反映与描述度量）、强管理文化（通过强管理文化

① Hater J. K., Schmidt, F. L. & Hayes, T. L., 2002, "Business‐unit Level Relationship between Employee Satisfaction, Employee Engagement and Business Outcomes: A Meta-analysis", *Journal of Applied Psychology*, 87: pp. 268~279; Koys, D. J., 2001, "The Effects of Employee Satisfaction, Organizational Citizenship Behavior and Turnover on Organizational Effectiveness: A unit-Level, Longitudinal Study", *Personnel Psyshology*, 54: pp. 101~114; Ostroff, C., 1992, "The Relationship Between Satisfaction, Attitudes and Performance: An Organizational Level Analysis", *Journal of Applied Psychology*, 77: pp. 963~974; Ryan, A. M., Schmit, M. J. and Johnson, R., 1996, "Attitudes and Effectiveness: Examining Relations at Organizational Level", *Personnel Psychology*, 49: pp. 853~882.

② 黄超：《浅谈企业文化管理考核》，《中外企业文化》，2007 年第 8 期第 34~36 页。

③ ［英］戴维·布坎南（David Buchanan）、安德杰·赫钦斯盖（Andrzej Huczynski）著，李丽、闫长坡等译：《组织行为学》，北京：经济管理出版社 2005 年 8 月第 1 版，第 662 页。

反映与描述度量）。①

二、大学文化效能研究的创新思考

文化效能是指文化对组织成员的控制作用和影响力的发挥程度，是衡量文化价值和文化管理成效的重要标准或准则。它既包括文化能力的强弱，也包括文化能力作用后的绩效，与单一的"能力"、"效率"和"效果"都是有区别的。所谓能力，是指文化有助于组织达到其目标的能动程度；所谓效率（efficiency），是指以尽可能少的投入获得尽可能多的产出；所谓效果（effectiveness），通常是指"做正确的事"，即所从事的工作和活动所达到的一种终结性状态。效率是关于做事的方式，而效果涉及结果，或者说达到组织的目标。大学文化效能研究和评价，是介于效率与效果之间的一种过程性绩效评价，同时又是对组织文化进行管理的能力以及根据组织的管理需要而进行有效调整以适应需要的能力的有效评价。

2006 年中国教育学会教育管理分会成立了学校效能学术委员会，使教育效能研究由一个国际性课题变成了一个现实性课题，更加本土化，更加有中国特色。但是，目前的研究内容主要集中在课程改革的深化、学生学业成绩提高和教师专业发展平台建设三个层面上②，对文化效能及其文化管理效能的研究还是空白。

大学文化效能评价与研究，可以在对传统的评价维度、方法和研究成果进行选择、综合的基础上，放弃对单一关系、单一项目的研究和评价，侧重评价综合意义上的文化效能，构建和验证大学文化内驱作用的效能评价体系与模型。评价要素主要包括以下三个方面：一是评价文化的效用，即文化本身所具有的使用价值或有用性；二是评价文化的能力或特性的正确程度。这是文化的能力指标，其中包括自发的影响力指标和自觉的执行力指标。三是文化能力的有效程度，即文化对组织成员的控制作用、影响力的发挥程度、组织文化适应管理需要和达到管理目标的程度，这是文化的实际绩效。由于文化效能的实现与评价，不仅受客观因素的影响，而且还受主观性因素的影响，不能仅仅依据经济功能来判断。因此，测量的时候不仅要有客观的业绩性指标，还要有主观

---

① 周建波：《从管理与文化的关系看中国特色的管理学》，《管理学报》（武汉），2007 年第 2 期第 144～151 转 156 页。

② 张雪天：《教育管理——首要关注现代学校制度和管理效能》，《中国教育报》2007 年 1 月 27 日第 3 版。

的感受性指标。

测量大学文化内驱作用的效能，不仅仅是为了衡量文化价值和文化管理成效，更重要的是测量出大学文化自身固有能力的理想绩效与实际绩效之间的差距，根据存在的差距寻找原因，进而修缮运行机制，进一步培植文化能力，提高实际运行中的文化执行力和文化在大学建设发展中的实际效能。

第三节　结束语

一所好的大学必然是一个好的"文化场"，它能够通过"场"的引力凝聚智慧，通过"场"的势能约束行为，通过"场"的辐射激励师生，通过"场"的影响促进师生发展。现代大学文化管理应该结合传统、现状和未来三个向度，以人的发展为起点，规划和建设师生共同认可并潜入身心的价值观念、价值取向，设计与营造能够自然吸引大学成员的"文化场"，创新文化供给机制，让大学成员自觉认同学校目标，共建、共享大学文化，在享受文化、消费文化的时候，自觉地建设文化、创造文化，实现文化创新，再以创新的文化"反哺"大学和大学成员的可持续发展。

参考文献

一、古籍类

1. 《白虎通·辟雍》

2. 《大戴礼记·保傅篇》

3. 《易·贲卦·象传》

4. 《说苑·指武》

5. 《文选·补亡诗·由仪》

6. 《曲水诗序》

7. 《经法·论约》

8. 《经法·四度》

9. 《孟子·梁惠王下》

10. 《孟子·告子上》

11. 《孟子·公孙丑下》

12. 《春秋繁露·人副天数》

13. 《束哲补亡》

14. 《明夷待访录》

15. 《抱朴子·外篇·诘鲍篇》

16. 《淮南子·主术训》

17. 《释名·释典艺》

18. 《淮南子·原道训》

19. 《淮南子·缪称训》

20. 《淮南子·本经训》

21. 《论衡·本性篇》

22. 《孙子兵法·行军篇》

23. 《荀子·性恶》

24. 《荀子·礼论》

二、哲学、社会学类

25. 毛泽东，毛泽东选集［M］第 2 卷，第 663 页。

26. 陈来，传统与现代——人文主义的视野，北京：北京大学出版社 2006 年 4 月。

27. 杜维明，对话与创新［M］，桂林：广西师范大学出版社 2005 年 7 月。

28. 杜维明，人文学和高等教育［J］，清华大学教育研究，2003（4）第 5 页。

29. 冯友兰，新理学·绪论，《三松堂全集》第四卷，河南人民出版社，1986 年。

30. 胡适，《胡适论学近著》第 1 集，商务印书馆 1935 年版，第 480 页。

31. 黄光国，人情与面子：中国人的权力游戏，见黄光国主编，中国人的权力游戏［M］，巨流图书公司，1991 年。

32. 李平，人文教师的国际远足，《中国教育报》2005 年 6 月 2 日第 7 版。

33. 梁漱溟，《自述》，《梁漱溟全集》第 1 卷，第 383～392 页。

34. 林语堂，吾国与吾民，岳麓书社，2000 年。

35. 王逢振，全球化和民族主义，外国文学动态［J］1998 年第 3 期。

36. 奚从清、沈赓方，社会学原理［M］，杭州：浙江高校出版社，2001 年 1 月。

37. 叶险明，关于"知识经济"的历史观译释问题［J］，哲学研究 2003（9）。

38. 翟学伟，中国人际关系的特质——本土的概念及其模式［J］，社会学研究 1993（4）。

39. 张岱年，《张岱年文集》第 1 卷，清华大学出版社 1989 年版，第 280 页。

40. 张岱年，《张岱年全集》第 6 卷，河北人民出版社 1995 年版，第 765 页。

41. 张家麟，组织社会学［M］，安徽人民出版社 1988 年版，第 367 页。

42. 庄士敦，紫金城的黄昏，求实出版社 1989 年版。

三、管理学类

43. 安文铸，现代教育管理学引论［M］，北京：北京师范大学出版社 1995，第 125～155 页。

44. 安文铸，学校管理研究专题［M］，北京：科学普及出版社 1997，第 20～37 页。

45. 白万纲，集团管控之文化管控［M］，北京：中国发展出版社，2008 年第 3 页。

46. 宝贡敏，论适合我国管理文化特点的企业管理模式［J］，浙江大学学报，2000（6）：6。

47. 宝利嘉，最新组织战略精要词典［M］，北京：中国经济出版社出版，2003 年。

48. 边燕杰、张文宏，经济体制、社会网络与职业流向［J］，中国社会科学 2001（2）。

49. 陈孝彬，教育管理学研究中的方法论初探［J］，中小学管理 1987 第 2 期。

50. 陈春花，企业文化管理［M］，华南理工大学出版社，2003 年，第 230～236 页。

51. 丁亿，"文化管理阶段"的提法应改变［J］，中外企业文化，2006（11），第 39～

40 页。

52. 方向新等编著，人性因素、生存环境——组织社会学，知识出版社 1990 年版。

53. 风笑天，社会研究方法，北京：高等教育出版社，2006 年 7 月。

54. 高立胜，企业文化管理论，沈阳：辽宁大学出版社，1991。

55. 郭卉，反思与建构：我国高校治理研究评析，现代高校教育（长沙），2006/3：
29～33

56. 郭石明，社会变革中的大学管理 [M]，杭州：浙江大学出版社 2004 年 8 月。

57. 郭建宁，当代中国的文化选择 [M]，北京：北京大学出版社 2004 年 8 月第 1 版。

58. 郭咸纲，西方管理思想史 [M]，北京：经济管理出版社 1999。

59. 花建，软权利之争：全球化视野中的文化潮流，上海社会科学出版社，2001 年版。

60. 花建、王冷一、郭洁敏、巫志南、樊兆鸣，文化金矿——全球文化产业投资成功
之谜，深圳：海天出版社 2003 年 8 月。

61. 何铮、谭劲松、陆圆圆，组织环境与组织战略关系的文献综述及最新研究动态，
管理世界，2006（11）：144～151。

62. 蒋景萍，企业品牌战略中的文化因素及作用机制 [J]，管理世界，2006（7），第
149～150 页。

63. 蒋廉雄、卢泰宏，管理公平：转型社会中的文化"偏向效应"及其发生机制，管
理世界 2007（4）：46～59。

64. 金元浦，文化创意产业"历史性出场" [J]，瞭望新闻周刊 2006 年第 43 期（10
月 23 日）：64 页

65. 金吾伦，知识管理——知识社会的新管理模式 [M]，昆明：云南人民出版社 2001
年 1 月。

66. 季苹，"学校管理"该研究什么——从研究对象反思研究立场和研究方法 [J]，褚
宏启主编，中国教育管理评论（第 3 卷）[M]，北京：教育科学出版社 2005 年 12 月第 1～
13 页。

67. 纪玉山、王耀才，智力引进是增长方式转变的内在要求，长白学刊，1997（2）：
22～24。

68. 黄云龙，现代教育管理学 [M]，上海：复旦大学出版社，1993 年版。

69. 黄超，浅谈企业文化管理考核 [J]，中外企业文化，2007 年第 8 期：34～36。

70. 黄海峰，关于跨国文化管理的思考 [J]，北京：中国企业报，2005 年 10 月 26 日
第 8 版。

71. 胡军，跨文化管理，暨南大学出版社，1995 年版第 36 页。

72. 胡惠林、李康化，文化经济学 [M]，太原：书海出版社，2006 年 7 月第 1 版。

73. 李怀祖，管理研究方法论 [M]，西安：西安交通大学出版社，2000 年 5 月。

74. 蓝光喜、魏佐国，黄老治国思想及其现代价值 [J]，南昌大学学报，2006 年第 5

期 30 ~ 34 页。

75. 李成勋，经济发展战略学，北京出版社，1999 年版第 58 页。

76. 李霄山，从经济组织到其它社会建制——西方管理学研究领域的扩张趋势，管理科学 2003 年第 7 期。

77. 刘惠坚，试论企业文化管理 [J]，现代哲学 2000 (1)：47 ~ 51。

78. 李文谦，如何让企业长寿 [J]，中外管理 1999 (9)：33 ~ 34。

79. 林正大，有效领导的秘诀 [J]，中外管理，2000 (8)：76 ~ 77。

80. 龙跃君，复杂性方法对教育研究视角选择的启示 [J]，江苏高教 2008 年第 3 期，第 11 ~ 13 页。

81. 卢静，论高校以人为本管理理念的缺失与对策，江苏高教 2008 年第 3 期，第 57 ~ 58 页。

82. 伦蕊，从创新文化因素分解看科技文化与人文文化的冲突及融合，科技管理研究，2008 年第 9 期，第 295 ~ 297 页。

83. 吕晓俊，共享心智模型与组织文化的关系研究 [J]，科技管理研究，2008 年第 5 期，177 ~ 179 页。

84. 鲁宏飞、沈艳华、魏馨等主编，学校文化建设与管理研究，上海：华东师范大学出版社，2007 年 7 月第 1 版。

85. 罗争玉，文化管理是企业管理思想发展的新阶段 [J]，湖南社会科学（长沙），2003 (1)：90 ~ 92。

86. 牛维麟，关于大学组织特点及内在关系的若干思考 [J]，中国高等教育 2008 年第 11 期，第 13 ~ 15 页。

87. 欧阳康，大学管理的文化品格论纲 [J]，中国高等教育，2007 年第 15、16 期。

88. 彭建军，论传统"和合"精神的现代管理价值，中国人民大学报刊复印资料《管理科学》，第 61 ~ 62 页。

89. 彭贺，从管理与文化的关系看中国式管理，管理学报（武汉），2007 (3)，第 253 ~ 257 页。

90. 普华永道变革整合小组，管理悖论 [M]，经济日报出版社，2003 年版。

91. 任平，模糊信息处理的数学基础 [M]，贵阳：贵州科技出版社，1995。

92. 申维辰，评价文化——文化资源评估与文化产业评价研究 [M]，太原：山西教育出版社 2004 年 7 月第 1 版。

93. 沈思，从孟子到黄宗羲——论中国古代士人的文化制衡策略，童庆炳等主编《文化评论》1995：167 ~ 187。

94. 沈祖芸、计琳，中国特色管理学科体系正在形成 [N]，中国教育报 2006 年 10 月 21 日第 2 版。

95. 苏君阳，论大学治理权力结构的基本类型，江苏高教 2007 (4) 第 1 ~ 3 页。

96. 施恩，职业的有效的管理，北京：三联书店，1992。

97. 孙兵，持续成功企业文化管理实战路径，管理学文摘卡，2006（5）。

98. 唐炎钊、陆玮，国外跨文化管理研究及启示，管理现代化（京），2005（5）：25~28。

99. 谭昆智，组织文化管理［M］，北京：北京大学出版社2008年第58页。

100. 田川流、何群，文化管理学概论，云南大学出版社2006年：237。

101. 王丽娟，企业文化变革的自组织分析框架［J］，管理世界，2006（6）：155~156。

102. 王晓晖，学习型组织文化的差异与影响研究——基于广东地区国有企业和民营企业样本相比较的实证分析［J］，管理世界，2007（11）：第76~86页。

103. 吴剑平，文化管理模式的探索性研究［学位论文］，北京：清华大学经济管理学院2005年。

104. 吴培良，等，组织理论与设计［M］，北京：中国人民大学出版社，2002。

105. 吴志功，现代大学组织结构设计［M］，北京：北京师范大学出版社，1998年。

106. 武勇、谭力文，联想并购IBM PC的动机、整合与启示［J］，经济管理（京），2006年第12期：30~34。

107. 王学秀，文化传统与中国企业管理价值观［M］，北京：中国经济出版社，2007年10月：18~19。

108. 谢冰，文化影响企业国际化战略的理论框架研究［J］，科技管理研究，2008（1）第16~17页。

109. 席酉民，漫谈管理难题［J］，中外管理2000（4）：25~27。

110. 徐国华、张德、赵平，管理学［M］，北京：清华大学出版社1998。

111. 薛晓源、曹荣湘，全球化与文化资本，北京：社会科学文献出版社，2005年4月。

112. 谢羽婷、易贵明，企业文化在企业战略创新中的作用［J］，科技管理研究，2008年第3期第13~15页。

113. 应焕红，企业文化管理的基本特征及其现实意义［J］，中共浙江省委党校学报2000（4）：85~88。

114. 应焕红，公司文化管理，中国经济出版社，2001年版，第72页。

115. 颜爱民，企业文化DNA及其评价技术，科技管理研究2008年第4期，43~45。

116. 张新平，教育管理研究的方法论［J］，褚宏启主编，中国教育管理评论（第3卷）［M］，北京：教育科学出版社2005年12月第14~34页。

117. 赵先进，企业战略管理非理性模式的兴起［J］，科技管理研究2008年第4期第109~110页。

118. 张新平，教育管理学导论［M］，上海教育出版社2007年。

119. 张雪天，教育管理——首要关注现代学校制度和管理效能［N］，中国教育报 2007 年 1 月 27 日 3 版。

120. 张胤，制度与非制度的融通：论大学中两种文化的和谐问题［J］，江苏高教，2007（4），第 26～29 页。

121. 张纲、许庆瑞，文化类型、组织结构与企业技术创新［J］，科研管理，1996（5）：27。

122. 张德，从科学管理到文化管理——世界企业管理的软化趋势［J］，清华大学学报（哲学社会科学版），1993（1）：28～26。

123. 张德，向大师学管理（代译序），见：杰弗瑞·克雷默、杰克·韦尔奇，领导艺术词典，罗晓军、于春海译，北京：中国财政经济出版社 2001 年。

124. 张德、吴剑平，文化管理——对科学管理的超越［M］，北京清华大学出版 2008 年。

125. 赵普光，和谐文化视角下的高校学术权力与行政权力整合，中国高等教育 2007 年第 22 期。

126. 郑树山，高校管理者肩负引领和谐文化建设重任，中国教育报 2007 年 11 月 12 日第 5 版。

127. 邹樵、丁冬，企业文化制度建设的依据与原则，管理世界，2007（4）：164～165。

128. 周建波，从管理与文化的关系看中国特色的管理学［J］，管理学报（武汉），2007（2），第 144～151、156 页。

129. 周多，等，管理学——原理与方法［M］，上海：复旦大学出版社，1999 年版，第 298 页。

四、心理学类

130. 安应民，管理心理学［M］，北京：中共中央党校出版社，2002 年，第 51～55 页。

131. 车文博，人本主义心理学［M］，杭州：浙江教育出版社，2003 年 6 月第 1 版。

132. 刘毅，管理心理学［M］，成都：四川大学出版社 2008 年第 9 页。

133. 吕晓俊，共享心智模型与组织文化的关系研究［J］，科技管理研究，2008 年第 5 期，177～179 页。

134. 潘新显，人本主义心理学与美国的对立文化运动［J］，贵州师范大学学报（社科版），1988 年第 2 期。

135. 汪凤炎、郑红，中国文化心理学，广州：暨南大学出版社，2005 年 5 月第 1 版，第 24 页。

136. 武欣、吴志明，团队共享心智模型的影响因素与效果［J］，心理学报，2005，

37：543～549。

137. 杨国枢，中国人的心理与行为的本土化研究，中国人民大学出版社，2004。

138. 张春兴，张氏心理学辞典［M］，台北：东华书局（繁体字版），1989 年版。

五、教育学类

139. 鲍嵘、刘苋，政府扶持还是市场竞争——兼评一流大学成长的外部环境［J］，北京理工大学学报（社会科学版），2002（1）：70～73。

140. 别敦荣，治理于我国大学管理的意义［J］，江苏高教 2007 年第 6 期，第 2～4 页。

141. 蔡元培，中国教育的历史与现状［A］，高平叔，蔡元培教育论著选［C］，北京：人民教育出版社，1911：498。

142. 蔡元培，大学教育［A］，王云五，教育大辞书［M］，上海：商务印书馆，1930。

143. 陈运超，大学校长治校的基本矛盾：整合与分散［J］，江苏高教，2007（5），第 1～5 页。

144. 成长春，构建与和谐文化相适应的现代大学制度，中国教育报 2007 年 10 月 29 日第 6 版。

145. 储朝晖，中国大学精神的历史与省思［M］，太原：山西教育出版社，2006 年，第 14 页。

146. 丁钢，当前我国高校非主流文化的变迁与对策，人大复印资料《高等教育》2003 年第 2 期，第 59～64 页。

147. 丁钢，大学：文化与内涵［M］，合肥：合肥工业大学出版社 2005 年。

148. 冯友兰，论大学教育［A］，三松堂全集·第十四卷［C］，郑州：河南人民出版社，2000。

149. 冯增俊，教育人类学［M］，南京：江苏教育出版社 2001 年 2 月第 1 版。

150. 范捷平：《德国教育思想概论》，上海：译文出版社，2003 年，第 53 页。

151. 高宝立，现代大学需要什么样的文化自觉，中国教育报 2007 年 9 月 29 日第 3 版。

152. 部云雁，高校的发展基础是很多浪漫的理想［N］，中国教育报，2006～1～6（6）。

153. 郭炎藩，转变中的高校——传统、议题与前景［M］，北京高校出版社，2006 年 7 月。

154. 顾明远主编，教育大词典（6），上海：上海教育出版社，1992 年版。

155. 顾明远，中国教育的文化基础，太原：山西教育出版社 2004 年 10 月。

156. 郭为藩，转变中的大学：传统、议题与前景，北京：北京大学出版社，2006 年 7 月第 1 版。

157. 胡适，中国的私立大学［A］，杨东平编，大学精神［C］，沈阳：辽海出版社，2000：94。

158. 胡显章，唤醒文化自觉，培育大学文化创新，中国高等教育2007年第7期。

159. 劳凯声，高等教育法规概论［M］，北京：北京师范高校出版社2000年6月。

160. 毛礼锐，序［A］，熊明安，中国高等教育史［M］，重庆：重庆出版社，1983：1～2。

161. 梅贻琦，大学一解［A］，刘述礼、黄延复，梅贻琦教育论著选［C］，北京：人民教育出版社，1993：99。

162. 米靖、周志刚，中国大学文化百年进程若干问题初探［J］，江苏高教，2007（4）：22～25。

163. 潘懋元，多学科观点的高等教育研究［M］，上海：上海教育出版社，2001：59～60。

164. 钱旭红、潘艺林：创新文化 引领未来 探索大学职能新境界［J］，中国高等教育，2007年第7期。

165. 秦小云、别敦荣，论中国高校教学管理制度的人文关怀诉求，高等教育研究，2005年9月第84～87页。

166. 孙喜亭，教育原理［M］，北京师范大学出版社1993年12月第1版，第7页。

167. 涂又光，中国高等教育史论［M］，武汉：湖北教育出版社，1997：361～362。

168. 王革 等，校园文化建设：大学发展的战略使命，中国高等教育2007年第13、14期。

169. 王志明，人力资本、文化资本与个体教育获得——基于教育与社会结构关系框架下的讨论［J］，江苏高教2008（2）：23～25。

170. 邬大光，理性看待大学里的不和谐，中国教育报2007年11月12日第5版。

171. 吴鼎福、诸文尉，教育生态学［M］，南京：江苏教育出版社，2000年10月第1版。

172. 王继华、任建华，职业教育家用文化的方式振兴教育，中国教育报，2007年7月7日第3版。

173. 王承绪、顾明远，比较教育，人民教育出版社1999年第3版第1章。

174. 吴剑平、李功强、张德，试论大学管理模式与世界一流大学建设［J］，清华大学教学研究2004（2）：51～56。

175. 肖海涛，大学的理念［M］，武汉：华中科技大学出版社，2001。

176. 许杰、于建福，高等教育管理研究的前沿动态和热点综述，中国高等教育2007年第13、14期，第36～38页。

177. 叶志明、宋少沪、沈荣富，构建与营造健康向上的教育评估文化［J］，中国高等教育，2005年第11期：32～33。

178. 原春琳，牛津校长：大学应保持文理平衡［N］，中国青年报2001～4～30。

179. 张光正，"教授治校"的迷思与"理念治校"思维——中原大学教育宗旨与理念之分享［A］，新世纪大学教育［C］，台北：前卫出版社，2001。

180. 郑金洲，多元文化教育，天津：天津教育出版社，2004 年。

181. 竺可桢，大学教育之主要方针［J］，浙江大学生（复刊第二期），1941。

182. 竺可桢，壮哉求实精神（1948 年 10 月 29 日对新生的讲话）［N］，国立浙江大日刊（复刊新 67 期），1948 年 11 月。

183. 赵存生，世界文化走向与大学的使命，中国教育报 2007 年 11 月 12 日第 5 版。

184. 赵沁平，发挥大学第四种功能，引领社会创新文化发展，中国高等教育，2006 年第 15、16 期。

185. 朱炜，论高校德育的培育性和整体文化特征［J］，江苏高教 2008 年第 3 期，110 ~ 112。

六、文化学类

186. 包晓光，传统文化资源的取用与可持续发展［J］，中国教育报 2007 ~ 9 ~ 17/5 理论版。

187. 陈骏，引领文化是我国大学的重要使命，中国高等教育，2006 年第 18 期。

188. 陈序经，文化学概观［M］，中国人民大学出版社 2005 年 2 月第 1 版，第 12 ~ 13 页。

189. 柴庆云、陈兴超、化长河、陈雷，信息文化——人类文明的新形态，北京：军事科学出版社 2003 年 1 月。

190. 邓安庆、邓名瑛，文化建设论——中国当代的文化理念及其系统构建［M］，望城：湖南人民出版社 1998 年 12 月第 2 版。

191. 方克立：《批判继承 综合创新》，载《传统文化与现代化》1995 年第 3 期。

192. 费孝通，反思·对话·文化自觉［J］，北京大学学报，1997 年第 3 期。

193. 费孝通，完成"文化自觉"使命，创造现代中华文化［J］，北京大学学报，1998 年第 2 期。

194. 冯天瑜，中华文化史［M］，上海人民出版社 1991 年版。

195. 冯天瑜，中国文化发展轨迹［M］，上海：上海人民出版社 2000 年版，第 111 页。

196. 贾彦德，语义学导论［M］，北京：北京大学出版社，1986。

197. 贾彦德，汉语语义学［M］，北京：北京大学出版社，1999。

198. 贾松青，论文化资源转变为文化资本的现实途径，http://www.sss.net.cn/（四川社会科学在线）。

199. 高昌，中华文化，情牵四海——新世纪第二届中华文化世界论坛回眸，中国文化报 2002 年 12 月 27 日。

200. 江蓝生、谢绳武，文化蓝皮书 2001 ~ 2002 年：中国文化产业发展报告，北京：社会科学文献出版社 2002 年 2 月。

201. 江庆心，以文化结构解读和谐文化建设，中国教育报 2007 年 4 月 19 日第 9 版。

202. 乐黛云，他们是和中国文化对话的前驱——从伏尔泰到史耐德，中国教育报 2007 年 4 月 26 日第 7 版。

203. 乐黛云，费孝通先生的"最后一重山" ［N］，中国教育报 2006 年 6 月 13 日第 3 版。

204. 李炳全，文化心理学，上海：上海教育出版社，2007 年 2 月第 1 版。

205. 李景林，文化的"无用之用"与儒学未来发展的契机和天命，北京师范大学学报（社会科学版）2007 年第 3 期

206. 罗长海，企业文化学 ［M］，北京：中国人民大学出版社，1991：365 ~ 369。

207. 梁漱溟，《东西文化及其哲学》，《梁漱溟全集》第 1 卷，第 371 ~ 392 页。

208. 梁漱溟，中国文化之要义，上海人民出版社 2005 年版。

209. 刘敏中，文化学学·文化学及文化观念 ［M］，哈尔滨：黑龙江人民出版社，2000：16。

210. 刘鄂培主编：《综合创新——张岱年先生学记》，清华大学出版社 2002 年版。

211. 刘光明，企业文化世界名著解读 ［M］，广东经济出版社，2003 年，第 3 页。

212. 刘学国，浅谈学校文化和学校建设，教育理论与实践，1990 (6)。

213. 鲁洁，应对全球化：要提升文化自觉 ［J］，中国教育科学 (2004)［M］（中国教育学会编），北京：人民教育出版社，2005 年 12 月，第 9 ~ 13 页。

214. 秦榆，中国文化性格，北京：中国长安出版社，2006 年 6 月第 1 版，第 1 页。

215. 石中英，教育学的文化性格 ［M］，太原：山西教育出版社 2005 年 7 月第 1 版。

216. 石欧，学校文化引论，气象出版社，1995 年版。

217. 苏丁，中西文化文学比较研究论集，重庆出版社 1988 年版，第 146 页。

218. 双华斌，软实力的中国版本——访中国社会科学院文化研究中心贾旭东研究员 ［N］，中国教育报 2008 年 7 月 2 日第 12 版。

219. 眭依凡，创新文化：决定大学兴衰的文化之魅，中国高等教育，2006 年第 7 期。

220. 史秋秋，不言而喻才是文化——谈企业文化落地，中外企业文化，2006 (6)。

221. 田丰、肖海鹏、夏辉，文化竞争力研究 ［M］，北京：中国社会科学出版社 2007 年第 9 页。

222. 陶东风，文化研究精粹读本，北京：中国人民大学出版社，2006 年 2 月。

223. 童庆炳、王宁、桑思奋，文化评论——中国当代文化战略，北京：中华工商联合出版社 1995 年 12 月。

224. 汪澍白，二十世纪中国文化史论 ［M］，北京：中国青年出版社，1999：26。

225. 许学锋，"雷达"模型——企业文化结构探讨 ［J］，中外企业文化 2007 年第 9 期：40 ~ 41。

226. 萧俊明，文化转向的由来 ［M］，北京：社会科学文献出版社 2004 年 10 月。

227. 许红编译，文化的源与流，湖北人民出版社 1989 年版，第 18 页。

228. 阎光才，识读大学——组织文化的视角 ［M］，北京：教育科学出版社，2002 年。

229. 衣俊卿，文化哲学十五讲 ［M］，北京：北京大学出版社，2004 年 10 月第 1 版。

230. 衣俊卿，回归大学的文化本质 凸现大学的文化功能——关于大学本质和功能的文化哲学思考 ［J］，中国高等教育 2007（2）：21～24。

231. 袁江洋、董亚峥、高洁，让创新成为我们的文化传统——创新文化建设问题研究，中国软科学，2008 年第 8 期，第 66～74 页。

232. 俞国梁、王卫东、刘黎明，学校文化新论 ［M］，湖南教育出版社，1999 年版。

233. 张岱年，中国文化的回顾与前瞻 ［J］，东西方文化研究（创刊号）1986 年 10 月。

234. 张岱年、方克立，中国文化概论 ［M］，北京师范大学出版社，1994 年版。

235. 张岱年、程宜山，中国文化论争 ［M］，中国人民大学出版社 2006 年 10 月第 1 版。

236. 张晓明、胡惠林、章建刚，文化蓝皮书 2006 年：中国文化产业发展报告，北京：社会科学文献出版社 2006 年 1 月。

237. 张意，文化与符号权力——布迪厄的文化社会学导论 ［M］，北京：中国社会科学出版社 2005 年 7 月。

238. 张允熠，中国文化与马克思主义 ［M］，山西教育出版社 1999 年版。

239. 赵雅博，中国文化与现代化，黎明文化事业公司 1992 年版，第 1 页。

240. 郑金洲，教育文化学，人民教育出版社，2000 年版。

241. 中国企业家调查系统，企业家与企业文化：2005 中国企业家成长与发展报告 ［M］，机械工业出版社，2005 年。

242. 周怡，文化社会学发展之争辩：概念、关系及思考 ［J］，社会学研究，2004（5）。

243. 朱希祥，当代文化的哲学阐释，上海：华东师范大学出版社，2006 年 1 月第一版。

244. 庄锡昌等，多维视野中的文化理论，浙江人民出版社 1987 年版，第 109～110 页。

七、翻译文献

245. 马克思、恩格斯，《马克思恩格斯选集》第一、三、四、六卷。

246. ［德］黑格尔，哲学史讲演录（第 1 卷）［M］，商务印书馆 1959 年第 10 页。

247. ［英］阿什比，滕大春等译，科技发达时代的大学教育 ［M］，北京：人民教育出版社，1983 年。

248. 奥斯瓦尔德·斯宾格勒，西方的没落（上卷），商务印书馆 1963 年版，1995 年印刷。

249. ［美］A. J. 马尔塞拉等著（肖振海等译），跨文化心理学，吉林文史出版社1991年4月，第25页。

250. ［德］恩斯特·卡西尔，人论［M］（甘阳译），上海：上海译文出版社1985年12月第1版。

251. 伯顿·克拉克，高等教育新论——多学科研究［M］，杭州：浙江教育出版社，1998。

252. ［美］本尼迪克特 著，张燕 等译，文化模式［M］，浙江人民出版社1987年版。

253. 布伦纳 著，达苑华 译，拉丁美洲新的教育多元化［J］，展望，1993年第2期。

254. ［美］C. 恩伯、M. 恩伯，杜彬译，文化的变异，辽宁人民出版社1988年版。

255. 丹尼尔·雷恩，管理思想的演变［M］，中国社会科学出版社，1986年第298页。

256. ［英］戴维·布坎南（David Buchanan）、安德杰·赫钦斯盖（Andrzej Huczynski），组织行为学［M］（李丽、闫长坡等译），北京：经济管理出版社2005年8月第1版。

257. ［美］戴维·波普诺著，刘云德、王弋 译，社会学（上册）［M］，沈阳：辽宁人民出版社，1987年，第97页。

258. 戴维·布雷福德、艾伦·科恩，追求卓越的管理，蔚誊蛟译，北京：中国友谊出版公司1985。

259. D. 罗宾斯著，李中泽 摘译，布迪厄"文化资本"观念的本源、早期发展与现状［J］，国外社会科学2006（2）。

260. ［美］菲利普·巴格比，文化：历史的投影［M］，上海人民出版社1987年版。

261. 弗莱蒙特，E·卡斯特，詹姆斯·E·罗森茨韦克，组织与管理——系统方法与权变方法［M］，北京：中国社会科学出版社，2000年.

262. 弗洛伊德：《幻觉的将来》，全集第14卷，法兰克福/美因茨，1986年，第327页。

263. 弗朗克·戈泰，多米尼克·克萨代尔著，陈淑仁等译，跨文化管理［M］，商务印书馆，2005。

264. ［日］横山宁夫，社会学概论［M］，上海：上海译文出版社，1983年版，第187页。

265. ［美］J·戴维·亨格，托马斯·L·惠伦 著，刘浩华译，战略管理精要［M］，电子工业出版社2008年4月。

266. 杰夫·卡特赖特，文化转型：企业成功的基础，江苏人民出版社，2004年。

267. ［德］卡尔·曼海姆，文化社会学［M］（刘继同、左芙蓉译），北京：中国城市出版社2002年第1版。

268. ［美］克莱德·克鲁克洪，文化与个人［M］，高佳，等译，杭州：浙江人民出版社，1986。

269. 赫塞尔本，未来的组织——51位世界顶尖管理大师的世纪预言［M］，成都：四川人民出版社 1998：141～153。

270. 刘易斯·科塞，理念人——一项社会学的考察［M］，郭方等译，北京：中央编译出版社 2001。

271. ［英］马林诺夫斯基著，黄剑波 等译，科学的文化理论［M］，北京：中央民族大学出版社，1999 年第 56 页。

272. ［美］米歇尔·拉蒙，［法］劳伦·泰弗诺，比较文化社会学的再思考：法国和美国的评价模式库［M］（邓红风等译），北京：中华书局，2005 年 1 月第 1 版。

273. 米歇尔·D. 迈克马斯特，智能优势：组织的复杂性，四川人民出版社，1996 年。

274. ［德］兰德罗，哲学人类学［M］，工人出版社 1988 年版。

275. 理查德·L·达夫特（Richard L. Daft）、多萝西·马西克（Dorothy Marcic），高增安、马永红等译，《管理学原理（原书第 4 版）》（书名原文：*Understanding Management*）［M］，北京：机械工业出版社 2005 年 1 月。

276. 理查德·L·达夫特（Richard L. Daft），组织理论与设计［M］，北京：清华大学出版社，2003 年。

277. 理查德·L·达夫特、多萝西·马西克（Dorothy Marcic），《管理学原理（原书第 4 版）》（高增安、马永红等译），北京：机械工业出版社 2005 年 1 月。

278. 理查德·巴雷特，解放企业的心灵，新华出版社，2005 年。

279. 雷蒙德·威廉斯著，吴松江、张文定译，文化与社会，北京大学出版社 1991 年 12 月第 1 版，第 18～19 页。

280. 雷蒙德·弗思著，费孝通译，人文类型［M］，商务印书馆，1991 年。

281. 罗伯特·伯恩鲍姆，大学运行模式［M］（别敦荣等译），青岛：中国海洋大学出版社，2003 年。

282. 露丝·本尼迪克（何锡章等译），文化模式［M］，华夏出版社 1987 年 9 月第 1 版，第 2 页。

283. 内夫、西特林，高层智慧——全球 50 位顶级首席执行官的经营理念［M］，王庆华等译，北京：华夏出版社 2001。

284. ［法］皮埃尔·布迪厄，C. 帕斯隆，继承人——大学生与文化［M］，北京：商务印书馆，2002。

285. ［法］皮埃尔·布迪厄，C. 帕斯隆，再生产——一种教育系统的理论要点［M］，北京：商务印书馆，2000。

286. ［法］皮埃尔·布迪厄，［美］华康德著，李猛 等译，实践与反思——反思社会学导引［M］，北京：中央编译出版社，1998 年：134 页。

287. ［法］皮埃尔·布迪厄 著，包亚明 译，文化资本与社会炼金术——布迪厄访谈录［M］，上海：上海人民出版社，1997。

288. ［美］彼特·德鲁克著，孙耀君译，管理——任务、责任和实践［M］，中国社会科学出版社，1987：30。

289. ［美］R·沃斯诺尔，文化分析 ［M］，上海人民出版社 1990 年。

290. ［美］斯蒂芬·P·罗宾斯（Stephen P. Robbins）、玛丽·库尔特（Mary Coulter）著，《管理学（第 7 版）》（孙健敏、黄卫伟、王凤彬、焦叔斌、杨军译），北京：中国人民大学出版社 2004 年 4 月第 1 版。

291. ［美］斯图亚特·霍尔，文化研究：两种范式，《文化研究》第 1 辑，天津社会科学学院出版社 2000 年。

292. ［美］S·阿尔特曼、E·瓦伦齐、R·霍德盖茨著，管理科学与行为科学——组织行为学：实践与理论（上）（魏楚千、刘祖荫、卢兴华、孙建国译），北京航空航天大学出版社 1990 年 10 月。

293. ［瑞士］苏珊 C·施奈德、［法］简－路易斯·巴尔索克斯著，石永恒译，跨文化管理 ［M］，经济管理出版社，2002 年版，第 44 页。

294. ［英］汤林森（John Tomlinson）著，文化帝国主义 ［M］，（冯建三译），上海：上海人民出版社，1999 年 1 月。

295. ［美］特伦斯·迪尔、阿伦·肯尼迪著，印国有、葛鹏译，公司文化 ［M］，北京：生活·读书·新知三联书店，1989 年。

296. ［美］托马斯·库恩著，金吾伦、胡新和译，科学革命的结构 ［M］，北京：北京大学出版社 2003。

297. 维克多·埃尔著（康新文、晓文译），文化概念，上海人民出版社 1988 年 3 月第 1 版，第 1 页。

298. 托尼·布什，当代西方教育管理模式 ［M］，南京：南京师范大学出版社，1998。

299. ［美］希尔斯：论传统 ［M］，上海人民出版社 1991 年第 16 页。

300. ［美］小威廉姆 E·多尔著，王红宇译，后现代课程观 ［M］，教育科学出版社，2000 年版。

301. 雅斯贝尔斯，我的哲学 ［M］，北京：商务印书馆，1985。

302. ［美］约翰 B. 库伦，邱立成等译，多国管理战略要经 ［M］，北京：机械工业出版社，2000 年版。

303. 约翰·R. 霍尔、玛丽·乔·尼兹著，周晓虹、徐彬译，文化：社会学的视野 ［M］，商务印书馆，2002 年。

304. ［美］约翰·P·科特、詹姆斯·L·赫斯克特，企业文化与经营业绩 ［M］，北京：中国人民大学出版社，2004。

八、外文文献

305. Abrahamson, E. and Fombrum, C. , 1994, "Macrocultures: Determinants and Consequences", *Academy of Management Review*, 19, pp. 728 ~ 755.

306. Ackroyd, S. and Cowty, P. , 1990, 'Can culture be managed? Working with "raw" material: the case of the English slaughterman', *Personnel Review*, Vol. 19, No. 5, pp. 3 ~ 13.

307. Adler, N. J. Cross-cultural management research: The ostrich abd the trend Acadamy of Management Review, 1983 (8): 229.

308. Alvesson, M. , 2001, *Understanding Organizational Culture*, Sage Publications, London.

309. Anthony, P. D. , 1990, 'The paradox of the management of culture or "he how leards is lost"', *Personnel Review*, Vol. 19, No. 4, pp. 3 ~ 8.

310. A. D. Edwards, *Language in Culture and Class*, London, Heinemann, 1976, Chapter 1.

311. A. Langley, "In Search of Rationality: The Purposes Behind the Use of Formal Analysis in Organizations," *Administrative Science Quarterly*, December 1989, pp. 598 ~ 631.

312. Aisenberg, N. and Harringtog, M. , *Women of Academe: Outsiders in the Sacred Grove*, 1988, p. 92.

313. Archer, M. S. , 1988, *Culture and Agency*, Cambridge: Cambridge University Press.

314. Baldridge, J. (1971). Power and conflict in the university [M]. New York: John Wiley.

315. Banks, J. A. , *Multicultural Education: Theory and Practice*, 1988, p. 21.

316. Barker, J. R, 1999, *The Discipline of Tearmwork*, Sage Publications, London.

317. Barnard, C. , 1938, *The Functions of the Executive*, Harvard University Press, Cambridge, MA. p. 28, pp. 87 ~ 88

318. Bass, B. M. , 1985a, *Bass and Stogdill's Handbook of Leadership: Theory, Research and Managerial Applications*, Free Press, New York (third edition).

319. Bass, B. M. and Avolio, B. J. , 1990, 'The implications of transactional and transformational leadership for individual, team and organizational development', *Research and Organizational Change and Development*, Vol. 4, pp. 321 ~ 372.

320. B. E. Kaufman, "A New Theory of Satisficing," *Journal of Behavioral Economics*, December 1992, pp. 343 ~ 347.

321. Beals, R. L. and Hoijer, D. , *An Introduction to Anthropology*, 1953, p. 227.

322. Bershady Harold. Ideology and Social Knowledge. Oxford: BasilBlackwell, 1973: 103.

323. Birnbaum Robert. The End of Shared Governance: Looking ahead or looking back [J]. July, 2003, ERIC ED32514.

324. Boesch, E. E. , (1990), *Symbolic Action Theory and Cultural Psychology*. Berlin: Springer Verlag. p. 279.

325. Bordwell, D. , J. Staiger and K. Thompson (1985) *The Classical Hollywood Cinema:*

Film Style and Modes of Production to 1960. New York: Columbia University Press.

326. Boas, F. , "Race, Language, Culture". New York, 1940, PP. 255 ~ 257.

327. Boas, F. , *General Anthropology*, 1938.

328. Boas, F. , *The Mind of Primitive Man*, 1941.

329. Boyer E L. Campus Climate in the 1980s and 1990s: Decades of Apathy and Renewal. In: Levine A, ed. Higher Learning in America, 1980 ~ 2000. Baltimore: John Hopkins Univ. Press, 1993. 322 ~ 343.

330. Bourdieu, P. and Passeron J. C. (1980) "The production of belief: contribution to an economy of symbolic foods", *Media Culture and Society* 2: pp. 261 ~ 293.

331. Brameld, T. , *Education for the Emerging Age*, 1971, p. 39.

332. Bridget Fowler, ed. *Reading Boudieu On Society and Culture*, Oxford: Black Publishers, 2000, P. 2.

333. Brubaker, Rogers. 1992, *Citizenship and Nationhood in France and Germany*, Cambridge, MA: Harvard University Press.

334. Bugental, J. F. T. (1965). *The search for authenticity: An existential-ana-lytic approach to psychotherapy.* New York: Holt, Rinehart & Winston.

335. Bugental, J. F. T. (1978). *Psychotherapy and process: The fundamentals of an existential-humanistic approach.* Reading, Mass. : Addison-Wesley.

336. Cameron K. S. , Quinn R. E. , *Diagnosing and Changing Organizational Culture: Based on The Competing Values Frame-work* [M] , New York: Addison-Wesley Press, 1998.

337. Cannon-Bowers J. A. , Salas E. , Shared mental models in expert team decision making [M] , Individual and Group Decision Making: Hillsdale, NJ: Erlbaum, 1993: 221 ~ 246.

338. Carnegie Foundation for the Advancement of Teaching. *Governance of Higher Education: six priority problem* [M] . New York: McGraw-Hill, 1973.

339. Carol Axel Ray, 'Corporate culture: the last frontier of control?', *Journal of Management Studies*, Vol. 23, No. 3, 1986, pp. 287 ~ 297. Reprinted by permission of Blackwell Publishing ltd.

340. C. C. Chen, X-P Chen, and J. R. Meindl, "How Can Cooperation Be Fostered? The Cultural Effects of Individualism-Collectivism," *Academy of Management Review*, April 1998,

341. C. K. Prahalad and G. Hamel, "The Core Competence of the Corporation," Harvard Business Review, May-June 1990, pp. 79 ~ 91.

342. Chen, Z. X. , Gurd, B. W. and Thorne, H. , 2004, 'Learning Organizations and the Balanced Scorecard: Evidence from Australia', *Proceedings of the Performance Measurement Association Conference*, Edinburgh, Australia.

343. Christopher Clague, *Cultural Capital and Economic Devel-opment: An Introduction*, ht-

tp：//www-rohan. sdsu. edu/faculty/sgs/annals. html.

344. Clark，B. R（1983），The Higher education system：Academic organization in cross-national perspective. Berkeley：University of California Press. P. 89

345. Cohen，M. D. & March J. G.（1974）. Leadership and Ambiguity：The American College President. New York：McGraw-Hill Book Co. pp. 3.

346. Corson，J. J. *Governance of colleges and Universities*［M］. New York：McGraw-Hill，1960.

347. Crane，D.（1992）*The Production of Culture：Media and the Urban Arts*. Newbury Part，CA：Sage.

348. David Swartz，*Culture and Power*，Chicago：University of Chicago Press，1997，p. 132.

349. Denison D. R.，Arbor AA. Organizational Culture and Organizational Effectiveness［J］. Academy of Management Proceedings，1989，pp. 168～172.

350. Denison D. R.，Spreitzer G. M.，Oranizational development：a competing values approach［J］，Research in Organizational Change and Development，1991，Vol. 5：21～22.

351. Detert JR，Schroeder RG，Mauriel JJ. A Framework For Linking Cuture and Improvement Initiatives in Organizations［J］，Academy of Management Review，2000，25（4）pp. 850～863.

352. Deal，T. E. and Kennedy，A. A.，1982，*Organization Cultures：The Rites and Rituals of Organization Life*，Addison-Wesley，Reading，MA.

353. Deal，T. E. and Kennedy，A. A.，2000，*The New Corporate Cultures*，Texere Publishing，New York and London.

354. Dobbin，*Frank*. 1994，*Foring Industrial Policy：France，Britain and the United States in the Railway Age*，Cambridge University Press.

355. DiMaggio，P.（1979）"Review essay：on Pierre Bourdieu"，*American Journal of Sociology* 84（6）：1460～1474.

356. Durkheim，Emile，1964，*The Division of Labor in Society*，New York：Free Pree.

357. E. B. Tylor，The Origin of Culture，Harper & Row，1958.

358. Eckenberger，L.，Krewer，B. & Kasper，E.（1984）. Simulation of Cultural Change by Cross-cultural Research：Some Metamethodological Considerations. In K. A. McCluskey and H. W. Reese（Eds.）. *Life-span Developmental Psychology：Historical and Generational Effects*. New York：Academic Press.

359. Edward Lipuma，"Culture and the Concept of Culture in a Theory of Practice"，in Craig Calhoun，Edward LiPuma，Moishe Postone，eds. *Bourdieu：Critical Perspectives*，Chicago：The University of Chicago Press，1993，P. 18.

360. Edward T. Hall, How Cultures Collide, Psychology Today, July, 1976.

361. Eggan, Fred, *Social Anthropology of North American Tribes*, Chicago: University of Chicago Press, 1955, p. 490.

362. Espeland, Wendy Nelson. 1994, "Legally Mediated Identity: The National Environmental Policy Act and the Bureaucratic Construction of Interest," *Law and Society Review* 28 (5): 1149 ~ 79. 1998, *The Struggle for Water*, University of Chicago Press.

363. Fine, Gary Alan & Kleinman, Sherry, 1979, "Rethinking Subculture: An Interactionist Analysis", *American Journal of Sociology*, 85, pp. 1 ~ 20.

364. Fombrun, C. J. , 1984, 'Organization culture and competitive strategy', in C. J. , Fombrun, N. M. , Tichy and M. A. , Devanna (eds), *Strategic Human Resource Management*, Wiley, New York.

365. Fons Trompenaars and Charles Hampden-Turner, Riding the Waves of Culture, Understanding Cultural Diversity in Business, 2nd edition, London: Nicholas Brealey Publishing, 1998.

366. Fumham, A. and Gunter, B. , 'Corporate culture: defintion, diagnosis and change', in C. L. Cooper and I. T. Robertson (eds), *International Review of Industrial and Organizational Psychology*, Volume 8, Chapter 7, 1993, p. 247.

367. Gagliardi, P. , 1986. 'The creation and change of organizational cultures: a conceptual framework', *Organization Studies*, Vol. 7, No. 2, pp. 117 ~ 134.

368. G. Hofstede, *Culture's Consequences*; and G. Hofstede, "The Cultural Relativity of Organizational Practices and Theories," *Journal of International Business Studies*, Fall 1983, pp. 75 ~ 89.

369. G. Hofstede, *Culture's Consequences: International Differences in Work-Related Values* (Beverly Hills, CA: Sage Publications, 1980), pp. 25 ~ 26.

370. G. Hofstede and Michael H. Bond, The Confucius Connection: From Cultural Roots to Economic Growth, Organizational Dynamics, 16, No. 4, 1988.

371. G. Hofstede, *Culture and Organizations: Software of the Mind* (London: McGraw-Hill, 1991).

372. G. Hofstede, "Cultural Constraints in Management Theories," *Academy of Management Executive*, February 1993, pp. 81 ~ 94.

373. G. F. Kneller, Educational Anthropology: An Introduction. John Wiley & Sons, Inc, 1965, pp115 ~ 130.

374. Geertz, C. , (1973), *The Interpretation of Cultures*. New York: Basic Book, p. 14.

375. Gillin, J. , The Ways of Men: An Introduction to Anthropology, 1948, pp. 530 ~ 531.

376. Gollnick, D. M. and Chinn, P. C. , *Multicultural Education in a Pluralistic Society*,

1983, pp. 21 ~ 23.

377. Goodlad, J. I. (ed.), The Ecology of School Renewal: Eighty-sixth Yearbook of the National Society for the Study of Education, Part I, 1987.

378. Grossberg, L., Nelson, C. and Treicher, P. (eds) (1992) *Cultural Studies*, London: Routledge, 187 ~ 198.

379. G. P. Alexander, "Establishing Shared Values through Management Training Programs," *Traini*.

380. Habermas, Jurgen, 1979, *Communication and the Evolution of Society*, Boston: Beacon.

381. Hales, C., 1993, *Managing Through Organization*, Routledge, London, p. 216.

382. Hall, Stuart, 1996 [1980], *Cultural Studies: Two Paradigms*, Storey, John, *What is Cultural Studies?* A reader, London, p. 31.

383. Hall, Stuart, (1980) "Encoding/Decoding", *Culture*, *Media*, *Language*, London: Hutchinson, pp. 128 ~ 138.

384. Hammer M, Chammpy J. 1993. Reengineering the Corporation: A Manifesto for Business Revolution. New York: Harper Collins Publishers.

385. Harris, L. G. and Ogbonna, E., 1999, 'Developing a market-oriented culture: a critical evaluation', *Journal of Management Studies*, Vol. 36, No. 2, pp. 177 ~ 198.

386. Hater J. K., Schmidt, F. L. & Hayes, T. L., 2002, "Business – unit Level Relationship between Employee Satisfaction, Employee Engagement and Business Outcomes: A Meta-analysis", *Journal of Applied Psychology*, 87: pp. 268 ~ 279.

387. H. A. Simon, "Rationality in Rsychology and Economics," *Journal of Business*, October 1986, pp. 209 ~ 224.

388. H. E. Barnes, the History and Prospects of the Social Sciences, 1925 p. 216.

389. Herskovits, M. J., The Processes of Cultural Change, in Linton, R. (ed)., *The Science of the World Crisis*, 1945.

390. Hofstede G., etal, Measuring organizational cultures: A qualitative and quantitative study across twenty cases [J], Administrative Science Quarterly, January 1990, 35 (1): 286 ~ 316.

391. Jameson, Fredric, "Postmodernism, or the Cultural Logic of Late Capitalism", New Left Review 146, 1984, p. 87.

392. Johnson, Richard, 1996 [1983], *What Is Cultural Studies Anyway?* Storey, John, *What Is Cultural Studies? A Reader*, London p. 75.

393. Kashima, Y., (2001), Culture and Social Cognition: Toward a Social Psychology of Cultural Dynamics. In David Matsumoto (Ed.). *The Handbook of Culture & Psychology*. Oxford

University Press, p. 329

394. Kauffman, S. A. , 1993, "The Origins of Order: Self-Organization and Selection in E-volution", New York: Oxford University Press.

395. Kellner, Douglas, *Critical Theory and Cultural Studies: The Missed Articulation*, McGuigan, Jim, *Cultural Methodologies*, Sage Publications Ltd, 1997, p. 36.

396. Kroeber, Alfred Loues & Kluckhohn, Clyde, *Culture, A Critical Review of Concepts and Definitions*, New York: Vintage Books, 1952, p. 18.

397. Knights, D. and Willmott, H. , 1987, 'Organizational culture as management strategy: a critique and illustration from the financial services industry', *International Studies of Management and Organization*, Vol. 17, No. 3, pp. 40 ~ 63.

398. Koys, D. J. , 2001, "The Effects of Employee Satisfaction, Organizational Citizenship Behavior and Turnover on Organizational Effectiveness: A unit ~ Level, Longitudinal Study", *Personnel Psyshology*, 54: pp. 101 ~ 114.

399. Krefting, L. A. and Frost, P. J. , 1985, 'Untangling webs, surfacing waves, and wildcatting: a multiple metaphor perspective on managing culture', in p. J. Frost, L. F. Moore and M. R. Louis (eds), *Organizational Culture*, Sage Publications, Beverley Hills, CA.

400. Kunda, G. , 1992, *Engineering Culture: Control and Commitment in a Hight Tech. Corporation*, Temple University Press, Philadelphia, PA. , p. 5.

401. Lands, R. , Culture and Education, in Kneller, G. (ed). , Foundation of Education, 1971, p. 322.

402. Legge, K. , 1994, 'Managing culture: fact or fiction', in K. Sisson (ed.), *Personnel Management: A Comprehensive Guide to Theory and Practice in Britain*, Blackwell, Oxford, pp. 397-433.

403. Levin A. Y. and Volberda, H. W. , 1999, "Prolegomena on Coevolution: A Framework for Research on Strategy and New Organizational Forms", *Organization Science*, 10 (5), pp. 519 ~ 534.

404. Linton, R. , *The Cultural Background of Personality*, 1947.

405. Love, P. G. et al. Side by Side: Faculty and Student Affairs Culture, in Kuh, G. D. (ed). , *Cultural Perspectives in Student Affairs Work*, 1993, p. 50.

406. Lubatkin, M. , Calori, R. , Very, P. and Veiga, J. , 1998, 'Managing mergers across borders: a two-nation explanation of a nationally bound administrative heritage', *Organizational Science*, Vol. 9, No. 6, pp. 670 ~ 684.

407. Lunenburg, F. C. and Ornstein, A. C. , Educational Administration: Concepts and Practices, 1991, p. 85.

408. Malinowsk, B. , *A Scientific Theory of Culture and Other Essays*, 1944.

409. Marsick, V. J. , and Watkins, K. E. , 2003, "Demonstrating the Value of an Organization's Learning Culture: The Dimensions of the Learning Organization Questionnaire", *Advances in Developing Human Resources*, 5 (2), pp. 132 ~ 151.

410. Martin Barker, 1989, Comics, Manchester University Press, p. 292.

411. Martin, J. , 2001, *Organizational Culture: Mapping the Terrain*, Sage Publications, London.

412. Mckelvey, B. , 1999, "Avoiding Complexity Catastrophe in Coevolutionary Pockets: Strategies for Rugged Landscapes", Organization Science, 10 (3), pp. 294 ~ 321.

413. Miles, R. E. & Snow, C. C. 1978, "Organizational Strategy, Structure and Process", McGraw-Hill, New York.

414. Miles, R. E. & Snow, C. C. 1994. Fit, Failure, and the Hall of Fame: How Companies Succeed or Fail. Free Press, New York.

415. Miller, J. G. , (2001). Culture and Moral Development. In David Matsumoto (Ed.), *The Handbook of Culture & Psychology*, p. 165

416. Minkhoff, Debra. 1995, *ng and Development Journal*, February 1987, pp. 45 ~ 47.

417. Mintzberg, H. , 1983a, *Structure in Five: Designing Effective Organizations*, Prentice Hall, Englewood Cliffs, NJ.

418. N. Mck. Agnew and J. L. Brown, "Bounded Rationality: Fallible Decisions in Unbounded Decision Space," *Behavioral Science*, July 1986, pp. 148 ~ 161.

419. Jan De Groof, Guy Neave. *Democracy and Governance in Higher Education* [M]。Boston: Kluwer Law International, 1998: 8 ~ 9.

420. Jenks C. (1993) *Culture*, London and New York: Routledge, p. 13.

421. Joseph E. Doherty, *Cultural Capital For A Global Venture*, INSPRA Working Paper, August 1997, Bad Bergzabern, pp. 1 ~ 10.

422. Jim McGuigan (1992), *Cultural Populism*, London: Routledge.

423. J. Goudsblom, 1980, Nihilism and Culture, Oxford: Basil Blackwell, p. 56.

424. Klukhohn, Florence and F. L. Strodtbeck, Variations, in Value Orientations, New York: Harper and Row, 1961.

425. Martin, J. , 1985, 'Can organization culture be managed?', in P. J. Frost. , L. F. Moore and M. R. Louis (eds), *Organizational Culture*, Sage Publications, Beverley Hills, CA, pp. 95 ~ 98.

426. Martin, J. , 1992, *Cultures in Organizations: Three Perspectives*, Oxford University Press, Oxford.

427. Matt Light, 2000, *The Political Embeddedness of Cultural Capital: Baltic Germans in the Service of the Tsarist State*, http: //www. yale. edu/ccr/workshop2. html。*Organizing for Equality:*

The Evolution of Women's and Racial-Ethnic Organization in America, 1955 ~ 1985, New Brunswick, NJ: Rutgers University Press.

428. Mckelvey, B. , 1999, "Avoiding Complexity Catastrophe in Coevolutionary Pockets: Strategies for Rugged Landscapes", *Organization Science*, 10 (3), pp. 294 ~ 321.

429. Meyerson, D. and Martin, J. , 1987, 'Culture change: an integration of three different views', *Journal of Management Studies*, Vol. 24, No. 6, pp. 623 ~ 647.

430. Murdock, G. P. , How Culture Changes, in Shapiro, H. L. (ed)., *Man*, *Culture*, *and Society*, 1956, p. 259.

431. Needle, D. , 2000, 'Culture at the level of the firm: organizational and corporate perspectives', in Jim Barry, John Chandler, Heather Clark, Roger Johnston and David Needle (eds), *Organization and Management: A Critical Text*, Thomson Learning Business Press, pp. 101 ~ 118.

432. Negus, K. (1998) "Cultural Production and the Corporation: Musical Genress and the Strategic Management of Creativity in the US Recording Industry", Media, Culture and Society 20: 359 ~ 379.

433. Ogbonna, E. , 1993, 'Managing organizational culture: fantasy or reality?', *Human Resource Management Journal*, Vol. 3, No. 2, pp. 42 ~ 54.

434. Ogbonna, E. and Harris, L. G. , 2002, 'Organizational culture: a ten-year, two-phase study of change in the UK food retailing sector', *Journal of Management Studies*, Vol. 39, No. 5, pp. 673 ~ 706.

435. Ostroff, C. , 1992, "The Relationship Between Satisfaction, Attitudes and Performance: An Organizational Level Analysis", *Journal of Applied Psychology*, 77: pp. 963 ~ 974.

436. Ouchi, W. G. , 1981, *Theory Z*, Addison-Wesley, Reading, MA.

437. Parker, M. , 2000a, *Organization Culture and Identity*, Sage Publications, London.

438. Parsons, Talcott, 1951, *The Social Systems*, New York and London: Free Press and Collier Macmillan, pp. 205 ~ 206.

439. Parsons, Talcott, 1977, *Social Systems and the Evolution of Action Theory*, New York: Free Press.

440. Pascale, R. T. and Athos, A. G. , 1982, *The Art of Japanese Management*, Penguin, Harmondsworth.

441. Peters, T. J. and Waterman, R. H. , 1982, *In Search of Excellence: Lessons from America's Best Run Companies*, Harper & Row, New York.

442. Pierre Bourdieu, "Cultural reproduction and social reproduction", in Richard Brown (ed.), *Knowledge*, *Education and Cultural Change*, London, Tavistock, 1973, pp. 71 ~ 112.

443. Pierre Bourdieu, *Distinction*, Routledge and kegan Paul, 1984, p. 471.

444. Pierre Bourdieu, *Distinction*, Harvard University press, 1984, p. 228.

445. Pierre Bourdieu, "Cultural reproduction and social reproduction." *Power and Ideology in Education*. Ed. J. Karabel and A. H. Halsey. Oxford: Oxford University Press, 1977, pp. 487 ~ 511.

446. Pierre Bourdieu, "Cultural reproduction and social reproduction", in Richard Brown (ed.), *Knowledge, Education and Cultural Change*, London, Tavistock, 1973, pp. 71 ~ 112.

447. Pierre Bourdieu, "Cultural reproduction and social reproduction." *Power and Ideology in Education*. Ed. J. Karabel and A. H. Halsey. Oxford: Oxford University Press, 1977, p. 497.

448. Pierre Bourdieu, *Outline of A Theory of Practice*, Cambridge: Cambridge University Press. 1997, p. 188.

449. Pierre Bourdieu, "Outline of a sociological theory of art perception", *International Social Science Journal*, vol. 20 (4), 1968, pp. 589 ~ 612.

450. Pierre Bourdieu, "The Form of Capital", in J. G Richardosn ed. *Handbook of Theory and Research for the Sociology of Education*, p. 244.

451. P. Bourdieu, *Towards a Theory of Practice*, Cambridge: Cambridge University Press, 1977, p. 183 ~ 184.

452. Pierre Bourdieu and J-C. Passeron, *Reproduction in Education*, *Society*, *and Culture*, London and Beverly Hills: Sage, 1977, p. 8.

453. Pierre Bourdieu and J. C. Passeron (1980) "The production of belief: contribution to an economy of symbolic foods", *Media Culture and Society* 2: pp. 261 ~ 293.

454. Ray, C. A., 1986, 'Corporate culture: the last frontier of control?' *Journal of Management Studies*, Vol. 23, No. 3, pp. 287 ~ 297.

455. Robert M. Blau, *Bureaucracy in Modern Society*, New York: Random House, 1956, pp. 28 ~ 33.

456. Rokearch, M.. Beliefs, attitudes, and value: A theory Of organization and change. San Francisco: Josey-Bass, 1968: 160.

457. Roland G. Fryer, Jr., *Cultural Capital*, http://www. src. uchicago. edu/users/gsb1/Applications/cc. pdf.

458. Ryan, A. M., Schmit, M. J. and Johnson, R., 1996, "Attitudes and Effectiveness: Examining Relations at Organizational Level", *Personnel Psychology*, 49: pp. 853 ~ 882.

459. R. Williams, 1976, *Keywords*, London: Fontana, p. 87、p. 90.

460. R. Williams. (1982) *The Sociology of Culture*, New York: Schocken Books Wolff, J. (1981) *The Social Production of Art*. New York: St Martin's Press.

461. Samovar, Porter, Stefani, Communication between Cultures [M], Beijing: Foreign

Lauguage Teaching and Research Press, 2000: 4 ~ 79, 93 ~ 94.

462. Schein, E. H., 1985, Organizational Culture and Leadership, Jossey-Bass, San Francisco, p. 317.

463. Schein, E. H.. Origanizational culture and Leadership. San Francisco: Jossey-Bass, 1991: 992.

464. Scholz, C., 1987, 'Organization culture and strategy - the problem of strategy fit', Long range Planning, Vol. 20, NO. 4, pp. 78 ~ 87.

465. Schultz, Alfred, 1970, Reflection on the Preblem, New Haven, CT: Yale University.

466. Shils, E., The Intellectual: Between Tradition and Modernity, 1961, p. 91

467. Smircich, L., 1983, 'Concepts of culture and organization analysis', Administrative Science Quarterly, Vol. 28, No. 3, pp. 339 ~ 358.

468. Spindler, G. D., Education and the Cultural Process: Toward and Anthropology of Education. Holt, Rinehart and Winston, 1974.

469. Spindler, G. D. (ed)., Education and Cultural Process, 1974, p. 41.

470. Spindler, G. D., Doing the Ethnography of Schooling. Holt, Rinehart and Winston, New York, 1982.

471. Swinder, Ann, 1980, "Culture in Action: Symbols and Strategies", American Sociological Review, 51, pp. 273 ~ 286.

472. Tan, J. and Lischert, R. J., 1994, "Environment-strategy Relationship and its Performance Implication: An Empirical Study of the Chinese Electronic Industry", Strategic Management Journal, 15 (1), pp. 1 ~ 20.

473. Thomas J. Peters and Robert H. Waterman, In Search of Excellence, Harper & Row, New York, 1982, p. 10.

474. Thompson, J. D., 1967, "Organizations in Action: Social Science Bases of Administrative Theory" McGraw-Hill, New York.

475. Thompson, P. and McHugh, D., 2002, Work Organization: A Critical Introduction, Palgrave Basingstoke (third edition).

476. Triandis, H. C., (1972), The Analysis of Subjective Culture. New York: Wiley, p. 4.

477. Trice, H. M. and Beyer, J. M., 1984, 'Studying organization cultures through rites and ceremonials', Academy of Management Review, Vol. 9, No. 4, pp. 653 ~ 669.

478. Trice, H. M. and Beyer, J. M., 1993, The Cultures of Work Organizations, Prentice-Hall, Englewood Cliffs, NJ.

479. van Maanen, J. and Barley, S., 1984, 'Occupational communities: culture and control in organizations', in B. Staw and L. L. Cummings (eds), Research in Organizational Behav-

iour, Vol. 1, JAI Press, Greenwich, CT, pp. 209 ~ 264.

480. Vermeersch, E. , An Analysis of Concept of Culture, in Bernardi, B. (ed), The Concept and Dynamics of Culture, 1977, p. 10.

481. Waller, W. , *The Sociology of Teaching*, 1932, p. 6.

482. Weber, Max, "Objectivity" in Social Science and Social Policy, *The Methodology of the Social Sciences*, New York: Free Press, 1949, pp. 70 ~ 80.

483. Weick, K. E. , 1979, *The Social Psychology of Organizing*, Addison-Wesley, Reading, MA.

484. Weinberg, C. , Social Change, in Kneller, G. F. (ed). , Foundations of Education, 1971, pp. 91 ~ 92.

485. Willmott, H. , 1993, 'Strength is ignorance: slavery is freedom; managing culture in modern organizations', *Journal of Management Studies*, Vol. 30, No. 4, pp. 515 ~ 552.

486. Winick, C. , *Dictionary of Anthropology*, 1956, p. 183.

487. Wolfgang Brezinka, Philosophy of Education: an Introduction to the Foundations of Science of Education, Philosophy of Education and Practical Pedagogics, translated by J. S. Brice & R. Eshelman, c1992, p246.

488. Wren D A. The Evolution of Management Thought. New York: John Wiley and Sons Inc.

489. Wuthnow, Robert, 1987, *Meaning and Moral Order: Explorations in Cultural Analysis*, Los Angeles: University of California.

490. Zweigenhaft, Richard, L. (1993) "Prep School and Public School Graduates of Hardvard: A Longitudinal Study of the Accumulation of Social and Cultural Capital", *Journal of Higher Education* 64: 211 ~ 225.

附　录

调查问卷

您好！

　　首先感谢您参与江苏大学工商管理学院和镇江市高等专科学校管理系的问卷调研，这是江苏省"六大人才高峰"第四批 D 类资助项目（07 - A - 028）的一份学术研究性问卷，旨在了解大学文化性格、文化供求关系对大学生个体目标与大学集体目标契合的影响情况，以便大学确立更科学的文化建设导向，建立更合理的文化供给体系，有利于大学生个体目标与大学集体目标的更好契合，从而满足大学生的成长需求，促进大学生全面、可持续发展。

　　本问卷共分四个部分，问卷中的各个题项与答案均无对错之分，主要了解您对工作中许多问题的看法。您在填写问卷时无需署名，并且对您对本问卷的所有回答都是严格保密的，分析的结果将是结论性的报告，不会泄漏任何个人的回答。

　　您的观点对本研究的结果将会产生影响，因此请您按照题号顺序，在每道题的备选答案中，找出最符合您真实情况、想法或感受的答案，并在相应的方格内打"√"。

　　若在填写问卷的过程中有任何疑问或感觉不清楚的地方，您可以询问本课题组的调查工作者，或者致电、发电子邮件进行询问。

　　我们对您能在百忙之中抽时间参加问卷调查致以最诚挚的谢意！

　　一、背景材料（请在实际情况选项后的方框内打"√"）

　　1. 性别：A. 男 □　　　　　　　B. 女 □

　　2. 学历：A. 大专 □　　　　　　B. 本科 □　　　　　　C. 研究生 □

　　3. 父母所在地：A. 城市 □　　　B. 农村 □

　　4. 您现在每月的消费：

　　A. 500 元以下 □　　　　　　　B. 500 ~ 800 元 □

　　C. 800 ~ 1200 元 □　　　　　　D. 1200 ~ 1500 元 □　　　E. 1500 元以上 □

5. 你用于购书、上网、娱乐等文化消费金额占月消费总额的比重：

A. 10% 以下 □   B. 10% ~30% □

C. 30% ~50% □   D. 50% 以上 □

二、大学文化性格

下表中共有 12 个选项，请您根据自己的实际感受进行判断，并在最符合您想法的方格内打"√"。

题号	描述	1 完全不同意	2 不太同意	3 无所谓	4 基本同意	5 完全同意
1－1	学校对我很公平、很重视					
1－2	学校的观念符合社会现实					
1－3	学校信任我的品德和文化选择能力					
1－4	我具有确定自己发展目标的权力					
1－5	我能获得学习和发展所需要的信息和资源					
1－6	学校鼓励并创造条件支持我愉快学习					
2－1	决策权和话语权集中在学校管理者和施教者					
2－2	学校定的指令是硬性的					
2－3	学生做的每件事都与学校的指令紧密相关					
2－4	学生必须遵守学校所有的规章制度					
2－5	学生必须按照统一要求和流程完成学习任务					
2－6	学校重视对学生进行与学校目标相关的书面测试					

三、文化供求关系

下表中共有 12 个选项，请您根据自己的实际感受进行判断，并在最符合您想法的方格内打"√"。

题号	描述	1 完全不同意	2 不太同意	3 无所谓	4 基本同意	5 完全同意
3－1	不知道为什么要实施得到的指令					
3－2	文化消费的价格很少征求我的意见					
3－3	相同或相近内容的文化消费没有可供选择的几种价格					
3－4	往往因为文化消费而感到囊中羞涩					
3－5	经常因为文化消费的价格原因降低自己的需求					
3－6	经常为已经发生的文化消费后悔但又无奈					
4－1	学校的文化供给信息是公开的					
4－2	有权力和机会对学校的发展目标等内容提出建议					
4－3	学校和老师尊重我的选择和个性化消费					
4－4	我可以在多样化的文化消费形式中选择自己喜欢的					
4－5	对于文化消费觉得物有所值					
4－6	在学校文化环境中有舒适感					

四、目标契合状态

下表中共有 12 个选项，请您根据自己的实际感受进行判断，并在最符合您想法的方格内打"√"。

题号	描述	1 完全不同意	2 不太同意	3 无所谓	4 基本同意	5 完全同意
5－1	我对学校有很强的归属感					
5－2	我感觉学校的目标就是我的目标					
5－3	实现学校目标对我来说有重要的个人价值					
5－4	我乐意参与学校组织的工作和活动					
5－5	我会为学校的目标和计划而调整自我目标和计划					
5－6	我为学校实现集体目标而感到很骄傲					
6－1	我是不得不才认可学校目标					
6－2	在学校组织活动中找不到自己追求，参与其中意义不大					
6－3	违背学校的目标，会受到学校处罚甚至失去文凭					
6－4	因不想让家人过多担忧和责怪而不远离学校目标					
6－5	为获得大学机会付出很多，虽然生活得不舒适，但也不想失去					
6－6	离开学校很难找到新的学习机会					

后 记

  自 2000 年撰写、发表《浅谈现代校园文化的变迁趋向》以来，出于兴趣，出于不辜负领导和老师的鼓励，出于学历提升和职称晋升的需要，出于打发自己工作之余的时光，我自觉、不自觉地从社会学、管理学的角度探索和研究高等教育的文化建设与管理问题，最终形成了这本拙作。其中的核心部分"大学文化自觉管理的理论体系、内驱模型和优势路径"，是在我的博士学位论文的基础上修改而成的。

  2005 年，我的导师江苏大学工商管理学院院长梅强教授没有嫌弃我半路出家，将我收于门下。梅院长不仅是一名优秀的学者，还是一位优秀的激励者和指导者，不仅授我以"渔"，而且鼓励我开发自家"池塘"，延续自己原有的研究方向，做自己喜欢的研究。读博四年，我经历了一个艰难、徘徊的过程：一开始按照个人学术背景和趣向，选择"人文管理"作为一个范围较广泛的领域，集中研读相关的文献，了解相关研究成果；后来，根据文献资料汇总的情况，将研究问题细化为文化管理问题，再通过对研究的领域定位和变量筛选，最后锁定一个微观的研究主题——基于文化自觉管理的高校文化内驱模型与优势路径研究。这一过程中，梅院长一直要求我，不管研究对象怎么变化，管理科学方法一定不能丢。在梅院长的指导下，认认真真地阅读了《组织行为学》、《SEM 结构方程模型》和 Amos（7.0）统计软件包等累计 300 多万字的相关教材和近 500 种文献。四年多来，梅院长对我德熏学导、关怀备至，督促、指导我的研究工作，尊重我的兴趣、观念和研究过程中的一些小创新，对我的成长、特别是学术成长倾注了许多心血，我将永远铭记梅院长的栽培之恩。

  卡马鲁·艾哈迈德在《博士就读指南》一书中说，获取博士学位的历程既是上天堂也是下地狱，当遭遇写作障碍的时候，简直如同在炼狱中煎熬。四年多来，我经历了一个从无知到有知，从受挫、恼怒、沮丧到振奋、成功、庆幸的过程。多少次深夜醒来，为的是一段文字、一个图表；多少次放下碗筷，为的是一个问题、一个数据；多少个夜晚和假日，酸涩的双眼总是追逐着相关资料和电脑屏幕；多少次旅行途中，带着图书资料，携着手提电脑，为的是不停地思维、不停地迈进……偶然因为一两个灵感心潮澎湃，但又很快归于平静，因为这一过程，需要更多的是意志、毅力和静气。每当处在一种无计可施的状态中，我的家人常常被迫一起面对、承担，尤其是我的妻子沙玉娥。当我写完论文"结束语"的时候，正逢儿子丁一的农历十岁生日。我深深地感谢妻子为家庭、孩子和我的学业付出的宽容、牺牲和支持，感谢儿子让我在研究工作中分享到了家庭生活的快乐和希望，感谢我的母亲——一位零学历教育、60 岁仍勤于耕种的农民，给了我安分、朴实、勤劳的品质，让我在学习的道路上走这么远。我将尽己所能，让母亲安度晚年，让妻子幸福生活，让儿子健康成长。

在我读博士期间，江苏大学党委书记范明教授、校长袁寿其研究员，南通大学校长袁银男教授，常州大学党委书记史国栋教授，原江苏理工大学校长蔡兰教授，江苏大学副校长程晓农教授、姚冠新教授，原镇江高等专科学校党委书记尹家明研究员，江苏大学研究生处解幸幸、沈晨、陆杰、万右玲等领导和老师，一直关注着我的学习，给予我无私的帮助、热情的嘉勉，鼓励我勇敢前行。

中共江苏省委宣传部政策研究室主任双传学教授、《江苏社会科学》杂志社社长金晓瑜教授、《江海学刊》杂志社社长韩璞庚教授、江苏大学出版社吴明新社长、《江海学刊》编辑赵涛博士，帮助审读了论文。江苏大学赵喜仓教授、施国洪教授、刘秋生教授、何有世教授、赵艳萍教授，在论文开题时对论文提纲和研究思路给予了精心指导。江苏大学路正南教授、陈丽珍教授、施国洪教授、赵艳萍教授和导师梅强教授在论文预答辩时提出了宝贵的修改意见。论文盲审中，至今尚不知名的四位校外专家对论文给予了褒奖、鼓励和十分中肯的意见。论文答辩会上，南京航空航天大学经管学院博士生导师周德群教授、东南大学经管学院博士生导师陈森发教授、中国建筑材料工业规划研究院博士生导师刘建一教授、江苏大学工商管理学院博士生导师施国洪教授、江苏大学财经学院博士生导师赵喜仓教授、江苏大学工商管理学院周绿林教授和导师梅强教授，给了我很多肯定、鼓励和鞭策，提出了十分宝贵的意见。答辩委员会秘书、江苏大学工商管理学院贡文伟副教授做了大量会务工作。问卷调查过程中，江苏大学组织部的王恒根老师、财经学院的付星星老师和京江学院的魏伟老师、陈和平老师，镇江高等专科学校管理系的领导、老师和同学，给了我很多帮助。在此，向所有关心我、支持我的各位师长、同学和朋友致以衷心的谢忱。

本书出版，我已近不惑之年，特别铭记和感恩，在人生转折点上给予过我关心和帮助的人。在泰兴市宁界中心小学工作时期，秦开宙、袁静等老师在我困难的时候给予了我帮助，渡过了生活难关。在扬州大学学习期间，许晨有、袁建林、陆丹等老师给了我很多帮助，恩师扬州国画院的葛昕先生每逢周六或周日都让我到他家免费学习书法，杨华老师给予了我无私的帮助，这些无法磨灭的师生情谊，鞭策我较好地完成了大学学业。1997 年到江苏镇江工作以来，我一直跟随杨国祥先生学习行文、做事、为人，他和王学芬老师对我的工作和学习给予了悉心指导，对我的家庭和生活给予了无私帮助。从事大学文化研究 10 多年以来，南京师范大学教育科学院院长胡建华教授、原书记高谦民教授和镇江市社会科学联合会潘文瑜主席、唐明觉副主席给予了长期的关注、指导和帮助。这些，我铭感在心，并以他们的厚爱和教诲鞭策我前进。

感谢本书中所有参考文献的作者，他们的研究成果是本书的研究基础，丰富了本书的研究内容。我在文中对引用和参考的文献，尽可能作了详细的说明和注释。由于本书写作历时近十年，在标注格式上不够规范、统一，甚至存在遗漏或差错，深表歉意。

本书系江苏省"六大人才高峰"第四批资助项目《和谐社会向度下江苏高校文化自觉路径与绩效评价研究》(07 – A – 028) 的研究成果。在此，感谢江苏省人才工作领导小组办公室、江苏省委组织部、江苏省人事厅的项目资助，为我的研究工作提供了资金支持。